"十三五"职业教育系列教材

U0657835

机械产品造型与综合技能训练

JIXIE CHANPIN ZAOXING YU ZONGHE JINENG XUNLIAN

主　编　杨小军

副主编　张四军　王　娟　陈　怡

参　编　王　芹　梁　璐　于淑静

主　审　及秀琴

中国电力出版社
CHINA ELECTRIC POWER PRESS

内 容 提 要

　　机械产品造型与综合技能训练是以工程制图、计算机绘图、公差与测量、制图测绘、金工基础等课程为基础建立起来的一门技术基础课。它主要研究绘制和阅读工程图样的原理和方法、公差与测量技术、计算机辅助绘图、计算机产品造型技术、机械加工基础等知识。全书主要由机械产品造型基础、典型零件、装配图、基础测绘和综合技能训练五个学习情境组成。在每个学习情境中包含精心设计的学习项目和学习任务。每个任务按照任务内容、任务目的、任务知识、任务实施等顺序编写。从提出问题到解决问题，由浅入深，循序渐进，可以不断提高学习兴趣。全书采用我国最新颁布的《技术制图》和《机械制图》国家标准及与制图有关的其他国家标准。本书与《"十三五"职业教育规划教材　机械产品造型与综合技能训练习题集》配套使用。

　　本书可作为高职高专院校相关专业的教材，也可供工程技术人员参考使用。

图书在版编目（CIP）数据

　　机械产品造型与综合技能训练/杨小军主编. —北京：中国电力出版社，2016.6（2022.9 重印）
　　"十三五"职业教育规划教材
　　ISBN 978-7-5123-9025-6

　　Ⅰ.①机… Ⅱ.①杨… Ⅲ.①机械设计-产品设计-职业教育-教材 Ⅳ.①TH122

　　中国版本图书馆 CIP 数据核字（2016）第 045891 号

中国电力出版社出版、发行
（北京市东城区北京站西街 19 号　100005　http://www.cepp.sgcc.com.cn）
望都天宇星书刊印刷有限公司印刷
各地新华书店经售

＊

2016 年 6 月第一版　2022 年 9 月北京第二次印刷
787 毫米×1092 毫米　16 开本　22 印张　536 千字
定价 **44.00** 元

前　言

机械产品造型与综合技能训练是以工程制图、计算机绘图、公差与测量、制图测绘、金工基础等课程为基础建立起来的一门技术基础课。它主要研究绘制和阅读工程图样的原理和方法、公差与测量技术、计算机辅助绘图、计算机产品造型技术、机械加工基础等知识。

本书内容选取的总原则是：理论知识以"必需、够用"为度，教学内容体现"职业性"。教学内容应针对职业岗位群的知识技能需求、国家职业资格标准及后续课程的学习要求，同时教学内容还应该具有一定的适用性，有助于培养学生的职业素质、专业能力、学习能力、工作态度和质量意识。学生对知识的掌握更加全面，更加贴合实际工作情况，更有利于将来的工作就业。

本书主要具有以下特色：

（1）将机械类学生所必修的专业基础课程进行了有机地分解与综合。在对已毕业学生工作反馈、对学生将来工作就业研究及其适于学生长期发展的基础上，将工程制图、计算机绘图、公差与测量、制图测绘、金工基础等课程内容进行分解。

（2）教材形式符合高职高专学生的认知规律。本书根据学生的认知心理规律并结合职业活动顺序，将学习情境按由易到难、由简单到综合的顺序串行安排，并将学习知识点融入各个教学任务当中去，充分发挥以学生为主体、激发自主学习的主动性。

（3）根据学生的实际情况和将来的工作环境设计典型工作任务，并将学生必须掌握的各个知识点融入典型任务当中。本书注重理论知识与实际动手能力培养相结合，在每个任务中除了基本能力的培养外，还包括能力的拓展和相应技能的提高。

（4）本书编写组由教学一线的教师组成，主编、副主编不但具有丰富教学经验，还全部具有企业工作经历，教材的编写更加注重学生职业能力的培养与技能的提高。

本书由连云港职业技术学院杨小军任主编，张四军、王娟、陈怡任副主编，由及秀琴教授主审。具体编写分工如下：杨小军（项目1～项目3，项目12），张四军（项目4～项目7）陈怡（项目8、附录），王娟（项目9～项目11），王芹、梁璐、于淑静参与本书资料的准备、内容的整理、部分内容的编写和检查工作。

由于编者水平有限，书中难免有缺点和错误，恳请广大读者批评指正。

编　者

2016.1

目　　录

学习情境Ⅰ　机械产品造型基础

该情境主要介绍工程制图国家标准、视图、计算机辅助绘图等方面的知识。要求学生能够完成简单机件的手工图、计算机二维绘图和三维造型。

项目1　工作过程导入

知识目标

1）了解本课程的性质、内容、教学目标和职业能力、学习方法和考核方式。
2）了解机器、零件与零件的加工的概念和相关知识。

能力目标

1）查找资料的能力。
2）资料的收集、整理的能力。
3）分组能力与自我表现能力。

素质目标

1）团队协作精神的培养。
2）良好的学习习惯，科学的学习方法。

任务1.1　课程简介

任务内容

了解与本课程相关的性质、目标和学习方法。

任务目的

1）了解课程的性质、地位、作用，以及与其他课程的联系和分工。
2）了解本课程的教学目标和职业能力。
3）了解学习中需要注意的几个问题。

任务知识

1. 课程的性质、地位、作用以及与其他课程的联系和分工

机械产品造型与综合技能训练是培养高级工程技术应用型人才的一门必修的技术基础课。它研究绘制和阅读工程图样的原理和方法、公差与测量技术、计算机辅助绘图、计算机产品造型技术和机械加工基础等知识。同时，它又是学生学习后继课程，完成课程设计和毕业设计不可缺少的基础。

2. 本课程的教学目标和职业能力

根据《教育部关于加强高职高专教育人才培养工作的意见》要求，本课程的教学目标是培养生产一线的职业能力和职业素质。本课程的职业目标是：制图员、质检员，另外为普通操作工（普通车工、普通铣工、钳工、装配工等）奠定基础。要使学生达到这三类职业标准，需要培养学生的四种能力：

1) 创新能力：这种能力主要是培养学生的想象与构思能力。该种能力不仅有助于学生职业目标的实现，也为学生学习其他课程，尤其是为设计类课程奠定了基础。

2) 制图能力：这种能力要求学生能够看懂并绘制符合国家标准中等难度的工程图样；能够对中等复杂的零件进行产品造型。

3) 质检能力：要求学生掌握常用量具的使用方法和测量方法，掌握公差的基本概念。

4) 普通加工能力基础：要求学生能够了解常用机床（车床、铣床、磨床、钻床等）的功能和用途，了解基本加工工艺。

3. 学习中需要注意的几个问题

1) 学中做、做中学。本课程是一门实践性很强的技术基础课。在学习过程中，要注重掌握基本概念和基本规律，多画多看，反复实践；通过一定数量的解题和作图实践，从中总结提高，才能较好地掌握本课程的基本原理和基本方法。

2) 平面与空间。本课程的学习难点在于空间想象能力和空间构思能力的培养和提高。因此在学习过程中，要注意分析空间几何元素及空间几何形体与平面图形间的相互关系和几何关系，通过从平面到空间、再从空间到平面的反复研究和思考，不断地提高自己的空间分析能力、构思能力和表达能力。

3) 手工绘图与计算机绘图。虽然计算机绘图技术的发展使工程制图提高了速度和精度，但一张准确、无误的图样中包含了各方面的知识和要求。因此，在学习中要认真贯彻国家标准的规定，不可忽视手工绘图的作用和要求，只有在掌握了制图的基本知识、基本技能的前提下，才能绘制出合格的图样。

4) 本课程与后继课程。本课程的学习主要是为了后继的机械设计、普通机床零件加工、数控机床加工与操作、CAD/CAM应用、模具结构与特种加工等课程提供了必不可少的基础知识，后继的这些课程通过看图来分析机器的大小、结构和原理，通过绘图完成设计理念的表达。图样上涉及的机械设计和制造工艺方面的知识较多，在学习过程中要注意了解和掌握，以达到正确标注"技术要求"的相关内容。

5) 个体与团队。在学习过程中，要不断总结学习经验，提高自学能力、独立工作的能力和团队协作精神。

任务 1.2 机器、零件与零件的加工

任务内容

了解机器、零件与零件加工的概念和相关知识。

任务目的

1) 了解机器、零件与零件加工的概念。
2) 了解装配图、零件图的基本知识。

任务知识

1. 机器

机器是用来代替人类的劳动，进行能量变换、信息处理，以及产生有用功的，由各种金属和非金属部件组装成的装置。随着社会的发展，人类的生活越来越离不开机器，出行用的汽车、飞机、轮船，通信用的手机、电脑，建筑用的挖掘机、推土机等。机器已经成为我们生活中不可缺少的重要组成部分，成为社会发展的基石。

2. 部件和零件

零件是机器中不可分拆的单个制件，是机器的基本组成要素，也是机械制造过程中的基本单元。其制造过程一般不需要装配工序。例如轴套、轴瓦、螺母、曲轴、叶片、齿轮、凸轮、连杆体、连杆头等。

部件是机器的一部分，由若干装配在一起的零件所组成。在机器装配过程中，这些零件先被装配成部件，然后才进入总装配。某些部件（称为分部件）在进入总装配之前还先与另外的部件和零件装配成更大的部件。由若干分部件组装而成，并且有独立功能的更大部件，在汽车和某些其他机械行业中称为总成。例如机器上经常用到的减速器、齿轮油泵、铣刀头、球阀等都是部件。

3. 零件的加工

机器的生产过程是指从原材料（或半成品）制成产品的全部过程。对机器生产而言包括原材料的运输和保存、生产的准备、毛坯的制造、零件的加工和热处理、产品的装配及调试、油漆和包装等内容。

在生产过程中，凡是改变生产对象的形状、尺寸、位置、性质等，使其成为成品或者半成品的过程称为工艺过程。它是生产过程的主要部分。工艺过程又可分为铸造、锻造、冲压、焊接、机械加工、装配等。机械制造工艺过程一般是指零件的机械加工工艺过程和机器的装配工艺过程的总和，其他过程则称为辅助过程，例如运输、保管、动力供应、设备维修等。工艺过程又是由一个或若干个顺序排列的工序组成的，一个工序由若干个工步组成。

工序是组成机械加工工艺过程的基本单元。所谓工序是指一个（或一组）工人，在一台机床上（或一个工作地点），对同一工件（或同时对几个工件）所连续完成的那一部分工艺

过程。构成一个工序的主要特点是不改变加工对象、设备和操作者，而且工序的内容是连续完成的。

工步是在加工表面不变、加工工具不变、切削用量不变的条件下加工工具在加工表面上加工一次所完成的工序内容。

4. 工程图

在工程技术中，根据投影原理及国家标准规定表示工程对象的形状、大小及技术要求的图，称为工程图样。工程图样中最常用的是装配图和零件图。图 1-1 所示为千斤顶装配图，图 1-2～图 1-6 所示为千斤顶中非标准件的零件图。

（1）装配图

装配图是表达机器或部件的图样，主要表达其工作原理和装配关系。在机器设计过程中，装配图的绘制位于零件图之前，并且装配图与零件图的表达内容不同，它主要用于机器或部件的装配、调试、安装、维修等场合，是生产中的一种重要的技术文件。

在产品或部件的设计过程中，一般是先设计画出装配图，然后再根据装配图进行零件设计，画出零件图；在产品或部件的制造过程中，先根据零件图进行零件加工和检验，再按照依据装配图所制订的装配工艺规程将零件装配成机器或部件；在产品或部件的使用、维护及维修过程中，也经常要通过装配图来了解产品或部件的工作原理及构造。

一张完整的装配图应包括下列基本内容：

1）一组视图。一组视图正确、完整、清晰地表达产品或部件的工作原理、各组成零件间的相互位置和装配关系及主要零件的结构形状。

2）必要的尺寸。标注出反映产品或部件的规格、外形、装配、安装所需的必要尺寸和一些重要尺寸。

3）技术要求。在装配图中用文字或国家标准规定的符号注写出该装配体在装配、检验、使用等方面的要求。

4）零、部件序号、标题栏和明细栏。按国家标准规定的格式绘制标题栏和明细栏，并按一定格式将零、部件进行编号，填写标题栏和明细栏。

（2）零件图

零件图是表达单个零件形状、大小和特征的图样，也是在制造和检验机器零件时所用的图样，又称工作图。在生产过程中，根据零件图样和图样的技术要求进行生产准备、加工制造及检验。因此，它是指导零件生产的重要技术文件。

为了满足生产需要，一张完整的零件图应包括以下基本内容：

1）一组视图。要综合运用视图、剖视、剖面及其他规定和简化画法，选择能把零件的内、外结构形状表达清楚的一组视图。

2）完整的尺寸。用以确定零件各部分的大小和位置。零件图上应注出加工完成和检验零件是否合格所需的全部尺寸。

3）标题栏。说明零件的名称、材料、数量、日期、图的编号、比例，以及制图、审核人员签字等。根据国家标准，有固定形式及尺寸，制图时应按标准绘制。

4）技术要求。用一些规定的符号、数字、字母和文字注解，简明、准确地给出零件在使用、制造和检验时应达到的一些技术要求（包括表面粗糙度、尺寸公差、形状和位置公差、表面处理和材料处理等要求）。

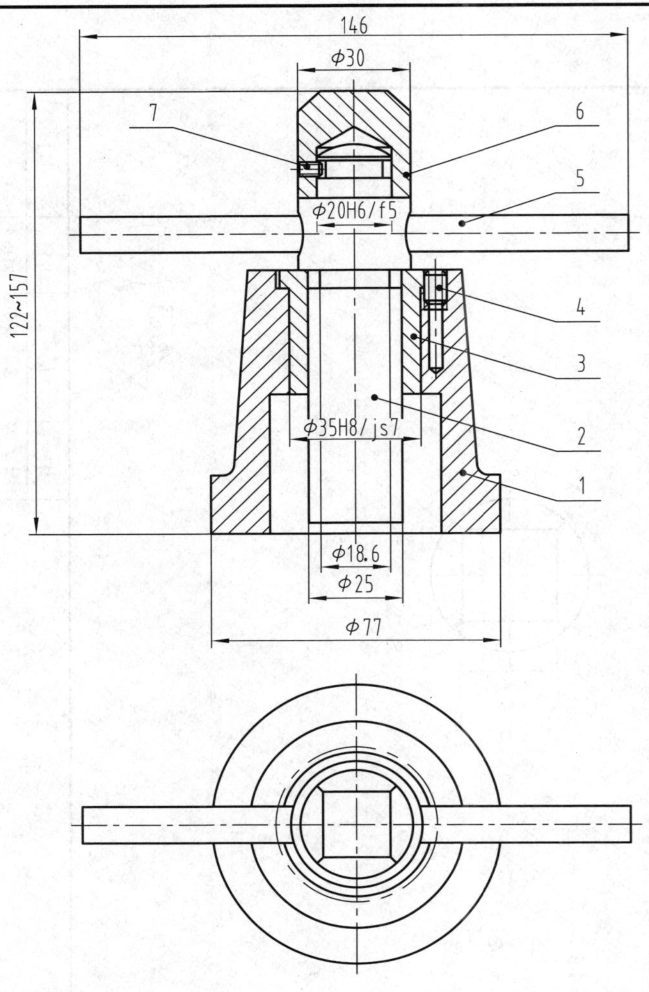

技术要求
1. 最大起重量1t。
2. 整机表面涂防锈漆。

7		GB/T79 M4X6	内六角圆柱端紧定螺钉	1	
6			顶盖	1	
5			旋扭杆	1	
4		GB/T79 M6X8	内六角圆柱端紧定螺钉	1	
3			螺套	1	
2			起重螺杆	1	
1			底座	1	
序号		代号	名称	数量	备注

千斤顶

| 制图 | | | | 比例 | 1:2 |
| 审核 | | | | 图号 | |

材料 共 张 第 张
学号 成绩
机电工程学院

图 1-1 千斤顶装配图

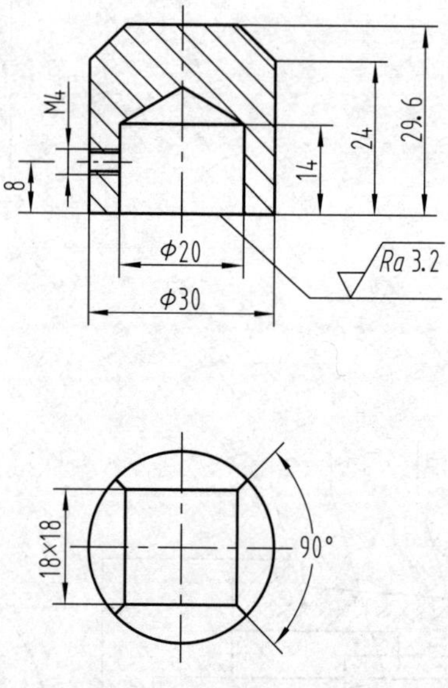

图 1-2　顶盖零件图

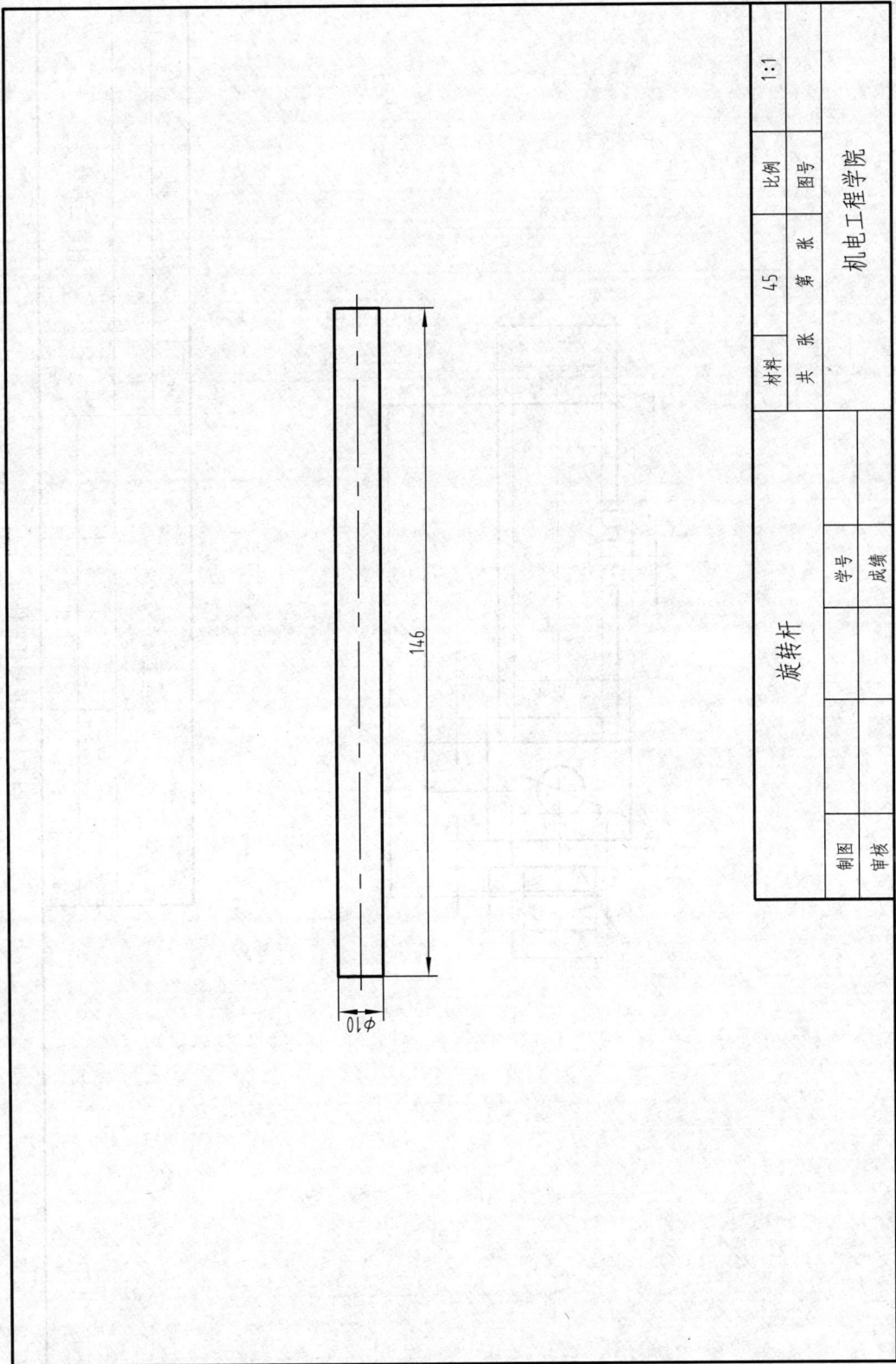

图 1-3　旋转杆零件图

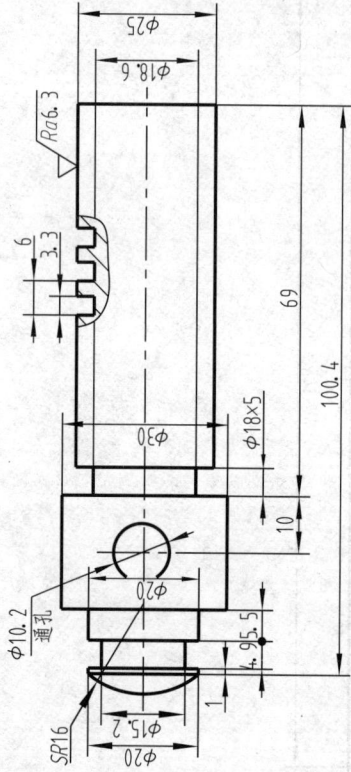

技术要求
未注圆角C2。

$\sqrt{Ra\,12.5}$ ($\sqrt{}$)

起重螺杆

机电工程学院

			材料	45	比例	1:1
			共　张	第　张	图号	
制图						
审核			学号			
			成绩			

图 1-4　起重螺杆零件图

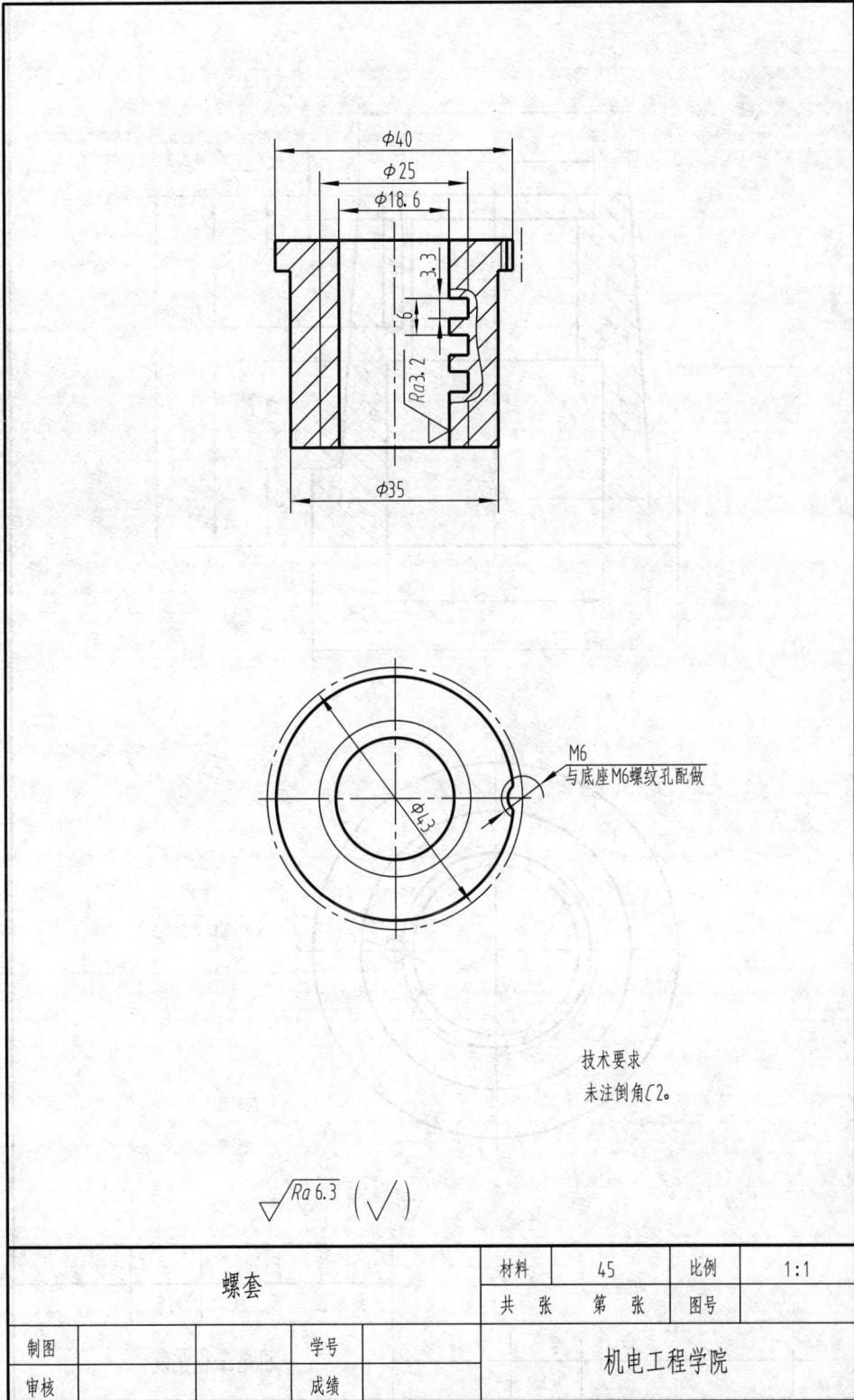

$\phi40$

$\phi25$

$\phi18.6$

3.3

6

$Ra3.2$

$\phi35$

M6
与底座M6螺纹孔配做

$\phi43$

技术要求
未注倒角C2。

$\sqrt{Ra\,6.3}$ $(\sqrt{\ })$

螺套			材料	45	比例	1:1
			共 张 第 张		图号	
制图			学号		机电工程学院	
审核			成绩			

图 1-5 螺套零件图

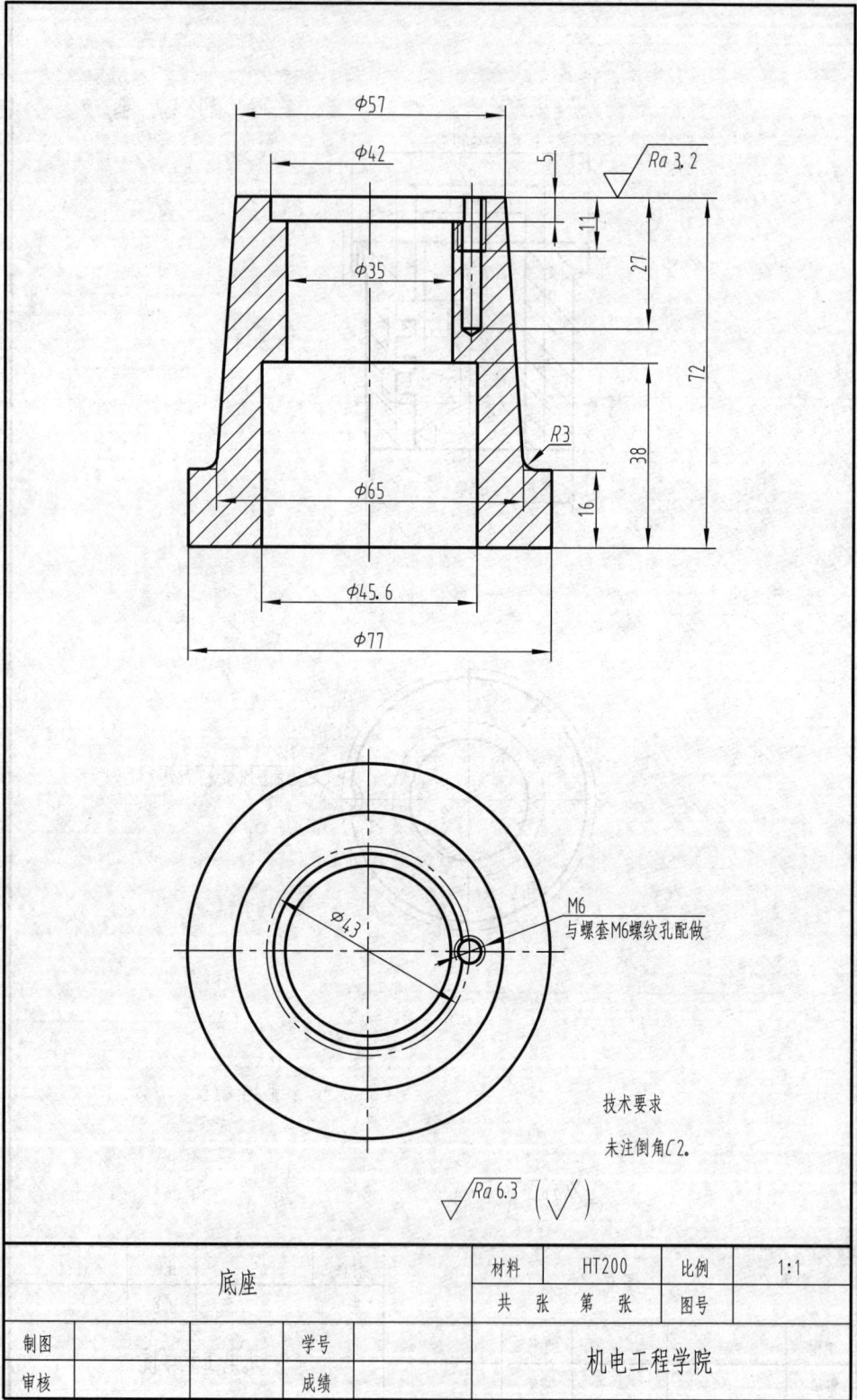

图 1-6　底座零件图

项目 2　制图标准与基本技能

知识目标

1) 了解制图标准的相关内容。
2) 掌握绘图工具与绘图仪器的使用方法。
3) 掌握几何作图的方法。
4) 掌握平面图形的绘制方法。
5) 掌握 AutoCAD 中常用文件管理命令、二维绘图命令、编辑命令、视图缩放命令、文本命令和简单尺寸标注命令的使用方法。

能力目标

1) 手工平面图形的绘制能力。
2) 计算机平面图形的绘制能力。

素质目标

1) 严谨、细致的工作作风。
2) 良好的与人交流与协作精神。

任务 2.1　制图标准

任务内容

分析如图 2-1 所示的工程图样，找出其所运用的有关国家标准。

任务目的

1) 初步认识工程图样。
2) 学习图纸幅面、比例、字体、图线、尺寸注法等制图标准。

任务知识

图样是工程界语言，为了正确地绘制和阅读机械图样，必须熟悉和掌握机械制图国家标准的一般规定。

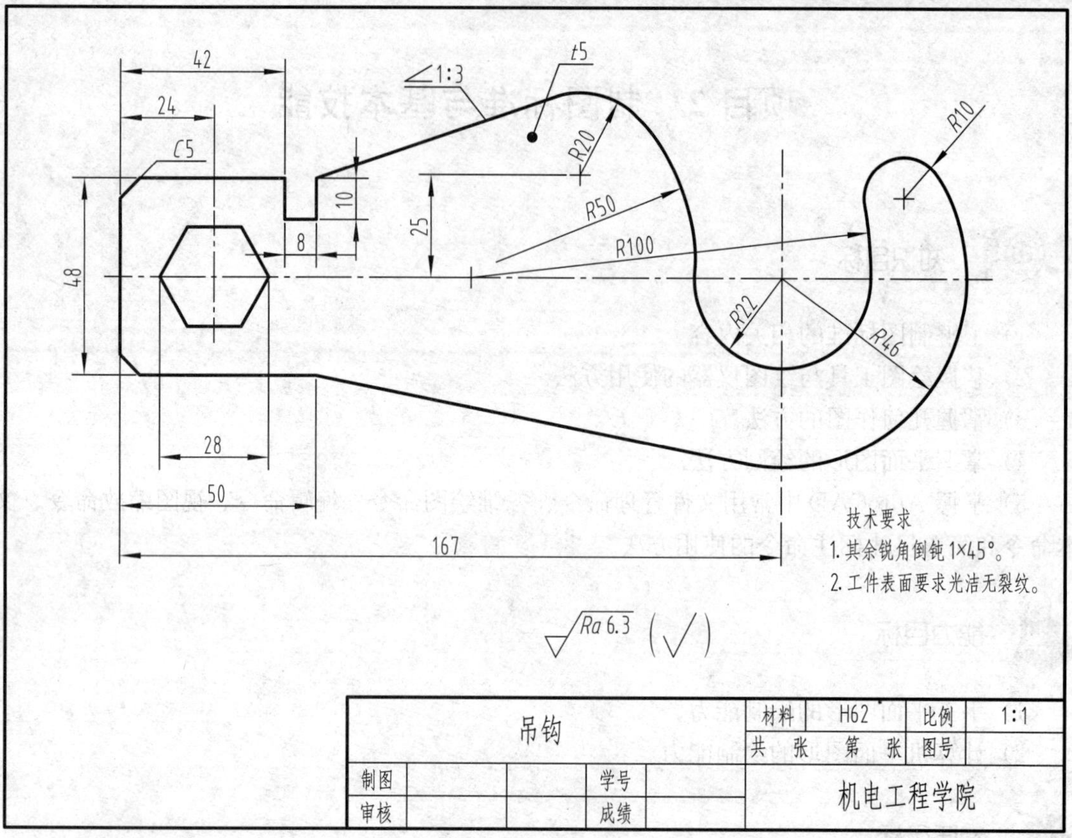

图 2-1　吊钩零件图

国家标准的代号是 GB，是汉语拼音 Guojia Biaozhun 的首写字母，简称国标。例如，GB/T 14689—2008，其中，GB 代表国家标准，T 是推荐性，14689 为该标准的批准顺序号，2008 为 2008 年颁布实施。

1. 图纸幅面和格式（GB/T 14689—2008）

（1）图纸幅面和尺寸

图纸幅面分为基本幅面和加长幅面，绘制图样时应优先选用表 2-1 中的基本幅面尺寸。

表 2-1　　　　　　　　　　　　　　　基本幅面尺寸　　　　　　　　　　　　　　　　　　mm

幅面代号	A0	A1	A2	A3	A4
$B×L$	841×1189	594×841	420×594	297×420	210×297
a			25		
c		10		5	
e		20		10	

必要时也允许采用加长幅面，加长幅面是将基本幅面的短边按整数倍增加。例如，A3×3 即将 A3 图纸的短边 297 增大 3 倍，其幅面尺寸为 420×891；A4×4 是将 A4 图纸的短边 210 增大 4 倍，其幅面尺寸为 297×841，常用图纸的加长幅面可参阅 GB/T 14689—2008 选取。

（2）图框格式

无论图样是否装订，在图纸上必须画出图框线，图框线用粗实线绘制，其格式有不留装订边和留有装订边两种。图 2-2 (a)、(b) 所示为无装订边的图框格式，图 2-2 (c)、(d) 所示为有装订边的图框格式，其周边尺寸 e、a、c 按表 2-1 中的规定选取。

加长幅面的图框尺寸，按所选用的基本幅面大一号的图框尺寸确定，如 A3×3 应按 A2 确定。

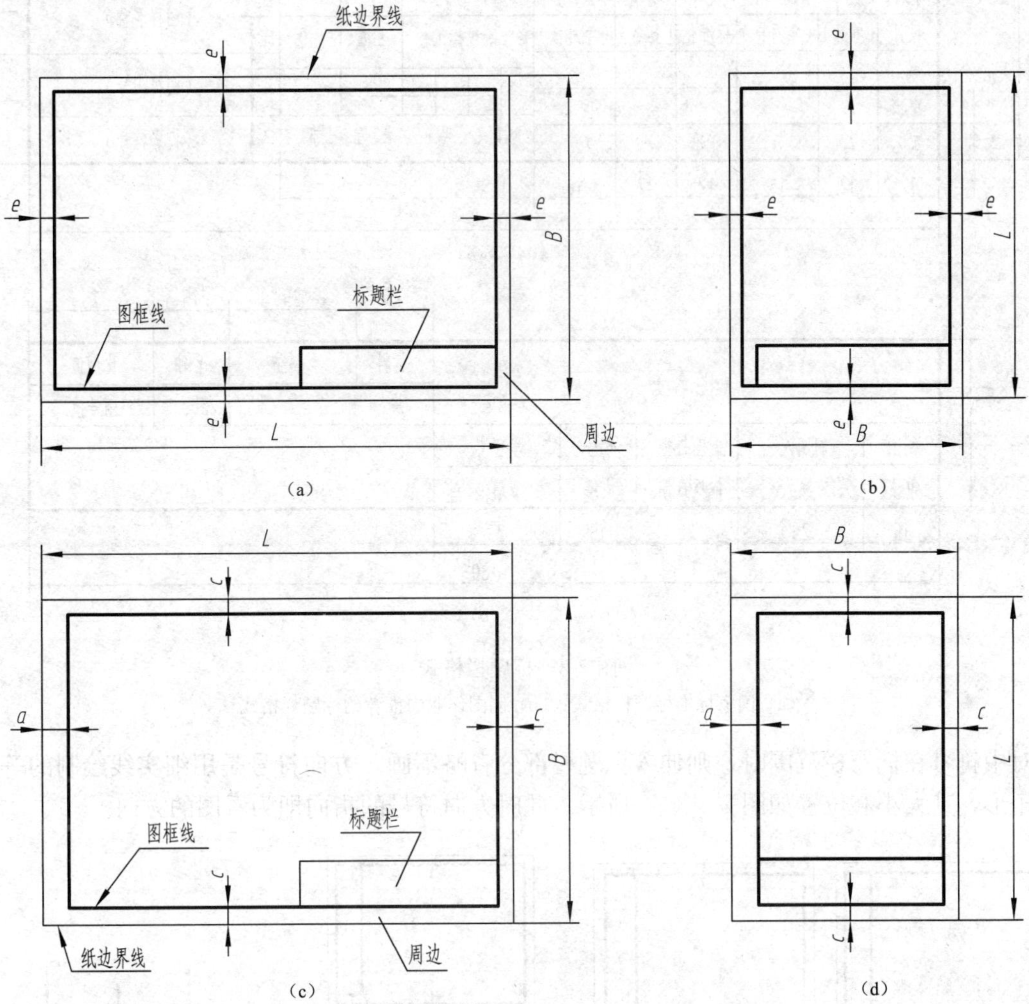

图 2-2　图框格式

(a) 无装订边图纸（X 型）；(b) 无装订边图纸（Y 型）；(c) 有装订边图纸（X 型）；(d) 有装订边图纸（Y 型）

(3) 标题栏

绘制图样时，每张图纸必须有标题栏，标题栏位于图框的右下角，标题栏的文字方向为看图方向，其格式按 GB/T 10609.1—2008 的规定绘制，如图 2-3 (a) 所示。为了便于学习，在学校制图作业中建议采用如图 2-3 (b) 所示的推荐格式。

(4) 附加符号

为了利用预先印制好的图纸，可以将标题栏置于图框的右上角，如图 2-4 (a)、(b) 所示，此时应在图纸各边长的中点处分别画出对中符号，并在图纸下边对中符号处画一个方向符号。对中符号用粗实线绘制，线宽不小于 1.5mm，长度从纸边开始至深入图框内约 5mm，

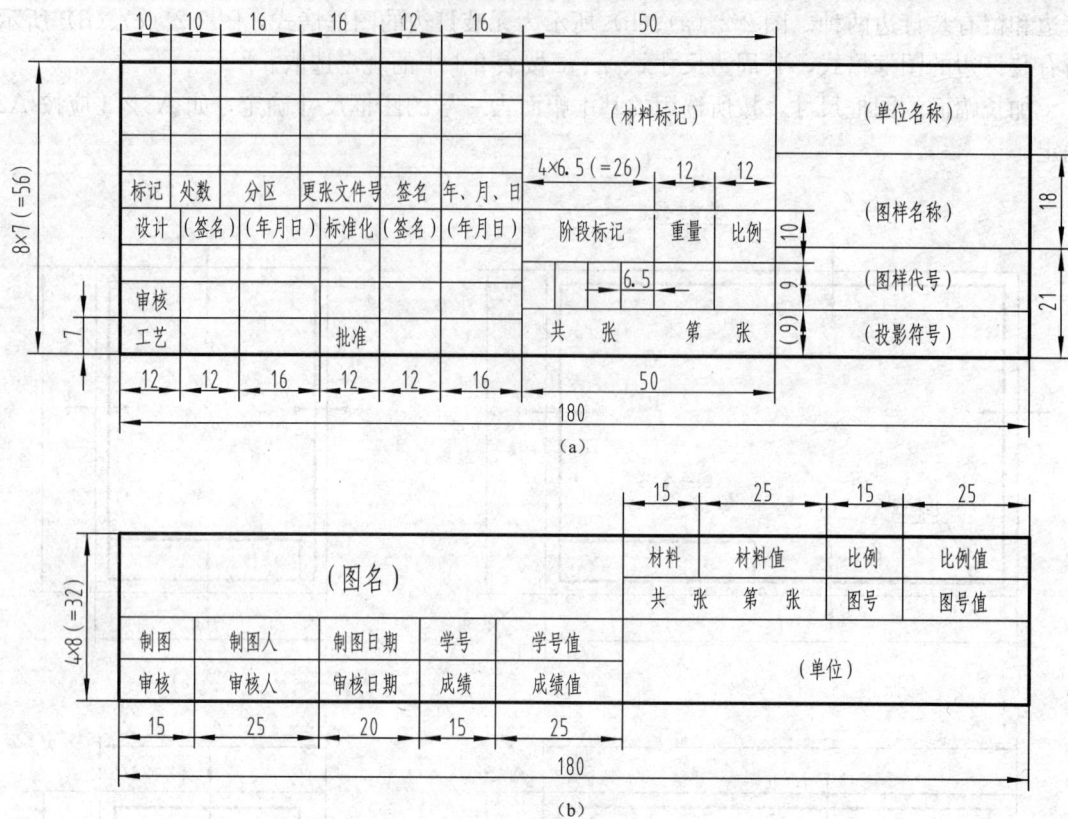

图 2-3　标题栏格式

（a）国家标准标题栏格式；（b）制图作业中推荐的标题栏格式

当对中符号在标题栏范围时，则伸入标题栏部分省略不画。方向符号是用细实线绘制的等边三角形，其大小和位置如图 2-4（c）所示。此时方向符号的指向即为看图的方向。

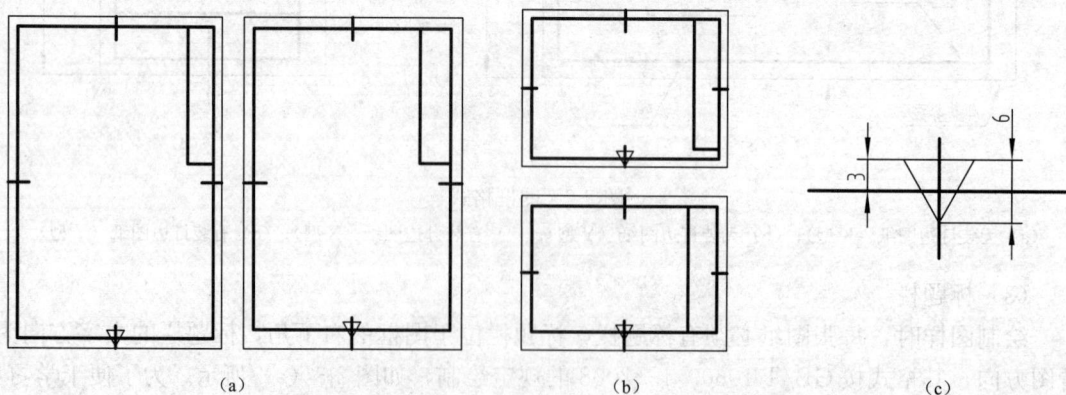

图 2-4　标题栏的方位

（a）X 型图纸竖放时；（b）Y 型图纸横放时；（c）方向符号的大小和位置

（5）投影符号

第一角画法的投影符号如图 2-5（a）所示，第三角画法的投影符号如图 2-5（b）所示。

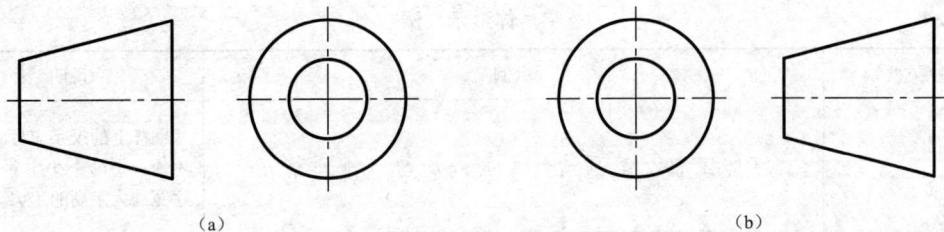

图 2-5　投影符号

（a）第一角画法；（b）第三角画法

2. 比例（GB/T 14690—1993）

图中图形与其实物相应要素的线性尺寸之比称为比例。比例分为原值比例、放大比例和缩小比例三种。绘制图样时，一般要按比例来绘制，其数值优先按表 2-2 选取，必要时也允许按表 2-3 选取。

为了反映机件的真实大小，绘制图样时应尽可能按原值比例绘制。比例用符号"："表示，一般应注写在标题栏的"比例"栏内，如 1：1、1：5 等。必要时可在视图名称的下方或右侧标注，如 $\dfrac{A}{1:2}$、$\dfrac{B-B}{5:1}$、平面图 1：200 等。

表 2-2　　　　　　　　　　　　　　绘图比例（一）

种类	比例
原值比例（比值为 1 的比例）	1：1
放大比例（比值大于 1 的比例）	5：1　2：1　5×10^{n}：1　2×10^{n}：1　1×10^{n}：1
缩小比例（比值小于 1 的比例）	1：2　1：5　1：10　1：2×10^{n}　1：5×10^{n}　1：1×10^{n}

注　n 为正整数。

表 2-3　　　　　　　　　　　　　　绘图比例（二）

种类	比例
放大比例	4：1　2.5：1　2.5×10^{n}：1　4×10^{n}：1
缩小比例	1：1.5　1：2.5　1：3　1：4　1：6　1：1.5×10^{n}　1：2.5×10^{n}　1：3×10^{n}　1：4×10^{n}　1：6×10^{n}

注　n 为正整数。

3. 字体（GB/T 14691—1993）

在图样中经常需要用汉字、数字和字母来标注尺寸及对机件进行有关文字说明。在图样中书写汉字、数字、字母必须做到：字体工整、笔画清楚、间隔均匀、排列整齐。

字体的号数即为字体的高度，一般用 h 表示。字体高度的公称尺寸系列为 1.8、2.5、3.5、5、7、10、14、20mm，共 8 种。若要书写大于 20 号的字，字体高度应按 $\sqrt{2}$ 的比率增加。

各种字体示例见表 2-4。

表 2-4　　　　　　　　　　　　　　　　　字 体 示 例

文字类型		示　例	说明
汉字		字体工整　笔画清楚　间隔均匀　排列整齐	图样上的汉字应写成长仿宋体，字高不小于 3.5mm，字宽约为字高的 $1/\sqrt{2}$
字母和数字	小写斜体	*abcdefghijklmnopq rstuvwxyz*	字母及数字分 A 型和 B 型，A 型字体的笔画宽度为字高的 1/14，B 型字体的笔画宽度为字高的 1/10。字母和数字可写成直体字，也可写成斜体字。斜体字的字头向右倾斜，与水平基准线呈 75°角
	小写直体	abcdefghijklmnopq rstuvwxyz	
	大写斜体	*ABCDEFGHIJKLMNOP QRSTUVWXYZ*	
	大写直体	ABCDEFGHIJKLMNOP QRSTUVWXYZ	
	数字斜体	*0123456789*	
	数字直体	0123456789	
指数、分数、极限偏差、注脚等的数字及字母		10^3　S^{-1}　D_1　T_d　　$\phi20^{+0.010}_{-0.023}$　$7^{\circ+1^\circ}_{-2^\circ}$　$\dfrac{3}{5}$	用作指数、分数、极限偏差、注脚等的数字及字母，一般应采用小一号的字体
数学符号、物理量符号、计量单位符号以及其他符号、代号		l/mm m/kg　460r/min 220V 5MΩ　380kPa	数学符号、物理量符号、计量单位符号及其他符号、代号，应分别符合国家的有关法令和标准的规定
其他		10Js5(±0.003)　M24-6h $\phi25\dfrac{H6}{m5}$　$\dfrac{II}{2:1}$　$\dfrac{A向旋转}{5:1}$ $\sqrt[6.3]{\ }$　R8　5%　$\sqrt{3.50}$	

4. 图线（GB/T 17450—1998，GB/T 4457.4—2002）

（1）线型

中国现行的图线专项标准有两项，即 GB/T 4457.4—2002《机械制图 图样画法 图线》和 GB/T 17450—1998《技术制图 图线》。GB/T 4457.4—2002 是在 GB/T 17450—1998 基础上根据机械制图的特点进行的规定与补充。国家标准中规定的机械图样的图线名称、型式、宽度及用途见表 2-5。

（2）线宽

所有线型的图线宽度用 d 表示。机械制图中图线的宽度分为粗、细两种，粗线的宽度应在 0.5～2mm 之间选择，细线的宽度约为粗线宽度的 1/2。图线宽度的推荐系列为 0.25、0.35、0.5、0.7、1、1.4、2mm。

表 2-5　图线的类型及应用

图线名称	图线型式	图线宽度	主要用途
粗实线		d	可见轮廓线、可见棱边线、相贯线、螺纹牙顶线、螺纹长度终止线、齿顶圆（线）等
细实线		约 $d/2$	尺寸线、尺寸界线、剖面线、指引线和基准线、重合断面轮廓线、过渡线等
波浪线		约 $d/2$	断裂处的边界线、视图与剖视图的分界线
双折线		约 $d/2$	断裂处的边界线、视图与剖视图的分界线
虚线	 2~6　1	约 $d/2$	不可见的轮廓线、不可见的棱边线
细点画线	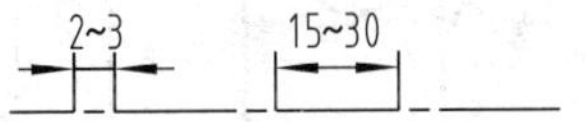 2~3　15~30	约 $d/2$	轴线、对称中心线、分度圆（线）、孔系分布的中心线、剖切线等
粗点画线		d	限定范围表示线
双点画线	 15~30　4~5	约 $d/2$	相邻辅助零件的轮廓线、可动零件的极限位置的轮廓线、重心线、成形前轮廓线、轨迹线、毛坯图中制成品的轮廓线、中断线等

（3）注意事项

1）在同一图样中，同类图线的宽度应基本保持一致。虚线、细点画线、双点画线的线段长度和间隔，也应各自大致相等，见表 2-5。

2）轮廓线、虚线、细点画线、细实线重合时，按轮廓线—虚线—细点画线—细实线取舍。

3）各类图线相交时，必须是线段相交。

4）绘制圆的对称中心线时，圆心应为线段的交点，首末两端应是线段而不是短画或点，且应超出图形轮廓线外 2～5mm，如图 2-6 所示。

5）在较小图形上绘制细点画线或双点画线有困难时，可用细实线代替，如图 2-6 所示。

6）虚线、点画线或双点画线处于粗实线的延长线上时，连接处应断开，如图 2-7 所示。

图 2-6　圆对称中心线的画法

图 2-7　虚线的画法

5. 尺寸注法（GB/T 4458.4—2003）

在生产中为了统一语言，国家标准机械制图中规定了尺寸标注的基本规则及方法，在绘制图样时必须严格遵守，否则将会引起混乱。

（1）基本规则

1）机件的真实大小应以图样上所注尺寸数值为依据，与图形的大小及绘图的准确度无关。

2）图样中的尺寸，以毫米为单位时，不需标注计量单位的代号或名称，若采用其他单位，必须注明。

3）图样中所标注的尺寸，为该图样最后要求的尺寸，否则应另加说明。

4）机件的每一尺寸，一般只标注一次，并应标注在反映该结构最明显的图形上。

（2）标注尺寸的三要素

每个完整的尺寸，一般包括尺寸界线、尺寸线和尺寸数字三个基本要素，如图 2-8 所示。

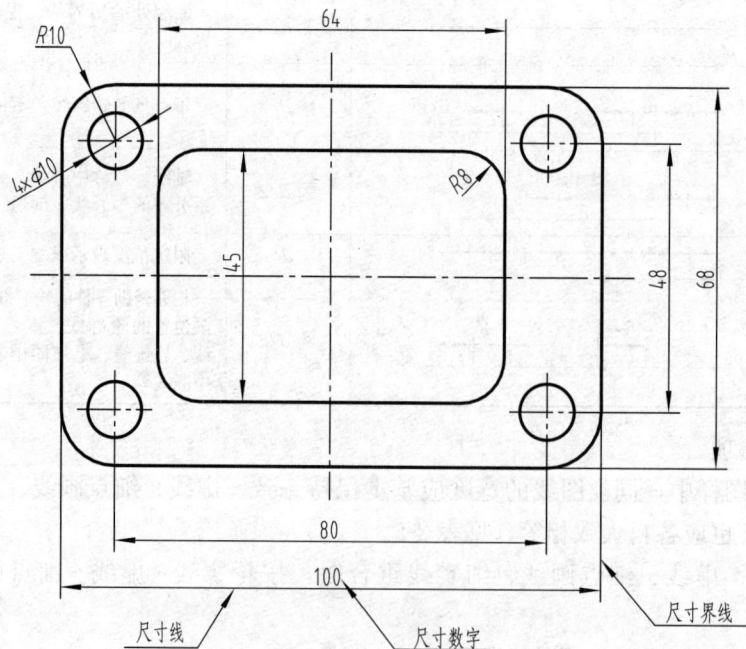

图 2-8　标注尺寸三要素

1）尺寸界线。尺寸界线用细实线绘制，应由图形的轮廓线、轴线或对称中心线引出。也可利用轮廓线、轴线或对称中心线作为尺寸界线，一般与尺寸线垂直并超过尺寸线 2~5mm。

2）尺寸线。尺寸线用细实线绘制。线性尺寸的尺寸线必须与所标注的线段平行，尺寸线不能用其他图线代替，一般也不得与其他图线重合或在其延长线上。

尺寸线的终端有箭头和斜线两种形式，如图 2-9 所示。采用斜线时，尺寸线与尺寸界线必须是直线且相互垂直，同一图样中箭头大小要一致，尺寸线的终端形式应统一。在地方不够的情况下，允许用圆点或斜线代替箭头。

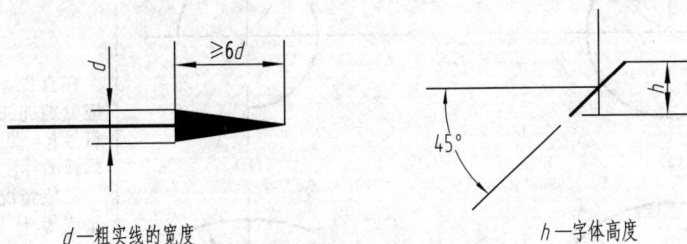

d—粗实线的宽度 h—字体高度

图 2-9 尺寸线终端形式

3）尺寸数字。尺寸数字不允许被任何图线通过，当无法避免时，必须将图线断开。

（3）常用尺寸的注法

常用尺寸的注法见表 2-6。

表 2-6   尺 寸 注 法

尺寸标注的类型	图例	说明
线性尺寸	 （a） （b）	线性尺寸的尺寸线与所标注的线段平行；互相平行的尺寸线一般按小尺寸在内，大尺寸在外的原则标注，且两尺寸线之间的间隔应大致相等；尺寸间或与尺寸界线间应避免相交 线性尺寸的尺寸数字注写如左图所示，水平尺寸数字头朝上，垂直尺寸数字头朝左，并尽量避免在图示 30°范围内标注尺寸，当无法避免时可采用右图形式标注
角度	 （a） （b）	角度的数字一律写成水平方向，一般注定在尺寸线的中断处，见图（a）。必要时也可按图（b）所示形式标注

尺寸标注的类型	图例	说明
圆和圆弧	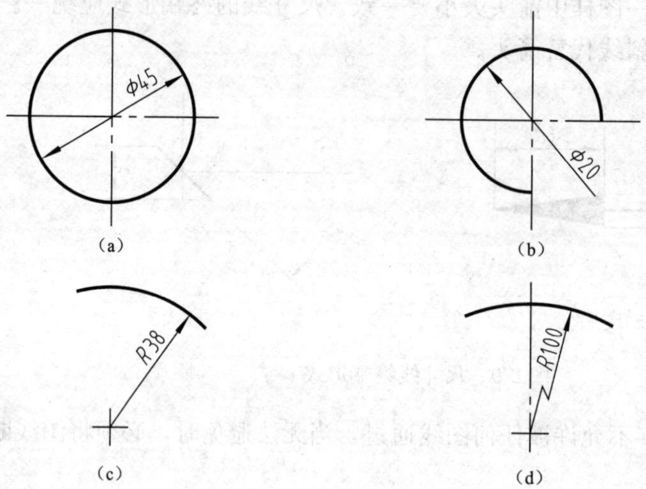 (a)　　　　　　　　(b) (c)　　　　　　　　(d)	在直径、半径的尺寸数字前应分别加注直径符号ϕ或半径符号R,见图(a)、(b)、(c),大圆弧的标注见图(d) 一般情况下,当圆弧角度小于或等于180°时标半径尺寸,大于180°时标直径尺寸
小尺寸	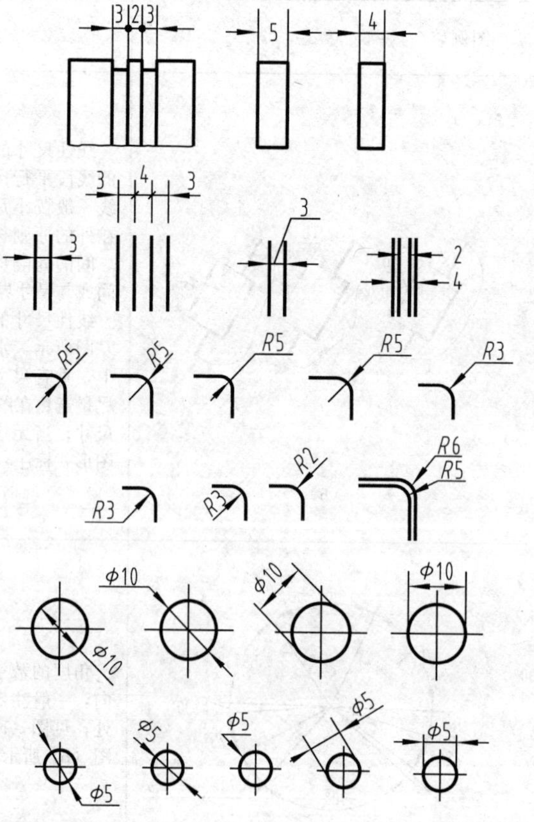	当没有足够的位置画箭头或注写数字时,可按如图的形式标注。此时,允许用圆点或斜线代替箭头

续表

尺寸标注的类型	图例	说明
倒角	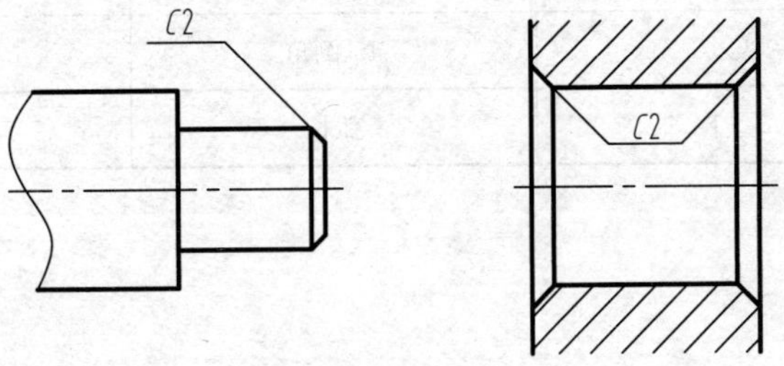 （a）45°倒角的注法 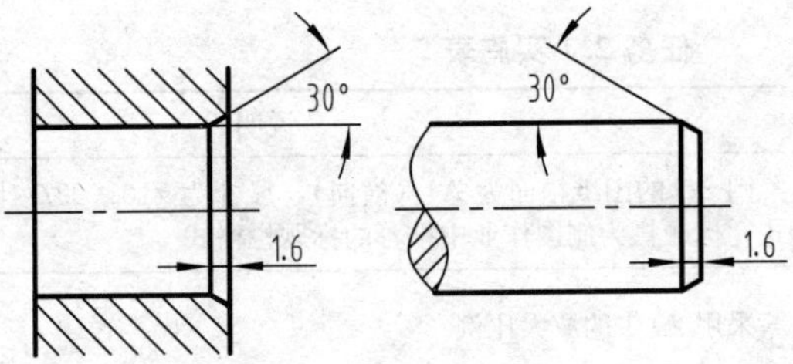 （b）非45°倒角的注法	45°倒角可按图（a）的形式标注；非45°倒角应按图（b）的形式标注
正方形结构	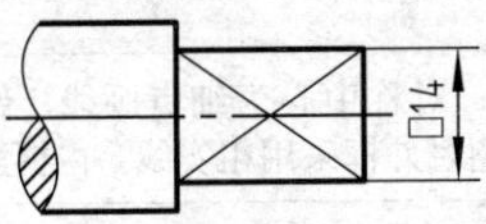 （a） 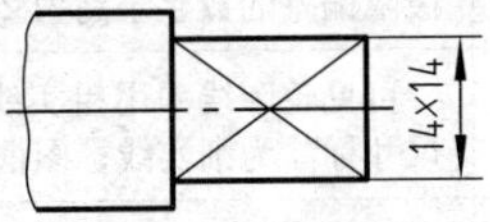 （b） 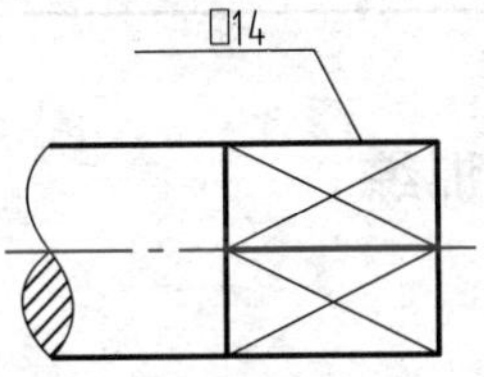 （c） 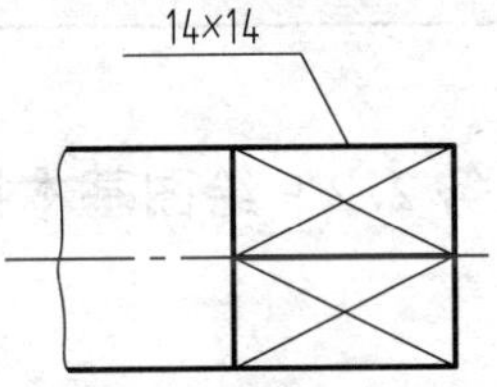 （d）	标注正方形结构的尺寸时，可在正方形边长尺寸数字前加注符号"□"或用"$B \times B$"，B为正方形的对边距离
厚度	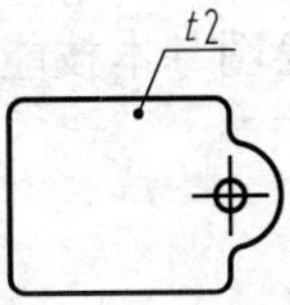	标注板状零件的厚度时，可在尺寸数字前加注符号 t

（4）尺寸标注中常用的符号

尺寸标注的常用符号见表 2-7。

表 2-7 　　　　　　　　　　　**尺寸标注的常用符号**

名称	符号	名称	符号
直径	ϕ	球半径	SR
半径	R	厚度	t
球直径	$S\phi$	正方形	□

续表

名称	符号	名称	符号
均布	EQS	深度	▽
埋头孔	⌵	45°倒角	C
沉孔或锪平	⊔	弧长	⌒

任务实施

分析如图 2-1 所示工程图样，其所运用的有关国家标准见表 2-8。

表 2-8　　　　　　　　　　　　　　**任务 2.1 实施表**

序号	图 2-1 所运用的国家标准	说明
1	图纸幅面和格式（GB/T 14689—1993）	图 2-1 的图纸幅面为 A4（横向），尺寸为 210×297；图框为留装订边格式；标题栏为制图作业中推荐的标题栏格式
2	比例（GB/T 14691—1993）	采用 2∶1 的放大比例
3	字体（GB/T 14691—1993）	汉字采用长仿宋，字高分别为 5、7、10mm；尺寸数字字高为 3.5mm；极限偏差的数字字高为 2.5
4	图线（GB/T 4457.4—2002，GB/T 17450—1998）	可见轮廓线采用粗实线绘制；对称中心为细点画线；剖面线用细实线；尺寸标注为细实线；图框和标题栏外框采用粗实线，内框采用细实线
5	尺寸注法（GB/T 4458.4—2003）	线性尺寸标注符合 GB/T 4458.4—2003 规定；直径、半径的尺寸数字前分别加注了符号 ϕ、R

任务 2.2　绘图基本技能训练

任务内容

分析如图 2-1 所示的工程图样，学习并训练绘图基本技能。

任务目的

1）熟悉并掌握绘图工具和仪器的使用方法。

2）学习并掌握几何作图的方法（等分线段、等分圆周、斜度和锥度、直线连接、圆弧连接）。

任务知识

1. 绘图工具及仪器的使用

为了提高绘图速度，保证绘图质量，必须掌握绘图工具的正确使用方法，现将几种常用的绘图工具及仪器的使用方法介绍如下：

（1）图板和丁字尺

图板是绘图时用来固定图纸的矩形木版，由板面和导边组成，常用的有 0 号、1 号、2 号。板面必须平整，用于固定图纸，左侧作为丁字尺的导边，如图 2-10 所示。

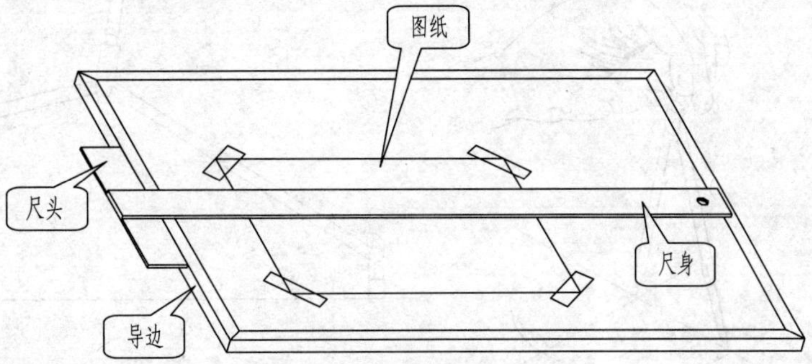

图 2-10　图板和丁字尺

丁字尺主要用来画水平线，由互相垂直的尺头和尺身组成。使用时左手按住尺头，且紧贴图板左导边，根据需要上下移动用来画水平线或对图纸进行定位。

（2）三角板

每副三角板有两块，一块为 45°，另一块为 30° 和 60°，两块三角板配合使用，可画出已知直线的平行线和垂直线，如图 2-11 所示。三角板与丁字尺配合时可画出垂直线，以及与水平方向呈 15°、30°、45°、60°、75° 等角度的倾斜线，如图 2-12 所示。

图 2-11　作已知直线的平行线和垂直线

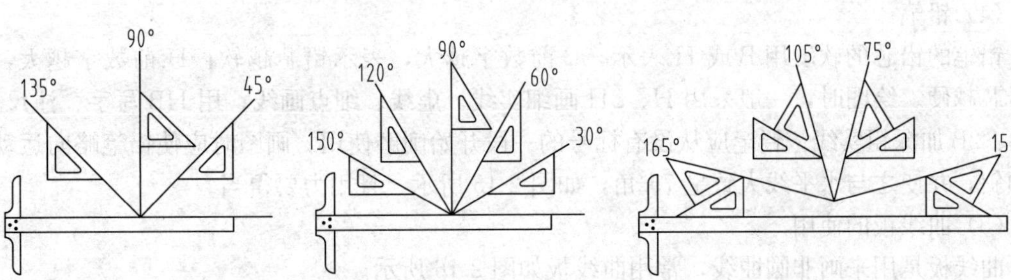

图 2-12　特殊角度线

（3）圆规和分规

圆规是用来画圆和圆弧的工具。使用前应调节好针脚，使针尖略长于铅芯，且应使针尖和笔尖与纸面大致保持垂直。圆规上使用的铅芯，应比铅笔的铅芯软一号，圆规的用法如图 2-13 所示。

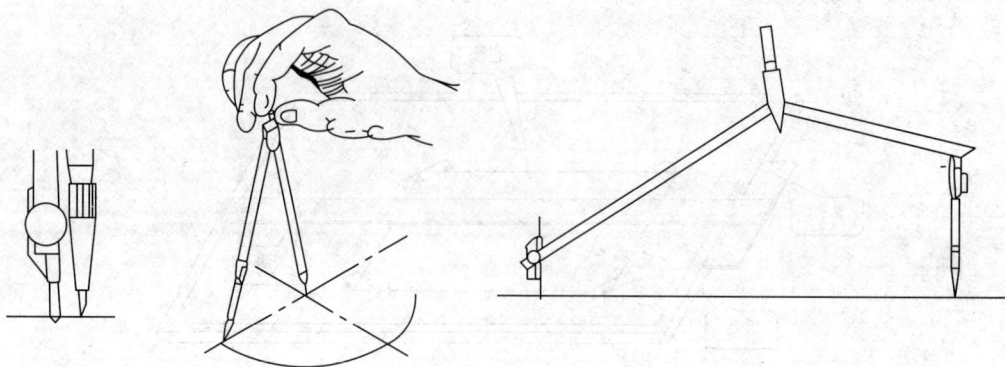

图 2-13　圆规的用法

分规是等分线段、量取尺寸的工具。分规两脚的针尖在并拢后应能对齐，分规的使用如图 2-14 所示。

图 2-14　分规的用法

（4）铅笔

铅笔的铅芯的软硬用 B 或 H 表示，B 前数字越大，表示铅芯越软；H 前数字越大，表示铅芯越硬。绘图时，一般采用 H、2H 画细实线、虚线、细点画线；用 HB 写字、注尺寸；用 B、2B 加深粗实线。铅笔应从没有标号的一段开始削磨使用。画图时应使铅笔略向运动方向倾斜，并使之与水平线大致呈 75°角，如图 2-15 所示，且用力要得当。

（5）曲线板的使用

曲线板是用来画非圆曲线，常用曲线板如图 2-16 所示。

画图时，应徒手轻轻用铅笔把所求曲线上各点大致相连，然后选择曲线板上曲率与之相吻合的线段将徒手连成的曲线光滑地画出，注意各段曲线的末端应留一段不画，以用于连接下一段曲线。

图 2-15 铅笔的使用

正　　　　误

图 2-16 曲线板

任务实施

根据图 2-1 所示工程图样可以看出，如果要完成该图需要掌握常见绘图工具的使用、正六边形的绘制、斜度的基本知识、直线与圆弧的连接、圆弧与圆弧的连接等内容。

1. 等分线段

已知线段 AB，求作任意等分（如三等分）其作图方法如图 2-17 所示。

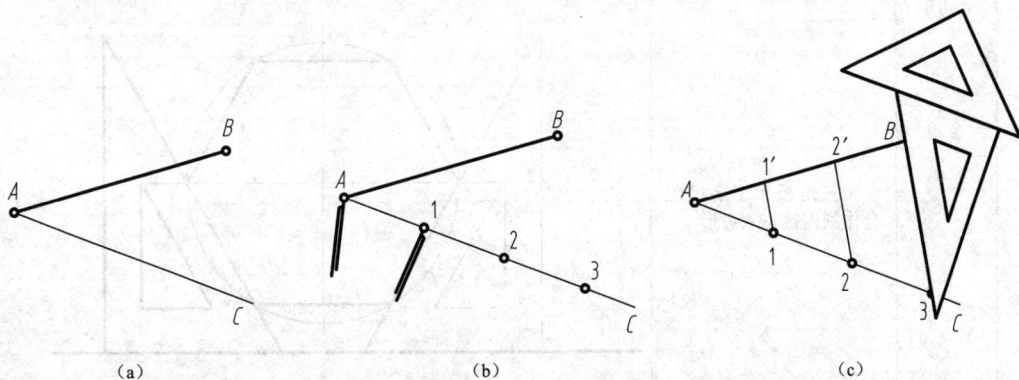

（a）　　　　　（b）　　　　　（c）

图 2-17 线段的等分

作图步骤：

1）过端点 A 作直线 AC，与已知线段 AB 呈任意一锐角。

2）用分规在 AC 上截取任意相等的长度的各等分点 1、2、3。

3）连接 $3B$，并过 1、2 点作 $3B$ 的平行线，在 AB 上即得 $1'$、$2'$ 各等分点。

2. 等分圆周

用圆规、分规、三角板、丁字尺等工具可以将已知圆周进行等分（具体操作方法见表 2-9）。

表 2-9　　　　　　　　　　　圆　周　的　等　分

序号	任务内容	作图方法及步骤	结果
1	绘制正五边形	1. 平分 OB 得中点 D 2. 以 D 为圆心，DC 为半径作弧 CE，交 AB 于 E 点 3. 以 CE 为边长等分圆周，得 F、G、H、I 等分点，依次连接即得正五边形	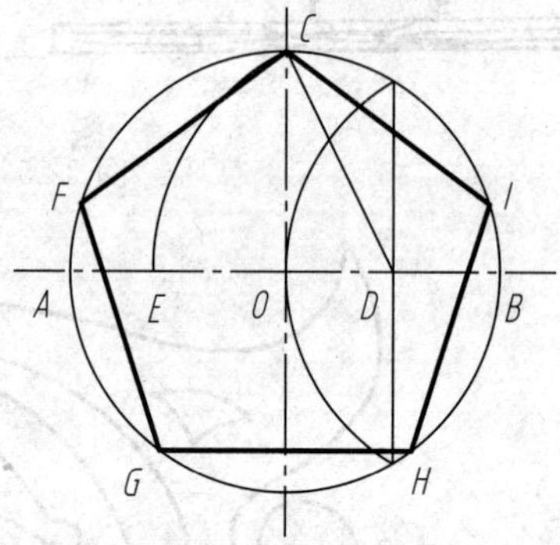
2	绘制正六边形	用圆规六等分圆周绘制正六边形	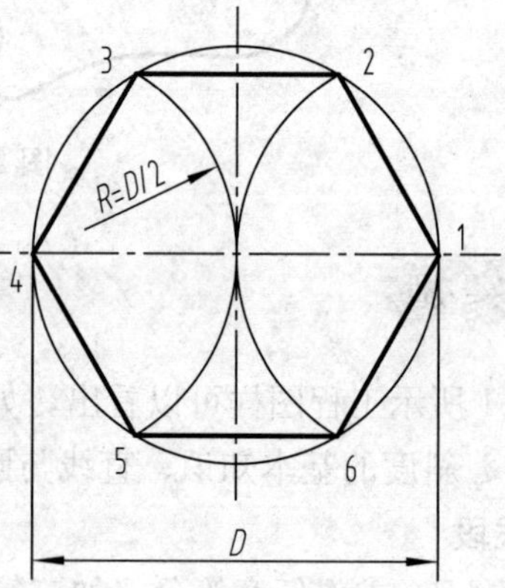
		用三角板和丁字尺配合作圆内接正六边形	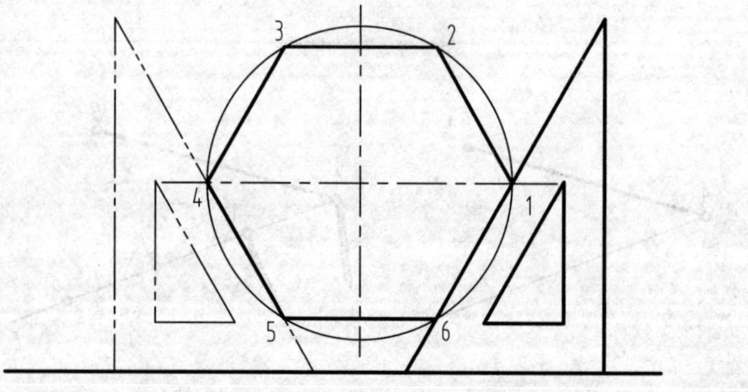

续表

序号	任务内容	作图方法及步骤	结果
2	绘制正六边形	用三角板和丁字尺配合作圆外切正六边形	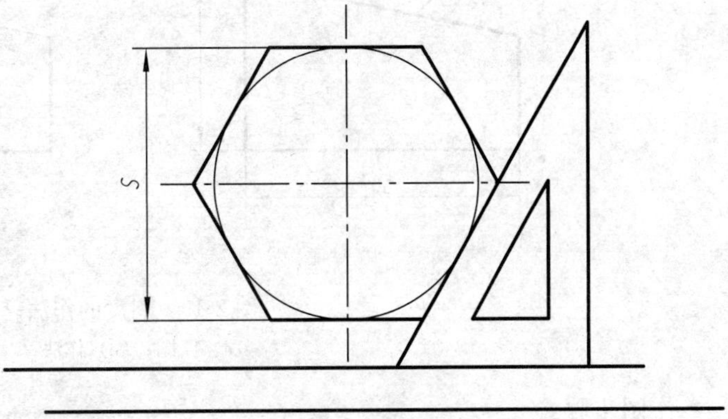
3	绘制正n边形	n 等分铅垂直线 AE，例如 $n=7$，以 A 为圆心，AE 为半径作弧，交水平中心线于点 I，延长连线 $I2$、$I4$、$I6$（或 $I1$、$I3$、$I5$），与圆周交于点 B、C、D，再作出它们的对称点，即可作出圆的内接正七边形	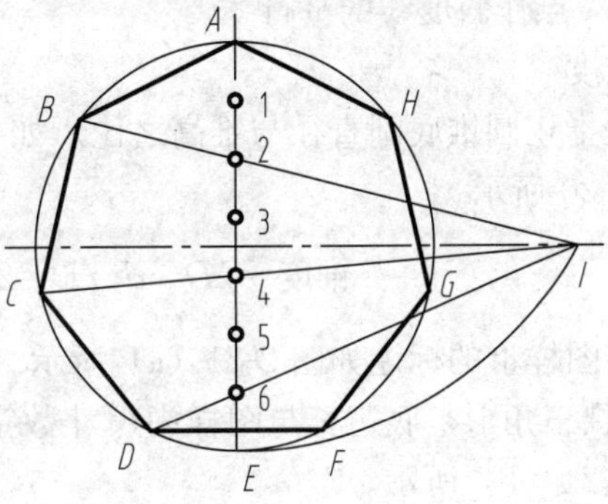

3. 斜度和锥度

（1）斜度

斜度是一直线对另一直线、一直线对另一平面或一平面对另一平面的倾斜程度，即 AB 对 AC 的斜度$=H/L=(H-h)/l=\tan\alpha=1:n$，如图 2-18 所示。

斜度在图样中的标注形式如图 2-18（a）所示。斜度符号用 1/10 字高的线绘制，斜线与水平方向呈 30°角，高度与图样中数字高相同，方向与斜度方向一致，如图 2-18（b）所示。

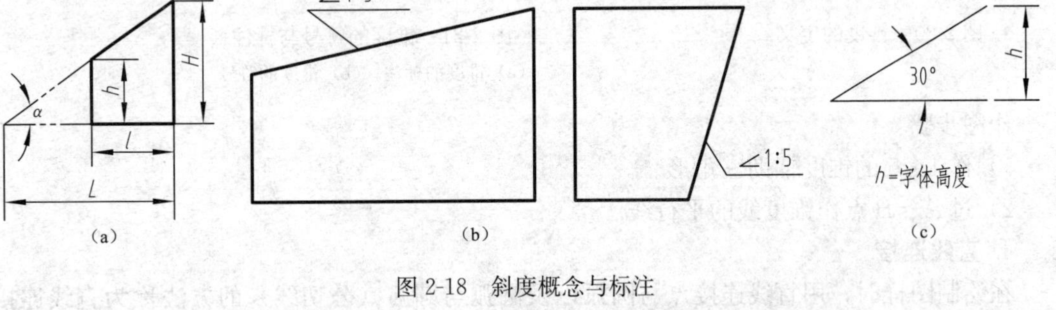

图 2-18　斜度概念与标注
(a) 斜度概念；(b) 斜度标注；(c) 斜度符号

斜度应根据给定的尺寸关系作出，其方法如图 2-19 所示。

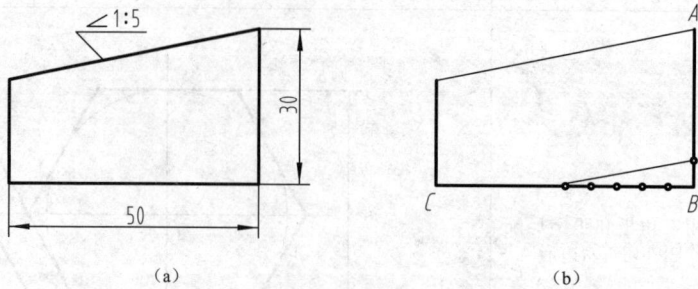

图 2-19　斜度的作法
(a) 原图；(b) 作法

作图步骤：

1）在 AB 上取 1 个单位，在 BC 上取 5 个单位，作 1∶5 斜度线。

2）过 A 点作斜度线的平行线。

（2）锥度

锥度是指正圆锥底圆直径与锥高之比。如果是圆锥台，则为两底圆直径之差与锥台高之比，如图 2-20 所示。

$$锥度 = (D-d)/L = 2\tan\frac{\alpha}{2} = 1 : \frac{1}{2}\cot\frac{\alpha}{2}$$

锥度在图样上的标注如图 2-21 (a) 所示。锥度符号用 1/10 字高的线绘制，是一个顶角为 30°的等腰三角形，底边长与图样中尺寸数字的高度相等，符号的指向应与锥度的方向一致，如图 2-21 (b) 所示。

图形中锥度，应根据给定的尺寸关系作出，其作法如图 2-22 所示。

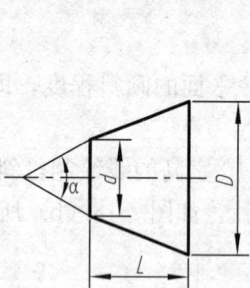

图 2-20　锥度的定义

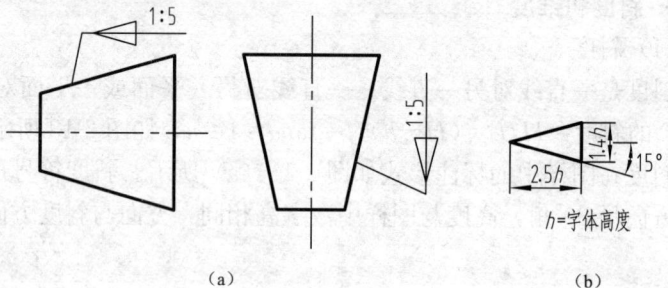

图 2-21　锥度的符号与标注
(a) 锥度的标注；(b) 锥度的符号

作图步骤：

1）作 1∶5 的锥度辅助三角形。

2）过 A、B 点作锥度线的平行线。

4. 直线连接

在绘制图样时，用直线连接点与圆弧以及圆弧与圆弧（公切线）的方法称为直线连接。直线连接可利用"半圆上圆周角为直角"的原理进行完成。常用的直线连接有以下几种：

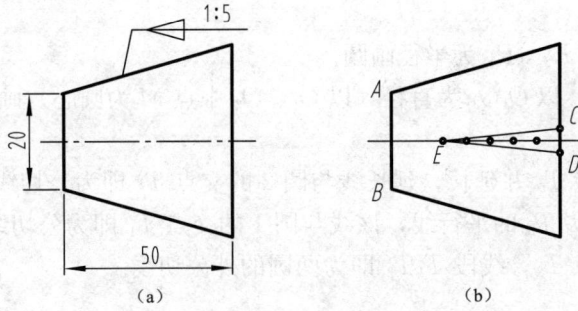

图 2-22 锥度的作法

(a) 原图；(b) 作法

（1）连接点与圆弧

用直线连接已知点和圆，其作图方法如图 2-23 所示。

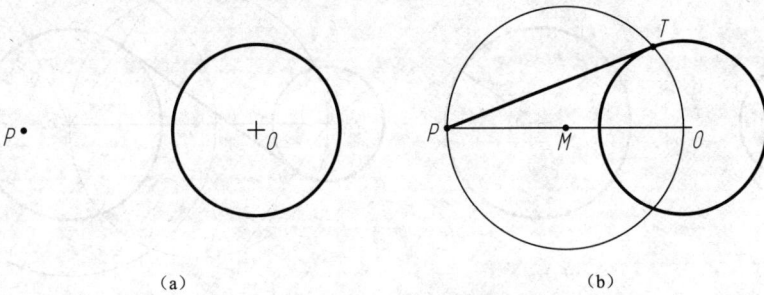

图 2-23 直线连接点与圆弧

(a) 已知条件；(b) 作图方法

作图步骤：

1）连接已知点 P 和圆弧圆心点 O。

2）以 PO 为直径画圆（圆心为直线 PO 的中点 M），该圆与圆 O 的交点为 T。

3）连接点 P 与点 T，线段 PT 即为点 P 与圆的切线。

4）检查、加粗。

（2）圆弧与圆弧（外公切线）

光滑连接两圆外侧的直线，称为两圆的外公切线，其作图方法如图 2-24 所示。

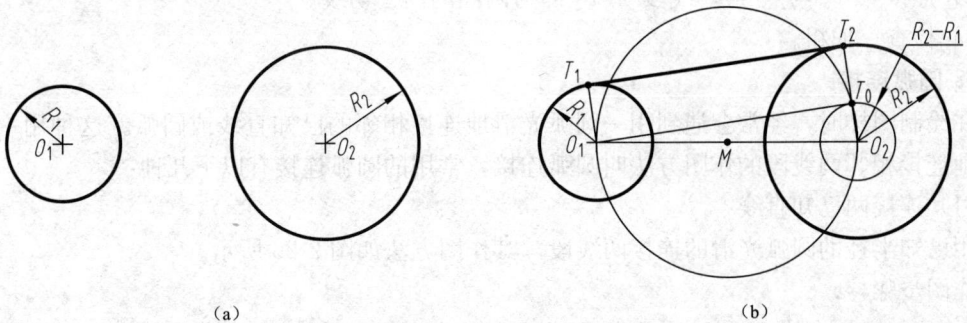

图 2-24 直线连接外公切线

(a) 已知条件；(b) 作图方法

作图步骤：

1）以 O_2 为圆心，$R_2 - R_1$ 为半径画圆。

2）连接 O_1 和 O_2，以 O_1O_2 为直径（以 O_1、O_2 中点 M 为圆心）画圆，与上一步骤所画圆的交点为 T_0。

3）连接点 O_2 与点 T_0 并延长，延长线与圆2的交点 T_2 即为公切线与圆2的切点。

4）过 O_1 作直线 O_2T_2 的平行线，该线与圆1的交点 T_1 即为公切线与圆1的切点。

5）连接点 T_1 与点 T_2，线段 T_1T_2 即为两圆的外公切线。

6）检查、加粗。

（3）圆弧与圆弧（内公切线）

光滑连接两圆内侧的直线，称为两圆的内公切线，其作图方法如图2-25所示。

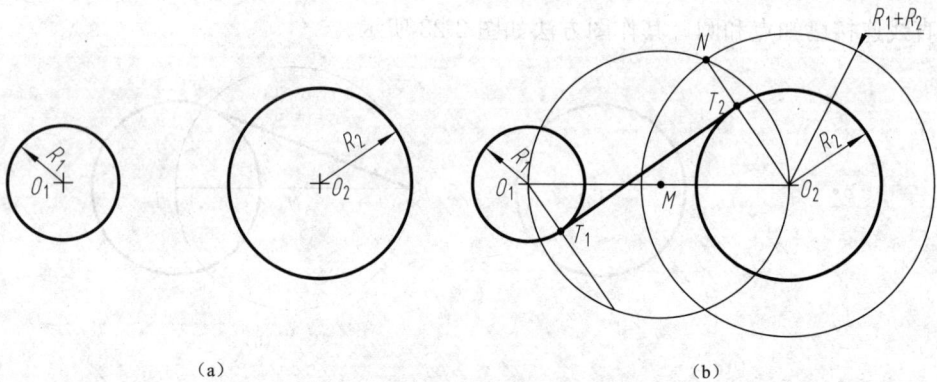

图 2-25　直线连接内公切线
(a) 已知条件；(b) 作图方法

作图步骤：

1）以 O_2 为圆心，$R_2 + R_1$ 为半径画圆。

2）连接 O_1 和 O_2，以 O_1O_2 为直径（以 O_1、O_2 中点 M 为圆心）画圆，与上一步骤所画圆的交点为 N。

3）连接点 O_2 与点 N，直线 O_2N 与圆2的交点 T_2 即为公切线与圆2的切点。

4）过 O_1 作直线 O_2T_2 的平行线，该线与圆1的交点 T_1 即为公切线与圆1的切点。

5）连接点 T_1 与点 T_2，线段 T_1T_2 即为两圆的内公切线。

6）检查、加粗。

5. 圆弧连接

在绘制图样时，经常会遇到用一圆弧光滑地连接相邻的已知直线或圆弧。这种用一圆弧光滑地连接相邻两线段的作图方法叫圆弧连接，常用的圆弧连接有以下几种：

（1）连接两已知直线

用已知半径的圆弧光滑的连接两线段，其作图方法如图2-26所示。

作图步骤：

1）作与已知直线 L_1、L_2 分别相距为 R 的平行线，交点 O 即为所求弧圆心（即连接弧圆心）。

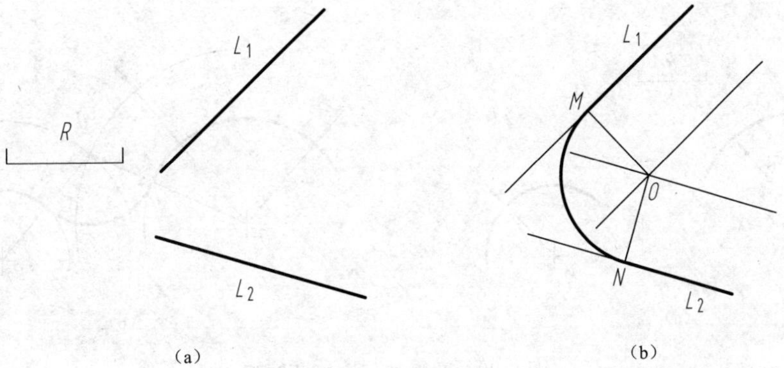

图 2-26 圆弧连接两已知线段
(a) 已知条件；(b) 作图方法

2）自 O 点向已知两直线作垂线，垂足 M、N 为所求弧的起点和终点（即连接点）。

3）擦除多余的线。

4）以 O 为圆心，R 为半径，在 M、N 之间画出连接圆弧。

5）检查、加粗。

（2）连接直线和圆弧

用一半径为 R 的圆弧连接已知直线和圆弧，其作图方法如图 2-27 所示。

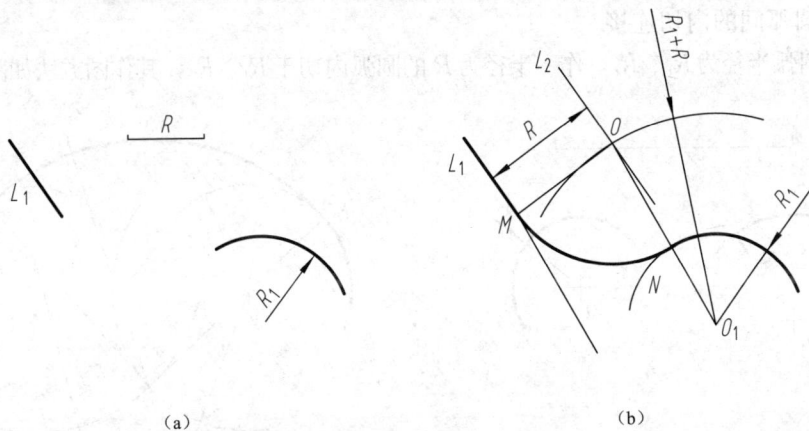

图 2-27 圆弧连接直线和圆弧
(a) 已知条件；(b) 作图方法

作图步骤：

1）作直线 L_1 的平行线 L_2（相距为 R）；作已知圆弧的同心圆弧，半径为 R_1+R，与直线 L_2 相交于点 O。

2）过 O 点作 L_1 的垂线，垂足为 M，连接 OO_1，交已知圆弧于 N 点，M、N 即为连接点。

3）擦除多余的线。

4）以 O 为圆心，R 为半径，在 M、N 间作连接弧。

5）检查、加粗。

（3）两圆弧间的外切连接

用一半径为 R 的圆弧连接两已知圆弧，使其外切于两已知圆弧，其作图方法如图 2-28 所示。

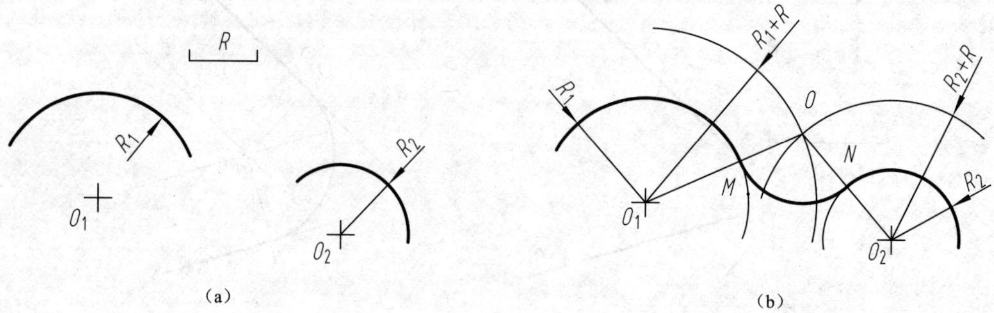

图 2-28 圆弧外切连接两圆弧
(a) 已知条件；(b) 作图方法

作图步骤：

1) 分别以 O_1、O_2 为圆心，R_1+R、R_2+R 为半径作圆弧，相交于 O 点，即为连接弧的圆心。

2) 连接 OO_1、OO_2 与已知圆弧相交于 M、N 点，M、N 为连接点。

3) 擦除多余的线。

4) 以 O 为圆心，R 为半径，在 M、N 两点间画连接弧。

5) 检查、加粗。

(4) 两圆弧间的内切连接

已知两圆弧半径为 R_1、R_2，作一半径为 R 的圆弧内切于 R_1、R_2，其作图方法如图 2-29 所示。

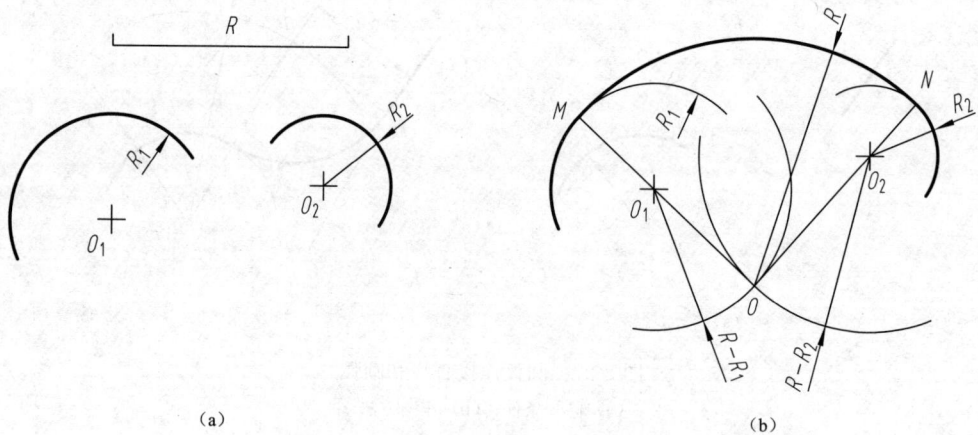

图 2-29 圆弧内切连接两圆弧
(a) 已知条件；(b) 作图方法

作图步骤：

1) 分别以 O_1、O_2 为圆心，$R-R_1$、$R-R_2$ 为半径画圆弧，相交于 O 点，即为连接弧的圆心。

2) 连接 OO_1、OO_2 并延长，与已知圆弧分别相交于 M、N 点，M、N 即为连接点。

3) 擦除多余的线。

4) 以 O 为圆心，R 为半径，在 M、N 两点间画连接弧。

5) 检查、加粗。

（5）两圆弧间的混合连接

已知圆弧 R_1、R_2，作一半径为 R 的圆弧，使其与 R_1 外切、与 R_2 内切，其作图方法如图 2-30 所示。

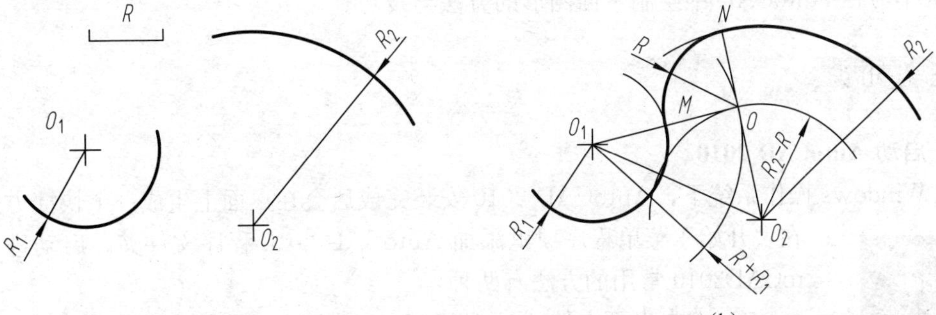

图 2-30 圆弧混合连接两圆弧

（a）已知条件；（b）作图方法

作图步骤：

1）分别以 O_1、O_2 为圆心，R_1+R、$R-R_2$ 为半径画圆弧，相交于 O 点，O 点即为连接弧的圆心。

2）连接 OO_1 交 R_1 弧于 M 点，连接 O_2O 并延长交 R_2 弧于 N 点，M、N 点即为连接点。

3）擦除多余的线。

4）以 O 为圆心，R 为半径，在 M、N 点之间画连接弧。

5）检查、加粗。

（6）圆弧连接的作图步骤

由上述作图方法可以看出，圆弧连接的作图步骤可归纳如下：

1）求出连接弧的圆心。

2）定出连接点（切点）的位置。

3）擦除多余的线。

4）在两个连接点（切点）之间画出连接圆弧。

5）检查、加粗。

任务 2.3   AutoCAD 中图框和标题栏的绘制

任务内容

学习 AutoCAD 相关命令并完成 A4 图纸图框和标题栏的绘制。

任务目的

1）熟悉 AutoCAD 界面、掌握 AutoCAD 启动方法和文件管理方法。

2）掌握 AutoCAD 中命令的输入、放弃、重做、重复、和终止的方法。

3）掌握 AutoCAD 中坐标的输入方法（绝对坐标、相对坐标和极坐标）。

4）掌握 AutoCAD 中对象的选择方法。

5）学习 AutoCAD 中直线、矩形、分解、偏移、修剪、删除、移动等命令的使用方法。

6）学习在 AutoCAD 中绘制平面图形的方法与技巧。

任务知识

1. 启动 AutoCAD 2010

在 Windows 操作系统下，AutoCAD 2010 安装完成后会在桌面上生成一个快捷方式，并在"开始"菜单程序项里添加 AutoCAD 2010 程序文件夹。启动进入 AutoCAD2010 常用的方法有两种：

1）双击桌面上的 AutoCAD 2010 快捷方式图标启动，如图 2-31 所示。

2）依次单击"开始"→"程序"→"Autodesk"→"AutoCAD 2010-Simplified Chinese"，然后单击该程序文件夹中的 AutoCAD 2010 选项，如图 2-32 所示。

图 2-31　AutoCAD 2010 快捷方式图标

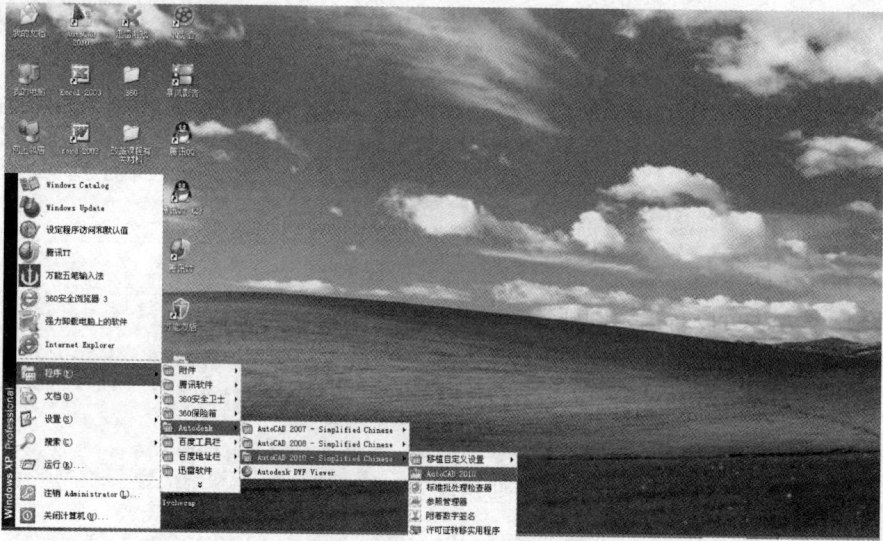

图 2-32　通过"开始"菜单启动 AutoCAD 2010

启动 AutoCAD 2010 软件后，显示 AutoCAD 2010 绘图界面，默认情况下为如图 2-33 所示的"二维草图与注释"绘图界面，还可以通过工作空间转换为"AutoCAD 经典"绘图界面。

2. AutoCAD 2010 经典工作界面

AutoCAD 2010 中的工作空间包括：二维草图与注释、三维建模和 AutoCAD 经典三种类型，默认工作空间为二维草图与注释，用户可以轻松地在其间进行切换，操作方法如下：

1）单击屏幕右下角"二维草图与注释"按钮右侧的小黑三角。

2）出现如图 2-34 所示菜单，选择"AutoCAD 经典"选项。

图 2-35 所示为经过配置后的 AutoCAD 经典工作界面，主要包括标题栏、下拉菜单、工具栏、绘图窗口、工具选项板窗口、命令窗口、状态栏以及窗口按钮、滚动条等。下面分别介绍各个部分的内容。

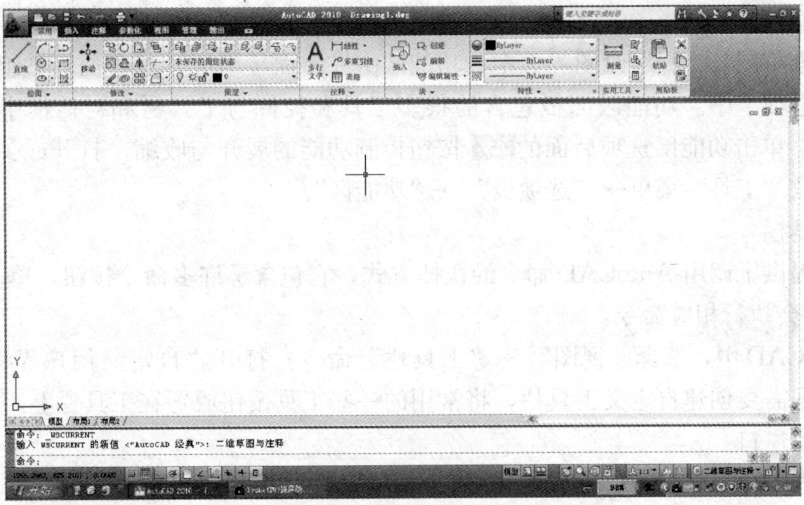

图 2-33 "二维草图与注释"绘图界面

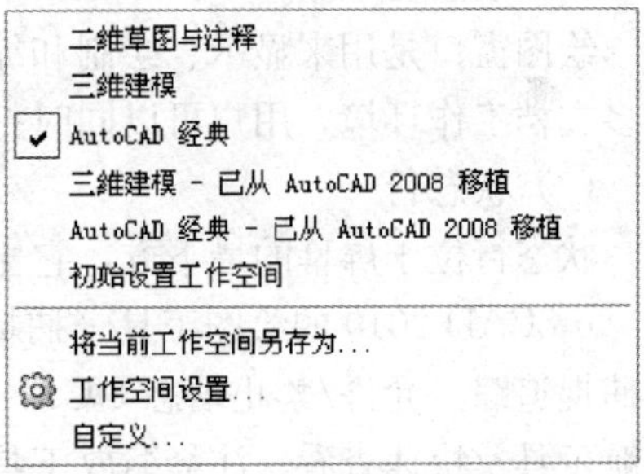

（1）标题栏

标题栏出现在应用程序窗口的顶部，它显示了当前正在运行的程序名及当前所装入的文件名。用于对文件进行快速操作、信息搜索、窗口操作等。在标题栏的右边为 AutoCAD 2010 程序窗口最大化、最小化、关闭按钮，其使用方法与一般的 Windows 软件相同。

（2）下拉菜单和快捷菜单

一般情况下，下拉菜单中的大多数选项都代表相应的 AutoCAD 2010 命令，包括"文件"、"编辑"、"视图"、"插入"、"格式"、"工具"、"绘图"、"标注"、"修改"、"参数"、"窗口"和"帮助"12 个菜单项。

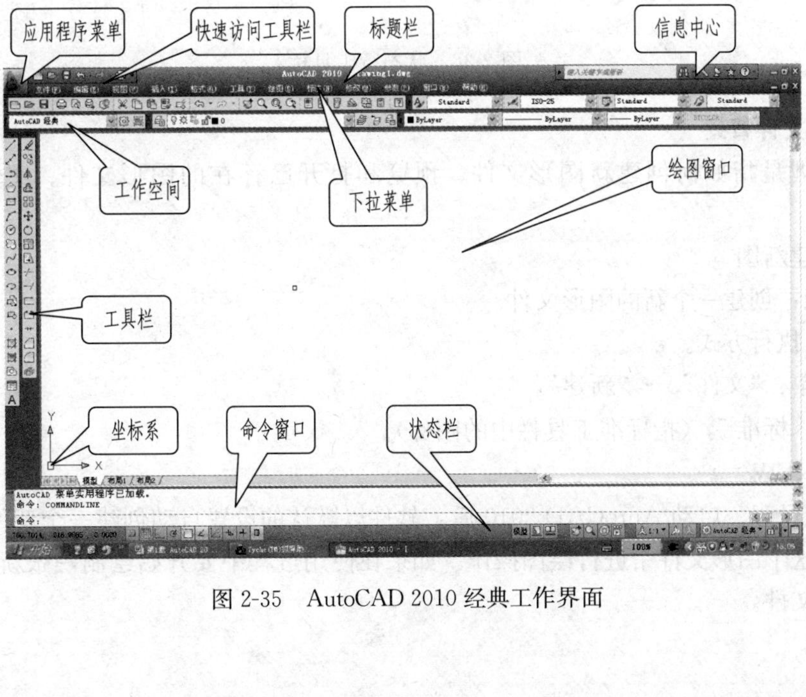

图 2-34 "工作空间"菜单

图 2-35 AutoCAD 2010 经典工作界面

（3）功能区

在"二维草图与注释"绘图界面中，功能区由许多面板组成，这些面板被组织到依任务进行标记的选项卡中。功能区面板包含的很多工具和控件与工具栏和对话框中的相同，如图 2-33 所示。单击功能区选项后面的 ■ 按钮控制功能的展开与收缩。打开或关闭功能区的操作可由下拉"工具"菜单→"选项板"→"功能区"。

（4）工具栏

工具栏提供了调用 AutoCAD 命令的快捷方式，它包含了许多命令按钮，单击某个按钮，AutoCAD 就会执行相应命令。

在 AutoCAD 中，选择"视图"→"工具栏"命令，打开"自定义用户界面"对话框，用户可以根据需要创建自定义工具栏，将常用的一些工具按钮放置在工具栏上。

（5）命令窗口

用户输入的命令、AutoCAD 提示的信息都将在命令提示窗口中显示出来，该窗口是用户与 AutoCAD 进行命令式交互的窗口，在操作时，必须随时注意命令行窗口中的提示。

（6）绘图窗口

绘图窗口是用来显示、绘制和编辑图形的工作区域。从 AutoCAD 2000 起 AutoCAD 支持多文档工作环境，用户可以同时打开多个图形文件分别对它们进行编辑。

（7）状态行

状态行位于屏幕的最下方，它主要反映当前的工作状态，它显示当前十字光标的坐标值和 AutoCAD 2010 的绘图工具（捕捉模式、栅格模式、正交模式、极轴追踪、对象捕捉、对象捕捉追踪、允许/禁止动态 UCS、动态输入、显示/隐藏线宽、快捷特征 10 个控制按钮），导航工具及快速查看、注释缩放工具（按钮呈蓝色显示状态为按钮打开），如图 2-36 所示。

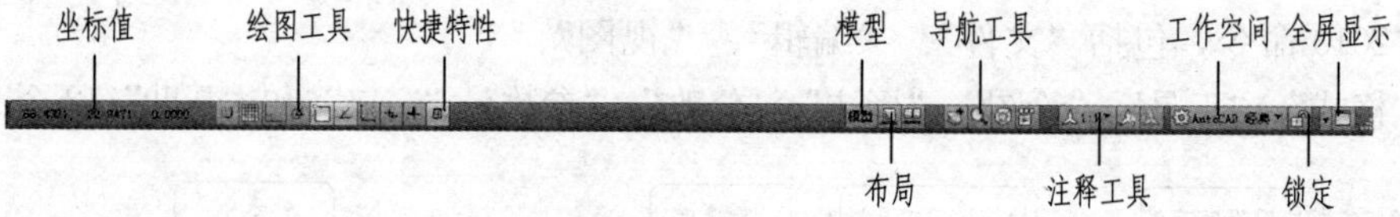

图 2-36　状态行工具栏

3. 图形文件管理

文件管理是指如何创建新图形文件、预览和打开已存在的图形文件、文件的存盘等操作。

（1）创建新图

1）功能：创建一个新的图形文件。

2）命令执行方式。

下拉菜单："文件"→"新建"。

工具栏：标准 ▢（指标准工具栏中的图标）。

命令：NEW。

3）操作过程。启动 AutoCAD 2010 后，软件以默认的设置自动创建一个新的图形文件，用户可以在这个图形文件中进行绘图操作。如果在使用过程中要开始绘制一张新图，可以新建一个图形文件。

执行创建新文件命令后，系统将弹出如图 2-37 所示的"选择样板"对话框，该对话框中默认的样板文件是 acadiso. dwt。选择一个样板文件或者使用默认的作为新建图形文件的样板，单击"打开"按钮，AutoCAD 2010 将根据用户选择的样板文件创建一张新图。

图 2-37 "选择样板"对话框

（2）打开已有图形文件

1）功能：打开已存在的图形文件。

2）命令执行方式。

下拉菜单："文件"→"打开"。

工具栏：标准 。

命令：OPEN。

3）操作过程。

执行打开文件命令后，AutoCAD 弹出如图 2-38 所示的"选择文件"对话框。指定文件路径及名称的方法与一般的 Windows 软件相同。

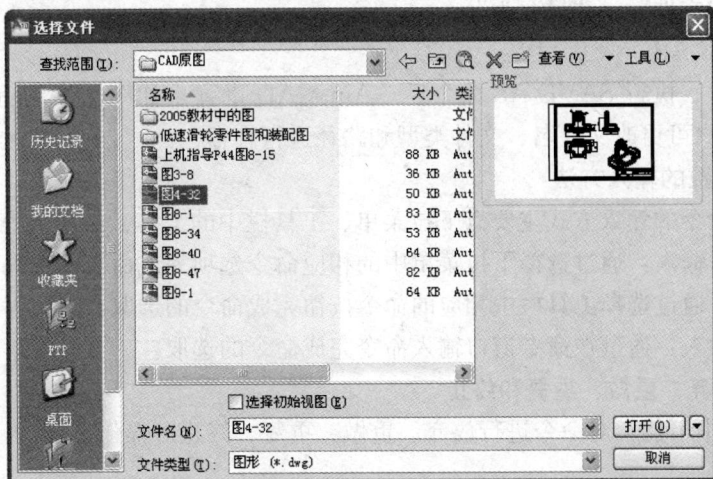

图 2-38 "选择文件"对话框

（3）快速存盘

1）功能：将当前所绘图形存盘。

2）命令执行方式。

下拉菜单："文件"→"保存"。

工具栏：标准▣。

命令：SAVE。

3）操作过程。命令输入后，AutoCAD 把当前编辑的已命名的图形直接以原文件名存入磁盘。若当前所绘图没有命名，AutoCAD 则自动弹出"图形另存为"对话框，如图 2-39 所示。利用该对话框，用户可输入文件名，选择存盘路径和存盘文件类型（默认为 .dwg 文件），单击"保存"即可。已保存过的文件不再出现此对话框。

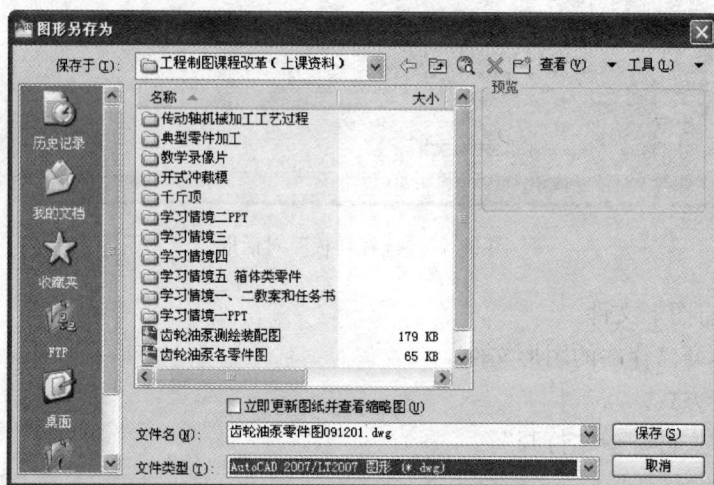

图 2-39　"图形另存为"对话框

（4）换名存盘

1）功能：用其他文件名或文件类型保存图形文件。

2）命令执行方式。

下拉菜单："文件"→"另存为"。

命令：SAVE AS。

3）操作过程。执行 SAVE AS 命令后，AutoCAD 也弹出如图 2-39 所示的"图形另存为"对话框，用户可更改文件名、文件类型和路径进行存盘。

4. 命令和参数的输入方法

AutoCAD 命令的输入方式主要有下拉菜单、工具栏中的工具、命令行等。

1）下拉菜单输入：通过选择下拉菜单中的相应命令选项完成命令的选取。

2）工具栏：通过选择工具栏中相应的命令按钮完成命令的选取。

3）命令行输入：通过在命令窗口输入命令完成命令的选取。

5. 命令的放弃、重做、重复和终止

在绘图过程中可能会对命令进行放弃、重做、重复、终止等操作。

（1）放弃命令

放弃最近一个或多个操作，最简单的方法是在命令行输入 Undo。另外还可选择下拉菜单"编辑"→"撤消",或在"标准"工具栏中单击工具↶,执行放弃命令。

（2）重做命令

重做（REDO）与放弃（UNDO）命令是一对相反的命令，并且重做（REDO）命令只能在放弃（UNDO）命令后执行，而且只能恢复 UNDO 命令撤消的最后一个操作，执行该命令可在命令行输入 REDO，或者选择下拉菜单："编辑"→"重做"，或者在"标准"工具栏中单击↷工具图标。

（3）重复命令

AutoCAD 2010 命令执行结束，自动返回"命令:"提示状态，等待用户输入下一个命令，如果用户想重复使用同一命令，只需在提示下直接按回车键或按空格键，系统自动执行前一次的命令。

（4）终止命令

在 AutoCAD 2010 中，可以随时按键盘左上角的 Esc 键，终止任何正在执行的命令和操作。

6. 坐标点的输入方法

在绘图时，用鼠标可以直接点击坐标点，但不是很准确；采用键盘输入坐标值的方式可以更精确地定位坐标点。从键盘输入坐标值的方法有三种。

（1）绝对坐标

绝对坐标是以当前坐标系原点为输入坐标值的基准点，输入点的坐标值都是相对于坐标原点（0，0，0）的位置而确定的。

（2）相对坐标

相对坐标表示的是一个点相对于上一个点的 X 和 Y 位移，或者距离和角度。格式:@ΔX，ΔY，ΔZ。其中，"@"字符表示输入一个相对坐标值。

（3）极坐标

极坐标是以用基点到输入点间距离值及其连线与 X 轴正向间的角度来表示。角度以 X 轴正向为度量基准，逆时针为正，顺时针为负。它包含绝对极坐标和相对极坐标，格式:距离<角度;@距离<角度。

7. 对象选择

用户在进行图形编辑或其他有关操作时，AutoCAD 一般会提示"选择对象"，表示要求用户从屏幕上选取需要编辑的实体。此时，十字光标框变成了一个小方框（称为选择框）。AutoCAD 2010 提供了多种对象选择的方式，下面介绍常用的三种。

（1）直接选择

移动鼠标将拾取框放置在要选择的对象上，然后单击鼠标左键即可拾取该对象。图形对象被选择后将以虚线显示，表示该对象被选中。

（2）窗口（Windows）

该选项使用一个矩形窗口来选定一个或多个对象。使用该选项时，只有完全被包围在矩形窗口中的对象才能被选中，而部分处于方框内的对象不被选中。默认状态下，当光标从左向右拖出矩形窗口时为窗口选择方式。

（3）交叉窗口（Crossing）

该方式与窗口方式类似，也是通过定义一个矩形窗口来选择对象，不同的是使用交叉窗口选择方式时，被窗口包围的对象和与窗口相交的对象都被选中。默认状态下，当光标从右向左拖出矩形窗口时为交叉窗口选择方式。

8. 直线命令

1）功能：绘制一条或一系列连接的二维和三维直线段。

2）命令执行方式。

下拉菜单："绘图" → "直线"。

工具栏：绘图╱。

命令：LINE。

【例 2-1】 利用直线命令绝对坐标绘制 A4 图纸的外框，相对坐标绘制 A4 图纸的内框。

1）绝对坐标绘制 A4 图纸的外框。

命令：line ↙

指定第一点：0，0 ↙

指定下一点或［放弃（U）］：210，0 ↙

指定下一点或［放弃（U）］：210，297 ↙

指定下一点或［闭合（C）/放弃（U）］：0，297 ↙

指定下一点或［闭合（C）/放弃（U）］：c ↙

2）相对坐标绘制 A4 图纸的内框。

命令：line ↙

指定第一点：25，5 ↙

指定下一点或［放弃（U）］：@180，0 ↙

指定下一点或［放弃（U）］：@0，287 ↙

指定下一点或［闭合（C）/放弃（U）］：@-180，0 ↙

指定下一点或［闭合（C）/放弃（U）］：c ↙

9. 矩形命令

1）功能。按指定参数绘制矩形。

2）命令执行方式。

下拉菜单："绘图" → "矩形"。

工具栏：绘图▭。

命令：RECTANG。

【例 2-2】 利用矩形命令绘制标题栏外框。

命令：rectang ↙

指定第一个角点或［倒角（C）/标高（E）/圆角（F）/厚度（T）/宽度（W）］：（在绘图窗口任意选择一点）

指定另一个角点或［面积（A）/尺寸（D）/旋转（R）］：@180，32 ↙

10. 分解命令

1）功能。将复合对象分解为若干个基本的组成对象。

2）命令执行方式。

下拉菜单："修改" → "分解"。

工具栏：修改▱。

命令：EXPLODE。

【例 2-3】 分解利用矩形命令绘制的标题栏外框。

命令：explode ↙

选择对象：（选择例 2-2 绘制的标题栏外框）

找到 1 个

选择对象：↙

分解后发现原来的矩形标题栏外框由一个整体变成了 4 条线段。

11. 偏移命令

1) 功能：根据选择的对象按指定偏移距离和偏移方向，等距离偏移生成一个相似的物体。

2) 命令执行方式。

下拉菜单："修改"→"偏移"。

工具栏：修改 ⚓。

命令：OFFSET。

【例 2-4】 利用偏移命令绘制如图 2-40 所示标题栏的内框线。

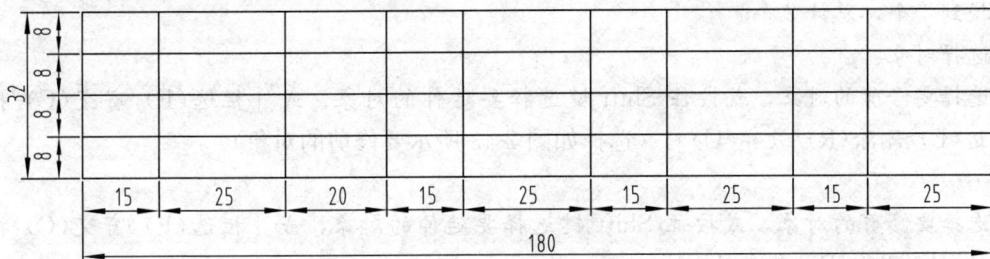

图 2-40 标题栏内框线

命令：offset ↙

当前设置：删除源＝否 图层＝源 OFFSETGAPTYPE＝0

指定偏移距离或 [通过(T)/删除(E)/图层(L)] ＜通过＞：15 ↙

选择要偏移的对象，或 [退出(E)/放弃(U)] ＜退出＞：（选择如图 2-41 所示的偏移对象）

指定要偏移的那一侧上的点，或 [退出(E)/多个(M)/放弃(U)] ＜退出＞：（在如图 2-41 所示的偏移方向上选择一点）

选择要偏移的对象，或 [退出(E)/放弃(U)] ＜退出＞：↙

结果如图 2-40 所示。

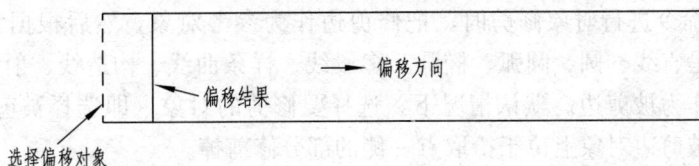

图 2-41 偏移命令执行过程

重复偏移命令完成其他标题栏内框线的绘制，结果如图 2-42 所示。

提示：

在多次使用偏移命令时要注意重复命令的使用方法，可以提高绘图效率。

12. 修剪命令

1）功能：以选择的对象作为边界，对图形中其他对象进行修剪。

2）命令执行方式。

下拉菜单："修改"→"修剪"。

工具栏：修改-/--。

命令：TRIM。

【例 2-5】 利用修剪命令完成标题栏的内框线的修整。

命令：trim↙

当前设置：投影=UCS，边=无

选择剪切边 ...

选择对象或<全部选择>：（选择如图 2-42 所示的剪切边）

找到 1 个

选择对象：（选择如图 2-42 所示的剪切边）

找到 1 个，总计 2 个

选择对象：↙

选择要修剪的对象，或按住 Shift 键选择要延伸的对象，或［栏选（F）/窗交（C）/投影（P）/边（E）/删除（R）/放弃（U）］：（选择如图 2-43 所示要修剪的对象）

······

选择要修剪的对象，或按住 Shift 键选择要延伸的对象，或［栏选（F）/窗交（C）/投影（P）/边（E）/删除（R）/放弃（U）］：↙

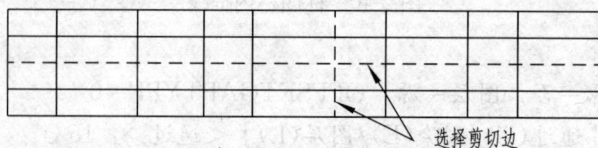

图 2-42　修剪命令选择剪切边

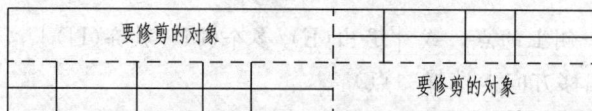

图 2-43　修剪命令要修剪的对象

使用 TRIM 命令进行对象修剪时，把修剪边作为参考对象，然后根据它来修剪其他对象。修剪边可以是直线、圆、圆弧、椭圆、多段线、样条曲线、构造线、射线、文字等。修剪边也可以同时作为被剪边。默认情况下，选择要修剪的对象（即选择被剪边），系统将以修剪边为界，将被剪边对象上位于拾取点一侧的部分修剪掉。

13. 移动命令

1）功能：将画好的图形移动到其他位置。

2）执行命令方式。

下拉菜单："修改"→"移动"。

工具栏：修改⊕。

命令：MOVE 或 M。

【例 2-6】　利用移动命令将标题栏移动到 A4 图纸内框的右下角，如图 2-44 所示。

命令：move↙

选择对象：（选择标题栏）

找到 15 个

选择对象：↙

指定基点或［位移（D）］＜位移＞：（选择如图 2-44 所示标题右下角点）

指定第二个点或＜使用第一个点作为位移＞：（选择如图 2-44 所示内框右下角点）

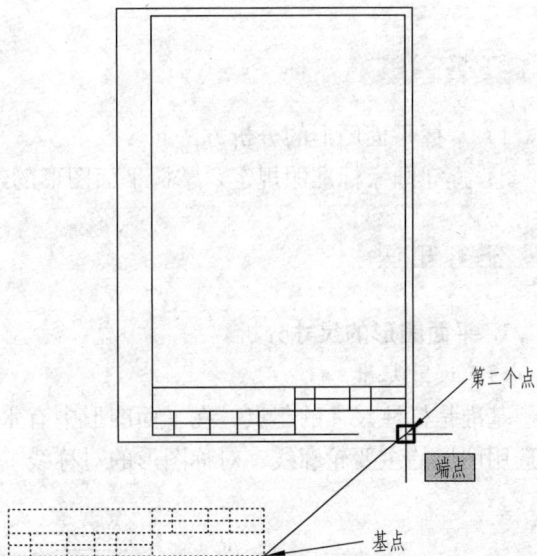

图 2-44　移动命令中的点

任务实施

A4 图纸图框和标题栏的绘制过程如下：

（1）新建文件并保存

1）双击桌面上的 AutoCAD 2010 快捷方式图标启动。

2）单击屏幕右下角"二维草图与注释"按钮右侧的小黑三角，转换工作空间为"Auto-CAD 经典"绘图界面。

3）单击下拉菜单"文件"→"保存"，AutoCAD 则自动弹出"图形另存为"对话框，如图 2-39 所示。输入文件名"吊钩"。选择存盘路径为在 D：\，设置存盘文件类型（默认为 .dwg 文件），单击"保存"。初学者要养成在新建文件后立即保存，并在画图过程中定时保存的习惯，以免因为误操作或意外造成文件丢失。

（2）绘制 A4 图纸外框和内框

绘图过程见例 2-1。

（3）绘制标题栏

绘图过程见例 2-2～例 2-5。

（4）移动标题栏

绘图过程见例 2-6。

（5）保存

单击下拉菜单"文件"→"保存"。

任务 2.4　手工绘制吊钩零件图

任务内容

分析如图 2-1 所示工程图样，手工绘制吊钩零件图。

🧭 **任务目的**

1）掌握平面图形的分析方法。

2）遵守国家标准的规定，掌握平面图形的绘制方法。

👤 **任务知识**

1. 平面图形的尺寸分析

（1）尺寸基准

基准是标注尺寸的起点。在平面图形中有水平和垂直方向的尺寸基准。一般平面图形中常选用图形的主要轮廓线、对称图形的对称线、中心线等为基准线，如图2-45所示。

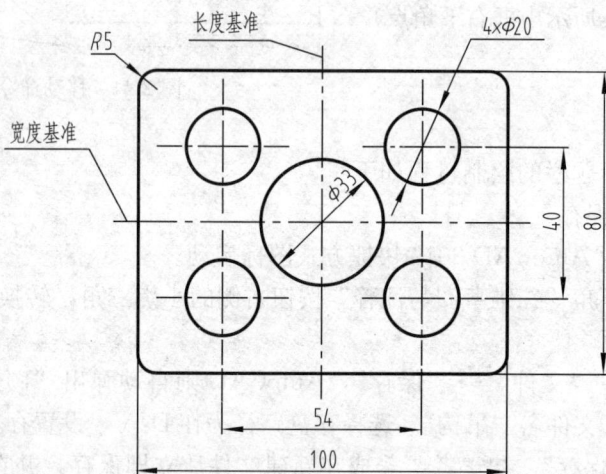

图2-45　平面图形的尺寸分析

（2）尺寸分类

尺寸按其在平面图形中所起的作用可分为两类：定形尺寸和定位尺寸。

1）确定图形中组成部分形状和大小的尺寸称为定形尺寸。见图2-45中的$R5$、$\phi33$、$4\times\phi20$、100、80。

2）确定图形中各线段间相对位置的尺寸称为定位尺寸。见图2-45中的54、40。

当然，有些尺寸有可能既是定形尺寸又是定位尺寸。

2. 平面图形的线段分析

在平面图形中，按给出的定形尺寸或定位尺寸分析，平面图形的线段一般可分为以下三类：

1）已知线段。具有完整的定形和定位尺寸的线段称为已知线段。见图2-1中的尺寸48、42、50、$R22$、$R46$、$R100$等定义的线段。

2）中间线段。具有完整的定形尺寸，但定位尺寸不齐全的线段称为中间线段。见图2-1中的$R20$和图形下方圆弧的切线。

3）连接线段。只有定形尺寸，没有定位尺寸的线段称为连接线段，见图 2-1 中的 $R10$。

任 务 实 施

吊钩的绘制过程见表 2-10。

表 2-10　　　　　　　　　　　**任 务 实 施 表**

序号	作图步骤	结　　果
1	选比例，定图幅	由于吊钩只有一个视图，水平方向长度大约为 213mm，垂直方向长度大约为 91mm，绘图比例选定为原值比例 1∶1，则选择 A4 号有装订边 X 型图纸
2	固定图纸，绘制图框，标题栏	将裁好 A4 图纸利用胶带固定在图板的靠近左下角位置，放置图纸时利用丁字尺保证图纸放正为了防止图形超出图框，占用标题栏的位置，在绘图开始应先画好图框和标题栏
3	布图	在绘图之前应先布图（即确定视图的大约位置），吊钩零件只有一个视图，利用其水平方向长度尺寸和垂直方向长度尺寸确定一个视图大约位置框（不需要画出，做到心中有数即可），并将该框置于图框大约中间靠上的位置（要考虑尺寸位置和技术要求的位置）

序号	作图步骤	结　果
4	画基准线	在视图大约位置框中绘制基准线 吊钩　材料 H62　比例 1:1 共 张 第 张 图号 制图　　　学号 审核　　　成绩　机电工程学院
5	画已知线段	
6	画中间线段	
7	画连接线段	

序号	作图步骤	结　果
8	检查、加深图线（先圆弧后直线，从左向右，从上向下，先细后粗）	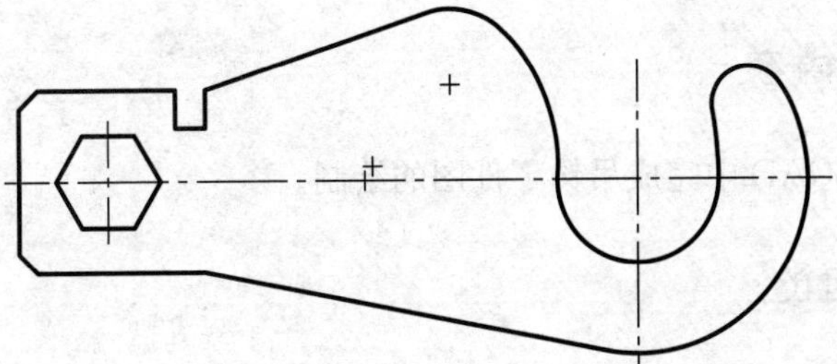
9	标注尺寸	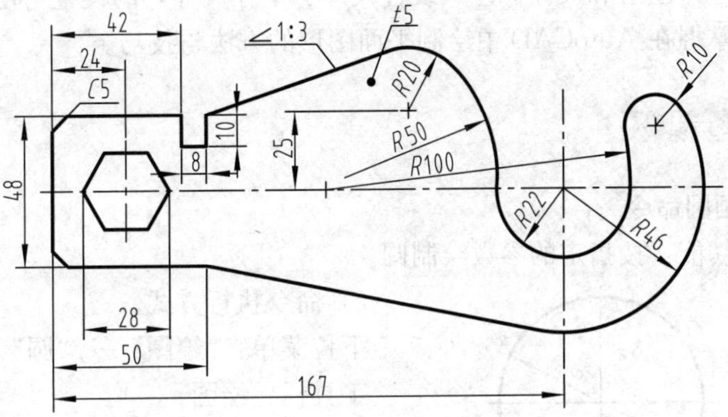
10	书写技术要求，并检查尺寸是否正确、完整、美观、合理	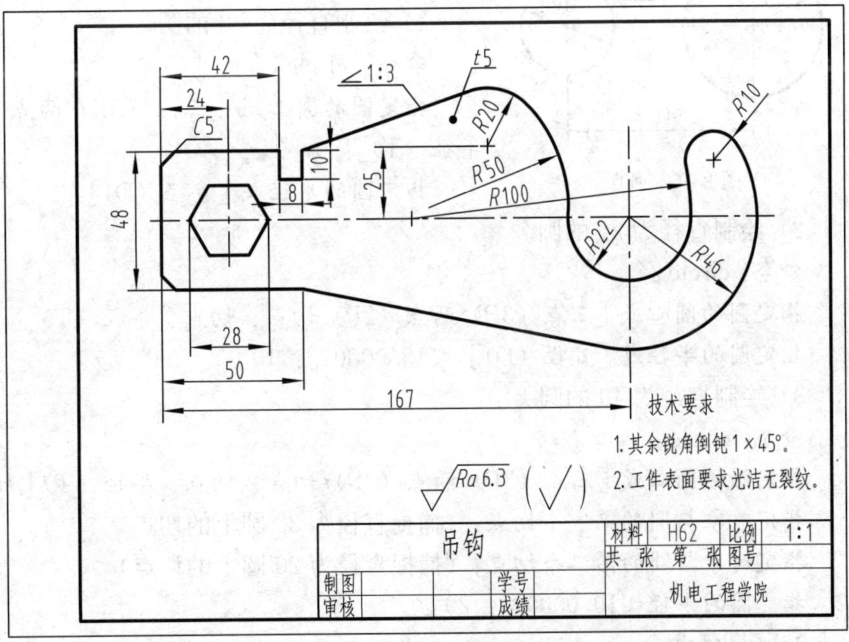

技术要求

1. 其余锐角倒钝 1×45°。

2. 工件表面要求光洁无裂纹。

$\sqrt{Ra\,6.3}$ $\left(\sqrt{}\right)$

吊钩

| 材料 | H62 | 比例 | 1:1 |

共 张 第 张 图号

| 制图 | | 学号 | |
| 审核 | | 成绩 | |

机电工程学院

任务 2.5　AutoCAD 中吊钩的绘制

任务内容

在 AutoCAD 中完成吊钩零件图的绘制。

任务目的

1）学习 AutoCAD 中的圆、圆弧、缩放图形、实时平移和多行文本、修剪等命令的使用方法。

2）学习图层和尺寸标注（线性尺寸、半径尺寸）的设置与使用方法。

3）掌握在 AutoCAD 中绘制平面图形的方法与技巧。

任务知识

1. 画圆命令

1）功能：按指定的参数绘制圆。

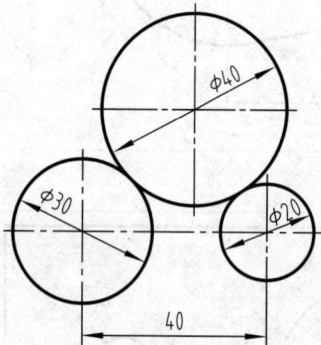

图 2-46　画圆

2）命令执行方式。

下拉菜单："绘图"→"圆"→"圆"子菜单中各选项。

工具栏：绘图⊙。

命令：CIRCLE。

【例 2-7】　利用画圆命令绘制如图 2-46 所示的图形。

1）绘制直径为 30 的圆。

命令：circle↙

指定圆的圆心或［三点（3P）/两点（2P）/切点、切点、半径（T）］：0, 0↙

指定圆的半径或［直径（D）］：15↙

2）绘制直径为 20 的圆。

命令：circle↙

指定圆的圆心或［三点（3P）/两点（2P）/切点、切点、半径（T）］：40, 0↙

指定圆的半径或［直径（D）］＜15.0000＞：10↙

3）绘制直径为 40 的圆。

命令：circle↙

指定圆的圆心或［三点（3P）/两点（2P）/切点、切点、半径（T）］：t↙

指定对象与圆的第一个切点：（捕捉直径为 30 圆上的切点）

指定对象与圆的第二个切点：（捕捉直径为 20 圆上的切点）

指定圆的半径＜10.0000＞：20↙

2. 画圆弧命令

1）功能：按指定的参数绘制圆弧。

2）命令执行方式。

下拉菜单："绘图"→"圆弧"→"圆弧"子菜单中各选项。

工具栏：绘图 。

命令：ARC。

【例 2-8】 利用画圆弧命令绘制如图 2-47 所示的图形。

1）绘制线框。

绘制如图 2-48 所示的线框。

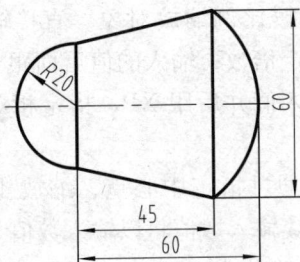

图 2-47　画圆弧　　　　　　　　　图 2-48　绘制线框

2）绘制左侧半径为 20 的圆弧。

命令：arc↙

指定圆弧的起点或 [圆心 （C）]：c↙

指定圆弧的圆心：（捕捉如图 2-48 所示圆弧的圆心 P_0）

指定圆弧的起点：（捕捉如图 2-48 所示圆弧的起始点 P_1）

指定圆弧的端点或 [角度 （A）/弦长 （L）]：（捕捉如图 2-48 所示圆弧的终止点 P_2）

3）绘制右侧圆弧。

命令：arc↙

指定圆弧的起点或 [圆心 （C）]：（捕捉如图 2-48 所示圆弧的起始点 P_3）

指定圆弧的第二个点或 [圆心 （C）/端点 （E）]：（捕捉如图 2-48 所示圆弧的第二个点 P_4）

指定圆弧的端点：（捕捉如图 2-48 所示圆弧的终止点 P_5）

3. 缩放图形

在绘图中，用户常常要放大图形的某个区域进行细节的绘图工作，这时必须使用到 AutoCAD 中的视图缩放功能。视图缩放功能的实现通常有以下几种方法。

（1）使用滑轮

当滚动鼠标的滑轮时视图将以当前光标为中心进行缩放。向上滚动鼠标的滑轮视图将放大，向下滚动鼠标的滑轮视图将缩小。

（2）使用视图缩放 ZOOM 命令

视图缩放命令可以通过如图 2-49 所示的下拉菜单"视图"→"缩放"进行打开，也可以使用如图 2-50 所示的缩放工具栏，或使用如图 2-51 所示标准工具栏中的缩放下拉工具栏来打开。

缩放各按钮含义如下：

1）实时缩放：选择该项后，屏幕中显示一个带"±"号的放大镜图标，按住鼠标左键，将放大镜图标向上移动，图形放大显示；向下移动，则图形缩小显示；左、右移动，图

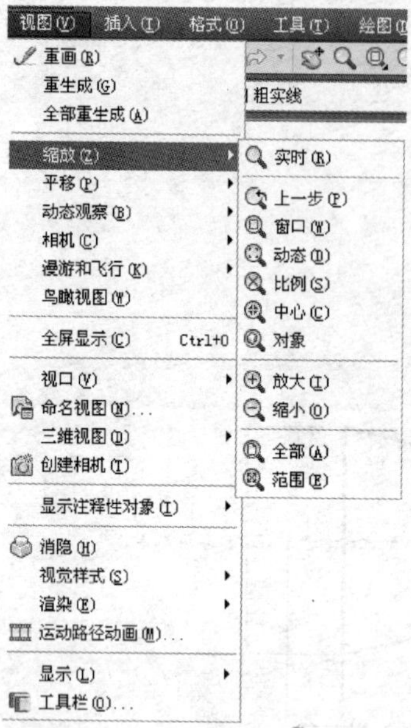

图 2-49　"缩放"子菜单

形无变化。按 Esc 或 Enter 键退出。

2）上一步：恢复上一次观察的视图。连续使用 ZOOM"上一个"选项，用户最多可恢复到前第 10 个视图。

3）窗口：用户可通过在绘图窗口指定两个角点定义一个窗口来快速对窗口内区域进行放大。

4）动态：选择该项后，在屏幕中将显示一个带"×"的矩形方框。单击鼠标左键，拖动鼠标改变观察区域大小，按 Enter 键，完成缩放图形。

5）比例：按比例缩放对象。直接输入数字，将图形缩放为原图的指定倍数；输入的值后面跟着 X，根据当前视图指定比例；输入值并后跟 XP，指定相对于图纸空间单位的比例。

6）中心：通过指定中心点、缩放比例或高度的方法缩放视图。若直接输入数值将以输入数值与缺省值的比值为缩放比例。如果输入数字后加"X"或"XP"表示缩放倍数。

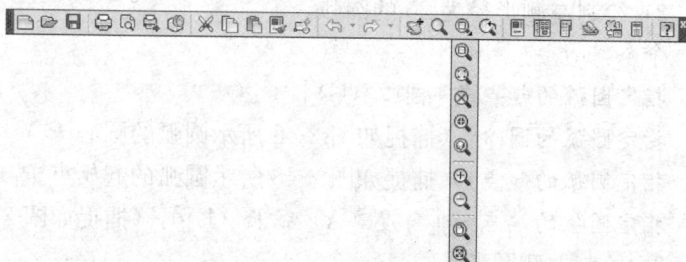

图 2-50　"缩放"工具栏　　　　图 2-51　"标准"工具栏的"缩放"下拉工具栏

7）对象：尽可能大地显示一个或多个选定的对象并使其位于绘图区域的中心。

8）放大：将视图放大为原来的 2 倍。

9）缩小：将视图缩小为原来的 0.5 倍。

10）全部：所有图形将被缩放到栅格界限和当前范围两者中较大的区域中。

11）范围：按最大尺寸显示所有对象。

4. 实时平移

如果用户不想缩放图形，只是想将不在当前视图区的图形移动到当前视图区，这样的操作就好像拖动图纸的一边移动到面前进行浏览编辑，这就是平移视图。

1）功能：实时平移视图。

2）命令执行方式。

下拉菜单："视图"→"平移"→"实时"，如图 2-52 所示。

工具栏：标准。

命令：P 或 PAN，也可'PAN 透明使用。

3）操作过程。执行实时平移命令后，命令行提示如下：

按 Esc 或 Enter 键退出，或单击右键显示快捷菜单。

这时光标呈一个手形标志，表明当前正处于平移模式。用户按住鼠标左键在各个方向上移动光标，显示的图形随着光标移动的方向平行移动。松开鼠标左键则停止平移模式，用户可将光标移动到新的位置重新操作进行平移图形。要退出平移状态可按 Enter 键或 Esc 键，也可以从右键快捷菜单中选择"退出"项退出平移模式。

任务实施

在 AutoCAD 中吊钩零件图的绘制过程如下。

1. 新建文件并保存

1）双击桌面上的 AutoCAD 2010 快捷方式图标启动。

2）单击下拉菜单"文件"→"保存"，将文件以文件名"吊钩.dwg"进行保存。

2. 设置图层

（1）打开"图层特性管理器"

单击下拉菜单"格式"→"图层"。AutoCAD 弹出如图 2-53 所示的"图层特性管理器"对话框。

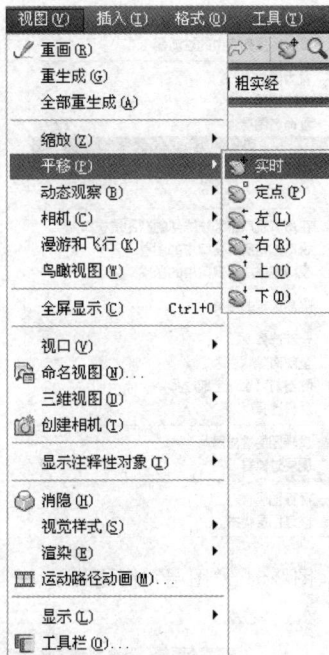

图 2-52 "平移"子菜单

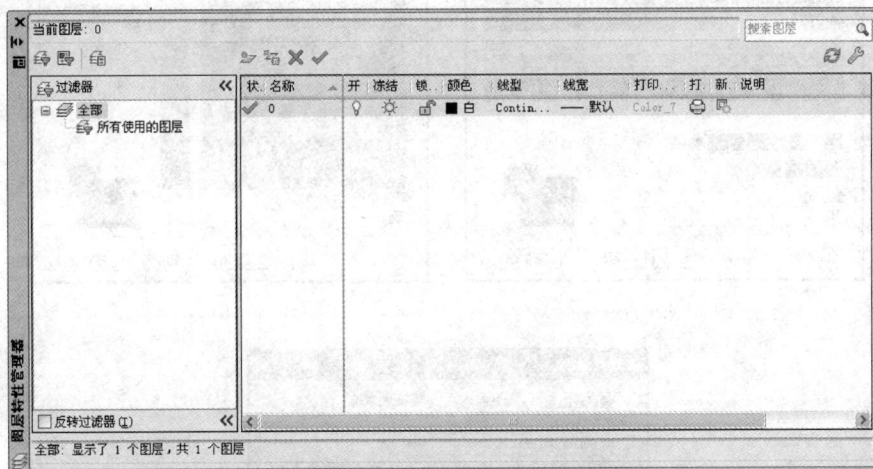

图 2-53 "图层特性管理器"对话框

（2）新建图层

单击"图层特性管理器"对话框中的新建图层按钮，创建一个新层。新层默认名称为"图层 1"。用户可删除一些不必要的空白图层。选择要删除的图层，然后单击"图层特性管理器"对话框中的删除图层按钮✖或按 Delete 键即可。但要注意的是，用户不能删除 0 层、定义点层、当前层、外部引用所在层及包含有对象的图层。

（3）重命名图层

在"图层 1"上右击，出现如图 2-54 所示的快捷菜单，选择"重命名图层"选项，重命名图层的名称为"粗实线层"。

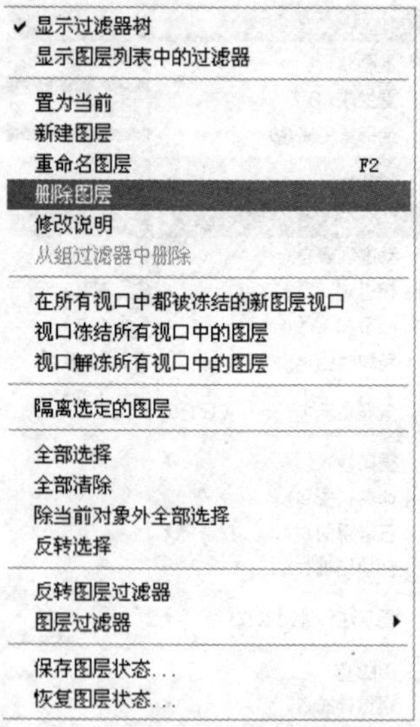

✓ 显示过滤器树
　 显示图层列表中的过滤器

置为当前
新建图层
重命名图层　　　　　　　　F2
删除图层
修改说明
从组过滤器中删除

在所有视口中都被冻结的新图层视口
视口冻结所有视口中的图层
视口解冻所有视口中的图层

隔离选定的图层

全部选择
全部清除
除当前对象外全部选择
反转选择

反转图层过滤器
图层过滤器　　　　　　　　▶

保存图层状态…
恢复图层状态…

图 2-54 "图层"快捷菜单

（4）设置图层颜色

单击"图层特性管理器"中要设置颜色图层的"颜色"列，AutoCAD 弹出"选择颜色"对话框。该对话框中有三个选项卡，如图 2-55 所示。一般情况下，使用"索引颜色"选项卡即可满足用户的需要。有时为了增强色彩效果用户还可以使用"真彩色"和"配色系统"选项卡。

选择颜色为绿色，单击"确定"按钮。

（5）设置图层线型

单击"图层特性管理器"中要设置线型图层的"线型"列，AutoCAD 弹出如图 2-56 所示的"选择线型"对话框。选择一种线型后，单击"确定"按钮即可重新设置该图层的线型。

如果列表框中没有所需的线型，可选择"加载…"按钮装载线型，如图 2-57 所示，依次加载点画线线型 CENTER、虚线线型 HIDDEN、双点画线线型 PHANTOM 以备后用。

选择默认的实线线型 Continous，单击"确定"按钮退出。

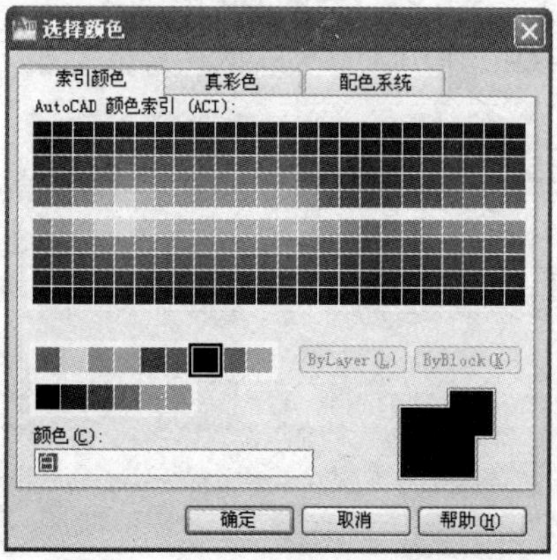

（a） 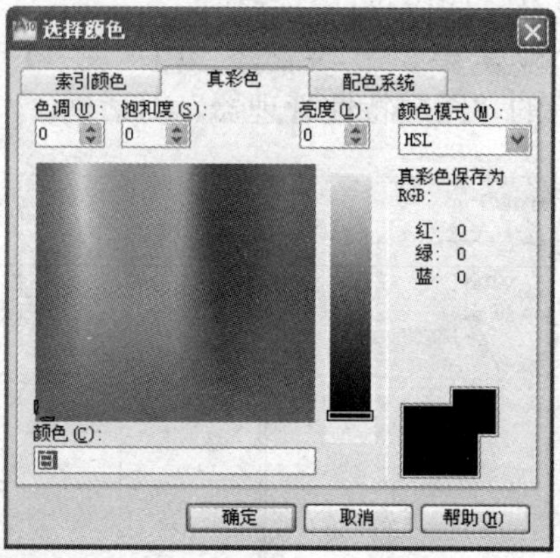　　　　　　　　　　（b）

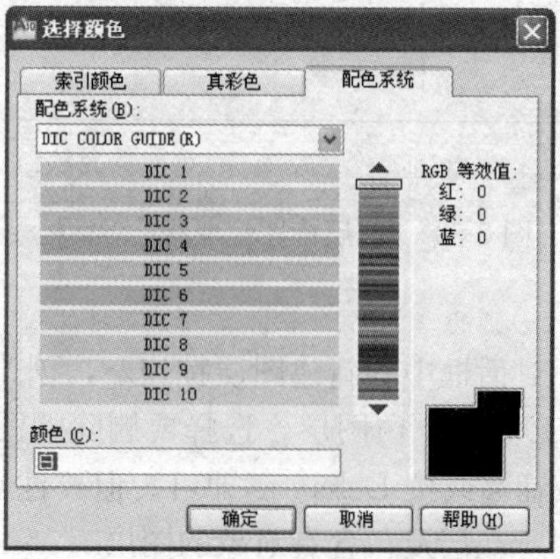

（c）

图 2-55 "选择颜色"对话框
（a）"索引颜色"选项卡；（b）"真彩色"选项卡；（c）"配色系统"选项卡

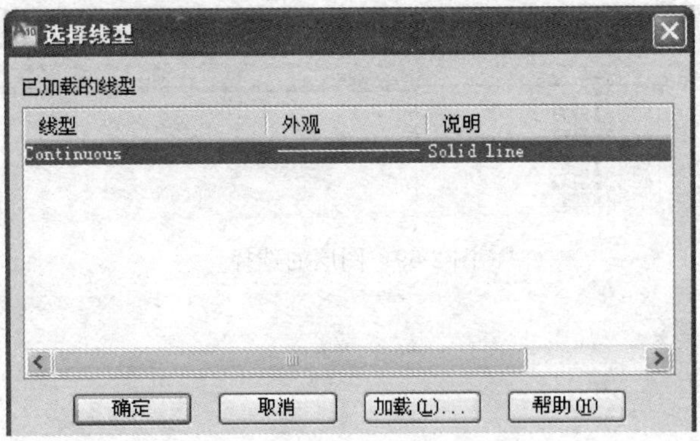

图 2-56 "选择线型"对话框

（6）设置图层线宽

单击"图层特性管理器"中要设置线宽图层的"线宽"列，AutoCAD 弹出如图 2-58 所示的"线宽"对话框。

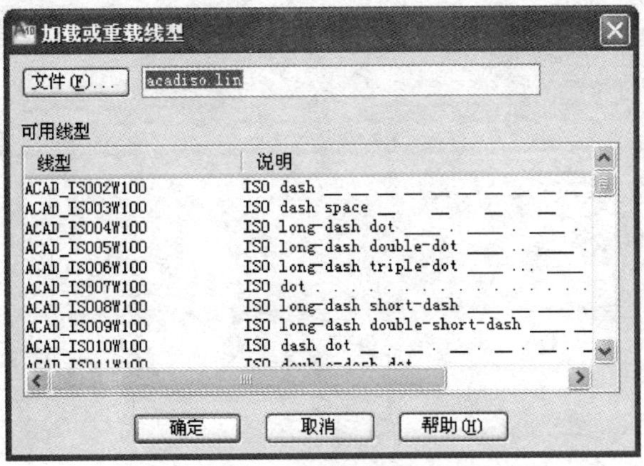

图 2-57 "加载或重载线型"对话框

图 2-58 "线宽"对话框

选择一种线宽为 0.35mm 后，单击"确定"按钮返回。

重复步骤（2）～（6），完成图层设置，见表 2-11。

表 2-11 图层属性设置

图层名	颜色	线型	线宽
粗实线层	绿色	CONTINUOUS	0.35mm
细实线层	黑色（白色）	CONTINUOUS	默认
尺寸线层	蓝色	CONTINUOUS	默认
点画线层	红色	CENTER	默认
双点画线层	黑色（白色）	PHANTOM	默认
虚线层	黄色	HIDDEN	默认
文本层	黑色（白色）	CONTINUOUS	默认

3. 绘制基准线

（1）选择图层

单击如图 2-59 所示"图层"工具栏中的下拉列表，选择点画线层。

图 2-59　图层的选择

（2）绘制基准线

命令：line↙

指定第一点：−4，0↙

指定下一点或［放弃(U)］：116，0↙

指定下一点或［放弃(U)］：↙

命令：line↙

指定第一点：24，−16↙

指定下一点或［放弃(U)］：24，16↙

指定下一点或［放弃(U)］：↙

命令：line↙

指定第一点：167，−57↙

指定下一点或［放弃(U)］：@0，90↙

指定下一点或［放弃(U)］：↙

命令：line↙

指定第一点：89，−4↙

指定下一点或［放弃(U)］：@0，8↙

指定下一点或［放弃(U)］：↙

结果如图 2-60 所示。

4. 绘制已知线段

（1）选择图层

单击"图层"工具栏中的下拉列表，选择粗实线层。

（2）绘制已知线段

命令：line↙

图 2-60　绘制基准线

指定第一点：0，−19↙

指定下一点或［放弃(U)］：0，19↙

指定下一点或［放弃(U)］：@5，5↙

指定下一点或［闭合(C)/放弃(U)］：42，24↙

指定下一点或［闭合(C)/放弃(U)］：@0，−10↙

指定下一点或［闭合(C)/放弃(U)］：@8，0↙

指定下一点或 [闭合(C)/放弃(U)]：@0，10 ↙
指定下一点或 [闭合(C)/放弃(U)]：@129，43 ↙
指定下一点或 [闭合(C)/放弃(U)]：↙

命令：line ↙
指定第一点：0，−19 ↙
指定下一点或 [放弃(U)]：@5，−5 ↙
指定下一点或 [放弃(U)]：50，−24 ↙
指定下一点或 [闭合(C)/放弃(U)]：↙

命令：circle ↙
指定圆的圆心或 [三点(3P)/两点(2P)/相切、相切、半径(T)]：167，0
指定圆的半径或 [直径(D)] <80.0000>：22 ↙

命令：circle ↙
指定圆的圆心或 [三点(3P)/两点(2P)/相切、相切、半径(T)]：167，0
指定圆的半径或 [直径(D)] <80.0000>：46 ↙

命令：polygon ↙
输入边的数目<4>：6 ↙
指定正多边形的中心点或 [边(E)]：24，0 ↙
输入选项 [内接于圆(I)/外切于圆(C)] <I>：i ↙
指定圆的半径：14 ↙

命令：arc ↙
指定圆弧的起点或 [圆心(C)]：c ↙
指定圆弧的圆心：89，0
指定圆弧的起点：@100，0 ↙
指定圆弧的端点或 [角度(A)/弦长(L)]：a ↙
指定包含角：36 ↙

结果如图 2-61 所示。

5. 绘制中间线段

命令：offset ↙
当前设置：删除源=否　图层=源　OFFSETGAPTYPE=0
指定偏移距离或 [通过(T)/删除(E)/图层(L)] <4.0000>：20 ↙
选择要偏移的对象，或 [退出(E)/放弃(U)] <退出>：(选择斜度为 1：3 的斜线)
指定要偏移的那一侧上的点，或 [退出(E)/多个(M)/放弃(U)] <退出>：(在斜线下方单击鼠标)

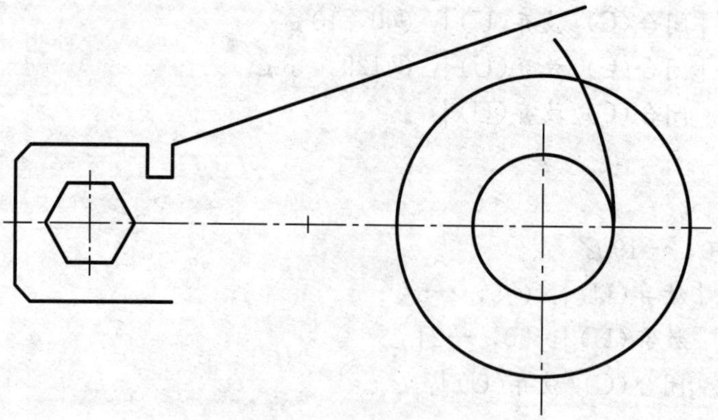

图 2-61　绘制已知线段

命令：offset↙

当前设置：删除源＝否　图层＝源　OFFSETGAPTYPE＝0

指定偏移距离或［通过(T)/删除(E)/图层(L)］＜4.0000＞：25↙

选择要偏移的对象，或［退出(E)/放弃(U)］＜退出＞：(选择水平最长的点画线)

指定要偏移的那一侧上的点，或［退出(E)/多个(M)/放弃(U)］＜退出＞：(在最长水平点画线上方单击鼠标)

两条偏移线段的交点即为中间线段（R20 圆弧）的圆心。

命令：circle↙

指定圆的圆心或［三点(3P)/两点(2P)/相切、相切、半径(T)］：(选择两条偏移线段的交点)

指定圆的半径或［直径(D)］＜46.0000＞：20↙

命令：line↙

指定第一点：50，－24↙

指定下一点或［放弃(U)］：(按住 Shift 键单右键，在出现的如图 2-62 所示"对象捕捉"快捷菜单中选择切点，返回绘图窗口后选择直线与 R46 圆弧大约切点的地方)

指定下一点或［放弃(U)］：↙

结果如图 2-63 所示。

6. 绘制连接线段

(1) 绘制连接圆弧一

命令：offset↙

当前设置：删除源＝否　图层＝源　OFFSETGAPTYPE＝0

指定偏移距离或［通过(T)/删除(E)/图层(L)］＜25.0000＞：10↙

选择要偏移的对象，或［退出(E)/放弃(U)］＜退出＞：(选择 R100 的圆弧)

指定要偏移的那一侧上的点，或［退出(E)/多个(M)/放弃(U)］＜退出＞：(在 R100 圆弧右侧单击鼠标)

选择要偏移的对象，或［退出(E)/放弃(U)］＜退出＞：(选择 R100 的圆弧)

指定要偏移的那一侧上的点，或［退出(E)/多个(M)/放弃(U)］＜退出＞：(在 R100 圆弧右侧单击鼠标)

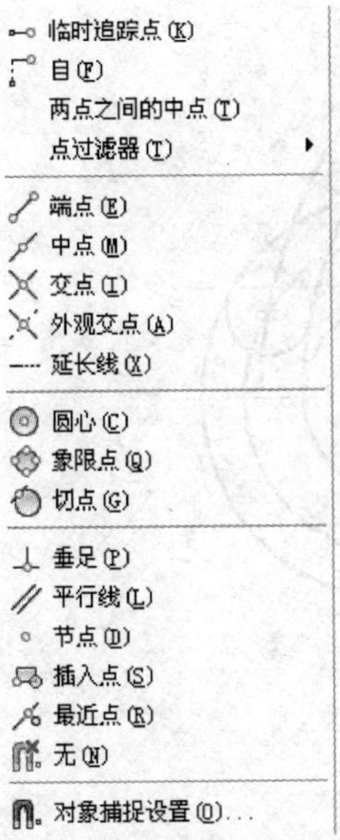

图 2-62 "对象捕捉"快捷菜单 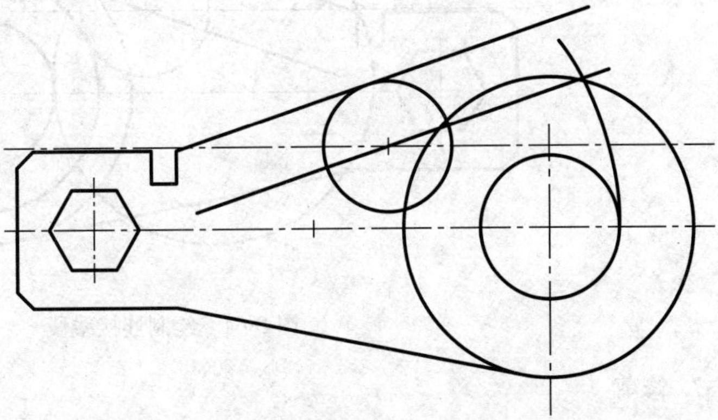　　　　图 2-63 绘制中间线段

选择要偏移的对象，或［退出(E)/放弃(U)］＜退出＞：(选择 $R146$ 的圆)

指定要偏移的那一侧上的点，或［退出(E)/多个(M)/放弃(U)］＜退出＞：(在 $R46$ 圆内部单击鼠标)

选择要偏移的对象，或［退出(E)/放弃(U)］＜退出＞：↙

偏移的圆弧与圆的交点即为连接线段（$\phi10$ 圆）的圆心。

命令：circle ↙
指定圆的圆心或［三点(3P)/两点(2P)/相切、相切、半径(T)］：(选择连接线段的圆心)
指定圆的半径或［直径(D)］＜20.0000＞：10 ↙

(2) 绘制连接圆弧二
命令：circle ↙
指定圆的圆心或［三点(3P)/两点(2P)/切点、切点、半径(T)］：t ↙
指定对象与圆的第一个切点：(按住 Shift 键单击鼠标右键，在出现的如图 2-62 所示"对象捕捉"快捷菜单中选择切点，返回绘图窗口后选择连接圆弧与 $R22$ 圆弧大约切点的地方)
指定对象与圆的第二个切点：(按住 Shift 键单击鼠标右键，在出现的如图 2-62 所示"对象捕捉"快捷菜单中选择切点，返回绘图窗口后选择连接圆弧与 $R20$ 圆弧大约切点的地方)
指定圆的半径＜10.0000＞：50

结果如图 2-64 所示。

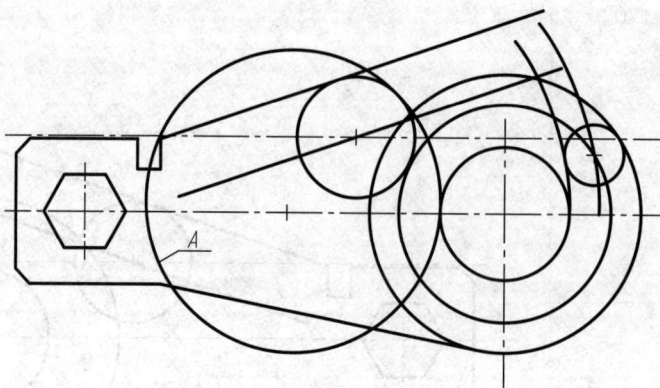

图 2-64　绘制连接线段

7. 修剪

命令：trim↙

当前设置：投影＝UCS，边＝无

选择修剪边 ...

选择对象或＜全部选择＞：（选择 $R20$ 的圆）

选择对象：（选 $R22$ 的圆）

选择对象：↙

选择要修剪的对象，或按住 Shift 键选择要延伸的对象，或 ［栏选（F）/窗交（C）/投影（P）/边（E）/删除（R）/放弃（U）］：（选择 $R50$ 圆上的 A 点）

选择要修剪的对象，或按住 Shift 键选择要延伸的对象，或 ［栏选（F）/窗交（C）/投影（P）/边（E）/删除（R）/放弃（U）］：↙

修剪结果如图 2-65 所示。

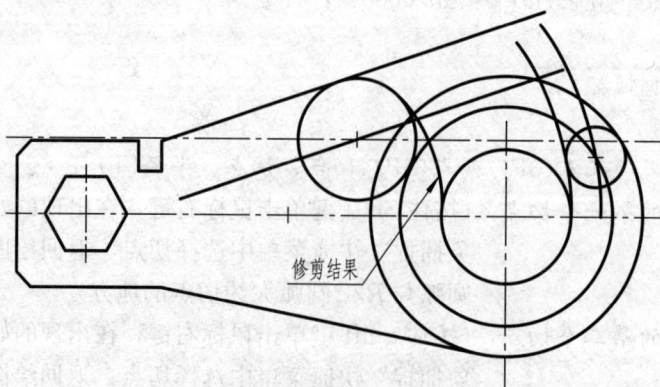

图 2-65　修剪结果

同理修剪其他多余的线段，修剪过程中注意合理选择修剪边，最终结果如图 2-66 所示。

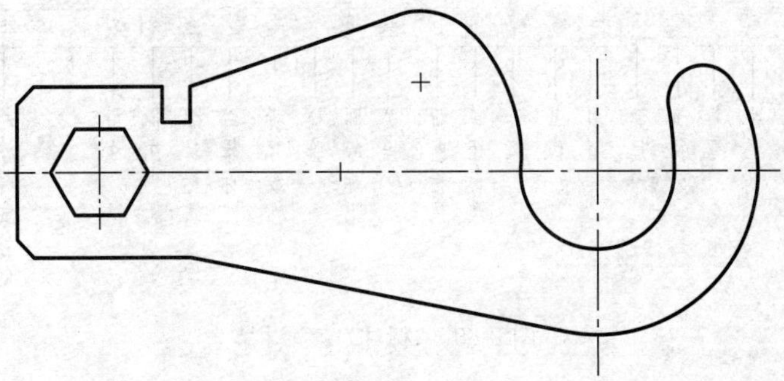

图 2-66　修剪最终结果

8. 标注尺寸

标注尺寸的方法常用有两种，一种是使用如图 2-67 所示的"标注"菜单。第二种是在任意工具栏上右击鼠标，出现如图 2-68 所示的"工具栏"快捷菜单，选择"标注"，出现如图 2-69 所示的"标注"工具栏。

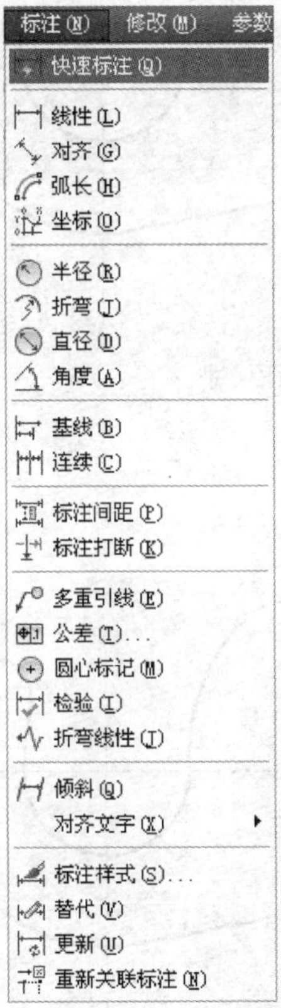

图 2-67　"标注"菜单 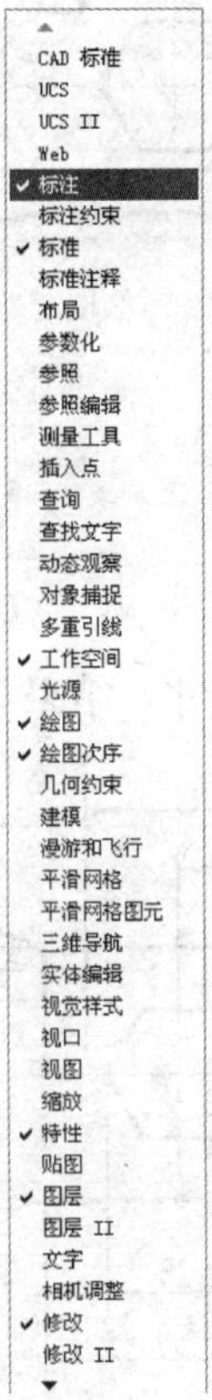　　　图 2-68　"工具栏"快捷菜单

（1）标注线性尺寸

在"标注"菜单中选择"线性"尺寸命令，或单击"标注"工具栏中的 ⊟。命令窗口出现如下提示：

命令：dimlinear↙

图 2-69　"标注"工具栏

指定第一条延伸线原点或<选择对象>：（选择尺寸的起点如图 2-70 所示 *A* 点）

指定第二条延伸线原点：（选择尺寸的终点如图 2-70 所示 *B* 点）

指定尺寸线位置或［多行文字（M）/文字（T）/角度（A）/水平（H）/垂直（V）/旋转（R）］：
（选择尺寸位置点如图 2-70 所示 *C* 点）

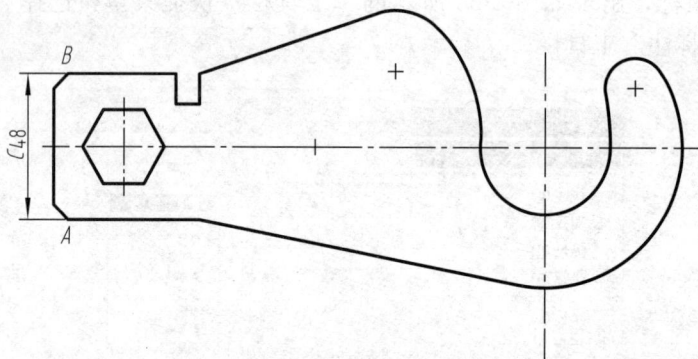

图 2-70　标注线性尺寸

标注文字＝48

同理标注其他线性尺寸，结果如图 2-71 所示。

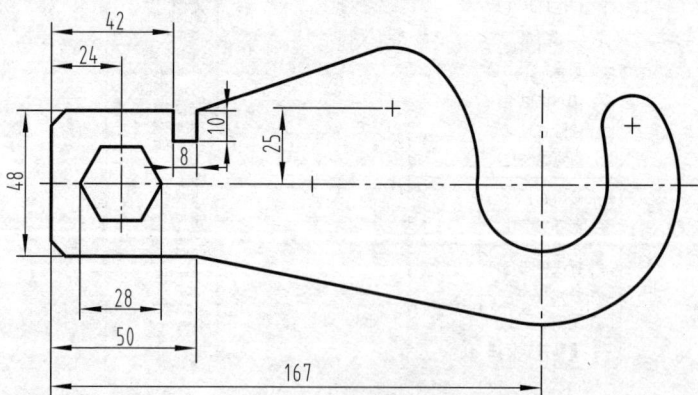

图 2-71　标注其他线性尺寸

（2）标注半径尺寸

在"标注"菜单中选择"半径"尺寸命令，或单击"标注"工具栏中的◎。命令窗口出现如下提示：

命令：dimradius ⤶

选择圆弧或圆：（选择 R50 圆弧）

标注文字＝50

指定尺寸线位置或［多行文字(M)/文字(T)/角度(A)］：（移动光标确定尺寸的位置）

同理标注其他半径尺寸，结果如图 2-72 所示。

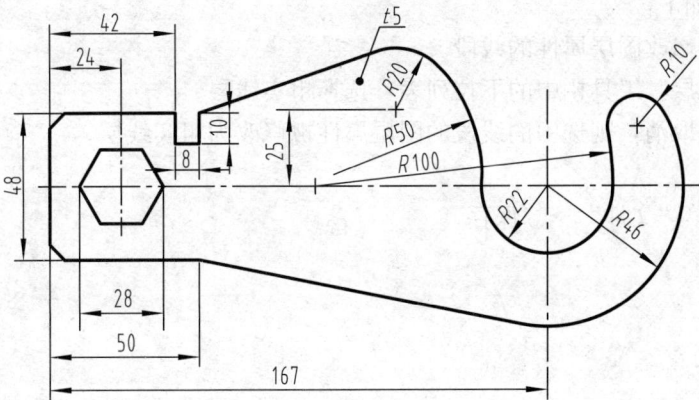

图 2-72　标注半径尺寸

（3）标注倒角、斜度尺寸和技术要求

标注倒角和斜度尺寸中的指引线和斜度符号可以用直线命令绘制（请读者自行完成），然后用多行文字进行标注。

在"绘图"菜单→"文字"中选择"多行文字"尺寸命令，或单击"绘图"工具栏中的 **A**。在绘图窗口单击两点绘制一个文本编辑窗口，绘图窗口出现如图 2-73 所示的多行文字编辑框，输入所需文本后单击"确定"按钮完成文本的输入。对于文本中的一些特殊字符可以通过输入代码来实现，见表 2-12。

图 2-73　标注半径尺寸

表 2-12　　　　　　　　　　　　　特殊字符的控制代码及其含义

特殊字符	代码输入	含义
±	%%p	公差符号
‾	%%o	上划线
_	%%u	下划线
%	%%%	百分比符号

特殊字符	代码输入	含义
φ	%%c	直径符号
°	%%d	度

9. 修改图框和标题的图层属性

前面所绘制的图框和标题栏使用的是系统默认的 0 层绘制的，需要将其修改为粗实线层，修改的方法如下：

1）选择需要修改图层属性的线段。

2）单击"图层"工具栏中的下拉列表，选择粗实线层。

3）按 Esc 键取消，则选中的线段的图层属性被修改为粗实线层。

10. 保存

单击下拉菜单"文件"→"保存"。

项目 3　零件图投影与视图

知识目标

1) 了解投影、基本体、三视图的概念。
2) 掌握基本体三视图及基本体表面上取点的方法。
3) 掌握截交线和相贯线的绘制方法。
4) 掌握手工绘制组合体三视图的方法和尺寸标注的方法。
5) 掌握利用计算机绘制组合体三视图的方法和尺寸标注的方法。
6) 掌握利用计算机进行基本体及组合体的造型方法。
7) 掌握利用视图、视口命令观察立体各面投影的方法。

能力目标

1) 空间想象能力和空间构思能力。
2) 创新能力。
3) 零件的表达能力。

素质目标

1) 团队协作精神的培养。
2) 良好的与人交流与协作精神。
3) 探究性学习和创新精神。

任务 3.1　投影、基本体、三视图的概念

任务内容

完成正六棱柱、圆柱、圆锥、圆球、圆环的三面投影图,并求解圆柱、圆锥、圆球、圆环表面上点的三面投影。

任务目的

1) 了解正投影的概念与特性。
2) 了解轴测图的概念,正投影图与轴测图的区别。
3) 掌握基本体的组成与分类及特点,掌握基本体的三视图的画法。

4）掌握点、线、面的三面投影的特性。

5）掌握基本体表面上取点、线的方法。

任务知识

1. 投影法

在日常生活中人们注意到，当太阳光或灯光照射物体时，墙壁上或地面上会出现物体的影子。投影法就源自这种自然现象。我们称光源（如太阳或灯泡）为投影中心；称光线为投射线；称空间物体的影子为投影；称影子所在的面（如墙壁或地面）为投影面。

2. 投影法的分类

投射线从投影中心出发的投影法，称为中心投影法，所得到的投影称为中心投影，如图 3-1 所示。投射线相互平行的投影法，称为平行投影法，所得到的投影称为平行投影如图 3-2 所示。

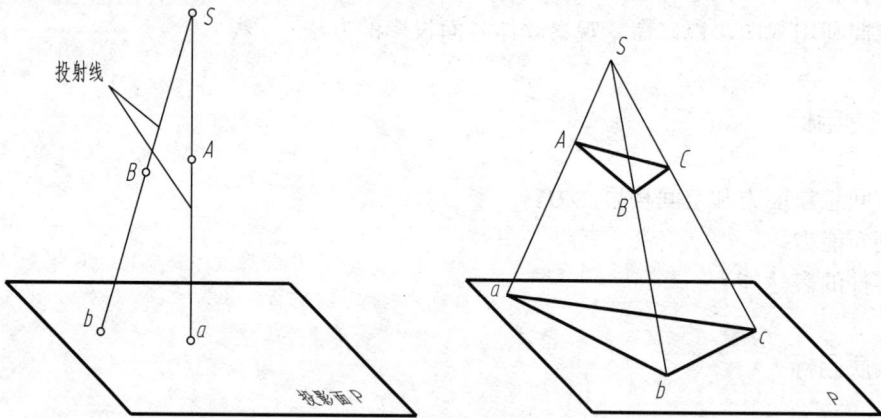

图 3-1　中心投影法

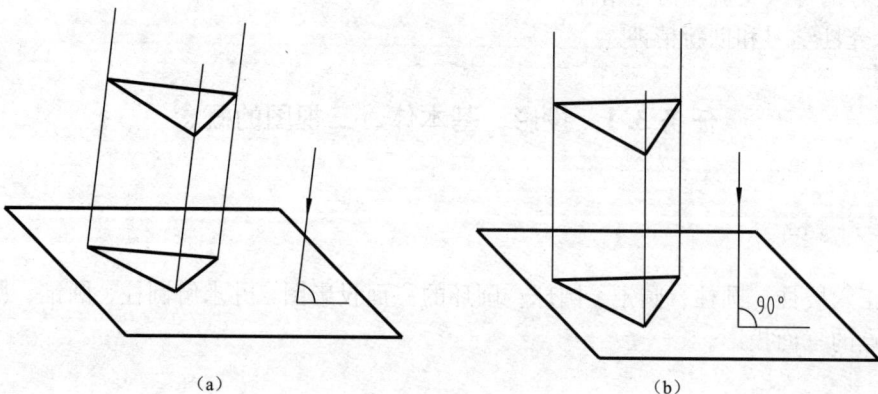

（a）　　　　　　　　　　（b）

图 3-2　平行投影法

（a）斜投影；（b）正投影

根据投射线与投影面的相对位置，平行投影法又分为斜投影法和正投影法。

1）斜投影法：投射线倾斜于投影面时称为斜投影法，所得到的投影称为斜投影，如

图 3-2（a）所示。

2）正投影法：投射线垂直于投影面时称为正投影法，所得到的投影称为正投影，如图 3-2（b）所示。

3. 平行投影法的投影特性

平行投影法的投影特性见表 3-1。

表 3-1　　　　　　　　　　　　　平行投影法投影特性

投影特性	图例	说明
类似性	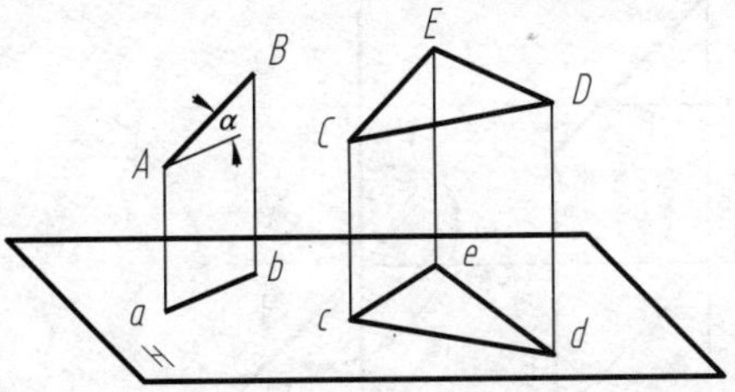	在平行投影中，当空间几何元素与投影面相倾斜时，空间几何元素在该投影面上的投影为原形的类似形 例：当空间直线 AB 与 H 面相倾斜时，它的投影 ab 还是直线；当空间三角形 CDE 与 H 面相倾斜时，它的投影 cde 仍然是三角形
实形性	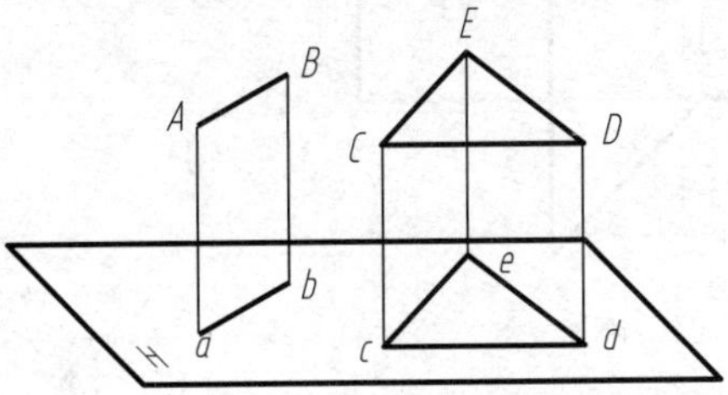	在平行投影中，当空间几何元素与投影面相平行时，空间几何元素在该投影面上的投影反映实形 例：当空间直线 AB 与 H 面平行时，它的投影 ab 与原形相同；当空间三角形 CDE 与 H 面平行时，它的投影 cde 也与原形相同
积聚性	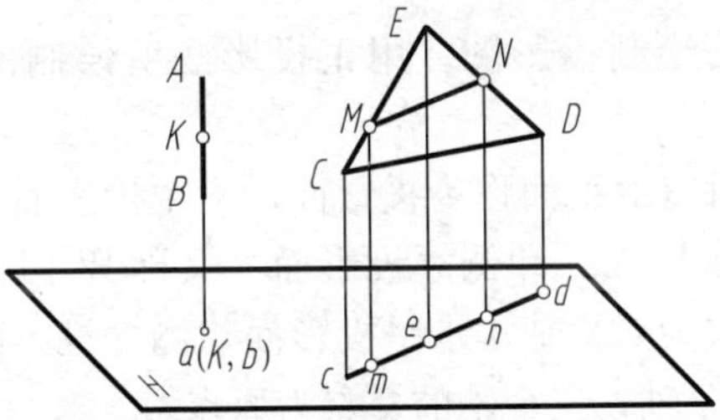	在平行投影中，当空间几何元素与投影面相垂直时，空间几何元素在该投影面上的投影积聚 例：当空间直线 AB 与 H 面垂直时，它的投影 ab 在投影面积聚为一点，且直线上任意一点 K 在该投影面上的投影也积聚到该点上；当空间三角形 CDE 与 H 面垂直时，它的投影 cde 在投影面上积聚为一条直线，且该面上任意一条直线 MN 在 H 面上的投影也积聚到该线上
平行性	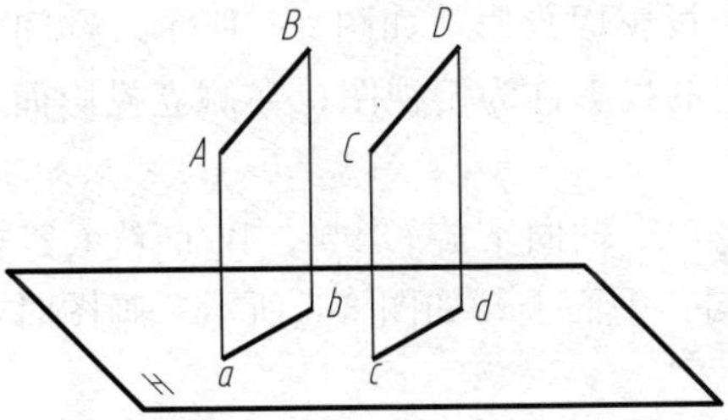	在平行投影中，当空间几何元素相互平行时，它们的投影也平行 例：当空间中直线 AB 与 CD 相互平行时，它们在 H 面的投影 ab 和 cd 也相互平行
定比性	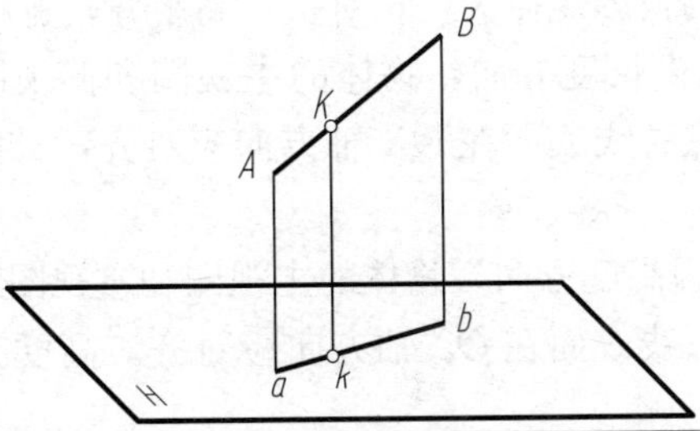	在平行投影中，若一个点属于一条直线，则该点分线段的比值，投影后保持不变 例：点 K 属于空间直线 AB，且点 K 分直线 AB 的比值为 $AK:KB=M:N$，则点 K 在 H 面的投影 k 必属于直线 AB 在 H 面的投影 ab，且 $ak:kb=M:N$。即 $AK:KB=ak:kb$

4. 投影体系

用三个相互垂直的投影面可以将空间分为八个部分，我们称之为八个分角，八个分角分别命名为Ⅰ、Ⅱ、Ⅲ、Ⅳ、Ⅴ、Ⅵ、Ⅶ、Ⅷ，分布情况如图 3-3 所示。我们国家的标准是将物体放置在第一角空间内，再将物体向三个投影面进行投影，这种投影称为第一角投影法。而有些国家是将物体放置在第三角空间内，再向投影面进行投影，称为第三角投影法。

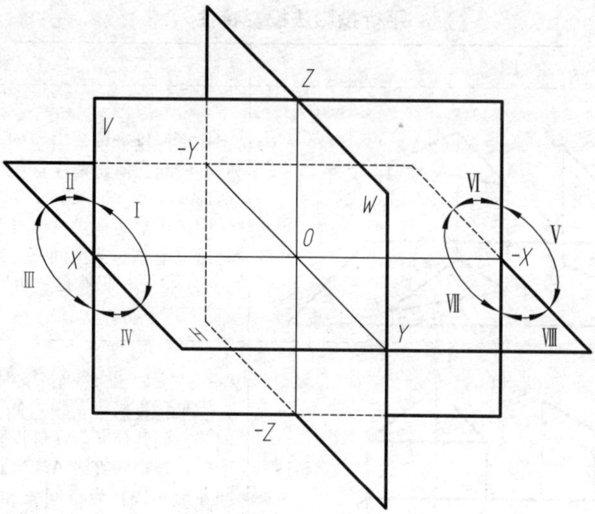

图 3-3　投影体系

5. 三视图

一般机械工程图样大都是采用正投影法绘制投影图。用正投影法所绘制的图形称为视图。

国家标准规定以第一视角中的三个相互垂直的平面作为投影面，三个投影面分别命名为水平投影面（又称 H 面）、正立投影面（又称 V 面）和侧立投影面（又称 W 面），如图 3-4 所示。其中，水平投影面与正立投影面的交线为 OX 轴；水平投影面与侧立投影面的交线为 OY 轴；正立投影面与侧立投影面的交线为 OZ 轴；三个轴的交点为原点。

将物体放在三投影面体系内，分别向三个投影面投影，如图 3-5 所示。空间立体在正立投影面上的投影称为主视图；在水平投影面上的投影称为俯视图；在侧立投影面上的投影称为左视图。

为绘图方便，保持 V 面不动，将 H 面绕 OX 轴向下旋转 $90°$，W 面绕 OZ 轴向右旋转 $90°$，使三个投影面 H 面、W 面与 V 面处于同一平面上，如图 3-6 所示。画图时，投影面的边框及投影轴不必画出，如图 3-7 所示。

根据三视图的形成过程可以总结出视图的投影规律为"长对正，高平齐，宽相等"。

1）长对正。物体的 OX 轴方向（左右）为长度方向，物体的主视图和俯视图均可以表达物体的长度，因此主视图与俯视图的对应点、线或面在 OX 轴方向应对齐，长度方向的距离应相等。

2）高平齐。物体的 OZ 轴方向（上下）为高度方向，物体的主视图和左视图均可以表达物体的高度，因此主视图与左视图的对应点、线或面在 OZ 轴方向应对齐，高度方向的距离应相等。

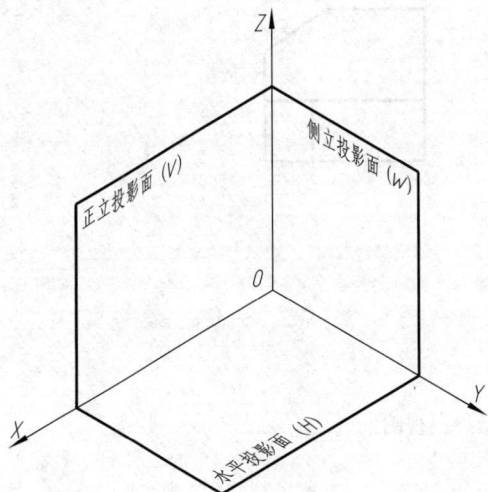

图 3-4　三面投影体系

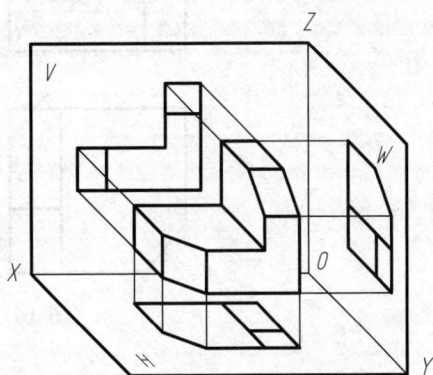

图 3-5　立体在三面投影体系中

（a）

（b）

图 3-6　三视图的形成
（a）H 面和 W 面的旋转；（b）旋转结果

3）宽相等。物体的 OY 轴方向（前后）为宽度方向，物体的俯视图和左视图均可以表达物体的宽度，因此俯视图与左视图的对应点、线或面在 OY 轴方向应对齐，宽度方向的距离应相等。

6. 三视图中的相对位置关系

根据视图的形成方法，可以看出主视图反映物体的左右、上下关系，俯视图反映物体的左右、前后关系，左视图反映物体的前后、上下关系，如图 3-8 所示。

7. 轴测图

前面所介绍的三视图是将物体向着与某一坐标平面平行的平面进行投影而得到的视图。

如果将物体连同其直角坐标体系沿不平行于任一坐标平面的方向，用平行投影法将其投射在单一投影面（称为轴测投影面）上所得到的图形称为轴测图，如图 3-9 所示。按投射方向与轴测投影面正交或斜交，分别得到正轴测图和斜轴测图。

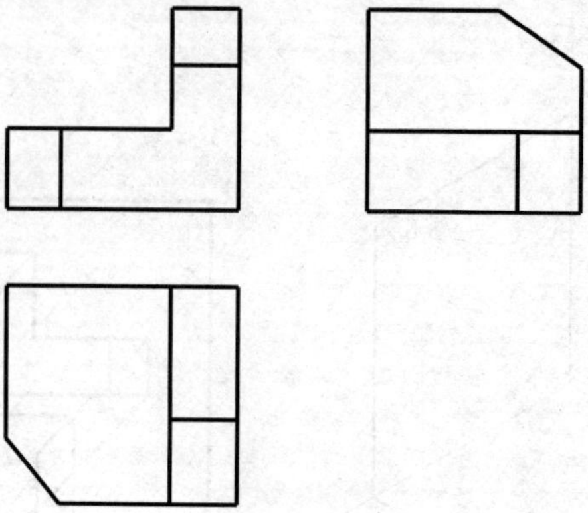

图 3-7 最终三视图

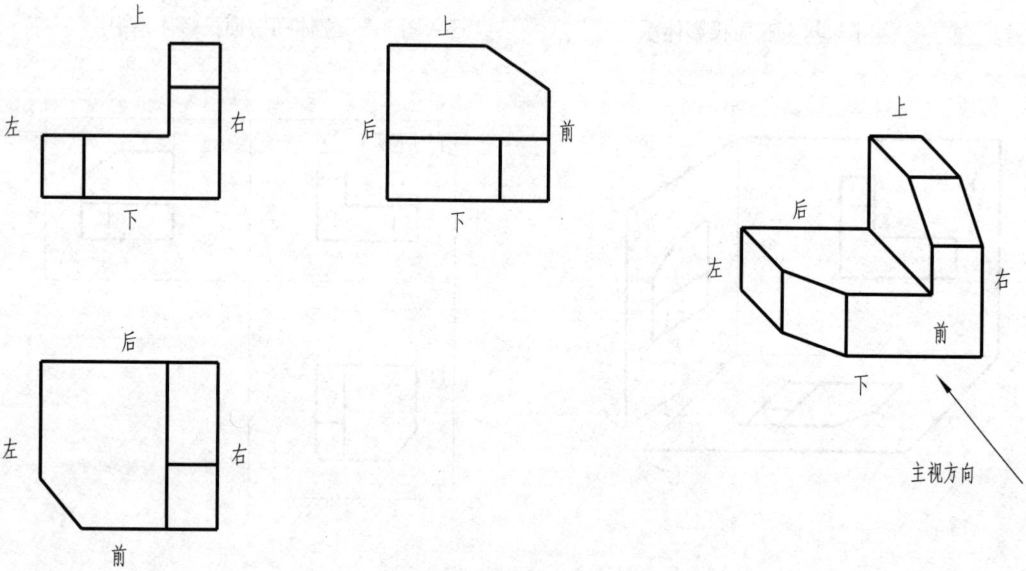

图 3-8 三视图的相对位置

由于轴测图是用平行投影法获得的，因此，它具有平行投影的投影特性：

1）物体上互相平行的线段，在轴测图上仍互相平行。

2）物体上两平行线段或同一直线上的两线段，其长度之比在轴测图上保持不变。

3）物体上平行于轴测投影面的直线和平面，在轴测图上反映实长和实形。

4）物体上平行于轴测轴的线段可以沿轴向进行作图并测量，而"轴测"就是意味着沿轴测量。

8. 基本体与组合体

按一定规律形成的简单几何体称为基本体。基本体一般分为平面立体和曲面立体。其中平面立体完成由平面包围而成，如长方体、棱柱、棱锥等；曲面立体一般由曲面或平面与曲面包围而成，如球、圆环、圆柱、圆锥等。一般将由两个或两个以上基本体组合而成的立体称为组合体。

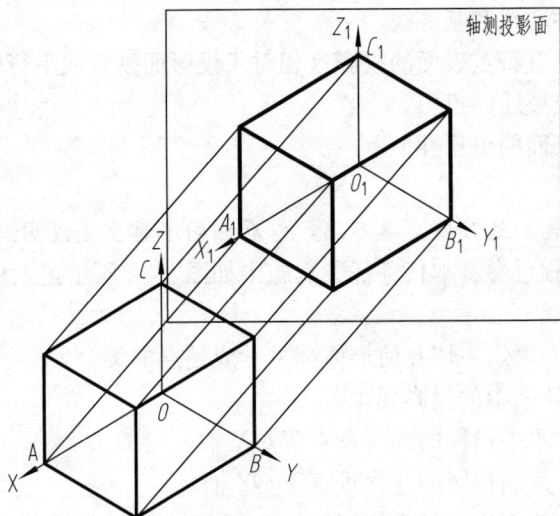

图 3-9 轴测图的形成

9. 平面立体的投影

（1）平面立体的投影方法

由于平面立体的表面是由若干个平面所围成，因此，平面立体的投影可归结为平面立体各表面的投影。

平面是由若干个边围成，而任意一条边是由两个顶点连线而成，因此平面的投影也可以看成是由若干个点的投影组成。另外了解平面与投影面相对位置，平面在投影面上的投影特性有利于平面投影的求解。

（2）平面立体的投影特点

1）平面立体的投影可归纳为平面立体上各表面的投影。而平面的投影可归纳为平面上各顶点的投影。

2）平面立体上各表面的投影，根据立体表面与投影面的相对位置关系，立体表面的投影结果见表 3-2。

表 3-2　　　　　　　　　　　　立体表面的投影与投影面的关系

立体表面与投影面的关系	立体表面在投影面上的投影
平行	反映该表面的实形，为多边形
垂直	积聚成一条直线
倾斜	原形的类似形，为多边形

3）平面立体的同一表面上任意两点间的连线为直线段，直线段在各投影面上的投影为直线段或点。

（3）平面立体的投影步骤

1）形体分析：分析平面立体的形状特点及各面的投影特性。初步估测平面立体在各投影面的投影。

2）确定坐标系及 45°辅助线。

3) 绘制视图对称中心线和基准线。

4) 绘制平面立体上有特点表面的投影（相对于投影面垂直或平行的面或线）。

5) 绘制其他表面或棱线的投影。

6) 分析各点、线、面的可见性。

7) 检查。

注意：作图熟练后辅助线可以省略不画，以后相同不再重复说明。

平面立体的投影过程可参看本任务任务实施中如图 3-22 所示正六棱柱的三面投影。

10. 点的投影

点是最基本的几何元素，一切几何形体都可看成是点的集合。

（1）点在三投影面体系中的投影规律

1) 点的正面投影和水平投影的连线垂直于 OX 轴。

2) 点的正面投影和侧面投影的连线垂直于 OZ 轴。

3) 点的水平投影和侧面投影具有相同的 Y 坐标。

如图 3-10 所示，将空间中一点 A 分别向 H、V、W 面投影，得到该点的水平投影 a、正面投影 a' 和侧面投影 a''。根据正投影规律可以看出 $a'a \perp OX$，$a'a'' \perp OZ$，$aa_X = a''a_Z$。

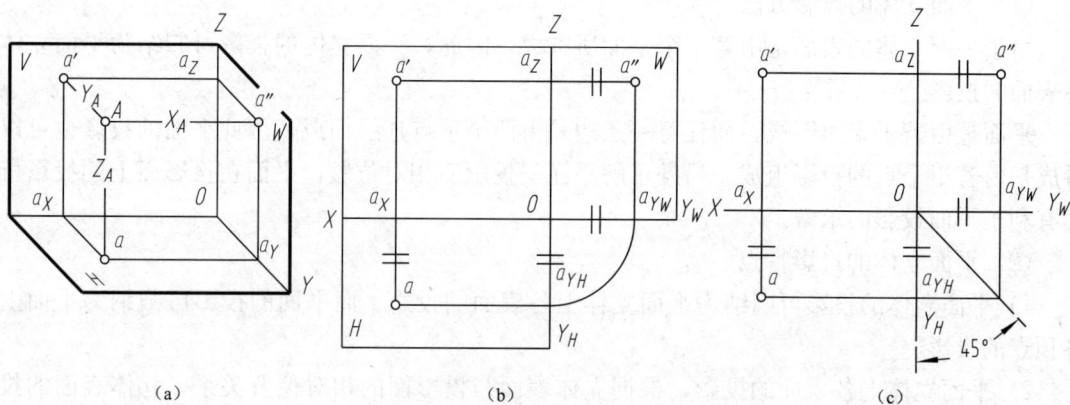

图 3-10 点在三投影面体系中的投影

(a) 点在空间中的投影；(b) 点的三面投影展开；(c) 点的三面投影

（2）点的直角坐标与三面投影规律

1) 空间点具有三个坐标 (x, y, z)。而该空间点的任一投影，均反映了该点的某两个坐标值，即 $a(x_A, y_A)$，$a'(x_A, z_A)$，$a''(y_A, z_A)$。

2) 空间点的每一个坐标值，反映了该点到某投影面的距离。

由上可知，点 A 的任意两个投影反映了点的三个坐标值。有了点 A 的一组坐标 (x_A, y_A, z_A)，就能唯一确定该点的三面投影 (a, a', a'')。

（3）两点间的相对位置

两点间的相对位置是指空间两点之间上下、左右、前后的位置关系。

根据两点的坐标，可判断空间两点间的相对位置。两点中，x 坐标值大的在左，；y 坐标值大的在前；z 坐标值大的在上。图 3-11 (a) 中，$x_A > x_B$，则点 A 在点 B 之左；$y_A > y_B$，则点

A 在点 B 之前；$z_A < z_B$，则点 A 在点 B 之下。即点 A 在点 B 之左、前、下方，如图 3-11（b）所示。

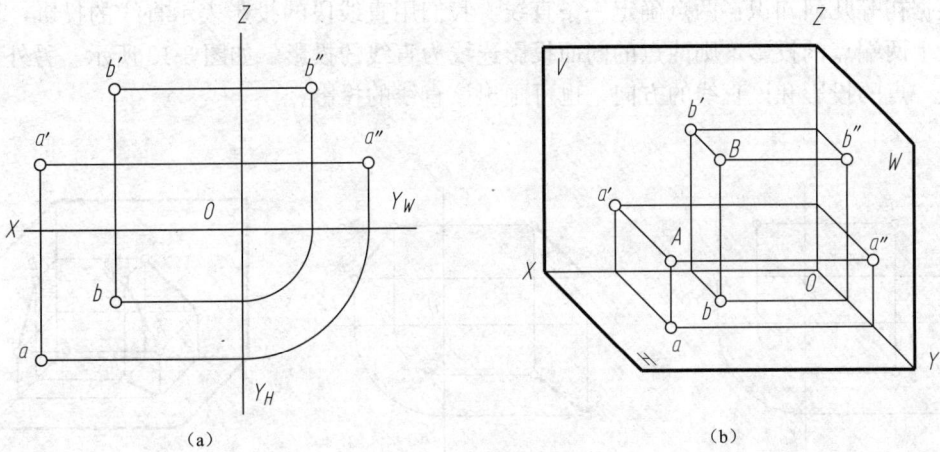

图 3-11　两点间的相对位置
(a) 两点的三面投影；(b) 两点的空间位置

（4）重影点

属于同一条投射线上的点，在该投射线所垂直的投影面上的投影重合为一点。空间的这些点，称为该投影面的重影点。在图 3-12 中，空间两点 A、B 属于对 H 面的一条投射线，则点 A、B 称为 H 面的重影点，其水平投影重合为一点 $a(b)$。同理，点 C、D 称为对 V 面的重影点，其正面投影重合为一点 $c'(d')$。

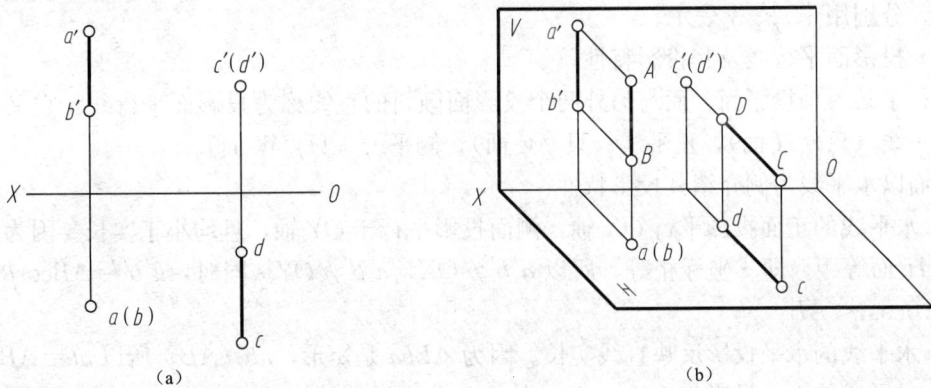

图 3-12　重影点
(a) 重影点的投影；(b) 重影点的空间位置

当空间两点在某投影面上的投影重合时，其中必有一点的投影遮挡着另一点的投影，这就出现了重影点的可见性问题。在图 3-12 中，点 A、B 为 H 面的重影点，由于 $z_A > z_B$，点 A 在点 B 的上方，故 a 可见，b 不可见（点的不可见投影加括号表示）。同理，点 C、D 为 V 面的重影点，由于 $y_C > y_D$，点 C 在点 D 的前方，故 c' 可见，d' 不可见。

显然，重影点是两个坐标值相等，第三个坐标值不等的空间点。因此，判断重影点的可见性，是根据它们不等的唯一坐标值来确定的，即坐标值大的可见，坐标值小的不可见。

11. 直线的投影

直线的投影一般仍为直线，特殊情况下，可积聚成一点。

根据初等几何知识：两点确定一条直线。我们用直线段的投影表示直线的投影，即作出直线段上两端点的投影，则两点的同面投影连线为直线的投影，如图 3-13 所示。另外，已知直线上一点的投影和该直线的方向，也可画出该直线的投影。

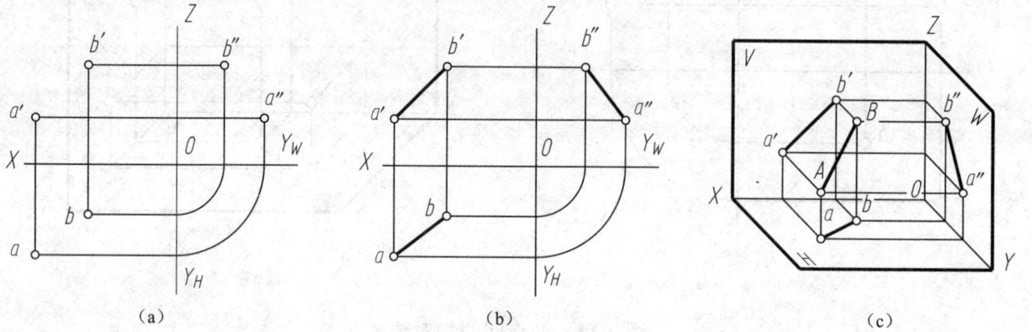

图 3-13　直线的投影

(a) 空间两点的投影；(b) 两点投影的连线；(c) 直线的空间位置

12. 各种位置直线及其投影特性

根据直线相对投影面的位置不同，直线可分为三类：投影面平行线、投影面垂直线和一般位置直线。前两类统称为特殊位置直线。

直线与其水平投影、正面投影、侧面投影的夹角，分别称为该直线对投影面 H、V、W 的倾角，分别用 α、β、γ 表示。

(1) 投影面平行线及其投影特性

平行于某一个投影面，而与另外两个投影面倾斜的直线称为投影面平行线。它又分为三种：水平线（只 // H 面），正平线（只 // V 面），侧平线（只 // W 面）。

下面以水平线为例介绍其投影特性：

1) 水平线的正面投影平行 OX 轴，侧面投影平行于 OY 轴，且均小于实长。因为 AB 上各点与 H 面等距，即 z 坐标相等，所以 $a'b' // OX$，$a''b'' // OY$。同时，$a'b' = AB\cos\beta < AB$，$a''b'' = AB\cos\gamma < AB$。

2) 水平线的水平投影反映直线实长。因为 $ABba$ 是矩形，$ab // AB$，所以 $ab = AB$。

3) 水平线的水平投影与 OX、OY 轴的夹角分别反映该直线对 V 面、W 面的倾角 β、γ。因为 $AB // ab$，$a'b' // OX$，$a''b'' // OY$，所以 ab 与 OX、OY 的夹角即为 AB 对 V 面、W 面的真实夹角 β、γ。

同理，也可得出并可证明正平线和侧平线的投影特性。

因此，投影面平行线的投影特性如下：

1) 在它所不平行的两个投影面上的投影平行于相应的投影轴，但不反映实长。

2) 在它所平行的投影面上的投影反映实长，且与投影轴的夹角，分别反映该直线对相应投影面的真实夹角。

投影面平行线的投影特性见表 3-3。

表 3-3　　　　　　　　　投影面平行线的投影特性

名称	轴测图	投影图	投影特性
水平线 ($/\!/H$)	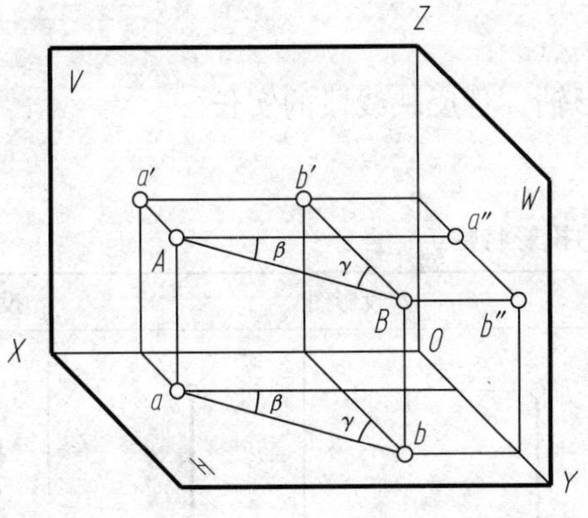	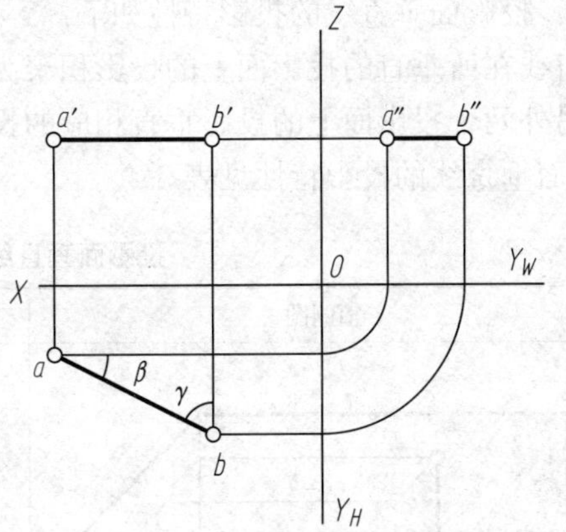	1. ab 反映实长 2. $a'b'$ $/\!/OX$，$a''b''$ $/\!/OY_W$ 3. 反映夹角 β、γ 的大小
正平线 ($/\!/V$)	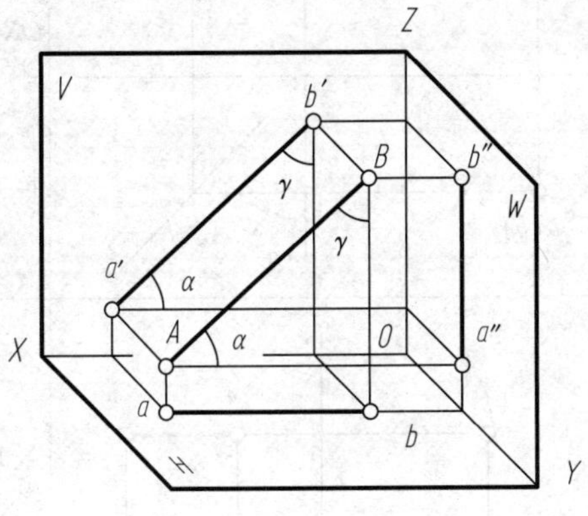	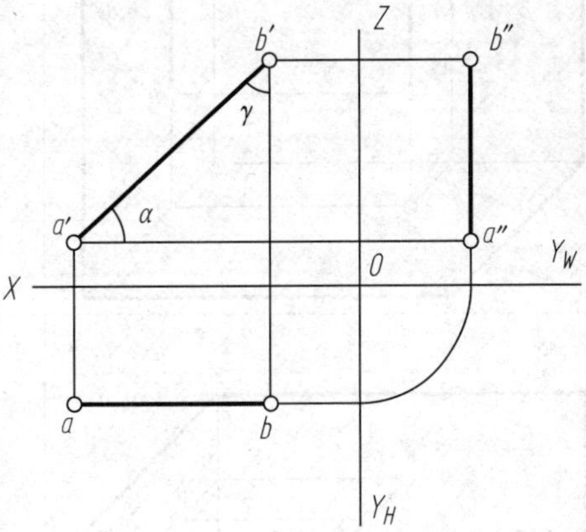	1. $a'b'$ 反映实长 2. $ab/\!/OX$，$a''b''$ $/\!/OZ$ 3. 反映夹角 α、γ 的大小
侧平线 ($/\!/W$)	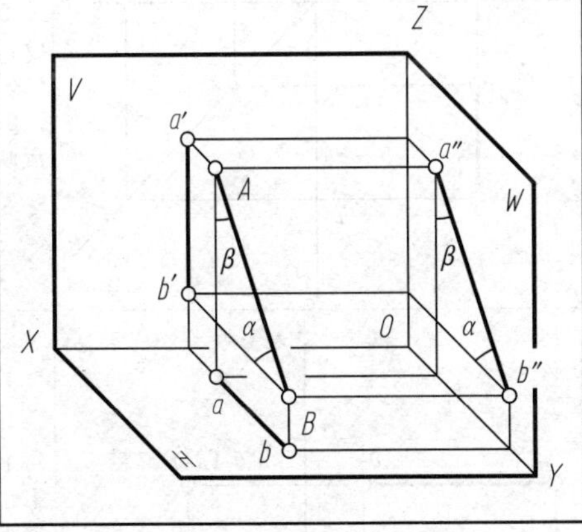	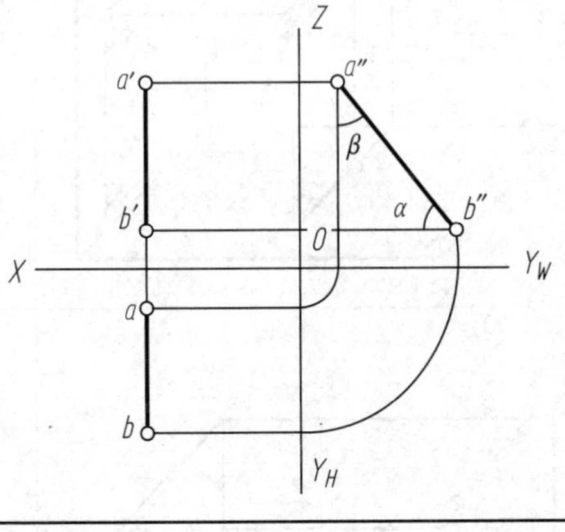	1. $a''b''$ 反映实长 2. $ab/\!/OY_H$，$a'b'$ $/\!/OZ$ 3. 反映夹角 α、β 的大小

（2）投影面垂直线及其投影特性

垂直于某一个投影面，而与另外两个投影面平行的直线，称为投影面垂直线。它分为三种：铅垂线（$\perp H$ 面）、正垂线（$\perp V$ 面）和侧垂线（$\perp W$ 面）。

下面以铅垂线为例，介绍其投影特性：

1）由于 AB 垂直 H 面，所以 A、B 两点在 H 面的投影积聚为一点。

2）AB 垂直 H 面，必平行 V、W 面，所以 AB 在 V、W 面上的投影均反映实长。

3）直线 AB 垂直 H 面，必垂直 OX、OY 轴，所以 $a'b'\perp OX$ 轴，$a''b''\perp OY_W$ 轴。

同理，也可证明正垂线和侧垂线的投影特性。

因此，投影面垂直线的投影特性如下：

1）直线在所垂直的投影面上的投影积聚为一点。

2）另外两个投影面上的投影垂直相应的投影轴，且反映线段的实长。

投影面垂直线的投影特性见表 3-4。

表 3-4　　　　　　　　　　　　　投影面垂直线的投影特性

名称	轴侧图	投影图	投影特性
铅垂线 ($\perp H$)			1. H 投影 a、b 积聚为一点　2. $a'b'\perp OX$，$a''b''\perp OY_W$　3. $a'b'$、$a''b''$ 反映实长
正垂线 ($\perp V$)			1. V 投影 a'、b' 积聚为一点　2. $ab\perp OX$，$a''b''\perp OZ$　3. ab、$a''b''$ 反映实长
侧垂线 ($\perp W$)			1. W 投影 a''、b'' 积聚为一点　2. $ab\perp OY_H$，$a'b'\perp OZ$　3. ab、$a'b'$ 反映实长

（3）一般位置直线

对三个投影面都倾斜的直线，称为一般位置直线。

图 3-14 所示为一般位置直线 AB 的三面投影。因为 α、β、γ 均不等于零，所以 $ab=AB\cos\alpha<AB$，$a'b'=AB\cos\beta<AB$，$a''b''=AB\cos\gamma<AB$，一般位置直线的投影与相应投影轴的夹角，都不反映该直线对投影面的倾角。

由上述可知，一般位置直线的投影特性如下：三个投影都倾斜于投影轴，且不反映该直线的实长；投影与投影轴的三个夹角，都不反映直线对投影面的倾角。

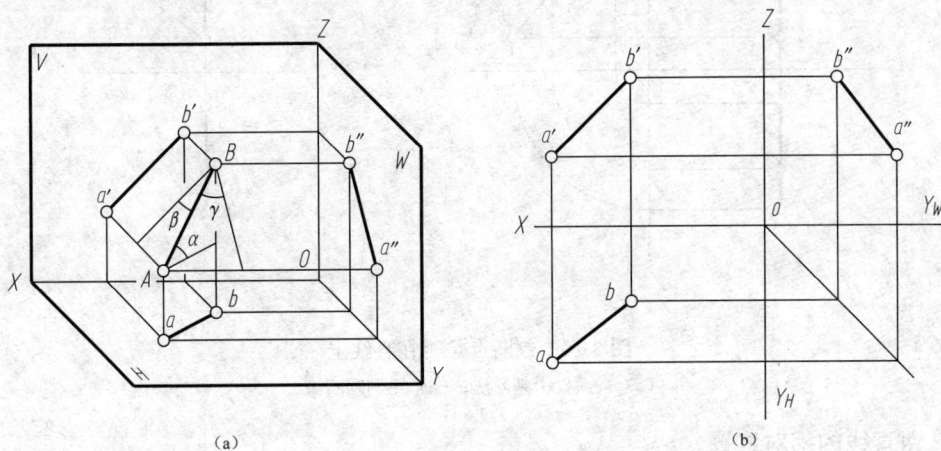

图 3-14　一般位置直线
（a）一般直线的空间位置；（b）一般直线的三面投影

13. 点与直线的相对位置

点与直线的从属关系有两种情况，即点在直线上和点不在直线上。

判断点是否在直线上的定理：

定理 3-1：若点在直线上，则点的各面投影必在直线的同面投影上。反之，若点的各面投影均在直线的同面投影上，则点必在该直线上。

如图 3-15 所示，点 C 在直线 AB 上，其水平投影 c 必在 ab 上，正面投影 c' 必在 $a'b'$ 上；D、E 两点都不在直线 AB 上。

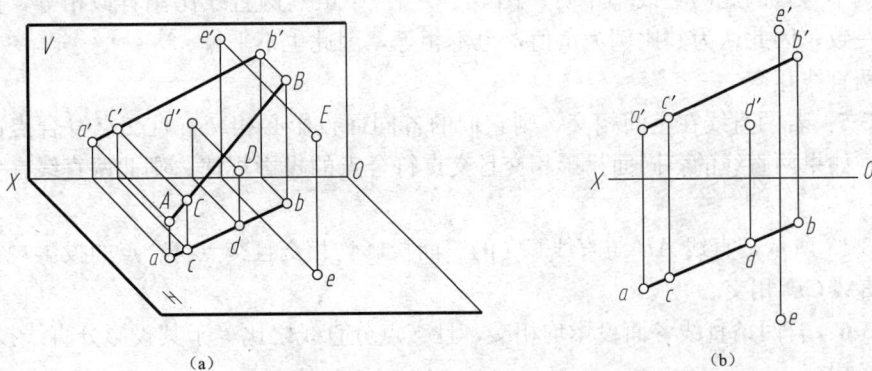

图 3-15　点与直线的从属关系
（a）点与直线的空间位置；（b）点与直线的两面投影

定理 3-2：若点在直线上，则点分直线长度之比等于其投影分直线投影之比。反之，若点投影分直线各投影长度之比相等，则该点必此在直线上。

如图 3-16 所示，因 $a'm' : m'b' \neq am : mb$，故点 M 不在 AB 上。

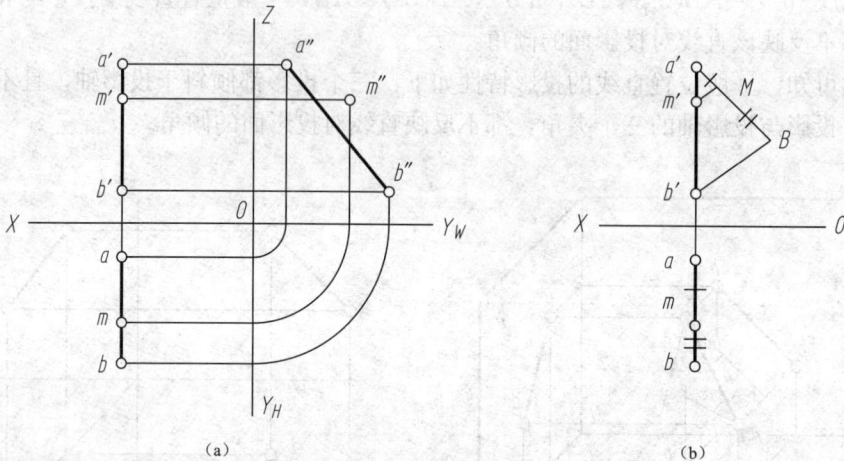

图 3-16　判断点是否在直线上

(a) 三面投影判断法；(b) 比例判断法

14. 两直线的相对位置

两直线的相对置有三种情况：平行、相交和交叉。平行和相交的两直线均属于同一平面（共面），而交叉两直线则不属于同一平面（异面）。下面分别讨论它们的投影特性。

（1）两直线平行

定理 3-3：若空间两直线互相平行，则两直线的各同面投影必定互相平行。反之，若两直线的各同面投影互相平行，则两直线在空间也必定互相平行。

如图 3-17（a）所示，因直线 AB 与直线 CD 的三面投影均平行，故直线 AB 与直线 CD 平行。在图 3-17（b）、(c) 中，直线 AB 与直线 CD 均不平行。

定理 3-4：若两直线平行，其长度之比等于各同面投影长度之比。

如图 3-17（a）所示，若 $AB // CD$，则 $AB : CD = ab : cd = a'b' : c'd' = a''b'' : c''d''$。图 3-17（b）中比例不等，因此两直线不平行；图 3-17（c）中虽然两直线比例看似相等，但由于字母顺序不一致，因此认为其比例为负值，也不相等，因此也不平行。

（2）两直线相交

定理 3-5：若两直线在空间相交，则它们的各同面投影必相交，且交点符合点的投影规律。反之，如果两直线的各同面投影相交且交点符合点的投影规律，则此两直线在空间必定相交。

如图 3-18 所示，直线 AB 与直线 CD 的三面投影均相交且交点符合点的投影规律，故直线 AB 与直线 CD 相交。

定理 3-6：若两条直线各面投影均相交，且交点分直线之比等于其投影分直线投影之比，则两直线必相交。

如图 3-19 所示，直线 AB 与直线 CD 的两面投影相交且交点符合点的投影规律。但点分线段之比不等，即 $ck : kd \neq c'k' : k'd'$ 故直线 AB 与直线 CD 不相交。

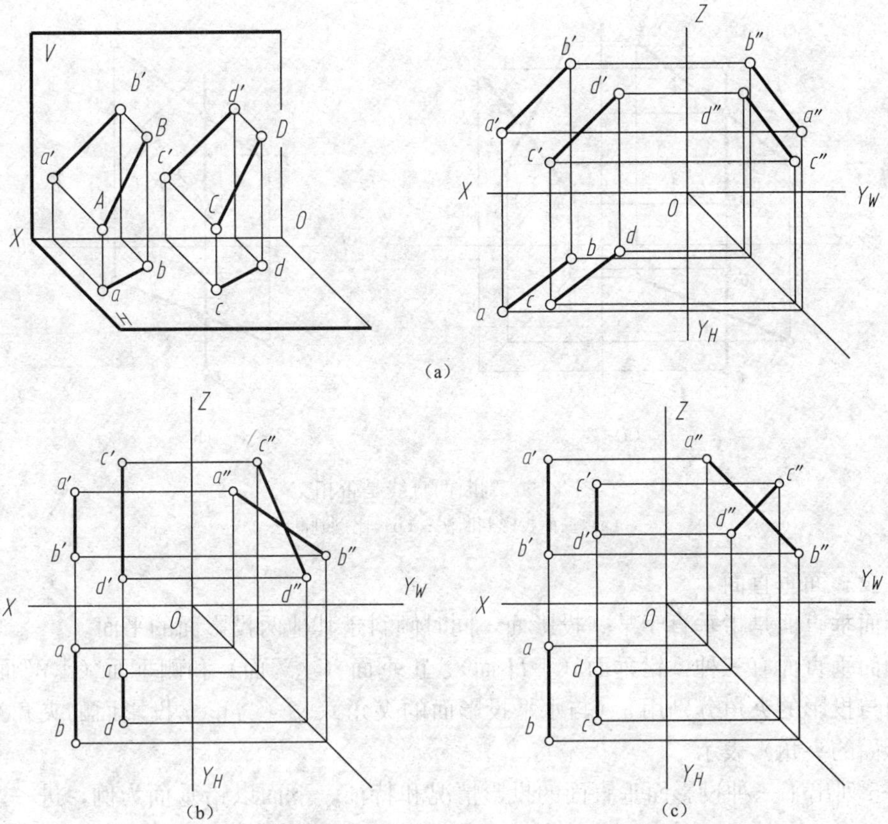

（a）

（b）　　　　　　　　　　　　　　（c）

图 3-17　平行两直线的投影

（a）两直线平行；（b）比例不等两直线；（c）字母顺序不一致两直线

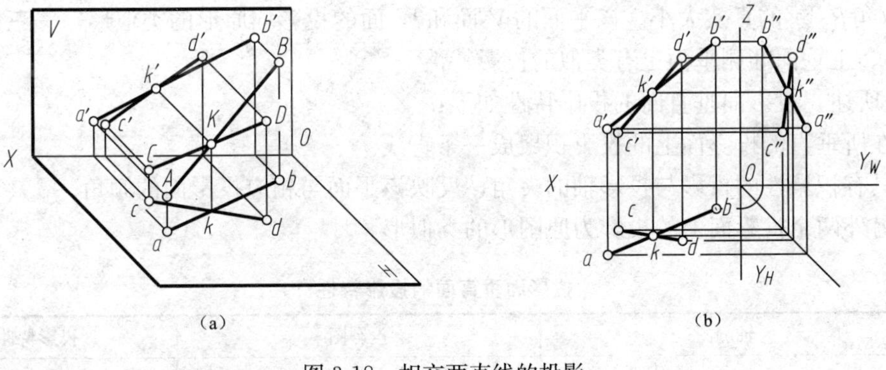

（a）　　　　　　　　　　　　　　（b）

图 3-18　相交两直线的投影

（a）相交两直线的空间投影；（b）相交两直线的三面投影

（3）交叉两直线

既不平行也不相交的两直线，称为交叉两直线。

图 3-17（b）、（c）和图 3-19 所示直线 AB 与直线 CD 不相交又不平行，故两者交叉。

15. 平面的投影

在三投影面体系中，空间平面对投影面的相对位置有三种：投影面垂直面、投影面平行面和一般位置平面。前两种统称为特殊位置平面。下面分别介绍三种投影面的投影特性。

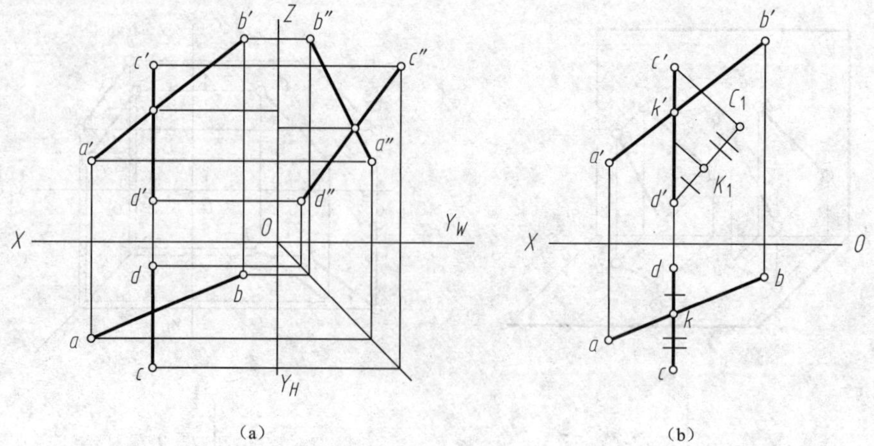

(a)　　　　　　　　　　　　　　　　　(b)

图 3-19　判断两直线是否相交

(a) 三面投影判断法；(b) 比例判断法

（1）投影面垂直面

投影面垂直面是指垂直于某一投影面，同时倾斜于其他两投影面的平面。

投影面垂直面有三种：铅垂面（$\perp H$ 面）、正垂面（$\perp V$ 面）和侧垂面（$\perp W$ 面）。

平面与投影的夹角分别用 α（与水平投影面的夹角）、β（与正立投影面的夹角）、γ（与侧立投影面的夹角）表示。

表 3-5 列出了三种投影面垂直面的投影情况和特征。下面以铅垂面为例，进一步说明其投影特性。

$\triangle ABC$ 为铅垂面，它与水平投影相垂直，与正立投影面和侧立投影面相倾斜，因此它的水平投影积聚为一条直线段，且该直线段与 OX 和 OY_H 轴的夹角，反映该平面与 V 面和 W 面的倾角 β、γ 的真实大小。该平面的 V 面和 W 面的投影均原形的类似形——三角形，且比实形小。正垂面和侧垂面也有类似的投影特性。

综上所述，投影面垂直面的投影特性如下：

1）在所垂直的投影面上的投影积聚成一条直线。

2）具有积聚性的投影与投影轴的夹角，反映该平面与相应投影面的倾角。

3）另外两个投影面上的投影为原图形的类似形。

表 3-5　　　　　　　　　　　　　　投影面垂直面的投影特性

名称	轴测图	投影图	投影特性
铅垂面（$\perp H$）	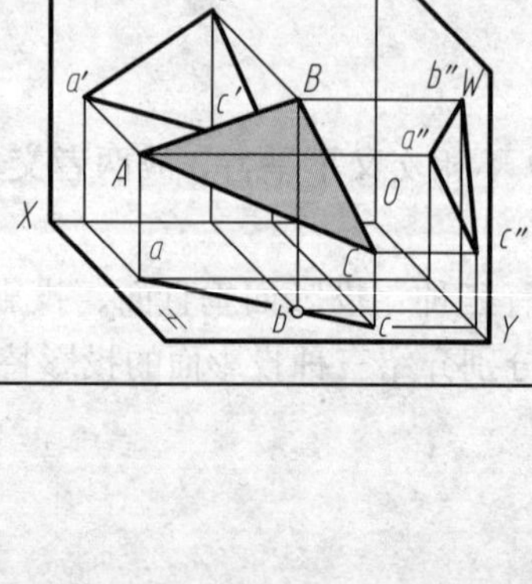	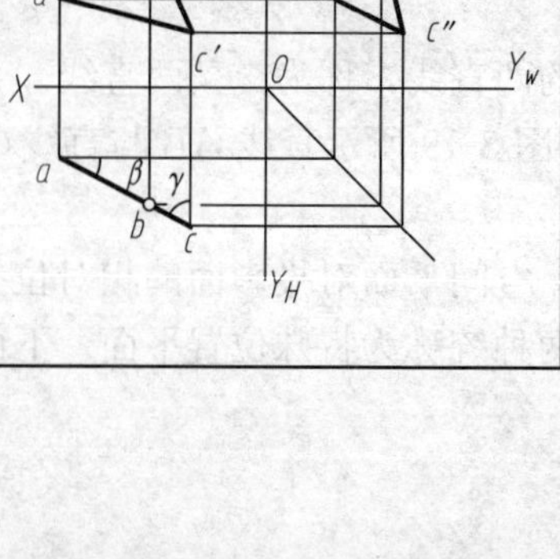	1. H 面投影积聚为一直线，且该直线与 OX 和 OY_H 轴的夹角分别反映平面与 V 面和 W 面夹角 β 和 γ 的大小 2. V 面、W 面投影不反映实形，均为类似形

续表

名称	轴测图	投影图	投影特性
正垂面 （⊥V）			1. V 面投影积聚为一直线，且该直线与 OX 和 OZ 轴的夹角分别反映平面与 H 面和 W 面夹角 α 和 γ 的大小 2. H 面、W 面投影不反映实形，均为类似形
侧垂面 （⊥W）			1. W 面投影积聚为一直线，且该直线与 OYw 和 OZ 轴的夹角分别反映平面与 H 和 V 面夹角 α 和 β 的大小 2. H 面、V 投影不反映实形，均为类似形

（2）投影面平行面

投影面平行面是指平行于某一投影面，同时又垂直于另外两投影面的平面。

投影面平行面有三种：水平面（∥H 面）、正平面（∥V 面）和侧平面（∥W 面）。

表 3-6 列出了三种投影面平行面的投影情况和特征。下面以正平面为例，进一步说明其投影特征。

ABC 为正平面，由于它平行于 V 面，所以它的正面投影反映△ABC 的实形，即△ABC≌△$a'b'c'$。又因为△ABC 垂直于 H 面和 W 面，所以它的水平和侧面投影均积聚为一直线段且分别平行于 OX 和 OZ 轴。

水平面和侧平面也有类似的投影特性，见表 3-6。

由上所述可得投影面平行面的投影特性如下：

1）在其所平行的投影面上的投影，反映平面图形的实形。

2）在另外两个投影面上的投影均积聚成直线，且平行于相应的投影轴。

表 3-6　　　　　投影面平行面的投影特性

名称	轴测图	投影图	投影特性
水平面 （∥H）			1. H 面投影反映实形 2. V 面、W 面投影分别为平行 OX、OYw 的直线段，有积聚性

续表

名称	轴测图	投影图	投影特性
正平面 (//V)			1. V面投影反映实形 2. H面、W面投影分别为平行OX、OZ轴的直线段，有积聚性
侧平面 (//W)			1. W面投影反映实形 2. V面、H面投影分别为平行OZ、OYH轴的直线段，有积聚性

注 若点所在表面垂直于某一投影面，且该点前面没有被其他点挡住，一般也认为该点可见。

（3）一般位置平面

对三个投影面都倾斜的平面，称为一般位置平面。图 3-20 所示△ABC 是一般位置平面，由于它对三个面都倾斜，所以三个投影均不反映实形，是原图形的类似形。同时各投影也不反映该平面对各投影面的倾角 α、β、γ。由此得到一般位置平面的投影特性是：一般位置平面在三个投影面上的投影均为原图形的类似形，且形状缩小。

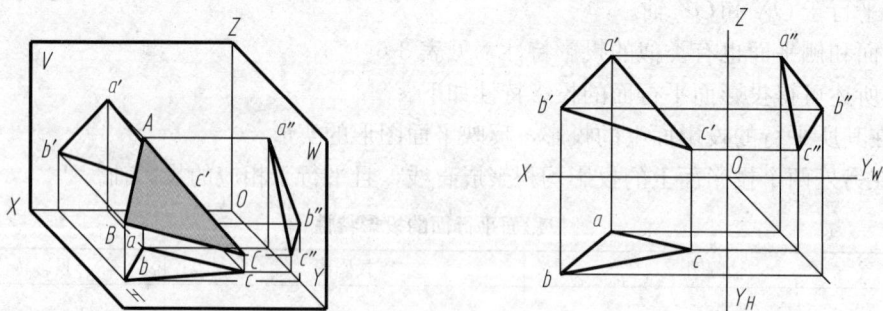

图 3-20　一般位置平面的投影

16. 回转体的投影步骤

1）形体分析：分析回转体的形状特点及各面的投影特性。初步估测回转体在各投影面的投影。

2）确定坐标系及 45°辅助线。

3）绘制视图对称中心线和基准线。

4）绘制回转体上有特点表面的投影（相对于投影面垂直或平行的面或线）。

5）绘制其他表面的投影。

6）分析各点、线、面的可见性。

7）检查。

注意：回转面上只绘制相应视图转向轮廓线的投影。

回转体表面上取点过程可参看本任务任务实施中如图 3-25 所示圆柱的三面投影。

17. 回转体表面上取点的步骤

1）确定点所在的表面。

2）分析点所在表面的投影特性。

3）根据点所在平面的投影特性利用积聚性法、辅助直线法或辅助平面法求解点的投影。

4）根据点所处回转体表面的位置，确定点的可见性。

5）检查。

回转体表面上取点过程可参看本任务任务实施中例 3-1 根据已知圆柱表面上根据点的一面投影求其他两面投影。

18. 基本体的尺寸标注

（1）平面立体的尺寸标注

平面立体一般要标注立体长、宽、高三个方向的尺寸，如图 3-21（a）所示。

（2）回转体的尺寸标注

回转体一般要标注径向和轴向两方向的尺寸，有时加上尺寸符号后，视图数目可以减少，如圆柱、圆锥、圆球等回转体，只需在不反映圆的视图上标注出带有直径符号的直径和轴向尺寸，就能确定它们的形状和大小，其余视图均可省略不画，如图 3-21（b）所示。

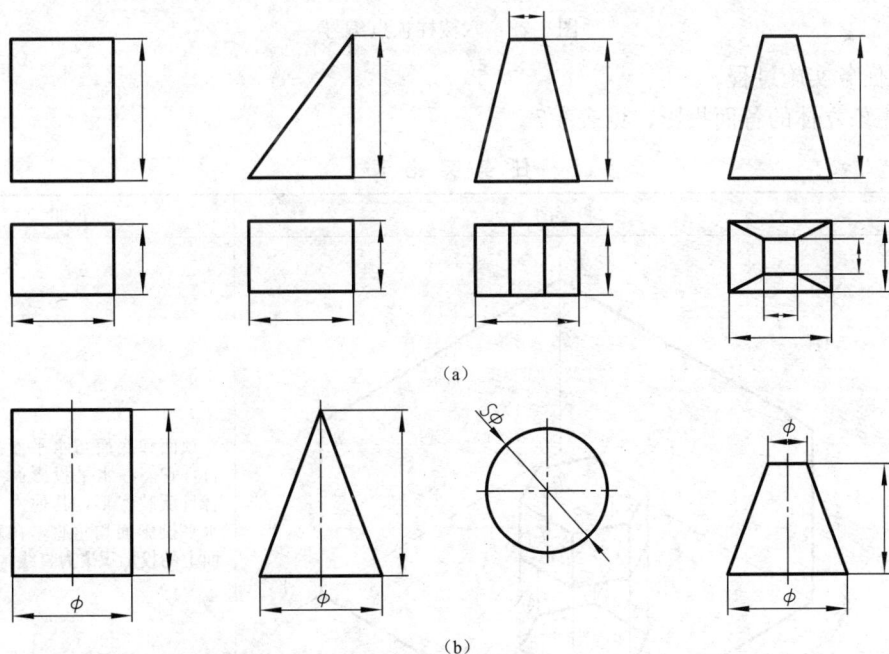

（a）

（b）

图 3-21 常见基本体的尺寸标注

（a）常见平面立体的尺寸标注；（b）常见曲面立体的尺寸标注

任务实施

1. 正六棱柱的三面投影

（1）形体分析

正六棱柱由顶面，底面和六个侧棱面围成。顶面，底面分别由六条底棱线围成（正六边形）；每个侧棱面又由两条侧棱线和两条底棱线围成（矩形）。六棱柱顶点编号如图 3-22 所示。

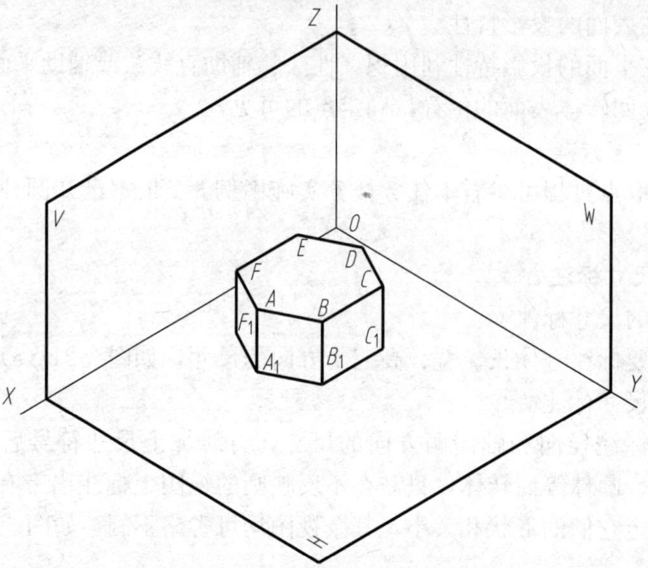

图 3-22　六棱柱顶点编号

（2）任务实施过程

1）想象立体的各面投影，见表 3-7。

表 3-7　　　　　　　　　　　　　　　　　任 务 实 施 表

视图	投影图	说明
俯视图	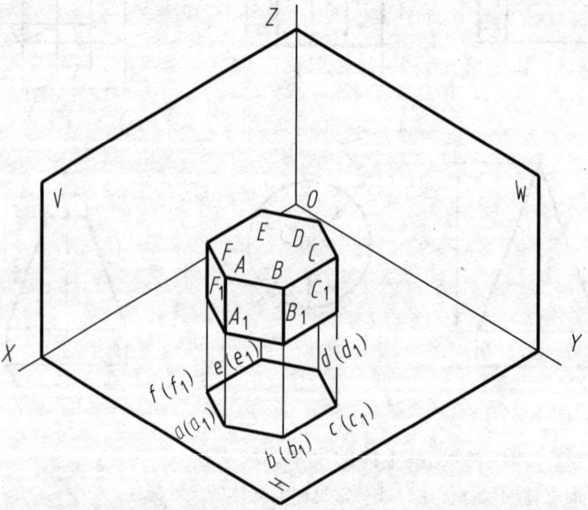	顶面和底面与水平面投影面平行，它们在水平投影面上投影重合且反映实形，其他六个侧面与水平投影面均垂直，在水平投影面上的投影积聚为直线

视图	投影图	说明
主视图	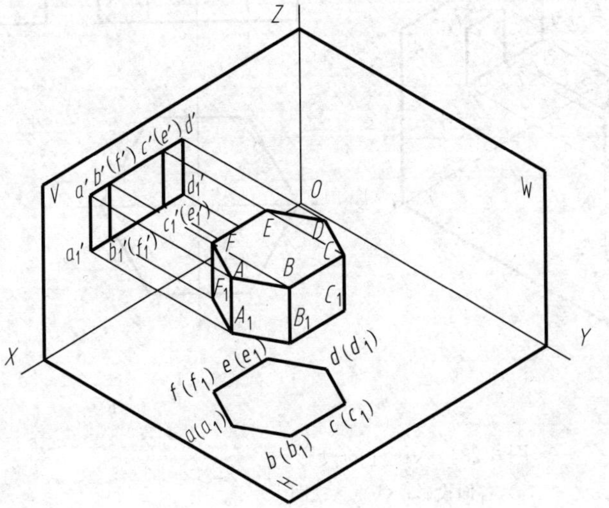	顶面和底面与正立投影面垂直，因此，它们在正立投影面上投影积聚为直线；其他六个侧面中面 BB_1CC_1 和面 EE_1FF_1 与正立投影面平行，它们在正立投影面上的投影反映实形；面 AA_1BB_1、面 CC_1DD_1、面 DD_1EE_1、面 FF_1AA_1 与正立投影面相倾斜，在正立投影面上的投影为原形的类似形
左视图	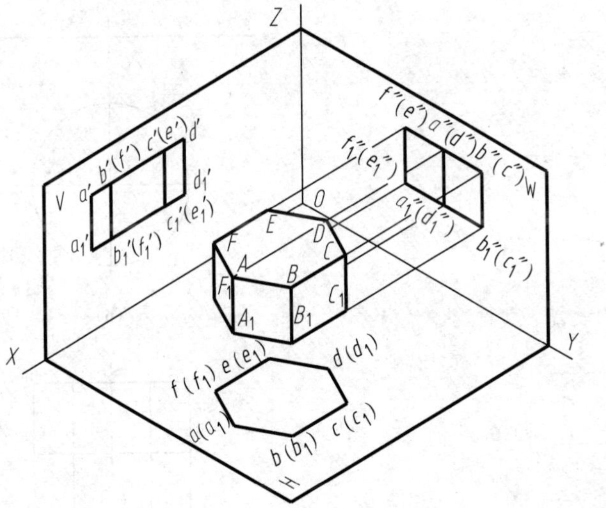	顶面和底面与侧立投影面垂直，因此，它们在侧立投影面上投影积聚为直线；其他六个侧面中面 BB_1CC_1 和面 EE_1FF_1 与侧立投影面垂直，在侧立投影面上的投影积聚为直线；面 AA_1BB_1、面 CC_1DD_1、面 DD_1EE_1、面 FF_1AA_1 与侧立投影面相倾斜，在侧立投影面上的投影为原形的类似形

2）想象立体平面投影，如图 3-23 所示。

3）绘图步骤（见图 3-24）。

2. 圆柱的三面投影

（1）形体分析

圆柱由顶面，底面和圆柱面围成。圆柱面是由一直母线绕与之平行的轴线回转而成。若按图 3-25 所示位置放置，该圆柱各面分析见表 3-8。

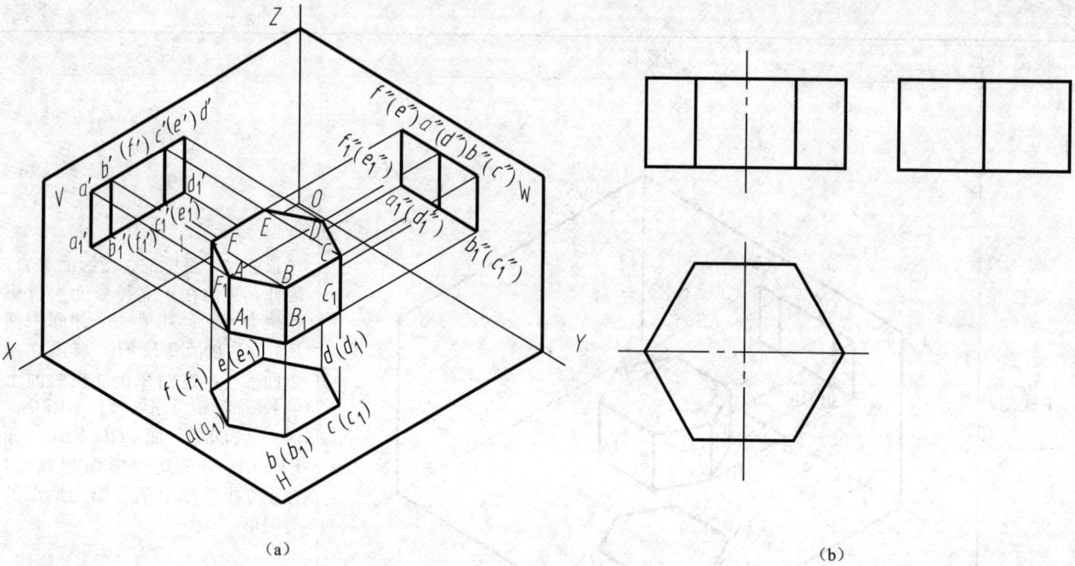

图 3-23　六棱柱的投影

(a) 各面投影；(b) 三视图

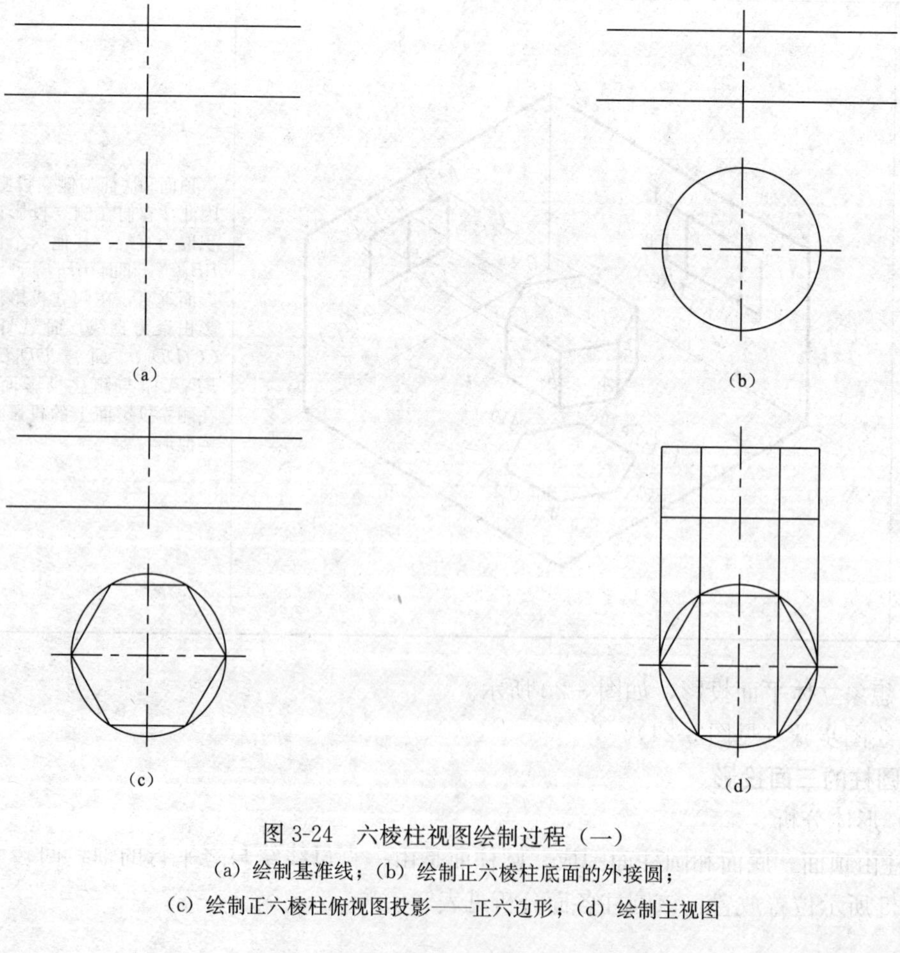

图 3-24　六棱柱视图绘制过程（一）

(a) 绘制基准线；(b) 绘制正六棱柱底面的外接圆；

(c) 绘制正六棱柱俯视图投影——正六边形；(d) 绘制主视图

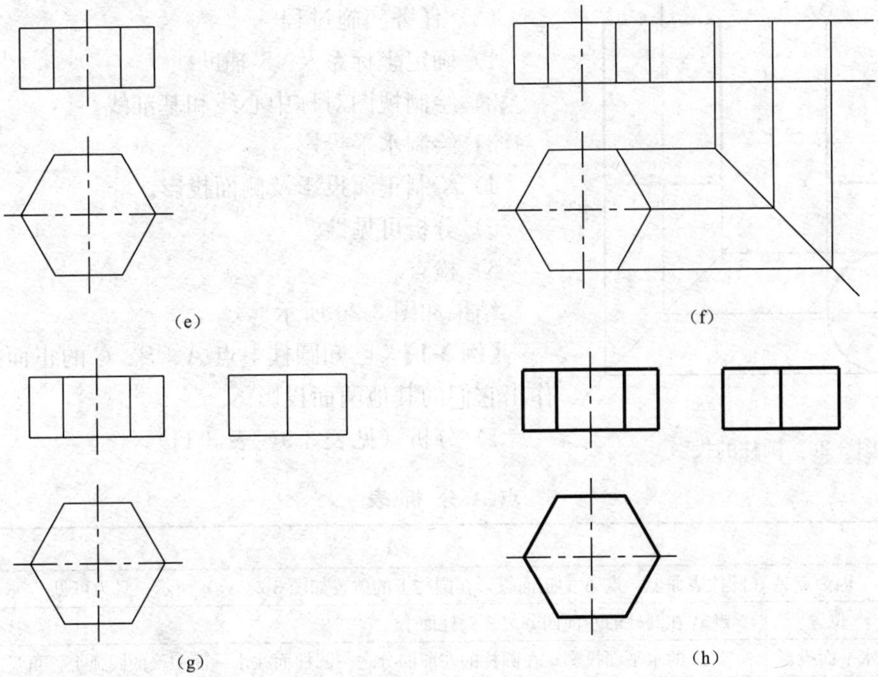

图 3-24 六棱柱视图绘制过程（二）

（e）修整主视图和俯视图；（f）绘制 45°线和左视图基准线；（g）修整左视图；（h）加深三视图

表 3-8 圆柱表面分析表

圆柱表面	相对投影面位置	正面投影	水平投影	侧面投影
顶面和底面	水平面	直线	反映实形（圆）	直线
圆柱面	铅垂面	矩形	圆	矩形

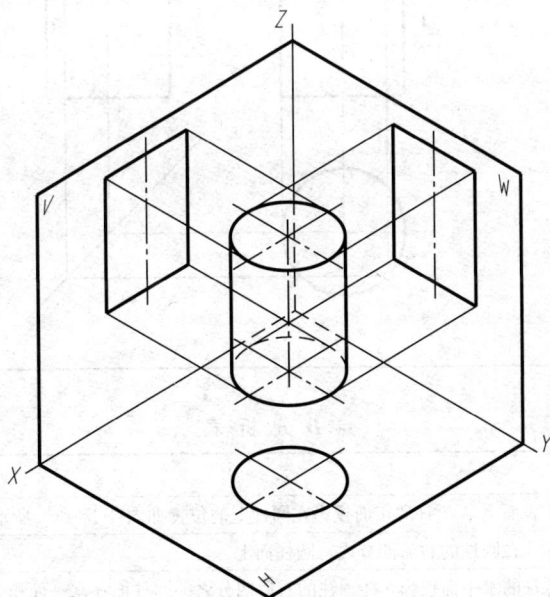

图 3-25 圆柱

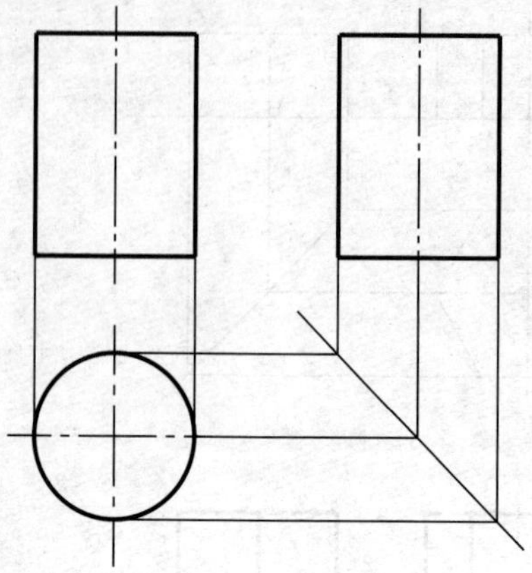

图 3-26　圆柱的投影

（2）任务实施过程

1）确定坐标系及 45°辅助线。

2）绘制视图对称中心线和基准线。

3）绘制水平投影。

4）绘制正面投影及侧面投影。

5）分析可见性。

6）检查。

结果如图 3-26 所示。

【例 3-1】　已知圆柱上点 A、B、C 的正面投影，请作出它们的其他两面投影。

1）分析（见表 3-9～表 3-11）。

表 3-9　　　　　　　　　　　　　　　　　**点 A 分 析 表**

点		A
分析		因为点 A 在圆柱表面上，点 A 的正面投影在圆柱上的位置如图 3-27（a）所示，且为可见
判断	位置	点 A 在圆柱的左前四分之一圆柱面上
	水平面投影	点 A 的水平面投影 a 在圆柱的左前四分之一圆柱面在水平面积聚的圆弧上，可见
	侧面投影	点 A 的侧面投影 a'' 在圆柱的左前四分之一圆柱面在侧面的投影上，可见
作图方法		由点 A 的正面投影 a'，根据点的投影规律向圆柱的左前四分之一圆柱面在水平面积聚的圆弧上作投射线，它们的交点是点 A 的水平面投影 a，根据点 A 的正面投影 a'、水平投影 a 和点的投影规律求点的侧面投影 a''
作图过程	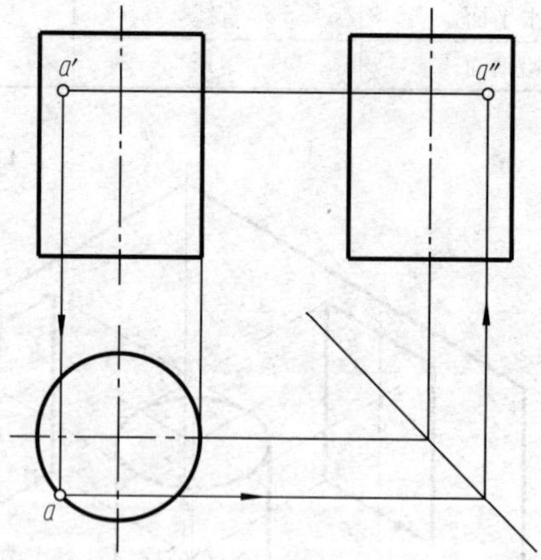	

表 3-10　　　　　　　　　　　　　　　　　**点 B 分 析 表**

点		B
分析		因为点 B 在圆柱表面上，点 B 的正面投影在圆柱上的位置如图 3-27（a）所示，且为不可见
判断	位置	点 B 在圆柱的右后四分之一圆柱面上
	水平面投影	点 B 的水平面投影 b 在圆柱的右后四分之一圆柱面在水平面积聚的圆弧上，可见
	侧面投影	点 B 的侧面投影 b'' 在圆柱的右后四分之一圆柱面在侧面的投影上，不可见

作图方法	由点 B 的正面投影 b'，根据点的投影规律向圆柱的右后四分之一圆柱面在水平面积聚的圆弧上作投射线，它们的交点是点 B 的水平面投影 b，根据点 B 的正面投影 b'、水平投影 b 和点的投影规律求点的侧面投影 b''
作图过程	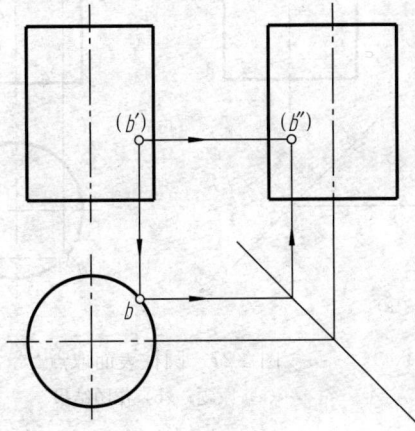

表 3-11 　　　　　　　　　　**点 C 分 析 表**

点	C	
分析	因为点 C 在圆柱表面上，点 C 的正面投影在圆柱上的位置如图 3-27（a）所示，且为可见	
判断	位置	点 C 在圆柱的前后圆柱面右侧的转向轮廓线上
	水平面投影	点 C 的水平面投影 c 在圆柱的前后圆柱面右侧的转向轮廓线在水平面积聚的那个点上，可见
	侧面投影	点 C 的侧面投影 c'' 在圆柱的前后圆柱面右侧的转向轮廓线在侧面的投影上（与对称中心线重合位置），不可见
作图方法	由点 C 的正面投影 c'，根据点的投影规律分别向前后圆柱面右侧的转向轮廓线在水平面和侧面所在的投影作投射线，它们的交点即为所求的点 C 的水平投影 c 和侧面投影 c''	
作图过程	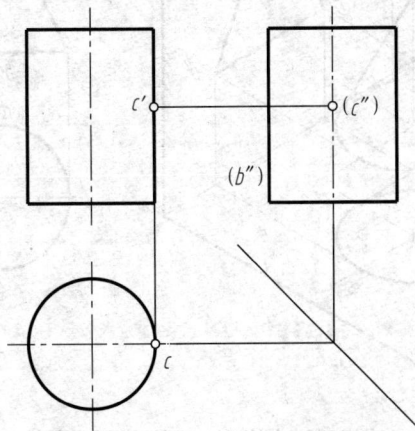	

2) 作图。结果如图 3-27 (b) 所示。

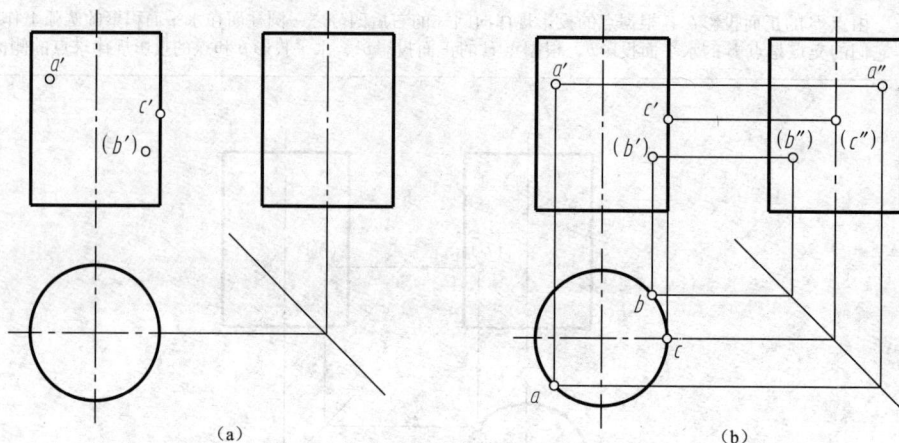

图 3-27　圆柱表面取点
(a) 原题；(b) 作图结果

3) 检查。

3. 圆锥的投影

圆锥由一个底面和一个圆锥面围成。圆锥面是一直母线绕与它相交的轴线回转而成。若按图 3-28 (a) 所示位置放置，该圆锥各面分析见表 3-12，圆锥体的三视图如图 3-28 (b) 所示。

表 3-12　　　　　　　　　　　　　圆 锥 表 面 分 析 表

圆锥表面	相对投影面位置	正面投影	水平投影	侧面投影
底面	水平面	直线	反映实形（圆）	直线
圆锥面	轴线垂直于水平面	三角形	圆	三角形

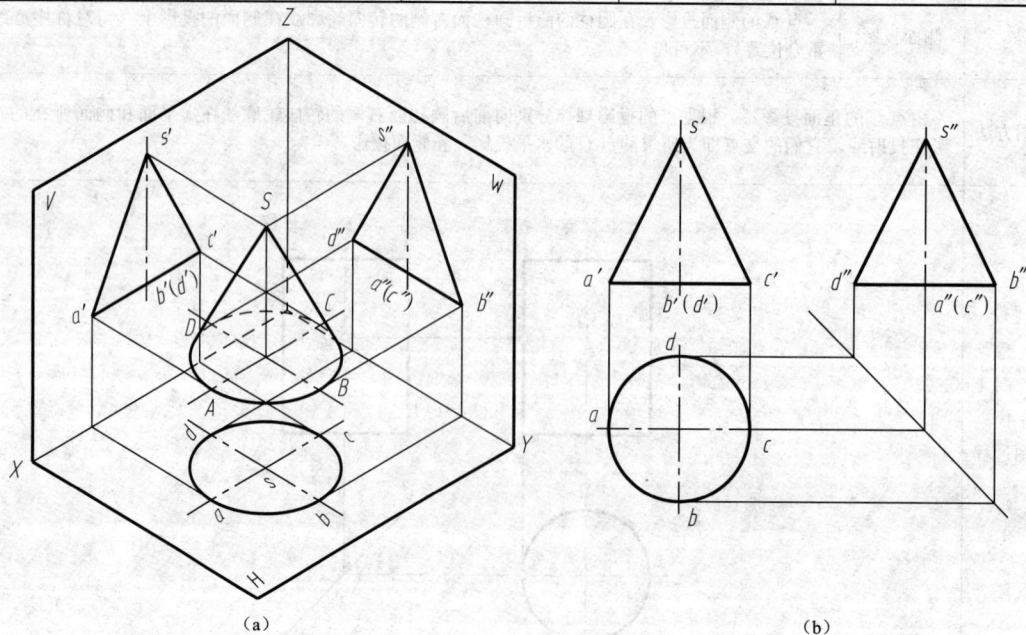

图 3-28　圆锥的三面投影原理图与三视图
(a) 三面投影原理图；(b) 三视图

【**例 3-2**】　如图 3-29 所示，已知圆锥上点 M、N、F、H 的正面投影，请作出它们的其他两面投影。

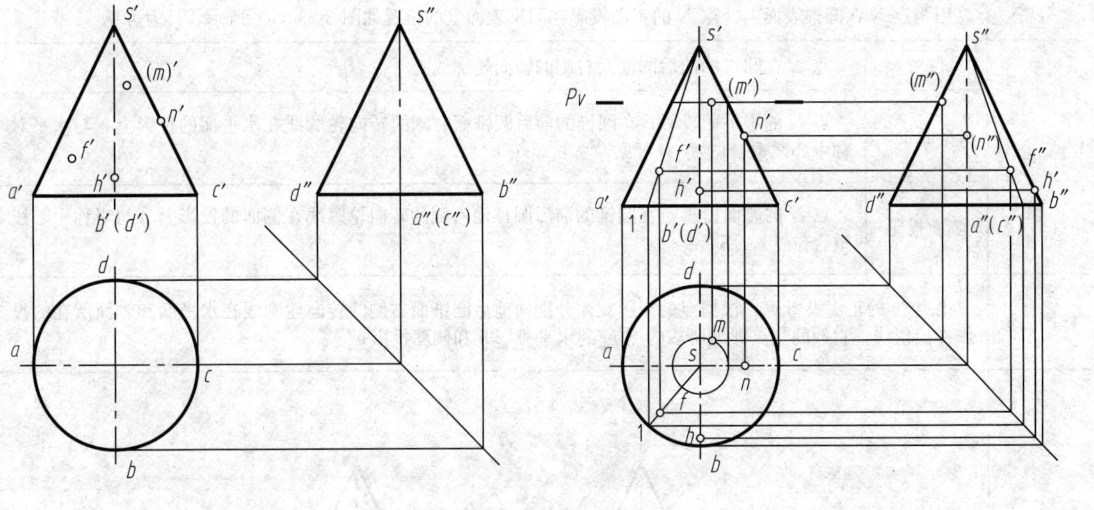

图 3-29　圆锥表面取点

(a) 原题；(b) 答案

1) 分析（见表 3-13～表 3-16）。

表 3-13

点 M 分 析 表

点		M
分析		因为点 M 在圆锥表面上，点 M 的正面投影在圆锥上的位置如图 3-29（a）所示，且为不可见
判断	位置	点 M 在圆锥的后右四分之一圆锥面上
	水平面投影	点 M 的水平面投影 m 在圆锥面在水平面投影上，可见
	侧面投影	点 M 的侧面投影 m'' 在圆锥面在侧面投影上，不可见
作图方法		辅助平面法：过点 M 作与圆锥底面的相平行的截面（水平面）P_V，则该截面截圆锥得到一个圆，而点 M 的各面投影就在该圆的各面投影上。由于所作的辅助平面是一个水平面，因此该辅助平面在正面和侧面的投影积聚成一条直线，在水平面的投影为一个圆。过点 M 的正面投影 m' 根据点的投影规律向辅助截面的水平投影——圆作投射线，又因为点 M 在圆锥的后右四分之一圆锥面上，则该投射线与圆后面的交点即为所求的点 M 的水平投影 m。再根据点 M 的正面投影 m'、水平投影 m 和点的投影规律求出点 M 的侧面投影 m''
作图过程	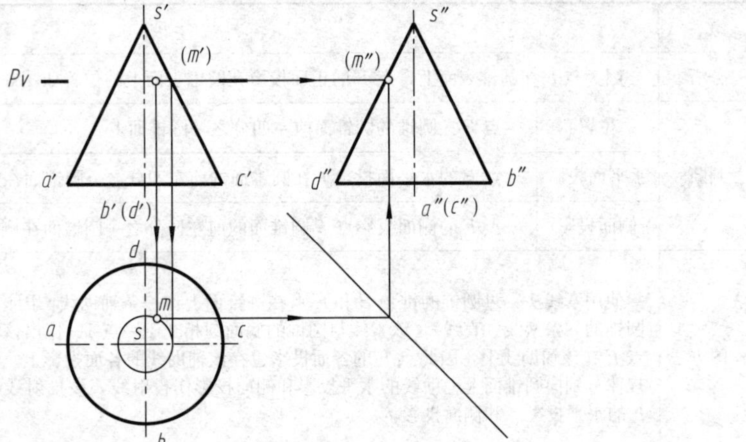	

表 3-14　　　　　　　　　　　　　　　**点 N 分 析 表**

点	N
分析	因为点 N 在圆锥表面上，点 N 的正面投影在圆锥表面上的位置如图 3-29（a）所示，且为可见

判断	位置	点 N 在圆锥的前后圆锥面右侧的转向轮廓线上
	水平面投影	点 N 的水平面投影 n 在圆锥的前后圆锥面右侧的转向轮廓线在水平面的投影上（与水平对称中心线重合位置），可见
	侧面投影	点 N 的侧面投影 n″ 在圆锥的前后圆柱面右侧的转向轮廓线在侧面的投影上（与对称中心线重合位置），不可见

作图方法	由点 N 的正面投影 n′，根据点的投影规律分别向前后圆锥面右侧的转向轮廓线在水平面和侧面所在的投影作投射线，它们的交点即为所求的点 N 的水平投影 n 和侧面投影 n″

作图过程	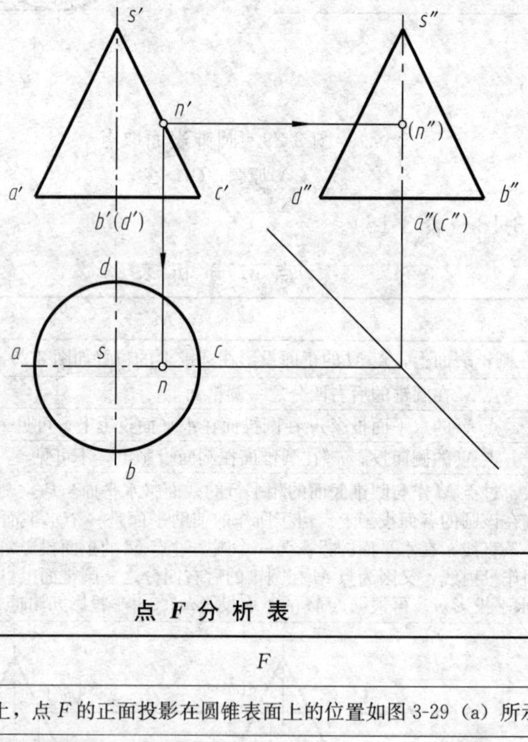

表 3-15　　　　　　　　　　　　　　　**点 F 分 析 表**

点	F
分析	因为点 F 在圆锥表面上，点 F 的正面投影在圆锥表面上的位置如图 3-29（a）所示，且为可见

判断	位置	点 F 在圆锥的圆锥面前左四分之一圆锥面上
	水平面投影	点 F 的水平面投影 f 在圆锥面的前左四分之一圆锥面在水平面的投影上，可见
	侧面投影	点 F 的侧面投影点 f″ 圆锥面的前左四分之一圆锥面在侧面的投影上，可见

作图方法	使用素线法：过圆锥的锥顶 S 和 F 点在圆锥面上作一条辅助线，因该条辅助线过锥顶，因此该辅助线为圆锥的一条素线（直线），该素线与圆锥的底面圆相交于一点 1。作出该辅助线在水平面和侧面的投影，因点 F 在该辅助线上，因此点 F 的各面投影也在该辅助线的各面投影上。过点 F 的正面投影 f′ 根据点的投影规律分别向圆锥面上辅助线的水平投影和侧面投影作投射线，该投射线与辅助线投影的交点即为所求的点 F 的水平投影 f 和侧面投影 f″

作图过程	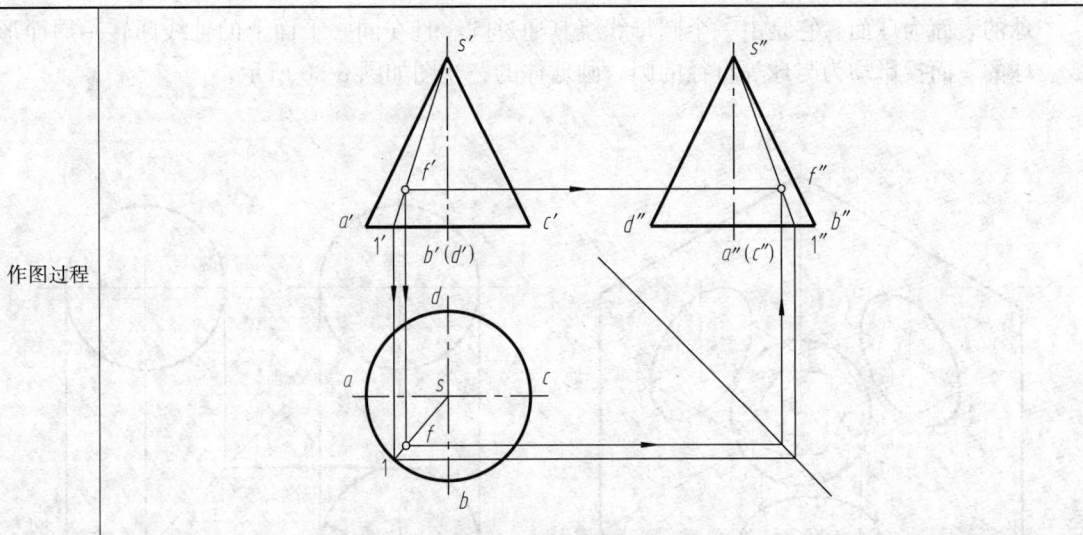

表 3-16　　　　　　　　　　**点 H 分 析 表**

点		H
分析		因为点 H 在圆锥表面上，点 H 的正面投影在圆锥表面上的位置如图 3-29（a）所示，且为可见
判断	位置	点 H 在圆锥的圆锥面侧面投影前面的转向轮廓线上
	水平面投影	点 H 的水平面投影 h 在圆锥面侧面投影前面的转向轮廓线在水平面的投影上，可见
	侧面投影	点 H 的侧面投影点 h″ 在圆锥面侧面投影前面的转向轮廓线在侧面的投影上，可见
作图方法		过点 H 的正面投影 h′ 分别向圆锥面侧面投影前面的转向轮廓线在侧面的投影作投射线，它们的交点即为点 H 的侧面投影 h″。根据点 H 的正面投影 h′、侧面投影 h″ 和点的投影规律求出点 H 的水平投影 h

作图过程	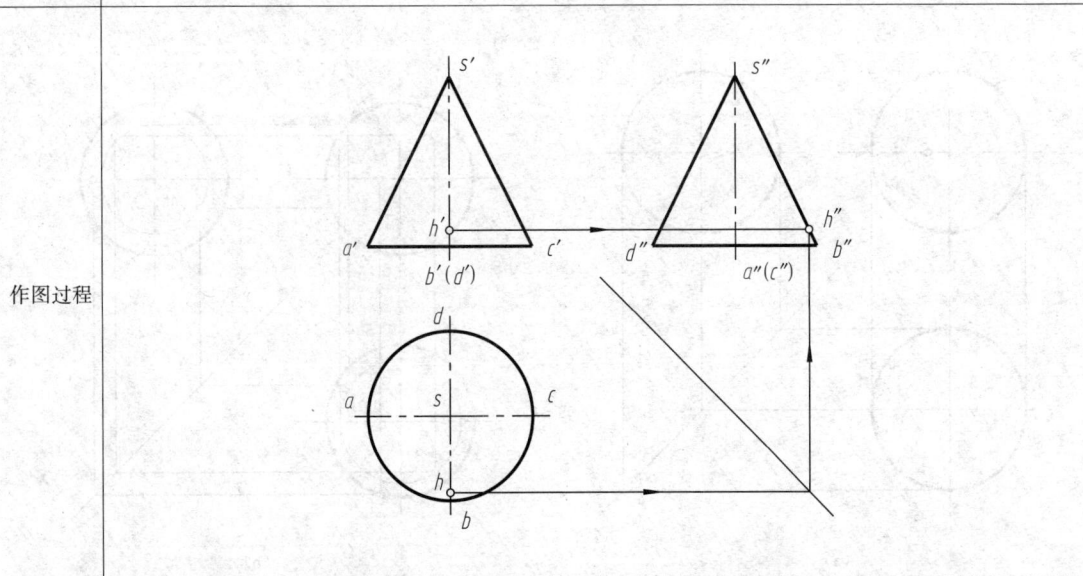

2）作图。结果如图 3-29（b）所示。

3）检查。

4. 圆球的投影

球的表面为球面。它是由一个圆母线绕其通过圆心且在同一平面上的轴线回转一周而形成。球的三面投影均为与球等直径的圆。圆球体的三视图如图 3-30 所示。

(a)

(b)

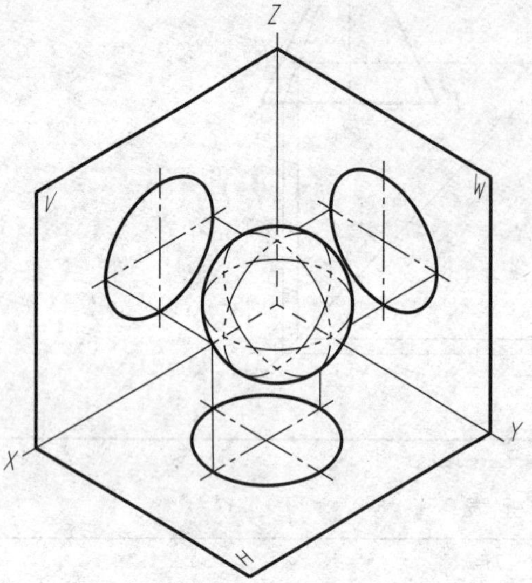

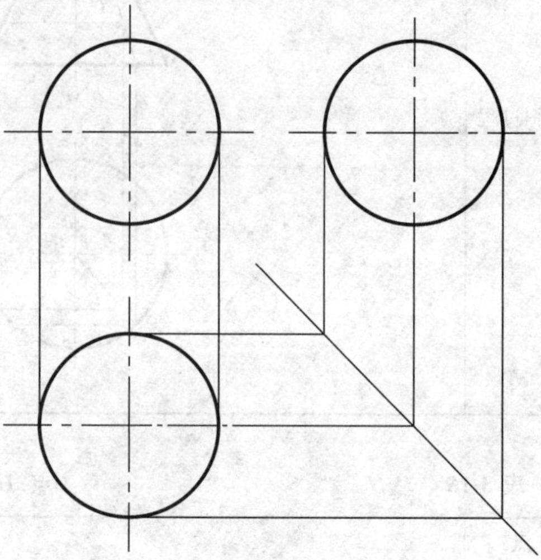

图 3-30 圆球的三面投影原理图与三视图

(a) 三面投影原理图；(b) 三视图

【例 3-3】 如图 3-31 所示，已知圆球表面上点 A、B、C 的正面投影，请作点 A、B、C 的其他两面投影。

(a)

(b)

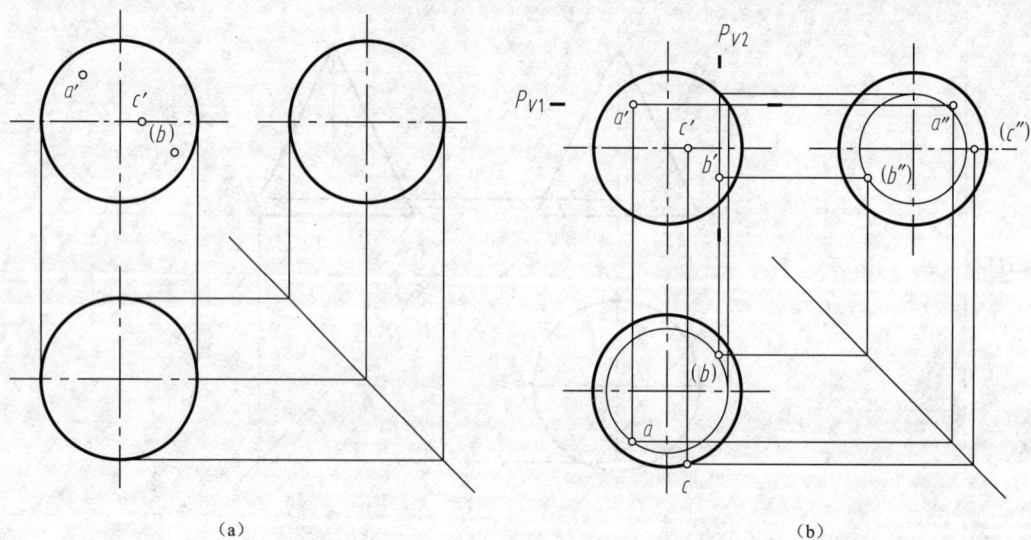

图 3-31 圆球表面取点

(a) 原题；(b) 答案

1）分析（见表 3-17～表 3-19）。

表 3-17 **点 A 分 析 表**

点	A	
分析	因为点 A 在圆球表面上，点 A 的正面投影在圆球上的位置如图 3-31（a）所示，且为可见	
判断	位置	点 A 在圆球的前左上八分之一圆球面上
	水平面投影	点 A 的水平面投影 a 在圆球面的前左上八分之一圆球面在水平面的投影上，可见
	侧面投影	点 A 的侧面投影 a″ 在圆球面的前左上八分之一圆球面在侧面的投影上，可见
作图方法	辅助平面法：过点 A 的正面投影 a′ 作水平面 P_{V1}，则该截面截圆球得到一个圆，而点 A 的各面投影就在该圆的各面投影上。由于所作的辅助平面是一个水平面，因此该辅助平面在正面和侧面的投影积聚成一条直线，在水平面的投影为一个圆。过点 A 的正面投影 a′ 根据点的投影规律向辅助截面的水平投影——圆作投射线，则该线与圆的交点即为所求点 A 的水平投影 a。再根据点 A 的正面投影 a′、水平投影 a 和点的投影规律求出点 A 的侧面投影 a″	
作图过程	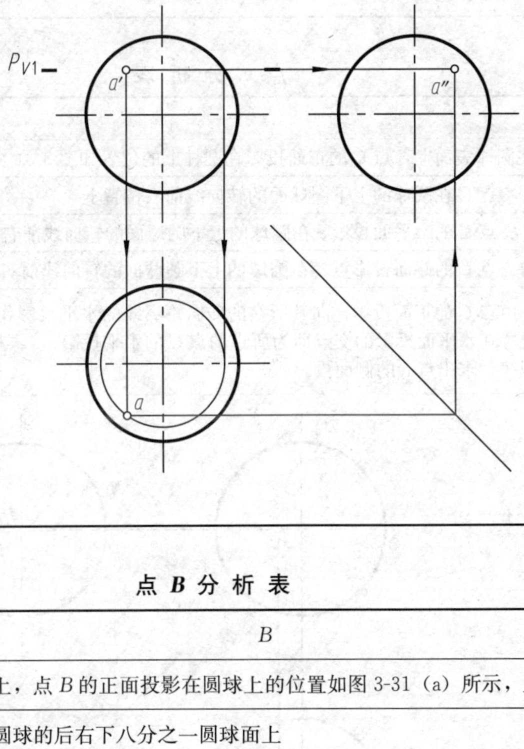	

表 3-18 **点 B 分 析 表**

点	B	
分析	因为点 B 在圆球表面上，点 B 的正面投影在圆球上的位置如图 3-31（a）所示，且为不可见	
判断	位置	点 B 在圆球的后右下八分之一圆球面上
	水平面投影	点 B 的水平面投影 b 在圆球面的后右下八分之一圆球面在水平面的投影上，不可见
	侧面投影	点 B 的水平面投影 b″ 在圆球面的后右下八分之一圆球面在侧面的投影上，不可见
作图方法	辅助平面法：过点 B 作侧平面 P_{V2}，则该截面截圆球得到一个圆，而点 B 的各面投影就在该圆的各面投影上。由于所作的辅助平面是一个侧平面，因此该辅助平面在正面和水平面的投影积聚成一条直线，在侧面的投影为一个圆。过点 B 的正面投影 b′ 根据点的投影规律向辅助截面的侧面投影——圆作投射线，则该线与圆与交点即为所求的点 B 的侧面投影 b″。再根据点 B 的正面投影 b′、侧面投影 b″ 和点的投影规律求出点 B 的水平面投影 b	

作图过程	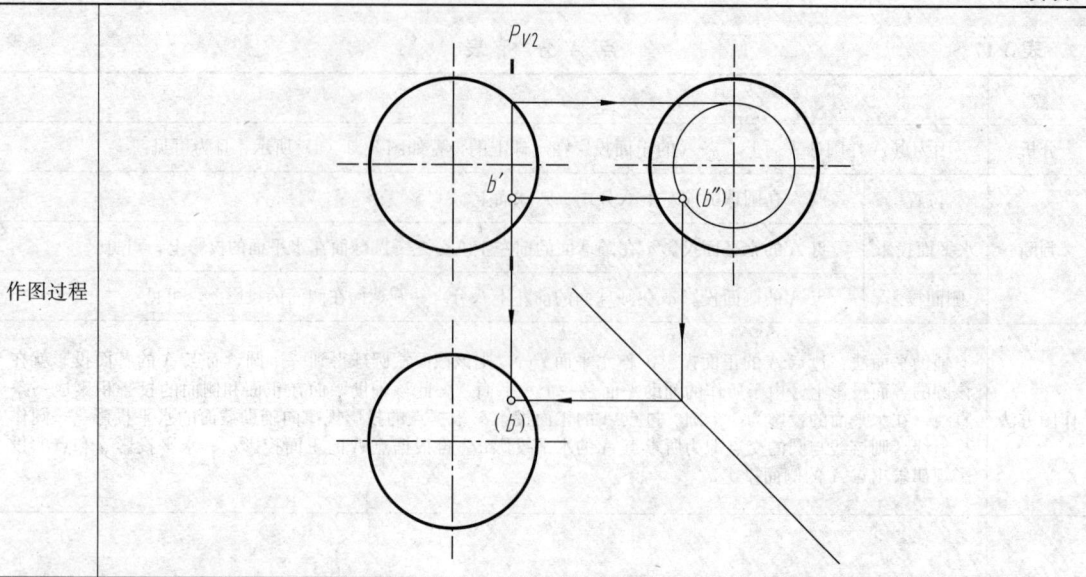

表 3-19 **点 C 分 析 表**

点	C	
分析	因为点 C 在圆球表面上，点 C 的正面投影在圆柱上的位置如图 3-31（a）所示，且为可见	
判断	位置	点 C 在圆球的上下圆球面的转向线前右位置上
	水平面投影	点 C 的水平面投影 c 在圆球的上下圆球面的转向线前右位置在水平面的投影上，可见
	侧面投影	点 C 的侧面投影点 c″ 在圆球的上下圆球面的转向线前右位置在侧面的投影上，不可见
作图方法	特征线法：由点 C 的正面投影 c′ 向其所在的转向轮廓线的水平投影作投射线，该投射线与上下圆球面的转向线前右位置在水平面投影的交点即为所求的点 C 的水平投影 c。再根据点 C 的正面投影 c′、水平投影 c 和点的投影规律，求出点 c′ 的侧面投影 c″	
作图过程	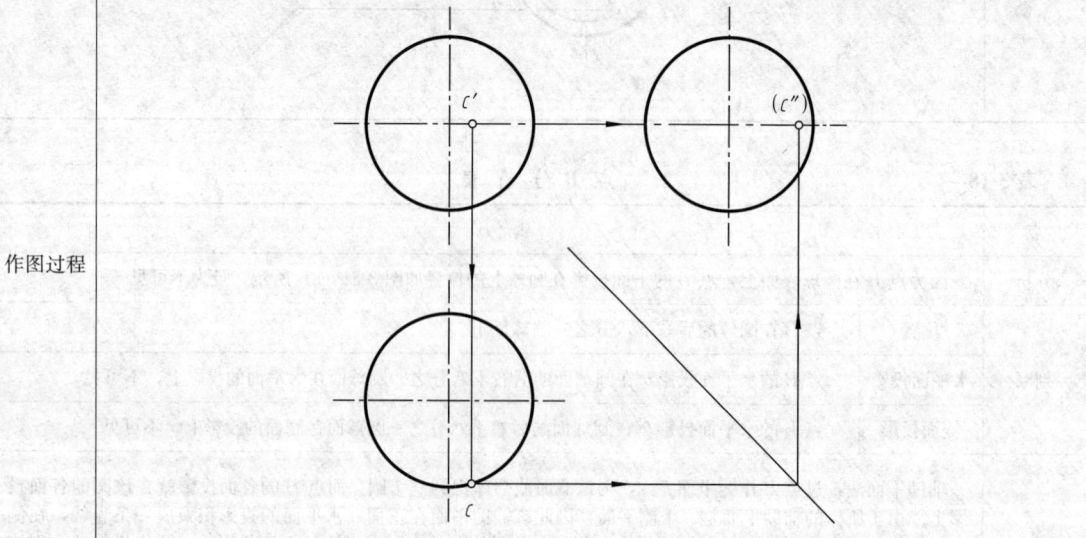	

2）作图。结果如图 3-31（b）所示。

3）检查。

5. 圆环的投影

圆环的表面是由一个圆母线绕不过圆心但在同一平面上的轴线回转一周而形成。靠近轴线的半个母线圆形成的环面为内环面，远离轴线的半个母线形成的环面为外环面。

如图 3-32 所示，圆环投影中的轮廓线都是环面上相应转向轮廓线的投影。其中，俯视图中内、外两个粗实线的同心圆是圆环在俯视方向的转向轮廓线，是可见的上半环面与不可见的下半环面的分界线。俯视图中的点画线圆是母线（圆）圆心轨迹的水平投影。

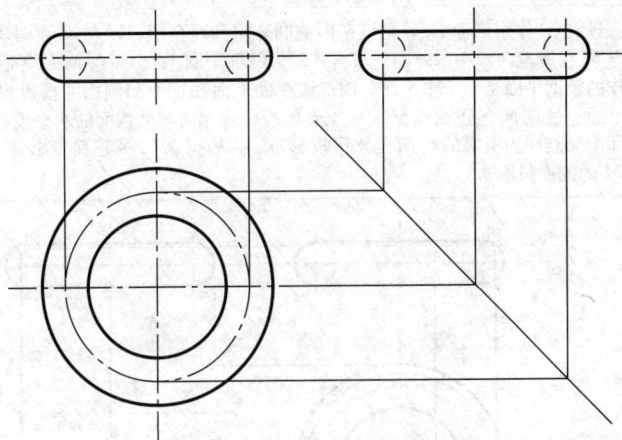

图 3-32 圆环三视图

主视图上，粗实线的两半圆是外环面在主视方向上的转向轮廓线，是前、后外环面的分界线的投影；虚线两半圆是内环面在主视方向上的转向轮廓线，是前后两内环面的分界线的投影；两条与圆相切的平行直线是内、外环面在主视方向的转向轮廓线，是内、外环面分界线的投影。左视图与主视图情况相似。

【例 3-4】 如图 3-33 所示，已知圆环上一点 M 的正面投影，请作出点 M 的其他两面投影。

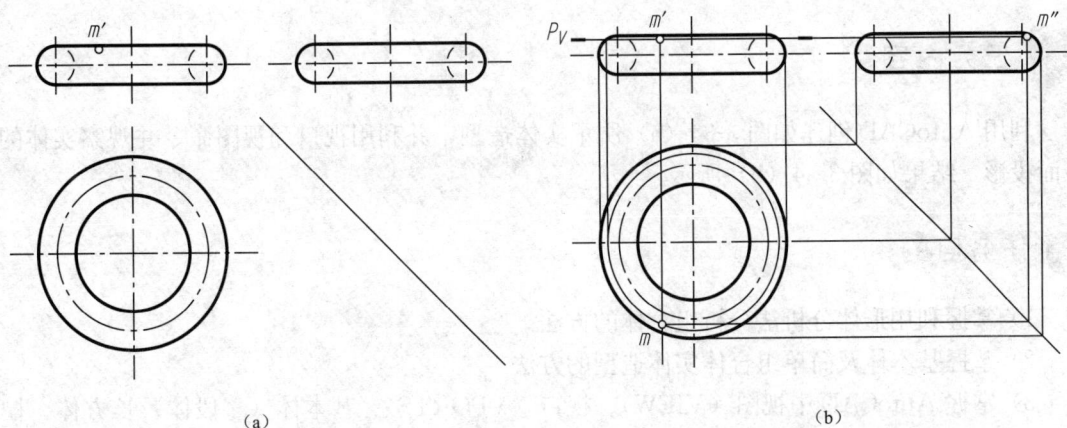

（a）   （b）

图 3-33 圆球表面取点

（a）原题；（b）答案

1) 分析（见表 3-20）。

表 3-20 点 **M** 分 析 表

点	M		
分析	因为点 M 在圆环表面上，点 M 的正面投影在圆环上的位置如图 3-33（a）所示，且为可见		
判断	位置	点 M 在圆环的前左上八分之一圆环面上	
	水平面投影	点 M 的水平面投影点 m 在圆环的前左上八分之一圆环面在水平面的投影上，可见	
	侧面投影	点 M 的侧面投影点 m″ 在圆环的前左上八分之一圆环面在侧面的投影上，可见	
作图方法	辅助平面法：过点 M 作水平面 P_V，则该截面截圆环得到两个圆，因点 M 在圆环的前左上八分之一圆环面上，因此而点 M 在所截两圆中的外圆上（直径较大的那个圆上）。而点 M 的各面投影就在该圆的各面投影上。由于所作的辅助平面是一个水平面，因此该辅助平面在正面和侧面的投影积聚成一条直线，在水平面的投影为一个圆。过点 M 的正面投影 m′ 根据点的投影规律向辅助截面的水平投影——圆作投射线，则该线与圆前面的那个交点即为所求的点 M 的水平投影 m。再根据点 M 的正面投影 m′、水平投影 m 和点的投影规律求出点 M 的侧面投影 m″		
作图过程			

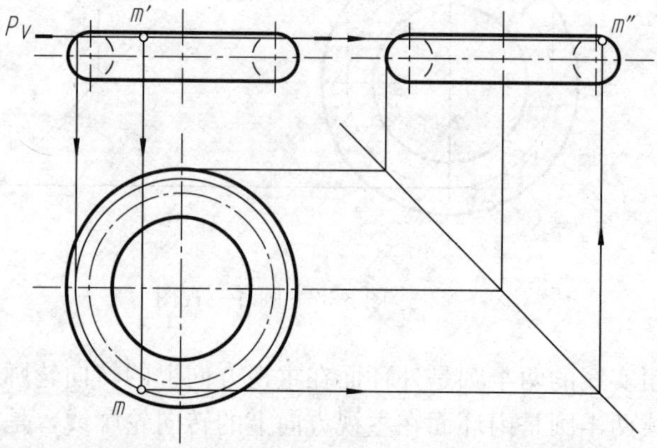

2) 作图。结果如图 3-33（b）所示。

3) 检查。

任务 3.2 简单组合体造型

任务内容

利用 AutoCAD 创建如图 3-34（a）所示实体造型，并利用视口和视图命令并观察实体的各面投影，结果如图 3-34（b）所示。

任务目的

1) 掌握利用形体分析法分析组合体的方法。

2) 掌握基本体及简单组合体实体造型的方法。

3) 掌握 AutoCAD 中视图（VIEW）、视口（VPORTS）、基本体（多段体、长方体、楔体、棱锥体、圆柱体、圆锥体、圆球体、圆环体）、布尔运算、二维旋转（ROTATE）、三维旋转（3DROTATE）等命令的使用方法。

4) 掌握利用 AutoCAD 视口、视图观察组合体的各面投影的方法。

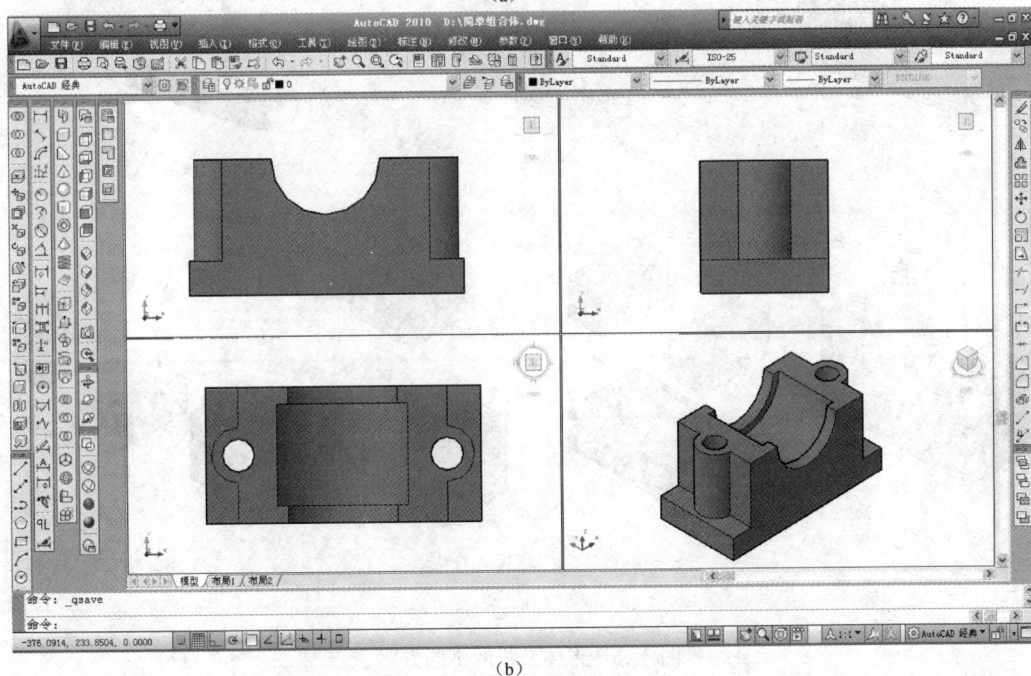

图 3-34 任务图

(a) 简单组合体；(b) 通过视口观察简单组合体

任务知识

1. 造型环境的设置

在进行造型之前首先要进行造型环境的设置，即调出造型需要常用工具栏。造型需要的工具栏有"动态观察"、"建模"、"视觉样式"、"视图"、"视口"等。调出工具栏的方法是在任意工具栏上单击鼠标右键，在出现的快捷菜单上进行选择。

2. 形体分析法

形体分析法是指将复杂的形体假想分解成若干简单的形体，通过分析各基本立体之间的相对位置及各立体间表面过渡关系，再进行画图或读图的方法。

形体分析法的目的是将组合体由复杂变为简单，由生疏变为熟悉，进而掌握组合体的结构特点及投影。

应用形体分析法分解组合体时，分解过程并非是唯一的、固定的。对于同一个组合体可以有不同的分解方法，虽分解方法不同，但最终的结果是一样的，如图 3-35 所示。另外在进行形体分析时，我们除了要分析清楚每个基本形体的形状特征外，还要注意它们之间的相互位置关系。

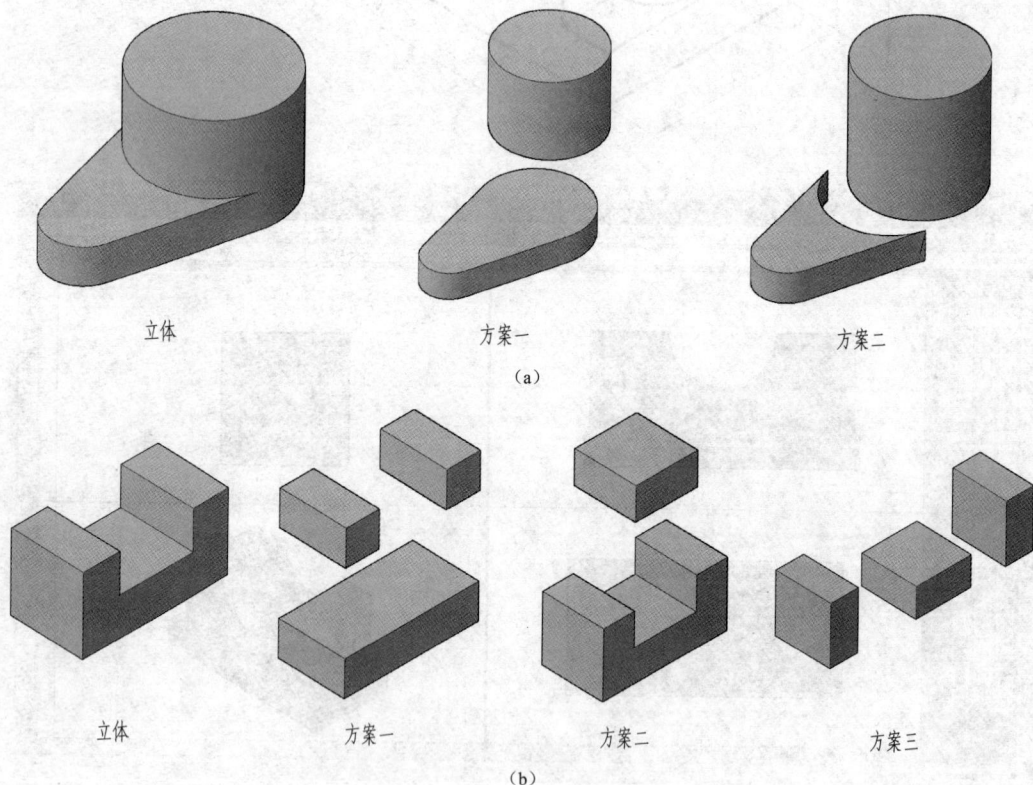

立体   方案一   方案二

(a)

立体   方案一   方案二   方案三

(b)

图 3-35 形体分析的不同方案
(a) 立体一；(b) 立体二

3. 形体间的组合形式

形体间的组合形式通常有叠加、挖切和综合三类。

叠加：形体之间进行组合称为叠加。

挖切：从一个实形体中挖出或切掉较小实形体称为挖切。

综合：既有叠加又有挖切称的综合。

形体间的组合形式见表 3-21。

组合形式	形体		
	组合体	组合过程	分析
叠加	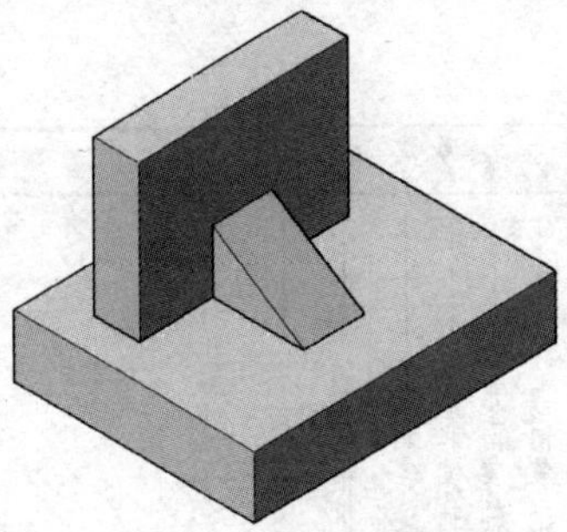	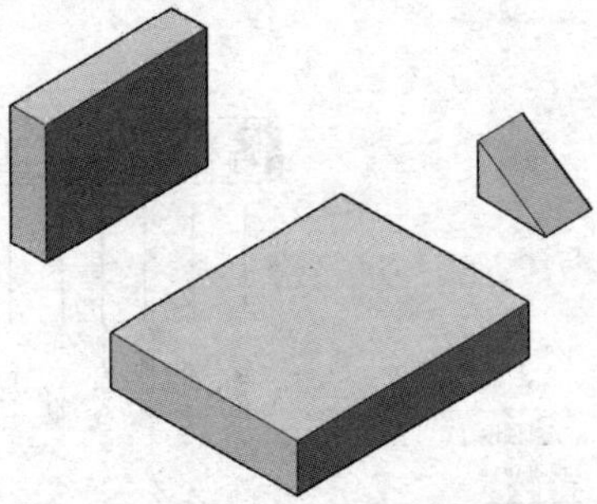	该组合体可以看成是由两个长方体和一个楔体通过"叠加"组合而成
挖切			该组合体可以看成是由一个大的长方体"挖切"掉三个较小实形体（两个长方体和一个梯形体）组合而成
综合	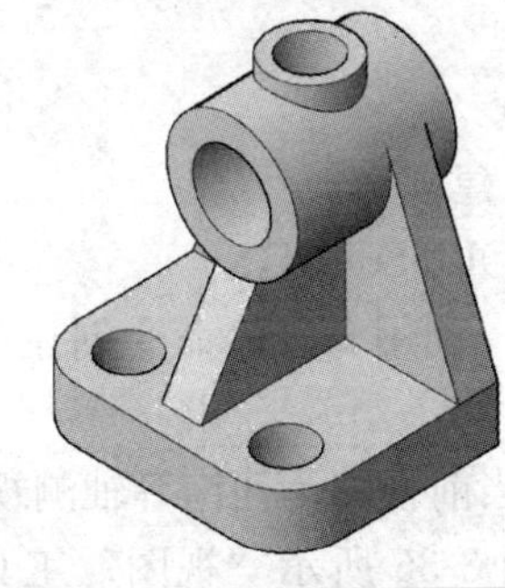	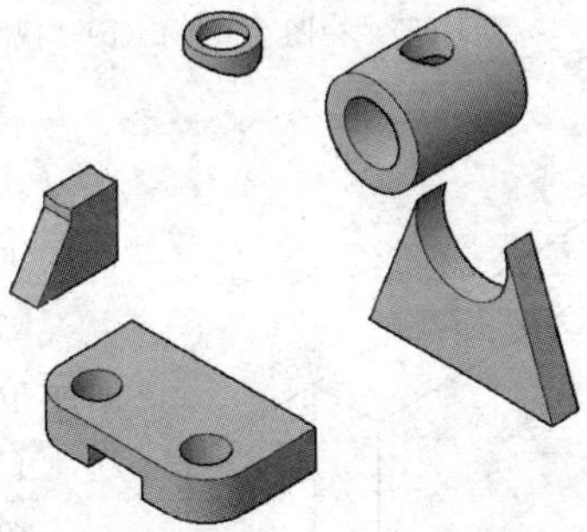	该组合体可以看成是由五个实形体组合而成，而五个实形体又可以看成是由更小的实形体组合而成

表 3-21　　　　　　　　　　　　　　　　形体的组合形式举例

4. 基本体

一般将形状简单的形体称为基本体。常见的基本体有长方体、棱柱、棱锥、圆柱、圆锥、球、圆环等。许多复杂的形体可以看作是由基本体组合（叠加或挖切）而成。

5. 视图（VIEW）命令

单击如图 3-36（a）所示下拉菜单"视图"→"三维视图"，或使用如图 3-36（b）所示"视图"工具栏，可以设置常用的视图方向。

6. 多段体命令

1）功能：通过 POLYSOLID 命令，用户可以创建或将现有直线、二维多线段、圆弧或圆转换为有固定高度和宽度的直线段和曲线段的墙。

2）命令执行方式。

下拉菜单："绘图"→"建模"→"多段体"。

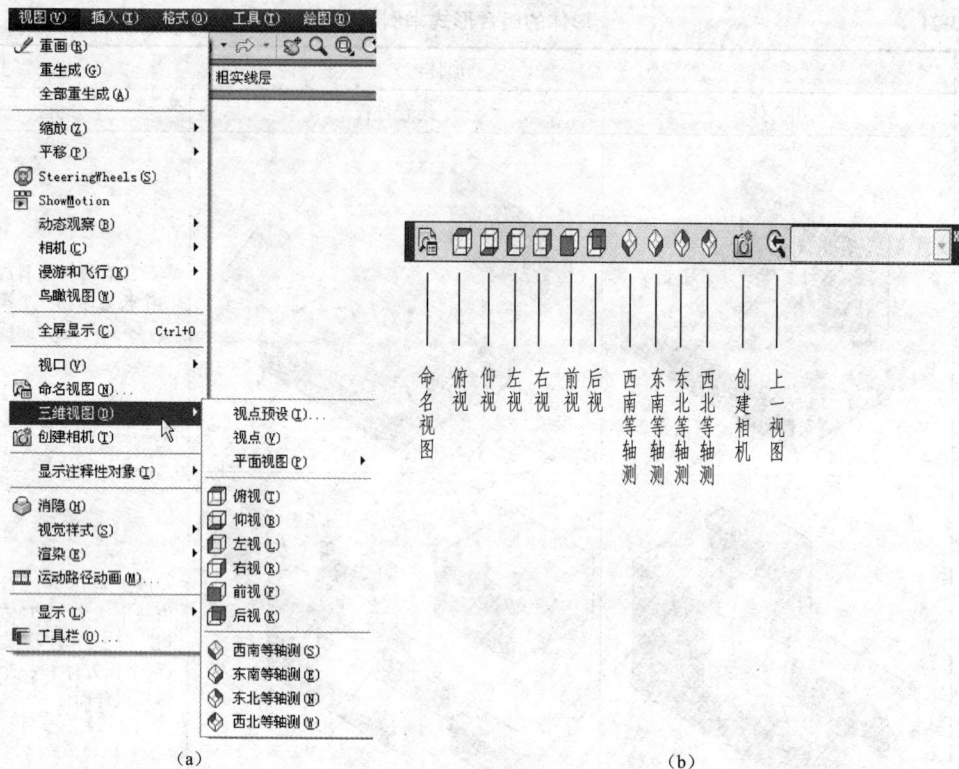

(a) (b)

图 3-36　视图

(a)"视图"菜单；(b)"视图"工具栏

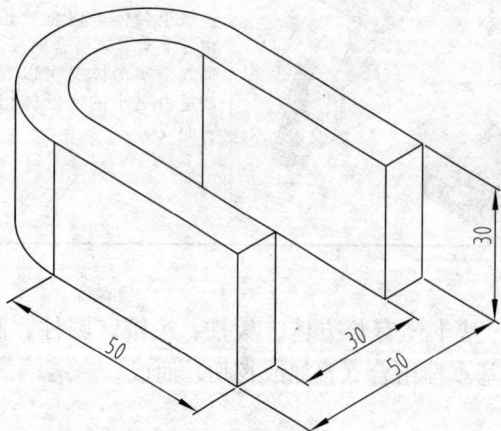

图 3-37　多段体

工具栏：建模 。

命令：POLYSOLID。

【例 3-5】　利用多段体命令创建如图 3-37 所示立体。

1）设置当前视图为西南等轴测视图。

单击如图 3-36 所示"视图"工具栏上的西南等轴测视图按钮 ，设置当前视图为西南等轴测视图。

2）创建多段体。

命令：polysolid↙

高度＝20.0000，宽度＝5.0000，对正＝居中

指定起点或［对象(O)/高度(H)/宽度(W)/对正(J)]＜对象＞：h↙

指定高度＜20.0000＞：30 ↙

高度＝30.0000，宽度＝5.0000，对正＝居中

指定起点或［对象(O)/高度(H)/宽度(W)/对正(J)]＜对象＞：w↙

指定宽度＜5.0000＞：10 ↙

高度＝30.0000，宽度＝10.0000，对正＝居中

指定起点或［对象(O)/高度(H)/宽度(W)/对正(J)］＜对象＞：(在绘图窗口任意指定一点)

指定下一个点或［圆弧(A)/放弃(U)］：@0，50↙

指定下一个点或［圆弧(A)/放弃(U)］：a↙

指定圆弧的端点或［闭合(C)/方向(D)/直线(L)/第二个点(S)/放弃(U)］：@40，0↙

指定下一个点或［圆弧(A)/闭合(C)/放弃(U)］：指定圆弧的端点或［闭合(C)/方向(D)/直线(L)/第二个点(S)/放弃(U)］：l↙

指定下一个点或［圆弧(A)/闭合(C)/放弃(U)］：@0，−50↙

指定下一个点或［圆弧(A)/闭合(C)/放弃(U)］：↙

7. 视觉样式

通过如图 3-38 (a) 所示下拉菜单"视图"→"视觉样式"，或使用如图 3-38 (b) 所示"视觉样式"工具栏中的相关命令，可以对图形进行着色。

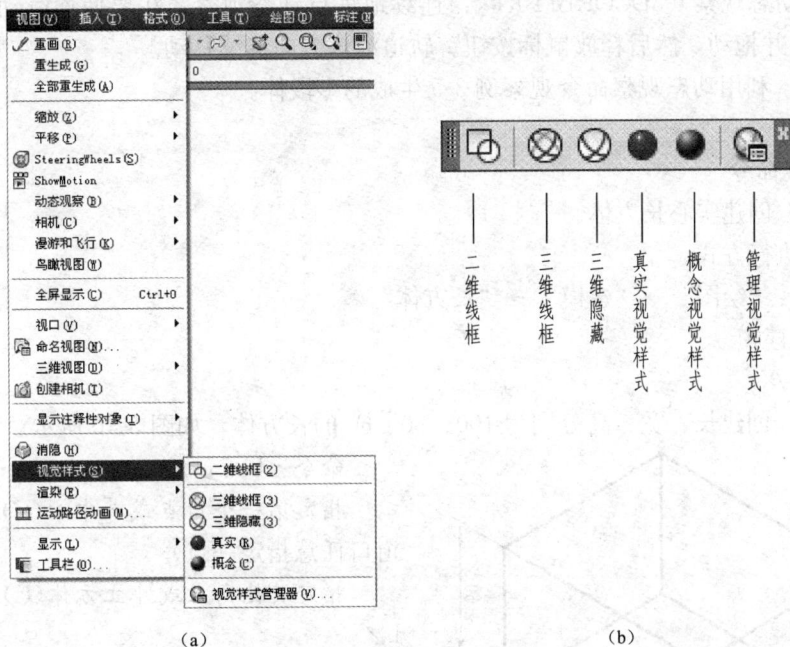

图 3-38 视觉样式

(a)"视觉样式"菜单；(b)"视觉样式"工具栏

【例 3-6】 利用视觉样式命令观察例 3-5 生成的多段体在各种视觉样式下的显示效果。(过程略)

8. 动态观察

通过如图 3-39 (a) 下拉菜单"视图"→"动态观察"，或使用如图 3-39 (b) 所示"动态观察"工具栏中的相关命令，可以对图形进行动态观察。

动态观察命令有三个，分别如下：

1) 受约束的动态观察（3DORBIT） ⊕：将动态观察约束到 XY 平面或 Z 方向。

图 3-39　动态观察

(a)"动态观察"菜单；(b)"动态观察"工具栏

2）自由动态观察（3DFORBIT）⟐：在任意方向上进行动态观察。沿 XY 平面和 Z 轴进行动态观察时，视点不受约束。

3）连续动态观察（3DCORBIT）⟐：连续地进行动态观察。在要使连续动态观察移动的方向上单击并拖动，然后释放鼠标按钮。轨道沿该方向继续移动。

【例 3-7】　利用动态观察命令观察例 3-5 生成的多段体。

（过程略）

9. 长方体命令

1）功能：创建实心长方体。

2）命令执行方式。

下拉菜单："绘图"→"建模"→"长方体"。

工具栏：建模⬛。

命令：BOX。

【例 3-8】　创建长、宽、高分别为 100、80、60 的长方体，如图 3-40 所示。

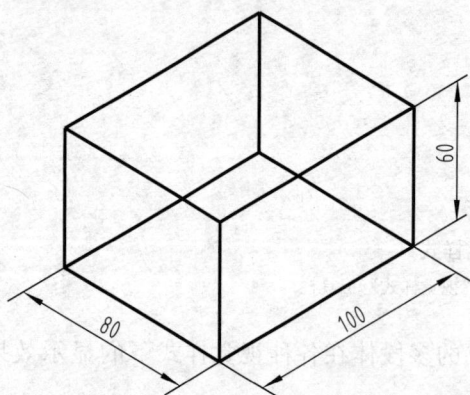

图 3-40　长方体

命令：box ↙

指定第一个角点或 ［中心(C)］：（在绘图窗口任意指定一点）

指定其他角点或 ［立方体(C)/长度(L)］：l ↙

指定长度：100 ↙（控制光标方向与 X 轴平行）

指定宽度：80 ↙

指定高度或 ［两点(2P)］：60 ↙

10. 楔体命令

1）功能：创建实心楔体。

2）命令执行方式。

下拉菜单："绘图"→"建模"→"楔体"。

工具栏：建模◨。

命令：WEDGE。

【例 3-9】 创建长、宽、高分别为 100、80、60 的楔形体，如图 3-41 所示。

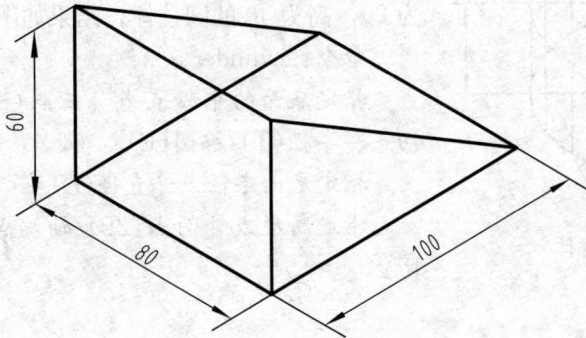

图 3-41   楔体

命令：wedge ✓

指定第一个角点或 [中心(C)]：(在绘图窗口任意指定一点)

指定其他角点或 [立方体(C)/长度(L)]：l ✓

指定长度<100.0000>：100 ✓ （控制光标方向与 X 轴平行）

指定宽度<80.0000>：80 ✓

指定高度或 [两点(2P)] <60.0000>：60 ✓

11. 棱锥体命令

1) 功能：创建实心圆锥体。

2) 命令执行方式。

下拉菜单："绘图" → "建模" → "圆锥体"。

工具栏：建模 🔺。

命令：CONE。

【例 3-10】 利用棱锥体命令创建如图 3-42 所示的立体。

命令：pyramid ✓

4 个侧面   外切

指定底面的中心点或 [边 (E)/侧面 (S)]：(在绘图窗口任意指定一点)

指定底面半径或 [内接(I)]：20 ✓

指定高度或 [两点(2P)/轴端点(A)/顶面半径(T)] <60.0000>：50 ✓

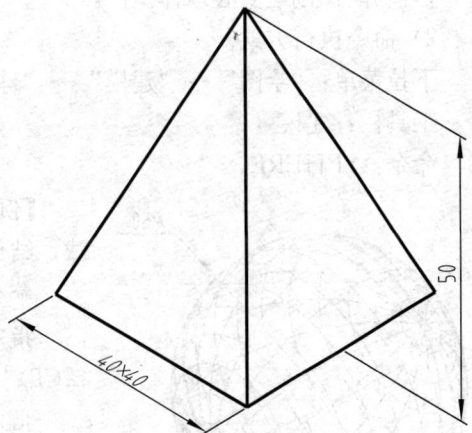

图 3-42   棱锥面

12. 圆柱体命令

1) 功能：创建实心圆柱体。

2) 命令执行方式。

下拉菜单："绘图" → "建模" → "圆柱体"。

工具栏：建模   🟦。

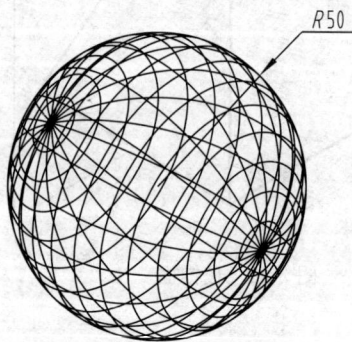

图 3-43　圆柱体

命令：CYLINDER。

【例 3-11】　创建底圆圆心在（0，0，0），底圆半径为 20，高为 40 的圆柱体，结果如图 3-43 所示。

命令：cylinder↙

指定底面的中心点或［三点（3P）/两点（2P）/切点、切点、半径（T）/椭圆（E）］：0，0，0↙

指定底面半径或［直径（D）］＜28.2843＞：20↙

指定高度或［两点（2P）/轴端点（A）］＜50.0000＞：15↙

13. 圆锥体命令

1）功能：创建实心圆锥体。

2）命令执行方式。

下拉菜单："绘图"→"建模"→"圆锥体"。

工具栏：建模 。

命令：CONE。

【例 3-12】　创建底圆圆心在（150，50，0），底圆半径为 20，高为 40 的圆锥体，结果如图 3-44 所示。

命令：cone↙

指定底面的中心点或［三点（3P）/两点（2P）/切点、切点、半径（T）/椭圆（E）］：150，50，0↙

指定底面半径或［直径（D）］＜20.0000＞：20↙

指定高度或［两点（2P）/轴端点（A）/顶面半径（T）］＜15.0000＞：40↙

14. 圆球体命令

1）功能：创建实心球体。

2）命令执行方式。

下拉菜单："绘图"→"建模"→"球体"。

工具栏：建模 。

命令：SPHERE。

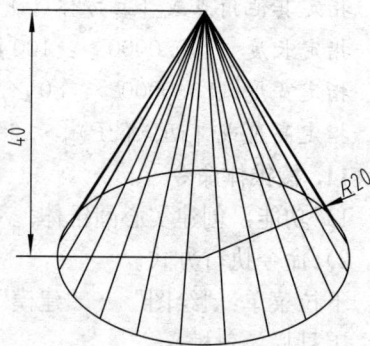

图 3-44　圆锥体

【例 3-13】　创建球心在（100，100，0），半径为 50 球，结果如图 3-45 所示。

命令：sphere↙

指定中心点或［三点（3P）/两点（2P）/切点、切点、半径（T）］：100，100，0↙

指定半径或［直径（D）］＜20.0000＞：50↙

15. 圆环体命令

1）功能：创建实心圆环体。

2）命令执行方式。

下拉菜单："绘图"→"建模"→"圆环体"。

图 3-45　球体

工具栏：建模◎。

命令：TORUS。

【例 3-14】 创建圆环中心在（200，100，0），圆环半径为 80，圆管半径为 10 的圆环体，结果如图 3-46 所示。

命令：torus↙

指定中心点或［三点(3P)/两点(2P)/切点、切点、半径(T)］：200，100，0↙

指定半径或［直径(D)］＜50.0000＞：80↙

指定圆管半径或［两点(2P)/直径(D)］：10↙

图 3-46　球体

16. 复制命令

1）功能：从原对象以指定的角度和方向创建对象的副本。

2）命令执行方式。

下拉菜单："修改"→"复制"。

工具栏：修改%。

命令：COPY。

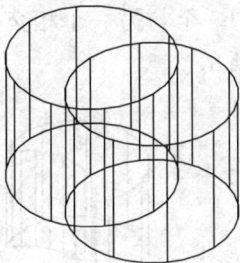

图 3-47　复制

【例 3-15】 创建一个半径为 25，高为 40 的圆柱体并将其复制一份，结果如图 3-47 所示。

1）创建圆柱。

命令：cylinder↙

指定底面的中心点或［三点(3P)/两点(2P)/切点、切点、半径(T)/椭圆(E)］：(在绘图窗口任意指定一点)

指定底面半径或［直径(D)］＜20.0000＞：25↙

指定高度或［两点(2P)/轴端点(A)］＜15.0000＞：40↙

2）复制圆柱。

命令：copy↙

选择对象：(选择圆柱)

选择对象：↙

当前设置：复制模式＝多个

指定基点或［位移(D)/模式(O)］＜位移＞：(捕捉圆柱的圆心)

指定第二个点或＜使用第一个点作为位移＞：(捕捉圆柱的象限点)

指定第二个点或［退出(E)/放弃(U)］＜退出＞：↙

17. 布尔运算——并集命令

1）功能：通过并集运算，可将几个三维实体或二维面域合并成一个对象。

2）命令执行方式。

下拉菜单："修改"→"实体编辑"→"并集"。

工具栏：实体编辑◎。

命令：UNION。

【例 3-16】 创建两个半径为 25，高为 40 的相同圆柱体。移动其中一个与另一个相交如图 3-48（a）所示，并将两圆柱作布尔求并集运算，结果如图 3-48（b）所示。

图 3-48　布尔求并运算

(a) 原图；(b) 并集

1）创建圆柱并移动。

创建两个半径为 25，高为 40 的相同圆柱体。并移动其中一个与另一个相交如图 3-48（b）所示，过程见例 3-15。

2）对两圆柱进行布尔并集运算。

命令：union✓

选择对象：（选择两圆柱）

选择对象：✓

结果如图 3-48（b）所示。

18. 布尔运算——差集命令

1）功能：通过差集运算，可从一个实体或面域中挖切掉另一实体或面域。

2）命令执行方式。

下拉菜单："修改"→"实体编辑"→"差集"。

工具栏：实体编辑◉。

命令：SUBTRACT。

【例 3-17】　绘制两个半径为 25，高为 40 的相同圆柱体。移动其中一个与另一个相交如图 3-49（a）所示，并将两圆柱作布尔差集运算，结果如图 3-49（b）所示。

1）创建圆柱并移动。

创建两个半径为 25，高为 40 的相同圆柱体。并移动其中一个与另一个相交如图 3-49（a）所示，过程见例 3-15。

2）对两圆柱进行布尔差集运算。

命令：subtract✓

选择要从中减去的实体、曲面和面域…

选择对象：（选择圆柱 1）✓

选择对象：✓

选择要减去的实体、曲面和面域…

选择对象：（选择圆柱 2）✓

选择对象：✓

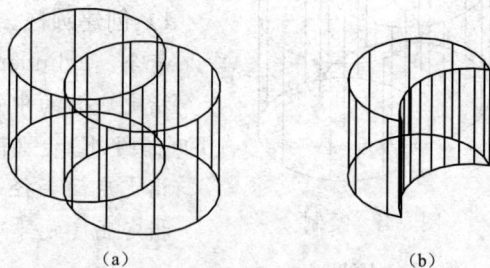

图 3-49　布尔求差运算

(a) 原图；(b) 差集

19. 布尔运算——交集命令

1）功能：通过交集运算，可得到几个相交实体或相交面域的公共部分。

2）命令执行方式。

下拉菜单："修改"→"实体编辑"→"交集"。

工具栏：实体编辑◉。

命令：INTERSECT。

【例 3-18】　创建两个半径为 25，高为 40 的相同圆柱体。移动其中一个与另一个相交如图 3-50（a）所示，并将两圆柱作布尔交集运算，结果如图 3-50（b）所示。

1）创建圆柱并移动。

创建两个半径为 25，高为 40 的相同圆柱体。并移动其中一个与另一个相交如图 3-50

（a）所示，过程见例 3-15。

2）对两圆柱进行布尔交集运算。

命令：intersect ↙

选择对象：（选择两圆柱）

选择对象：↙

20. 二维旋转（ROTATE）命令

1）功能：将选择的对象绕基点按指定的角度旋转。其本质是将选择对象绕过基点的当前视图法线进行旋转。

2）命令执行方式。

下拉菜单："修改"→"旋转"。

工具栏：修改○。

命令：ROTATE。

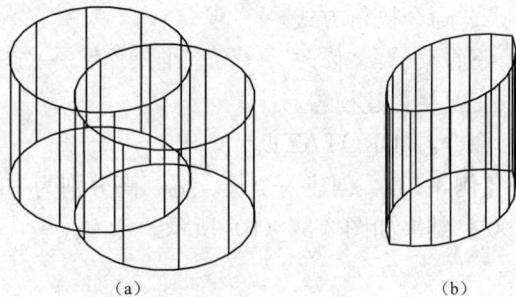

图 3-50 布尔交集运算

(a) 原图；(b) 交集

【例 3-19】 创建一个长、宽、高分别为 100、60、30 的长方体，并将其绕其角点逆时针旋转 90°，结果如图 3-51（b）所示。

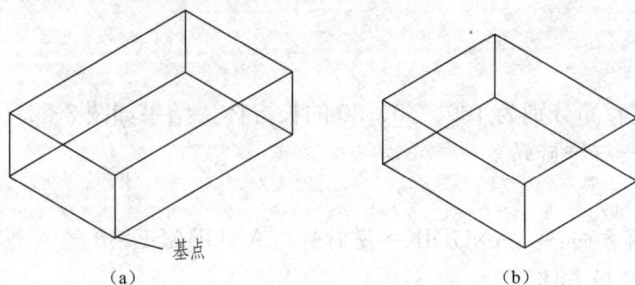

图 3-51 二维旋转

(a) 原图；(b) 旋转 90°

1）创建长方体。

创建一个长、宽、高分别为 100、60、30 的长方体，结果如图 3-51（a）所示。

2）对长方体进行二维旋转。

命令：rotate ↙

UCS 当前的正角方向：ANGDIR＝逆时针　ANGBASE＝0

选择对象：（选择长方体）

找到 1 个

选择对象：↙

指定基点：[捕捉如图 3-51（a）所示的基点]

指定旋转角度，或 [复制(C)/参照(R)] ＜0＞：90 ↙

21. 三维旋转（3DROTATE）命令

1）功能：将实体在三维空间进行旋转。选择三维旋转对象并结束选择后会出现如图 3-52（a）所示三维旋转夹点工具。

2）命令执行方式。

下拉菜单："修改"→"三维操作"→"三维旋转"。

工具栏：建模⊕。

命令：3DROTATE。

【例 3-20】 创建一个长、宽、高分别为 100、60、30 的长方体，并将其绕 X 轴逆时针旋转 90°，结果如图 3-52（b）所示。

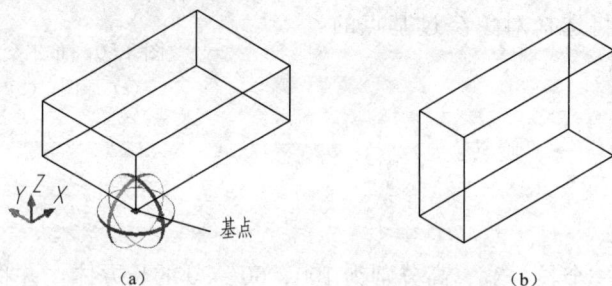

图 3-52 三维旋转

（a）原图；（b）旋转 90°

1）创建长方体。

创建一个长、宽、高分别为 100、60、30 的长方体，结果如图 3-52（a）所示。

2）对长方体进行三维旋转。

命令：3drotate↙

UCS 当前的正角方向： ANGDIR＝逆时针 ANGBASE＝0

选择对象：（选择长方体）

找到 1 个

选择对象：↙

指定基点：［捕捉如图 3-52（a）所示基点］

拾取旋转轴：［选择如图 3-52（a）所示法线与 X 轴平行的圆］

指定角的起点或键入角度：90↙

22. 视口（VPORTS）命令

单击如图 3-53（a）所示下拉菜单"视图"→"视口"，或使用如图 3-53（b）所示"视口"工具栏中的相关命令，可以在模型空间或图纸空间中创建多个视口，以观察图形对象。

【例 3-21】 利用视口命令创建四个视口，并从不同方向观察例 3-20 生成的长方体。

1）创建视口。单击如图 3-53（a）所示下拉菜单"视图"→"视口"→"四个视口"。

2）设置视图。选择需要从主视图方向观察的视口，单击如图 3-36（a）所示下拉菜单"视图"→"三维视图"→"前视"。

依上述方法，将四个视口分别设置为前视、俯视、左视和西南等轴测。结果如图 3-54 所示。

（a）　　　　　　　　　　　　　　　　　（b）

图 3-53　视口

（a）"视口"菜单；（b）"视口"工具栏

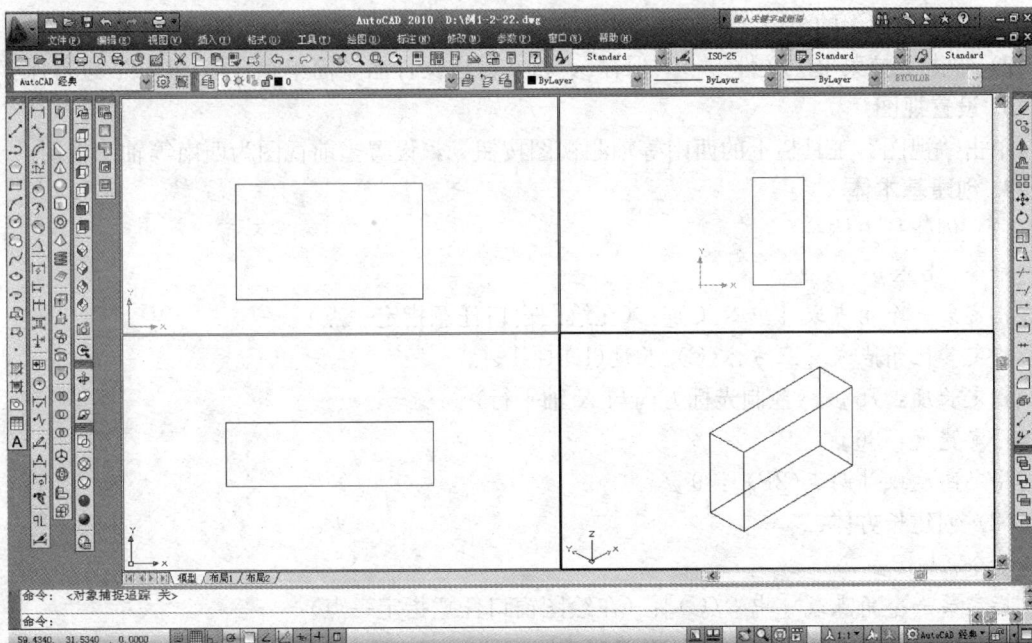

图 3-54　视口与视图

任务实施

1. 任务分析

该组合体结构比较简单，可以看作是由如图 3-55 所示的两个长方体和四个圆柱组成。造型时首先需要先创建出各个基本体，再利用布尔运算对这些基本体进行组合，即可完成组合体的创建；然后利用视口命令创建四个视口；最后用视图命令分别设置各个视口的视图方向。

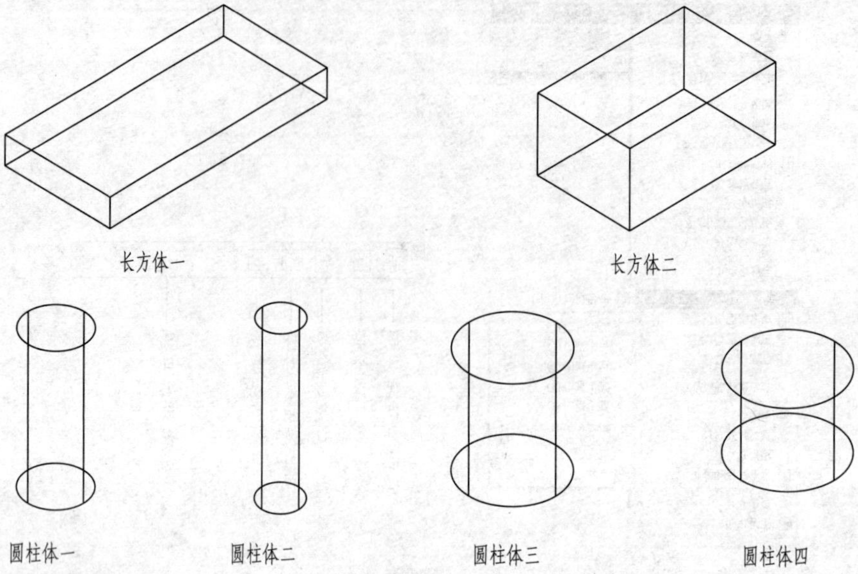

长方体一　　　　　　　　　　　　　　　　长方体二

圆柱体一　　　　　圆柱体二　　　　　圆柱体三　　　　　圆柱体四

图 3-55　组合体分析

2. 新建文件并保存

1) 双击桌面上的 AutoCAD 2010 快捷方式图标启动。

2) 单击下拉菜单"文件"→"保存",将文件以文件名"简单组合体.dwg"进行保存。

3. 设置视图

单击"视图"工具栏上的西南等轴测视图按钮◇,设置当前视图为西南等轴测视图。

4. 创建基本体

(1) 创建长方体一

命令:box↙

指定第一个角点或 [中心(C)]:(在绘图窗口任意指定一点)

指定其他角点或 [立方体(C)/长度(L)]:l↙

指定长度:75↙(控制光标方向与 X 轴平行)

指定宽度:36↙

指定高度或 [两点(2P)]:9↙

(2) 创建长方体二

命令:box↙

指定第一个角点或 [中心(C)]:(在绘图窗口任意指定一点)

指定其他角点或 [立方体(C)/长度(L)]:l↙

指定长度:57↙(控制光标方向与 X 轴平行)

指定宽度:36↙

指定高度或 [两点(2P)]:27↙

(3) 创建圆柱体一

命令:cylinder↙

指定底面的中心点或 [三点(3P)/两点(2P)/切点、切点、半径(T)/椭圆(E)]:(在绘图窗口任意指定一点)

指定底面半径或［直径(D)］<20.0000>：7.5✓

指定高度或［两点(2P)/轴端点(A)］<50.0000>：36✓

（4）创建圆柱体二

命令：cylinder✓

指定底面的中心点或［三点(3P)/两点(2P)/切点、切点、半径(T)/椭圆(E)］：（选择圆柱体一底圆圆心）

指定底面半径或［直径(D)］<7.5000>：4.5✓

指定高度或［两点(2P)/轴端点(A)］<36.0000>：36✓

（5）复制圆柱体一、圆柱体二

命令：copy✓

选择对象：（选择圆柱体一和圆柱体二）

找到2个

选择对象：✓

当前设置：复制模式＝多个

指定基点或［位移(D)/模式(O)］<位移>：（选择圆柱体底圆圆心）

指定第二个点或<使用第一个点作为位移>：（在绘图窗口任意指定一点）

指定第二个点或［退出(E)/放弃(U)］<退出>：✓

（6）创建圆柱体三

命令：cylinder✓

指定底面的中心点或［三点(3P)/两点(2P)/切点、切点、半径(T)/椭圆(E)］：

（在绘图窗口任意指定一点）

指定底面半径或［直径(D)］<4.5000>：15✓

指定高度或［两点(2P)/轴端点(A)］<36.0000>：36✓

（7）创建圆柱体四

命令：cylinder✓

指定底面的中心点或［三点(3P)/两点(2P)/切点、切点、半径(T)/椭圆(E)］：（选择圆柱三底圆的圆心）

指定底面半径或［直径(D)］<15.0000>：18✓

指定高度或［两点(2P)/轴端点(A)］<36.0000>：27✓

（8）移动圆柱体四

命令：move✓

选择对象：（选择圆柱体四）

找到1个

选择对象：✓

指定基点或［位移(D)］<位移>：（在绘图窗口任意指定一点）

指定第二个点或<使用第一个点作为位移>：@0,0,4.5✓

（9）旋转圆柱体三、圆柱体四

命令：3drotate✓

UCS当前的正角方向：ANGDIR＝逆时针 ANGBASE＝0

选择对象：（选择圆柱体三和圆柱体四）

找到 2 个

选择对象：✓

指定基点：（捕捉圆柱体三底圆圆心）

拾取旋转轴：（通过选择彩带选择与 X 轴平行的轴线）

指定角的起点或键入角度：90 ✓

5. 组合

使用移动命令将生成的基本体组合成如图 3-56 所示的组合体。

6. 布尔并集运算

（1）布尔并集运算

命令：union ✓

选择对象：（选择长方体一、长方体二和两个半径为 7.5 的圆柱体三）

选择对象：✓

图 3-56 组合

（2）布尔差集运算

命令：subtract ✓

选择要从中减去的实体、曲面和面域...

选择对象：（选择长方体一）

选择对象：✓

选择要减去的实体、曲面和面域...

选择对象：（选择圆柱体三、圆柱体四和两个半径为 4.5 的圆柱体二）

选择对象：✓

结果如图 3-34（a）所示。

7. 设置视口与视图

1）创建视口。单击下拉菜单"视图"→"视口"→"四个视口"。

2）设置视图。选择需要从主视图方向观察的视口，点击下拉菜单"视图"→"三维视图"→"前视"。

依上述方法，将四个视口分别设置为前视、俯视、左视和西南等轴测。结果如图 3-34（b）所示。

8. 保存

单击下拉菜单"文件"→"保存"。

任务 3.3 截 交 线

任务内容

绘制如图 3-57 所示组合体在水平面和侧面的投影。

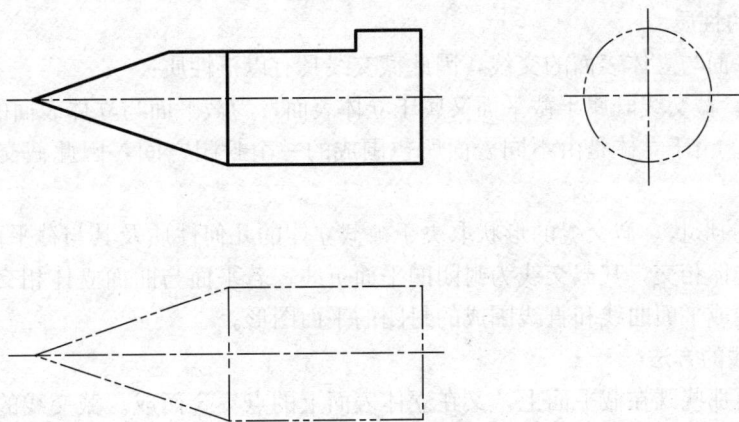

图 3-57　任务图

任务目的

1）掌握截交线的绘制方法。

2）掌握相贯线的绘制方法。

3）掌握截切体、相贯体尺寸标注的方法。

任务知识

1. 截交线的基本概念

平面与立体相交，可设想为立体被平面所截，这个平面称为截平面；截平面与立体表面的交线称为截交线；截交线所围成的封闭区域称为截断面，如图 3-58 所示。

图 3-58　截交线与截平面

2. 截交线的性质

截交线为平面与立体表面的交线，因此截交线具有以下性质：

1）共有性。截交线既属于截平面又属于立体表面，为截平面与立体表面的共有线。

2）封闭性。由于立体是由不同表面所包围成的一个封闭空间，因此截交线是一个封闭的平面图形。

3）截交线的形状。截交线的形状取决于被截立体的几何性质及其与截平面的相对位置。若平面与平面立体相交，其截交线为封闭的平面折线；若平面与曲面立体相交，其截交线为封闭的平面曲线或平面曲线和直线围成的封闭的平面图形。

3. 求截交线的方法

截交线是由那些既在截平面上，又在立体表面上的点集合而成。截交线的求法，可归结为求截平面和立体表面共有点的问题。求出这些共有点的各面投影后，按其可见性用实线或虚线将这些截交线上的点依次连成平面多边形或平面曲线即为所求截交线的投影。求截交线的一般方法有以下几种：

1）积聚性法。已知截交线的两个投影（截平面有积聚性的一个投影和被截切立体表面有积聚性的一个投影），根据共有点性质和共有点所在表面的积聚性，求出截交线的另一个投影的方法称为积聚性法。

2）辅助线法。过截交线上任一点在立体表面上作辅助线，通过辅助线的三面投影求截交线上该点的各面投影，进而求出截交线投影的方法称为辅助线法。

3）辅助面法。过截交线上的任意一点作辅助平面（一般为特殊面），而该辅助平面与截平面、被截立体表面必然相交，根据三面共点的几何原理，求解截交线上点的投影的方法称为辅助面法。

4. 平面立体的截交线

平面立体的截交线一般为多条线段组合而成的平面多边形。求平面立体截交线的本质是求截平面与被截平面立体棱线的交点，并依次连接。

5. 求平面立体截交线的一般步骤

1）形体分析：分析组成立体表面形状；分析截平面和立体或回转轴线相对位置；初步判断截交线的形状。

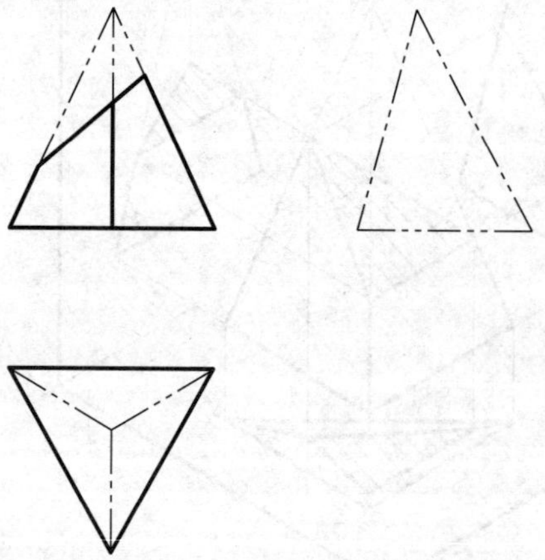

图 3-59　例 3-22 任务图

2）求截交线上各端点的投影。

3）判别各点可见性，依次连接各端点。

4）判别总体可见性，完成作图。

5）检查。

【例 3-22】　一立体的不完全投影如图 3-59 所示，请根据已有的投影想象其空间结构，补全其各面投影。

1）分析。由图 3-59 可以看出该立体原型是一个三棱锥，且该三棱锥被一个正垂面所截。截三棱锥的平面与三棱锥的三个表面相交必然会有三条交线，因此截断面的形状是一个三角形。截断面之上的部分被切掉，下面的部分被保留。因截交线的形状是一个三角形，所以只需求出其三个端点即可，而三个端点是截平面与三条棱线的交点。

2）对该立体的各个顶点进行标记，如图 3-60 所示。

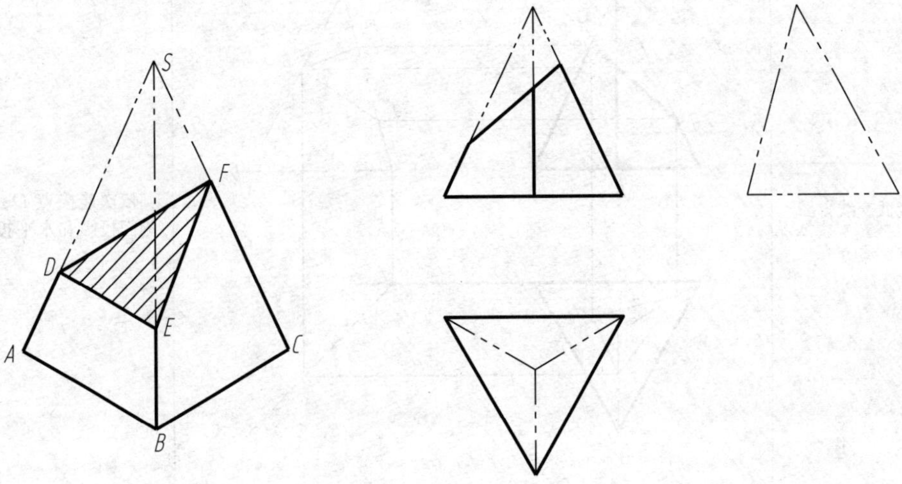

图 3-60　顶点标记

（a）立体图；（b）平面图

3）补画各面投影。绘图过程见表 3-22。

表 3-22　　　　　　　　　　　　　　任 务 实 施 表

步骤	投影图	说明
1. 求点 *D*、*E*、*F* 的侧面与水平面投影	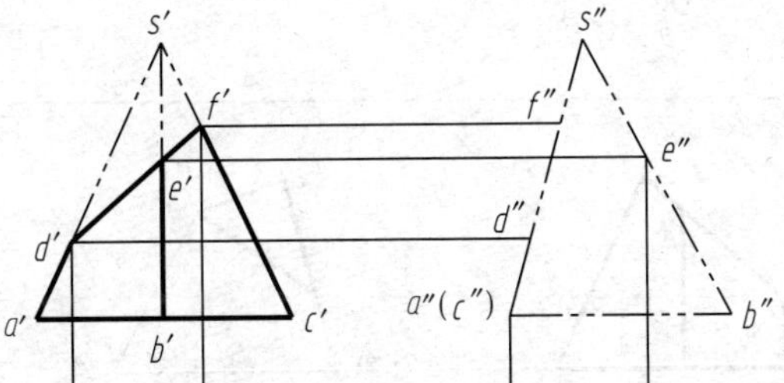	截平面与棱线 *SA*、*SB*、*SC* 的交点分别为 *D*、*E*、*F*。因此，点 *D*、*E*、*F* 的各面投影均在直线 *SA*、*SB*、*SC* 和截平面的投影上。根据点的投影规律可以直接求出这三个点的三面投影

步骤	投影图	说明
2. 连接截交线		依次连接点 D、E、F 的侧面投影和水平投影
3. 擦除多余图线		截平面上方的图形已经被截掉，因此它们的图线需要擦除。另外还需要擦除所有的辅助线
4. 加深截交线		加深截交线 DE、EF、FD 的正面投影和水平投影

续表

步骤	投影图	说明
5. 加深其他图线	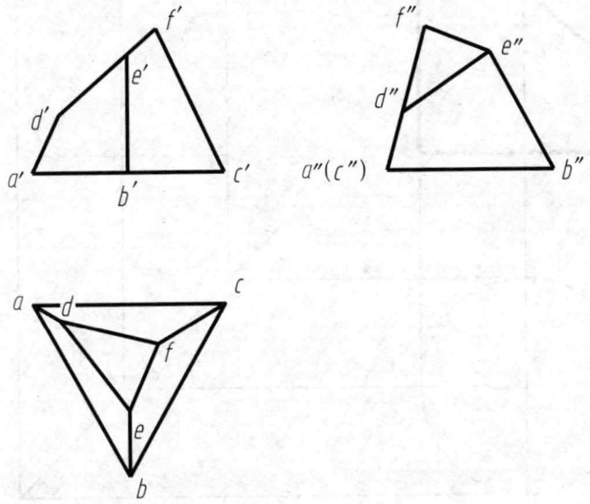	加深直线 *AD*、*BE*、*CF* 的水平投影，直线 *AD*、*BE*、*AB*（*BC*）的侧面投影

6. 回转体表面上截交线的性质

1）截交线上每一点均为截平面与回转面的共有点。

2）截交线为封闭的平面曲线。

7. 回转体表面上截交线的求解步骤

1）形体分析：分析组成立体表面形状；分析截平面和立体或回转轴线相对位置；初步判断截交线的形状。

2）求截交线上特殊点（顶点，极限点等）和中间点的投影。

3）判别各点可见性，光滑连接。

4）判别总体可见性，完成作图。

5）检查。

【例 3-23】 一立体的不完全投影如图 3-61 所示，请根据已有的投影想象其空间结构，补全其各面投影。

（1）分析

由图 3-61 可以看出，该立体是由一个正垂面截切圆柱而成。

1）正垂面相对于圆柱轴线倾斜且正垂面与圆柱的上、下圆柱面没有相交，故正垂面截切圆柱生成的截交线为一椭圆；截交线在正面的投影积聚成一条直线段。

2）因截交线上的点均在圆柱面上，而圆柱面在水平面的投影均积聚在圆柱在水平面的投影——圆上。因此截交线在水平面的投影为圆，并与圆柱在水平面的投影相重合。

3）因正垂面与侧面相倾斜，因此截交线在侧面的投影为它的类似形——椭圆。

圆柱截切体的空间结构如图 3-62 所示。

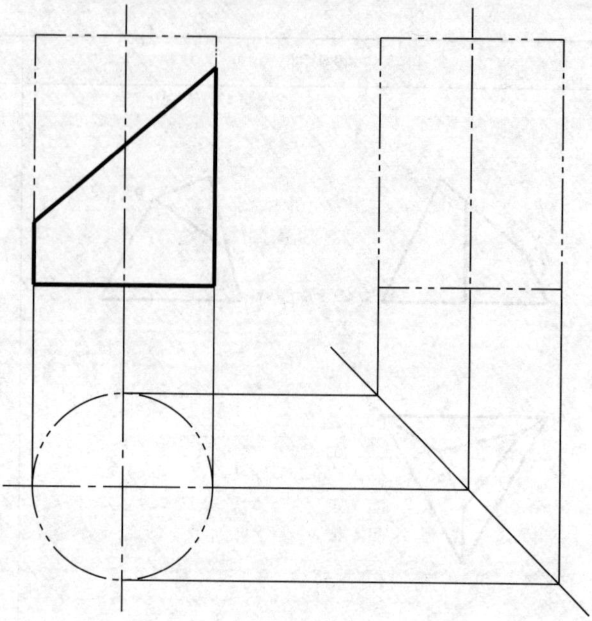

图 3-61　例 3-23 任务图

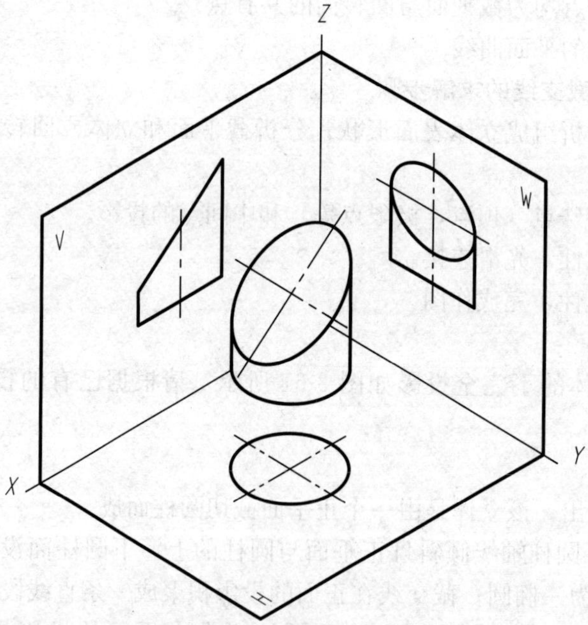

图 3-62　圆柱空间结构

(2) 绘制截交线

1) 绘制圆柱截切体在水平面的投影——圆。

2) 标注特殊点：Ⅰ、Ⅲ、Ⅴ、Ⅶ在水平面的投影。这些点是截交线的最左、最前、最右、最后点，并求出这些点其他两面投影，如图 3-63 所示。

3）标注中间点：Ⅱ、Ⅳ、Ⅵ、Ⅷ在水平面的投影（注意：标注时，使四个中间点相互对称，可以简化操作）并求出这些点其他两面投影，如图 3-63 所示。

4）将这些点的侧面投影依次光滑连接起来，即为所求的截交线的侧面投影。结果如图 3-63 所示。

5）绘制其他位置的投影线，如图 3-63 所示。

6）检查。

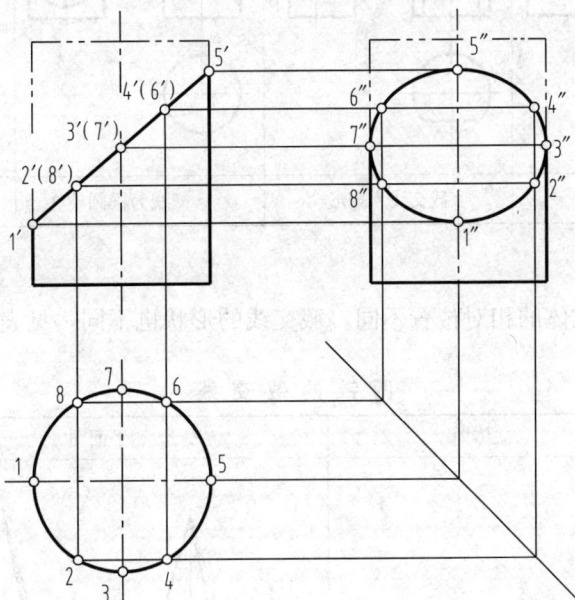

图 3-63 实施过程

8. 圆柱截交线

由于截平面与圆柱体的相对位置不同，截交线的形状见表 3-23。

表 3-23　　　　　　　　　　　　圆 柱 的 截 交 线

分类	A 截平面垂直于轴线	B 截平面平行于轴线	C 截平面倾斜于轴线且不与上、下表面相交	D 截平面倾斜于轴线且与上、下表面相交
立体图				

续表

分类	A 截平面垂直于轴线	B 截平面平行于轴线	C 截平面倾斜于轴线且不与上、下表面相交	D 截平面倾斜于轴线且与上、下表面相交
平面图	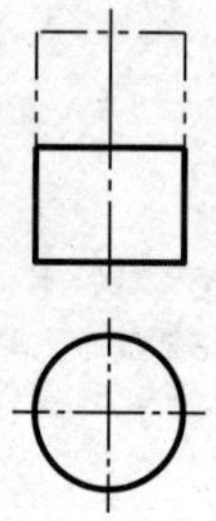	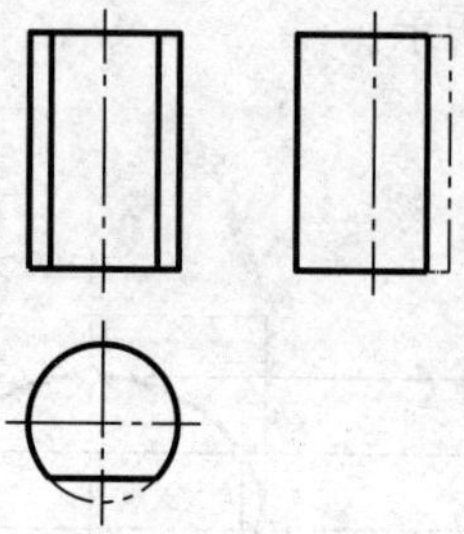	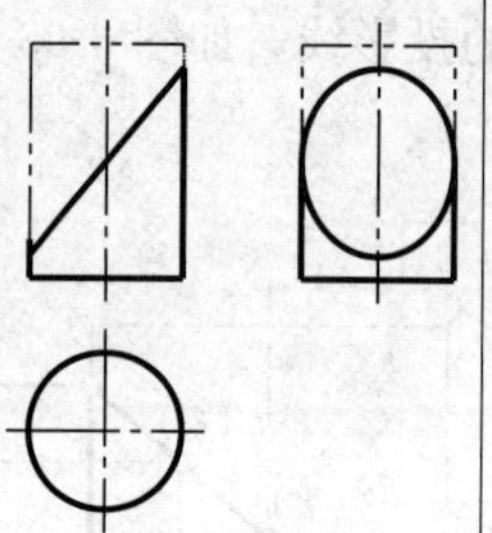	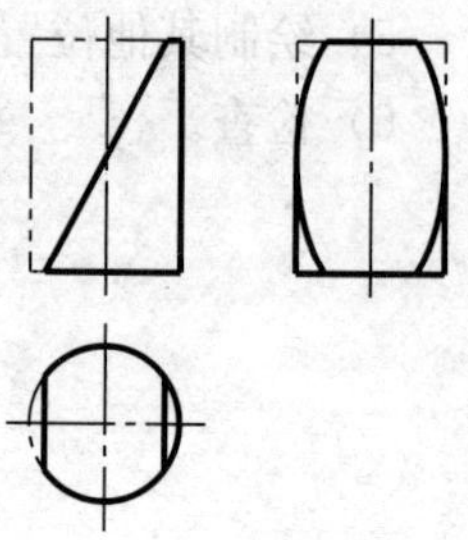
说明	截交线为圆	截交线为矩形	交线为椭圆	交线为复合图形

9. 圆锥的截交线

由于截平面与圆锥体的相对位置不同，截交线的形状也不同，见表 3-24。

表 3-24　　　　　　　　　　　　圆 锥 的 截 交 线

分类	立体图	平面图	说明
A 截平面过锥顶		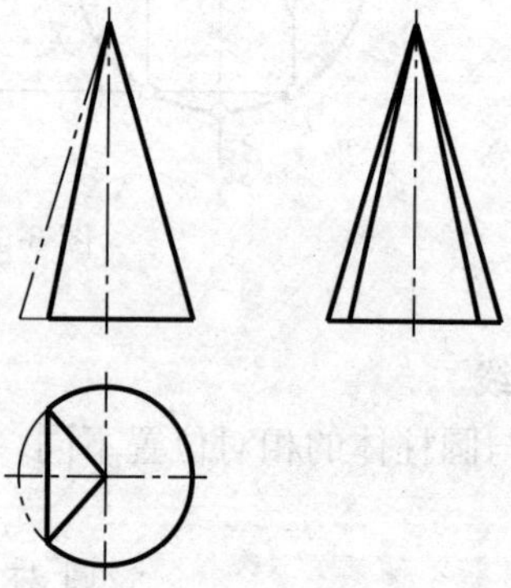	直线
B 截平面垂直于轴线	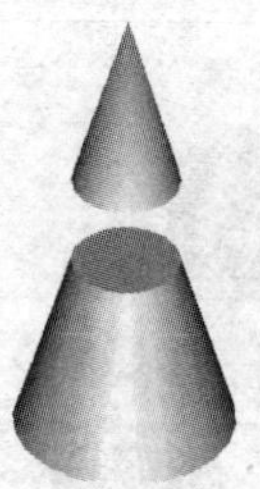	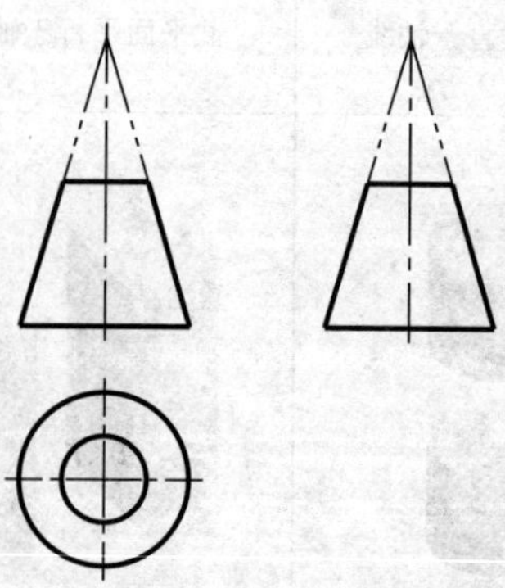	圆

分类	立体图	平面图	说明
C 截平面倾斜于轴线 $\theta > \alpha$	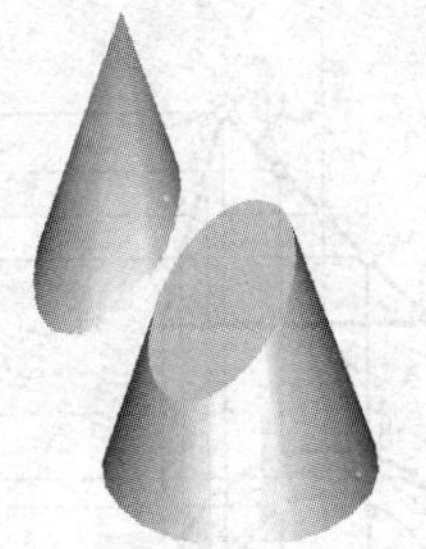	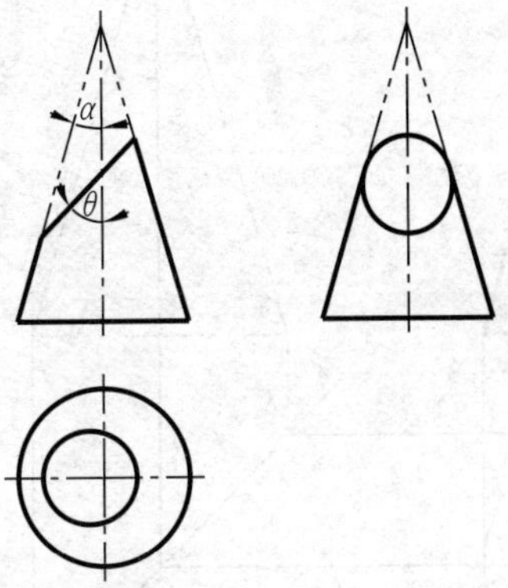	椭圆
D 截平面倾斜于轴线 $\theta = \alpha$		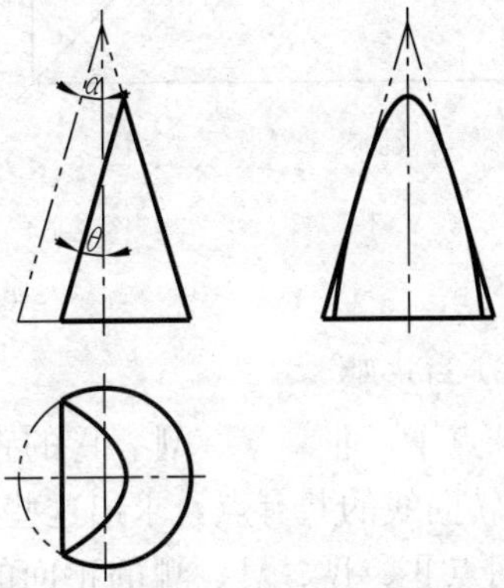	抛物线
E 截平面平行于轴线		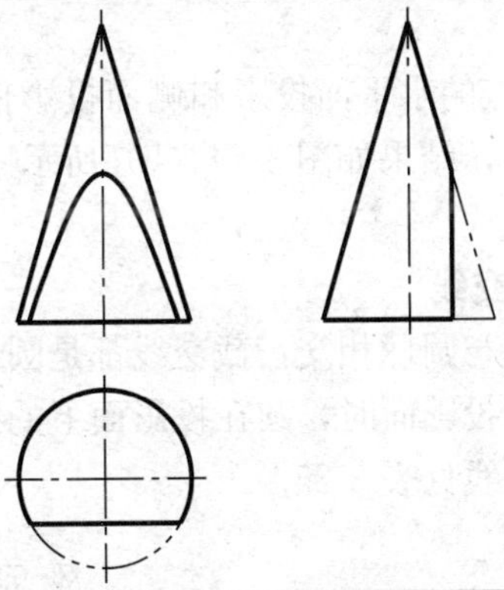	双曲线一支

【例 3-24】　如图 3-64（a）所示，求圆锥被正垂面截切后的截交体投影。

（1）形体分析

1）正垂面相对于圆锥轴线倾斜且与圆锥素线不平行，因此属于圆锥截交线的第三种情况，但截平面又与圆锥的下表面相交，因此截交线为椭圆弧与直线段组成的封闭图形，见表 3-24C、D；截交线在正面的投影积聚成一条直线段。

2）因正垂面与水平面相倾斜，因此截交线在水平面的投影为它的类似形——椭圆弧与直线组成的封闭图形。

3）因正垂面与侧面相倾斜，因此截交线在侧面的投影为它的类似形——椭圆弧与直线组成的封闭图形。

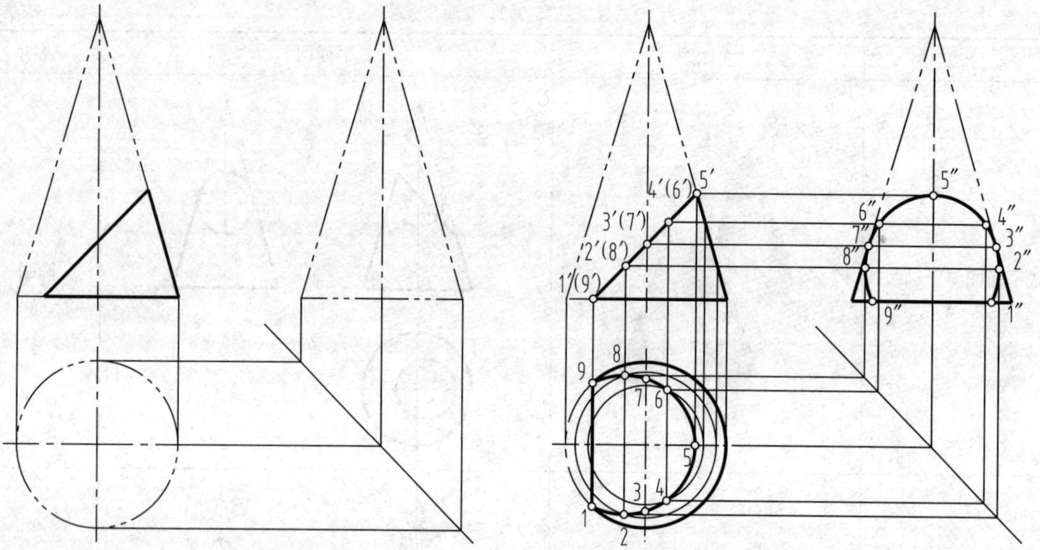

图 3-64　圆锥的截交线
(a) 原题；(b) 答案

（2）作图方法与步骤

1）标注特殊点 Ⅰ、Ⅲ、Ⅴ、Ⅶ、Ⅸ 的正面投影。这些点是截交线的最左、最右点，以及与左右圆锥面转向线的共有点，求出这些点的其他两面投影，如图 3-64（b）所示。

2）标注中间点 Ⅱ、Ⅳ、Ⅵ、Ⅷ 的正面的投影。求出这些点的其他两面投影，如图 3-64（b）所示。

3）将这些点的水平面投影和侧面投影依次光滑连接起来，即为所求的截交线的水平面投影和侧面投影，结果如图 3-64（b）所示。

4）检查。

10. 球的截交线

任何截平面与圆球相交，截交线都是圆；当圆平行于投影面时，圆在投影面上的投影是圆；当圆倾斜于投影面时，圆在投影面上的投影是椭圆；当圆垂直于投影面时，圆的投影为直线，球的截交线见表 3-25。

表 3-25　　　　　　　　　　　　　　**球 的 截 交 线**

分类	A 截平面与投影面相平行	B 截平面与投影面相倾斜
立体图	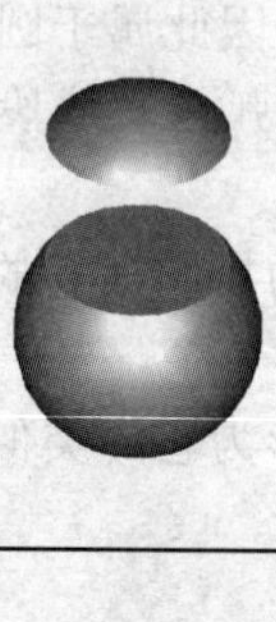	

分类	A 截平面与投影面相平行		B 截平面与投影面相倾斜	
平面图				
说明	圆或直线		椭圆	

【例 3-25】 如图 3-65（a）所示，求作圆球截切体的水平面投影和侧面投影。

（1）形体分析

截平面为正垂面，截交线是圆，且截交线在正投影面的投影积聚成一条直线；在水平面和侧面的投影为椭圆。

（2）作图方法与步骤

1）标注特殊点Ⅰ、Ⅲ、Ⅴ、Ⅶ的正面投影，并作出它们的其他两面投影。

2）标注中间点Ⅱ、Ⅳ、Ⅵ、Ⅷ的正面投影，并作出它们的其他两面投影。

3）依次光滑连接各点的同面投影，即为所求的圆球截切体的截交线各面投影。

4）作圆球转向轮廓线在各面的投影，并判断它们的可见性。

5）整理，去除圆球截切体投影中不存在的图线。结果如图 3-65（b）所示。

6）检查。

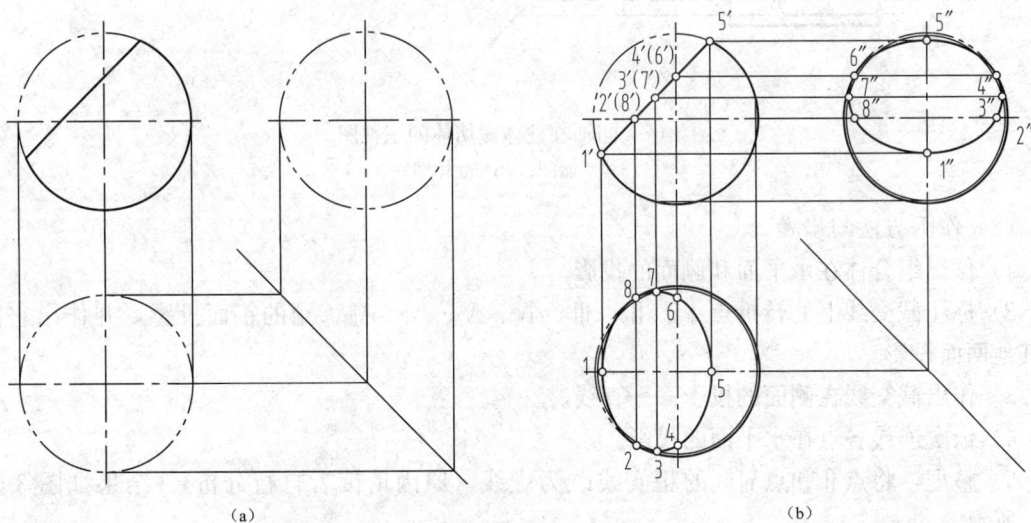

图 3-65 圆球的截交线

（a）原题；（b）答案

11. 组合体的截交线

当平面与组合体相截时，可分别讨论该截平面与各基本体的截交线情况，再分析截平面截切各基本体相交处的情况。

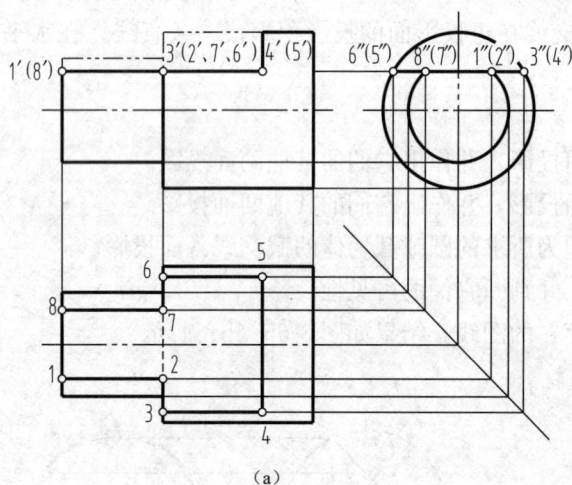

图 3-66　同轴圆柱组合体的截交线

【例 3-26】　绘制如图 3-66 所示组合截切体的各面投影。

（1）形体分析

1）截平面为水平面，截交线在正投影面和侧立投影面上的投影积聚成直线；在水平面的投影为反映实形。

2）截平面与被截的圆柱体的轴线相平行，因此截平面与两圆柱的截交线都是矩形。而截平面与两圆柱的截交线在同一个平面上，因此应去除平面中的一些多余线段，如图 3-67（b）所示。

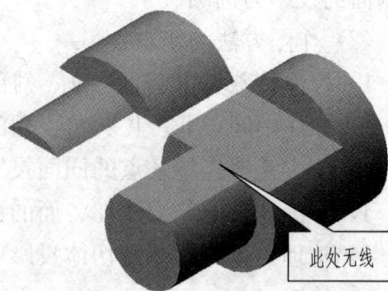

此处无线

图 3-67　同轴圆柱体截切体的三视图

（a）平面图；（b）立体图

（2）作图方法与步骤

1）作出组合体在水平面和侧面的投影。

2）标注截交线上的转折点 Ⅰ、Ⅱ、Ⅲ、Ⅳ、Ⅴ、Ⅵ、Ⅶ、Ⅷ 的正面投影，并作出它们的其他两面投影。

3）作出截交线在侧面的投影——直线。

4）依次连接各点在水平面的投影。

5）整理，将点 Ⅱ 和点 Ⅶ 间的粗实线改为虚线（原因请读者自行分析）。结果如图 3-67（a）所示。

6）检查。

12. 截切体的尺寸标注

截切体的结构形状与被截的立体有关，另外还和被截立体与截平面的相对位置有关。因此，截切体一般不直接标注截交线的尺寸，而是标注被截立体的尺寸和截平面与被截立体的相对位置尺寸。

常见截切体的尺寸标注如图 3-68 所示。

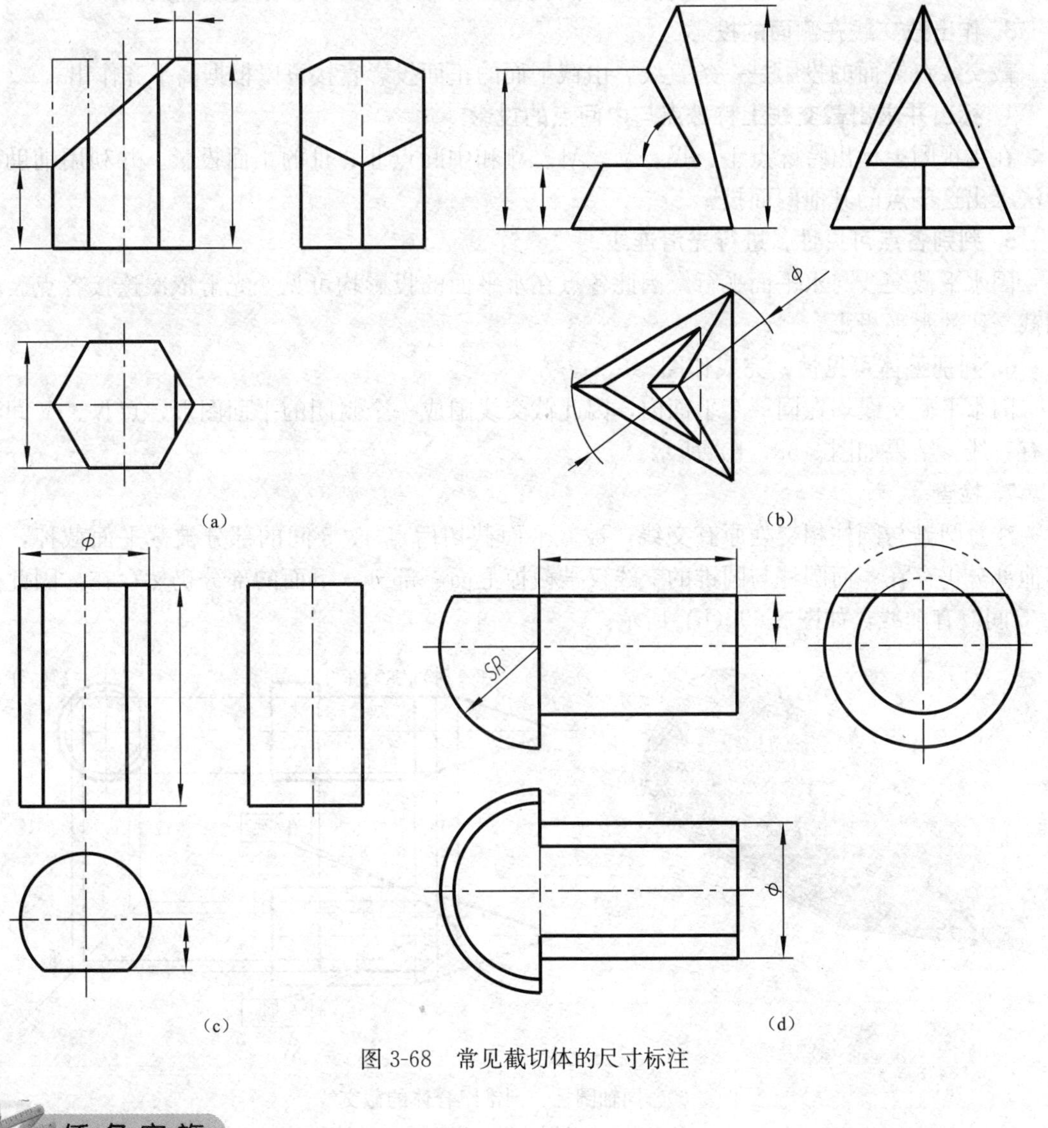

(a)

(b)

(c)

(d)

图 3-68 常见截切体的尺寸标注

任务实施

1. 任务分析

分析组合体表面的组成情况及表面特征。

1）由图 3-57 可以看出，该组合体是由圆锥和圆柱组合而成，且圆锥的底圆直径与圆柱的底圆直径相等。截切平面有两个，一个是水平面，另一个是侧平面。

2）水平截切面同时截切圆锥和圆柱，并与它们的轴线相平行，因此该截切面截得的截交线是由双曲线和矩形组合而成的平面图形。侧平截切面截切圆柱的一部分，并与圆柱的轴线相垂直，因此该截切面截得的截交线为圆弧和直线组合而成的平面图形。

3）组合体的立体结构如图 3-69（a）所示。

2. 根据组合体表面的投影特性，确定截交线投影的求解方法

由图 3-57 可知，截切平面相对于投影面和组合体都处于特殊位置，当与轴线垂直的平面截切组合体时，所得到的截交线均为圆，因此应采用辅助平面法求截交线上的点。

3. 作出截交线在侧面的投影

截交线在侧面的投影是一条直线。由截平面的正面投影直接可以根据高平齐作出。

4. 标出并求出截交线上特殊点与中间点的投影

在主视图上标出特殊点Ⅰ、Ⅳ、Ⅴ、Ⅵ、Ⅶ和中间点Ⅱ、Ⅲ的正面投影。并利用辅助平面法求出这些点的其他两面投影。

5. 判别各点可见性，进行光滑连线

因水平截交线与水平面平行，因此各点在水平面的投影均可见。光滑依次连接各点。得到截交线的水平投影。

6. 判别整体可见性，完成作图

因水平截交线均在同一个平面内，因此截交线围成一个封闭的平面图形，点Ⅳ、Ⅴ间不应有直线。结果如图 3-69（b）所示。

7. 检查

注意圆锥与圆柱相交处原有交线，被截平面截切后点 4、5 间的部分被截平面截掉，但其他部分仍存在；而圆柱与圆锥的交线仅被截掉上面一部分，下面的部分仍然存在，因此点4、5 间应有虚线，如图 3-69（b）所示。

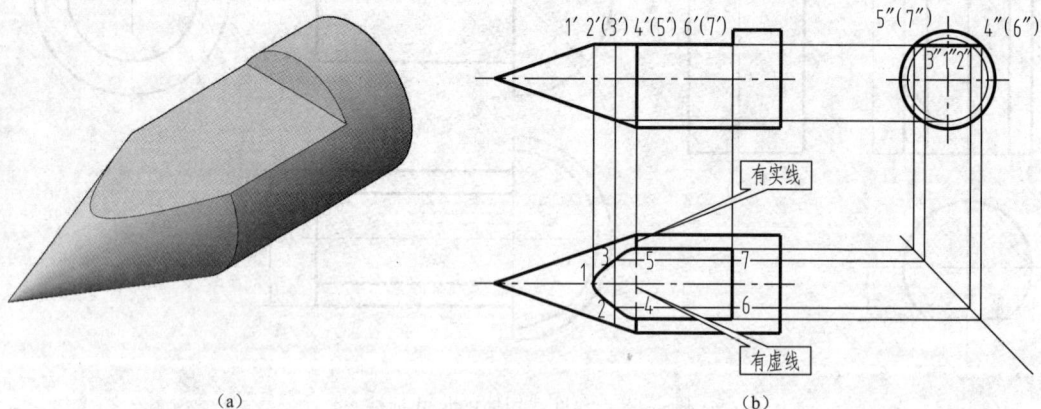

图 3-69　同轴圆柱、圆锥组合体的截交线
（a）立体图；（b）平面图

任务 3.4　复杂组合体的造型

任务内容

利用 AutoCAD 完成如图 3-70 所示组合体轴承座的实体造型。

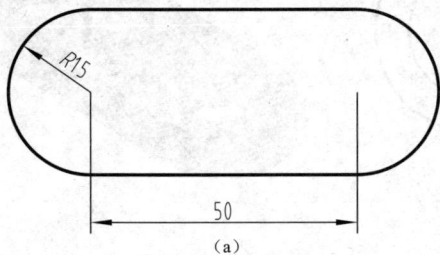

图 3-70 轴承座实体图

任务目的

1）掌握 AutoCAD 中面域（REGION）、拉伸（EXTRUDE）、旋转（REVOLVE）、按住并拖动（PRESSPULL）、放样（LOFT）、扫描（SWEEP）、剖切（SLICE）、切割（SECTION）、对齐（A-LIGN）等命令的使用方法。

2）掌握 AutoCAD 中复杂组合体的实体造型方法。

任务知识

1. 面域（REGION）

1）功能：将包含封闭区域的对象转换为面域对象。

2）命令执行方式。

下拉菜单："绘图"→"面域"。

工具栏：绘图 🔘 。

命令：REGION。

【例 3-27】 利用面域命令将如图 3-71（a）所示图形转换为面域对象。

1）绘制平面图形。

绘制如图 3-71（a）所示图形。可以看出该图形是由 2 个圆弧和 2 条直线构成。

2）转换图形为面域。

命令：region↙

选择对象：［选择如图 3-71（a）所示图形］

找到 4 个

选择对象：↙

已提取 1 个环

已创建 1 个面域

3）检查效果。

选择生成面域的图形，发现由 2 个圆弧和 2 条直线 4 个图素构成的图形变成了一个整体。此时若单击"视觉样式"工具栏听的概念视觉样式 🔘 按钮，可以发现该图形被着色，结果如图 3-71（b）所示。

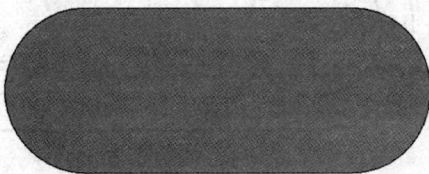

(a)   (b)

图 3-71 面域

(a) 线框图；(b) 着色

2. 拉伸（EXTRUDE）

1）功能：将闭合对象（如圆）转换为三维实体；将开放对象（例如直线）转换为三维曲面。

2）命令执行方式。

下拉菜单："绘图"→"建模"→"拉伸"。

工具栏：建模🔲。

命令：EXTRUDE。

【例 3-28】 将例 3-27 生成的面域其向上拉伸 20，倾斜角度为 15，结果如图 3-72 所示。

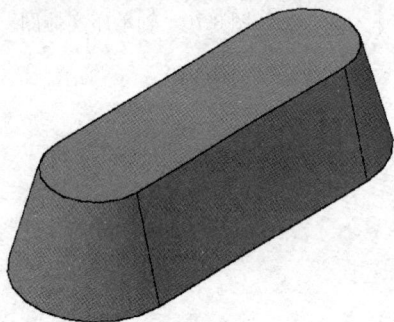

图 3-72　拉伸

命令：extrude ↙

当前线框密度：ISOLINES＝4

选择要拉伸的对象：（选择例 3-27 生成的面域图形）

找到 1 个

选择要拉伸的对象：↙

指定拉伸的高度或［方向（D）/路径（P）/倾斜角（T）］＜30.0000＞：t ↙

指定拉伸的倾斜角度＜0＞：15 ↙

指定拉伸的高度或［方向（D）/路径（P）/倾斜角（T）］＜30.0000＞：20 ↙

提示：

拉伸的对象一般为单一、封闭的二维对象，因此在使用拉伸命令之前一般需要将拉伸对象先转换为面域。

3. 按住并拖动（PRESSPULL）

1）功能：可以通过按住 Ctrl＋Alt 组合键，然后拾取区域来按住或拖动有限区域。

2）命令执行方式。

下拉菜单："绘图"→"建模"→"按住并拖动"。

工具栏：建模🔳。

命令：PRESSPULL 或 Ctrl＋Alt 组合键。

【例 3-29】 利用按住并拖动命令将如图 3-73（a）所示图形向上拖动 10。

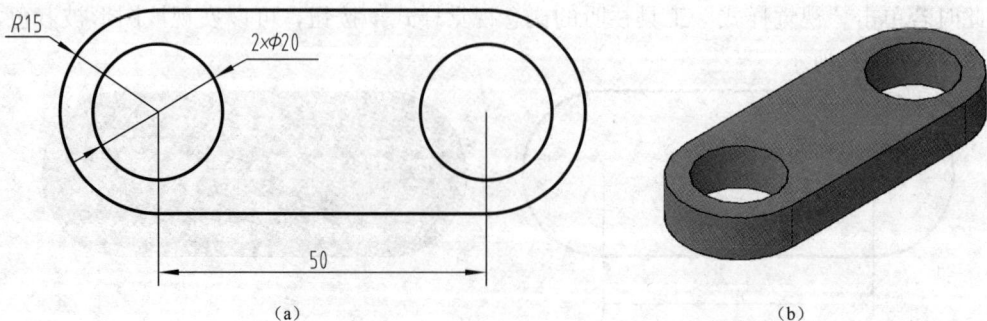

图 3-73　按住并拖动

(a) 线框图；(b) 按住并拖动结果

命令：presspull↙

单击有限区域以进行按住或拖动操作［单击如图 3-73（a）所示图形两圆之外区域］

已提取 2 个环

已创建 2 个面域

已提取 1 个环

已创建 1 个面域

选择要从中减去的实体、曲面和面域 ...

差集内部面域 ...

10↙

4. 旋转（REVOLVE）

1）功能：旋转闭合对象创建三维实体，旋转开放对象创建曲面。可以将对象旋转 360°或其他指定角度。

2）命令执行方式。

下拉菜单："绘图"→"建模"→"旋转"。

工具栏：建模　。

命令：REVOLVE。

【例 3-30】　利用旋转命令将如图 3-74（a）所示图形绕其右侧轴线旋转 270°，结果如图 3-74（b）所示。

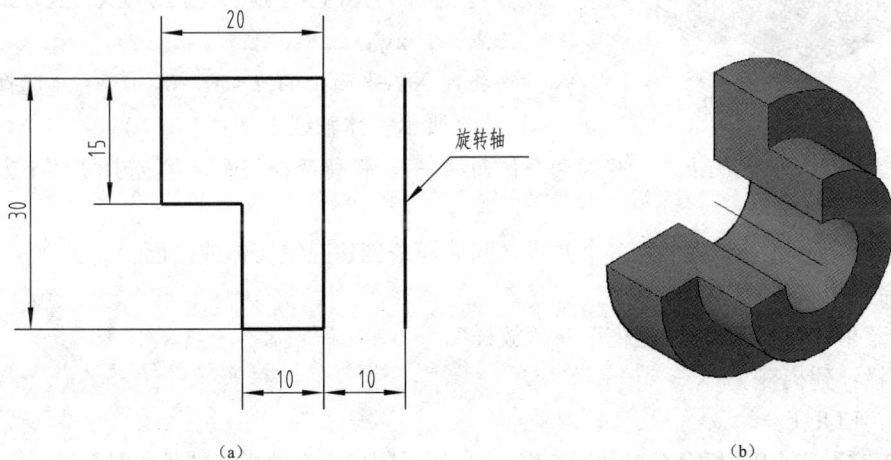

图 3-74　旋转
(a) 线框图；(b) 旋转结果

1）绘制线框并将其转换成面域。

绘制如图 3-74（a）所示图形，并将其转换成面域。

2）旋转实体。

命令：revolve↙

当前线框密度：ISOLINES＝4

选择要旋转的对象：（选择生成的面域对象）

找到 1 个

选择要旋转的对象：↙

指定轴起点或根据以下选项之一定义轴 [对象(O)/X/Y/Z] <对象>：[选择如图 3-74 (a) 所示旋转轴线的一个端点]

指定轴端点：[选择如图 3-74 (a) 所示旋转轴线的另一个端点]

指定旋转角度或 [起点角度(ST)] <360>：−270↙

5. 剖切 (SLICE)

1) 功能：将实体从指定面处切开，用户可对切割的部分进行有选择的取舍。

2) 命令执行方式。

下拉菜单："修改"→"三维操作"→"剖切"。

命令：SLICE。

【例 3-31】 利用剖切命令将例 3-30 生成的实体过其轴线剖切掉其上面一半，结果如图 3-75 所示。

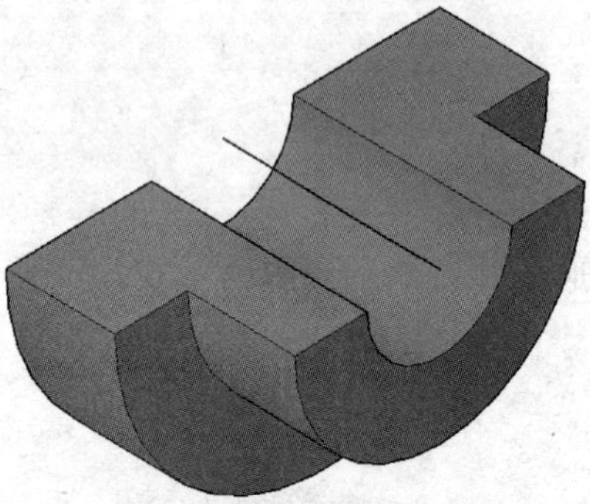

图 3-75　剖切

命令：slice↙

选择要剖切的对象：[选择如图 3-74 (b) 所示实体]

找到 1 个

选择要剖切的对象：↙

指定切面的起点或 [平面对象(O)/曲面(S)/Z 轴(Z)/视图(V)/XY(XY)/YZ(YZ)/ZX(ZX)/三点(3)] <三点>：xy↙

指定 XY 平面上的点<0，0，0>：[选择如图 3-74 (b) 所示实体轴线上一点]

在所需的侧面上指定点或 [保留两个侧面(B)] <保留两个侧面>：[选择实体下方一点]

6. 放样 (LOFT)

1) 功能：通过一组两个或多个曲线之间放样来创建三维实体或曲面。

2) 命令执行方式。

下拉菜单："绘图"→"建模"→"放样"。

工具栏：建模 回。

命令：LOFT。

【例 3-32】 利用放样命令对如图 3-76 (a) 所示图形进行放样，结果如图 3-76 (b) 所示。

1) 绘制线框。

绘制如图 3-76 (a) 所示的图形。

2) 旋转实体。

命令：loft↙

按放样次序选择横截面：(选择 φ30 的圆)

找到 1 个

按放样次序选择横截面：(选择边长为 10 的矩形)

找到 1 个，总计 2 个

按放样次序选择横截面：(选择 φ20 的圆)

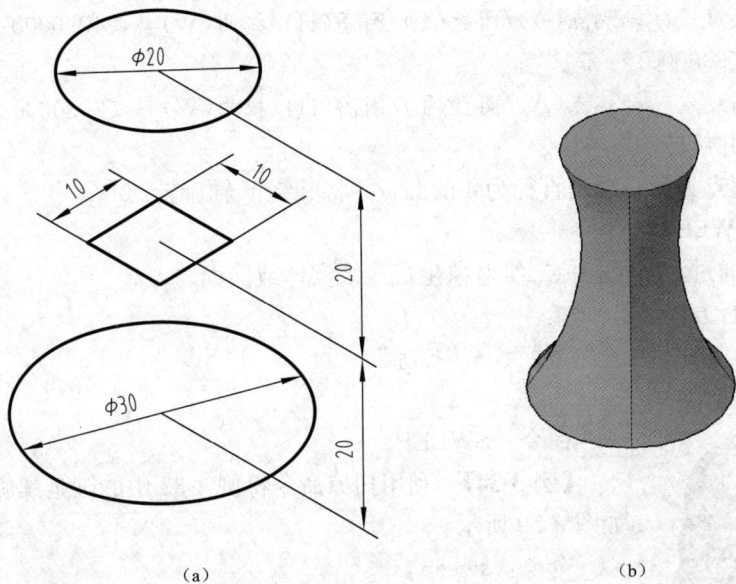

图 3-76 放样

(a) 线框图; (b) 放样结果

找到 1 个，总计 3 个

按放样次序选择横截面：

输入选项 [导向(G)/路径(P)/仅横截面(C)] <仅横截面>：

系统出现如图 3-77 所示 "放样设置" 对话框，选择 "平滑拟合" 选项并单击 "确定" 按钮。结果如图 3-76 (b) 所示。

7. 螺旋

1) 功能：创建二维螺旋线或三维螺旋线。

2) 命令执行方式。

下拉菜单："绘图" → "建模" → "螺旋"。

工具栏：建模 。

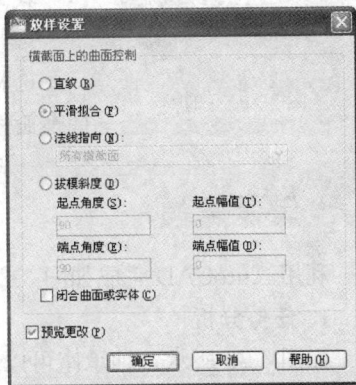

图 3-77 "放样设置" 对话框

命令：HELIX。

【例 3-33】 利用螺旋命令创建底圆半径为 15，顶圆半径为 10，圈数为 5，高度为 40 的螺旋线，并在其起点处绘制一个直径为 4 的圆，结果如图 3-78 所示。

1) 绘制螺旋线。

命令：helix

圈数 = 3.0000   扭曲 = CCW

指定底面的中心点：(选择屏幕上任意一点)

指定底面半径或 [直径(D)] <15.0000>：15

指定顶面半径或 [直径(D)] <15.0000>：10

图 3-78 螺旋

指定螺旋高度或［轴端点（A）/圈数（T）/圈高（H）/扭曲（W）］＜40.0000＞：t✓

输入圈数＜3.0000＞：5✓

指定螺旋高度或［轴端点（A）/圈数（T）/圈高（H）/扭曲（W）］＜20.0000＞：40✓

2）绘制圆并旋转。

在以螺旋起点为圆心绘制直径为 4 的圆，并将其绕 Y 轴旋转 90°。

8. 扫掠（SWEEP）

1）功能：通过沿路径扫掠二维对象生成三维实体或曲面。

2）命令执行方式。

下拉菜单："绘图"→"建模"→"扫掠"。

工具栏：建模 ⬚。

命令：SWEEP。

【例 3-34】　利用扫掠命令将例 3-33 中的圆延螺旋线扫掠，结果如图 3-79 所示。

命令：sweep✓

当前线框密度：ISOLINES=4

选择要扫掠的对象：（选择 φ4 的圆）

找到 1 个

选择要扫掠的对象：✓

选择扫掠路径或［对齐（A）/基点（B）/比例（S）/扭曲（T）］：（选择螺旋线）

图 3-79　扫掠

✏️ **任 务 实 施**

利用 AutoCAD 完成如图 3-70 所示组合体轴承座的实体造型，任务实施过程如下。

1. 任务分析

如图 3-70 所示，轴承座可以看成是由五部分组合而成——底座、肋板、凸台、轴承和支承板。分别创建各个部分，再通过移动命令进行组合，最后通过布尔运算进行整合。在造型过程中要注意各种造型命令的灵活使用。

2. 新建文件并保存

1）双击桌面上的 AutoCAD 2010 快捷方式图标启动。

2）单击下拉菜单"文件"→"保存"，将文件以文件名"轴承座实体 . dwg"进行保存。

3. 创建底座

1）绘制如图 3-80（a）所示的底板截面。使用按住并拖动命令将截面向上拉伸 10，结果如图 3-80（b）所示。

2）创建如图 3-80（c）所示的长方体。

3）移动长方体到底板适当位置。使用布尔差集命令从底板上切割掉长方体，结果如图 3-80（d）所示。

4. 创建轴承

1）创建直径为 30 高度为 60 的圆柱体 1，结果如图 3-81（a）所示。

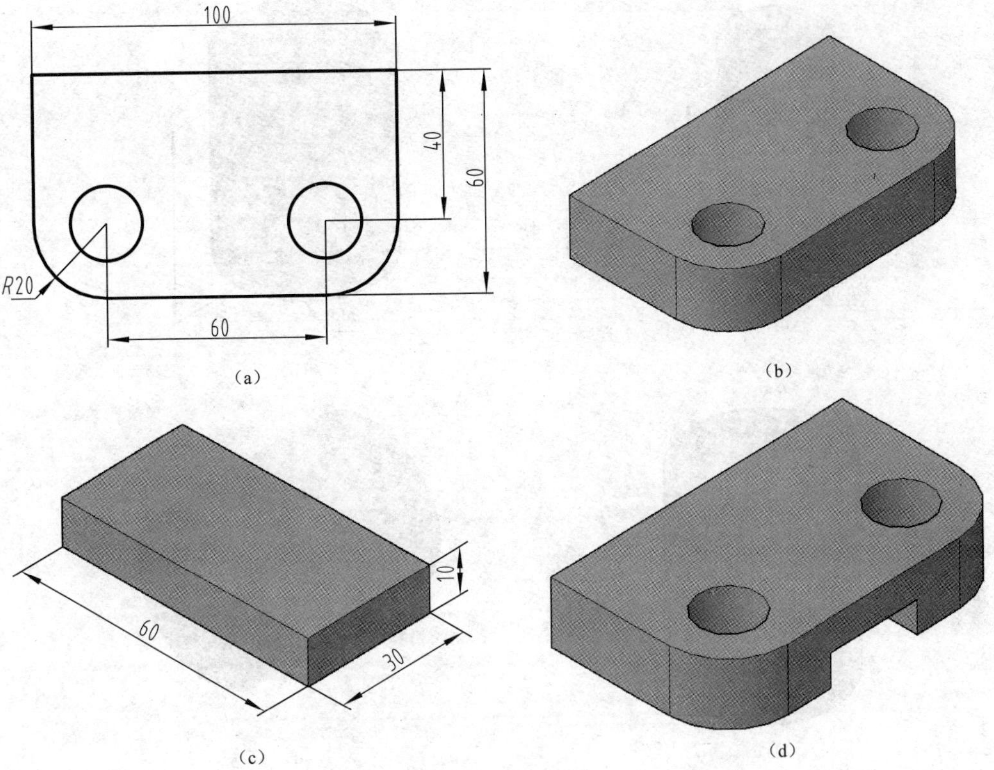

图 3-80　底板

（a）绘制底板截面；（b）拉伸底板；（c）创建长方体；（d）移动并切割

2）创建直径为 50 高度为 60 的圆柱体 2，结果如图 3-81（b）所示。

3）移动圆柱体 1 到圆柱体 2，结果如图 3-81（c）所示。

4）使用三维旋转命令将圆柱绕 X 轴旋转 $90°$，结果如图 3-81（d）所示。

5. 创建凸台

1）创建直径为 10 高度为 30 的圆柱体 3，结果如图 3-82（a）所示。

2）创建直径为 15 高度为 30 的圆柱体 4，结果如图 3-82（b）所示。

3）移动圆柱体 3 到圆柱体 4，结果如图 3-82（c）所示。

6. 创建支承板

1）绘制如图 3-83（a）所示的支承板截面。

2）使用面域命令将支承板截面转换成面域。

3）将支承板面域向上拉伸 15，结果如图 3-83（b）所示。

4）将支承板绕 X 轴旋转 $90°$。

7. 创建肋板

1）绘制如图 3-84（a）所示的肋板截面。

2）使用面域命令将肋板截面转换成面域。

3）将肋板面域向上拉伸 15，结果如图 3-84（b）所示。

4）将肋板绕 X 轴旋转 $90°$。

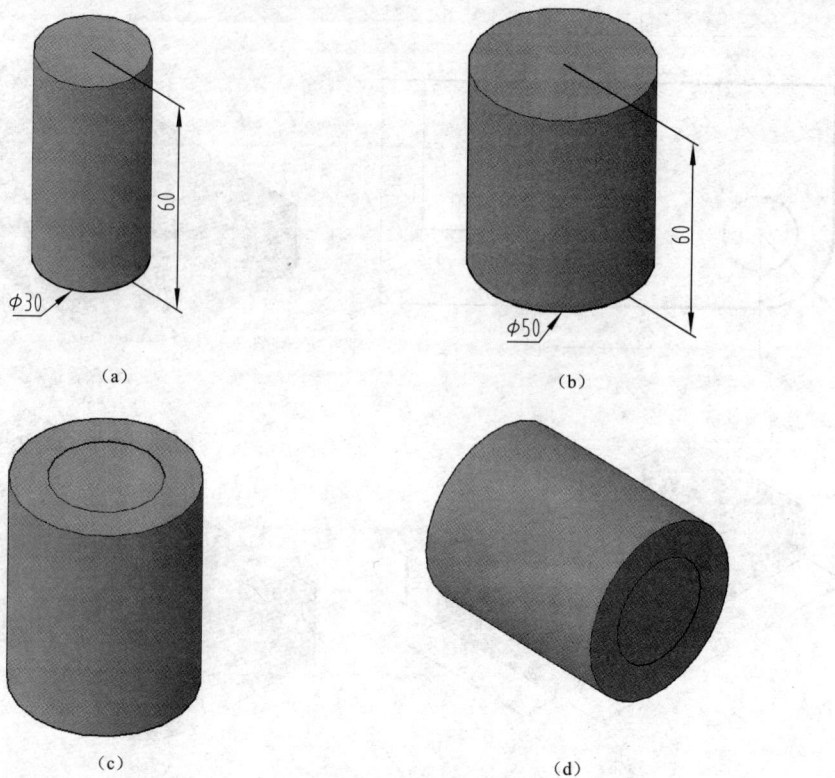

图 3-81　轴承

(a) 创建圆柱体 1；(b) 创建圆柱体 2；

(c) 移动圆柱；(d) 旋转圆柱

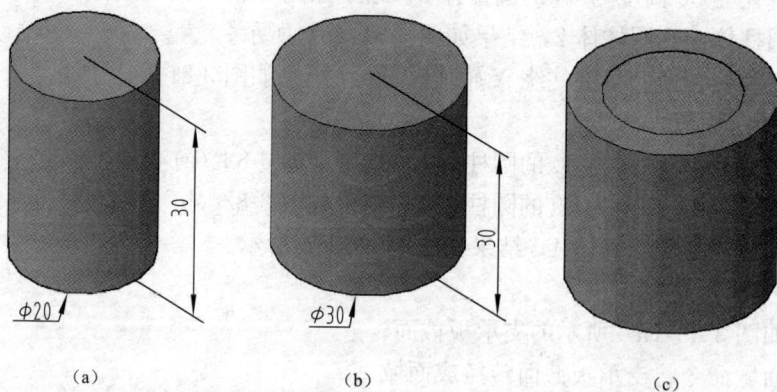

图 3-82　凸台

(a) 创建圆柱体 3；(b) 创建圆柱体 4；(c) 移动圆柱

5）将肋板绕 Z 轴旋转 90°。

8. 组装

1）使用移动命令组装底板、支承板、肋板、轴承，如图 3-85 (a) 所示。

2）将轴承延 Y 轴方向移动 10，结果如图 3-85 (b) 所示。

图 3-83 支承板
（a）支承板截面；（b）拉伸支承板；（c）旋转支承板

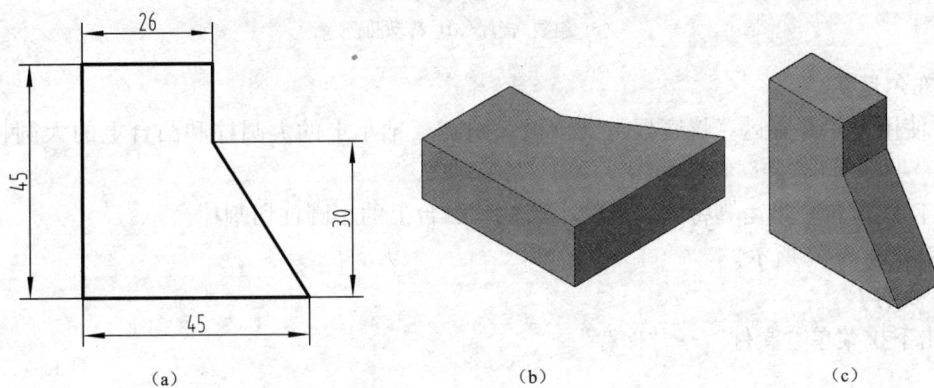

图 3-84 肋板
（a）肋板截面；（b）拉伸肋板；（c）旋转肋板

3）以凸台底圆圆心为基准移动到轴承前圆圆心处，结果如图 3-85（c）所示。

4）将凸台延 Y 轴方向移动 30，结果如图 3-85（d）所示。

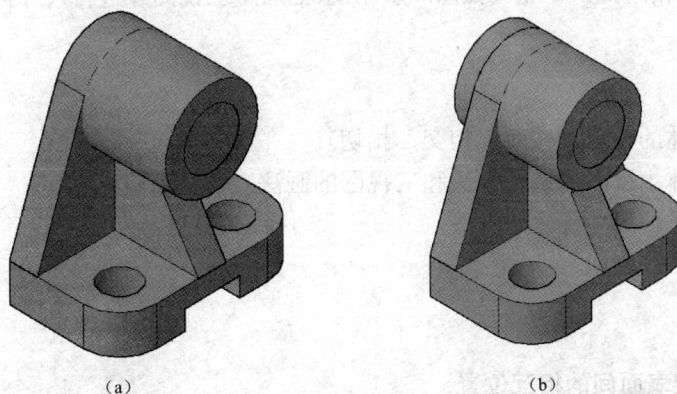

图 3-85 组装（一）
（a）组装底板、支承板、肋板、轴承；（b）移动轴承座

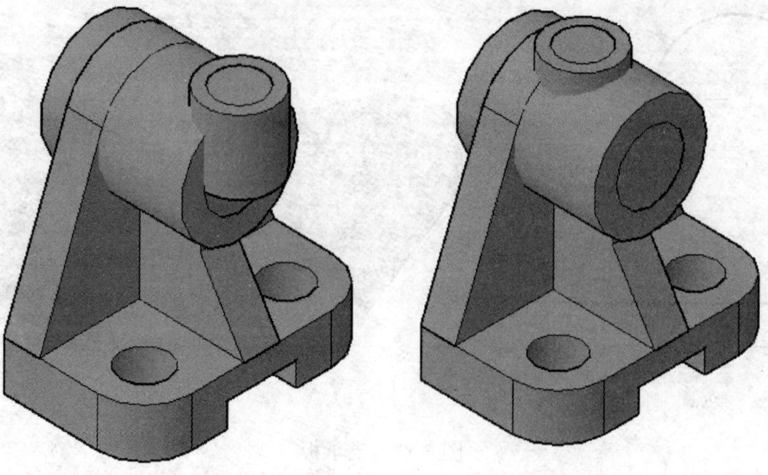

图 3-85　组装（二）

（c）组装凸台；（d）移动凸台

9. 布尔运算

1）使用布尔并集运算将底板、支承板、肋板、轴承上的大圆柱和凸台上的大圆柱结合在一起。

2）使用布尔差集运算将轴承上的小圆柱和凸台上的小圆柱切割掉。

结果如图 3-70 所示。

10. 保存

单击下拉菜单"文件"→"保存"。

任务 3.5　组合体三视图的画法与尺寸标注

任务内容

学习组合体的相关知识，完成如图 3-86 所示轴承座三视图并进行尺寸标注。

任务目的

1）了解组合体的特点（共面、相交、相切）。

2）掌握组合体主视图的选择方法和三视图的画法。

3）掌握组合体的尺寸标注的方法。

任务知识

1. 各形体邻接表面间的相互位置

形体经叠加、挖切组合后，形体的邻接表面间可能产生共面、相切和相交三种特殊位置，见表 3-26。

图 3-86　轴承座三视图

1）共面：当两形体邻接表面共面时，邻接表面处无分界线。

2）相切：当两形体邻接表面相切时，由于相切是光滑过渡，所以一般不画出公切面在三个视图中的投影，如图 3-87（a）所示；仅当公切面恰好与某个投影面垂直时，才画出与其在该投影面上的投影，如图 3-87（b）所示。

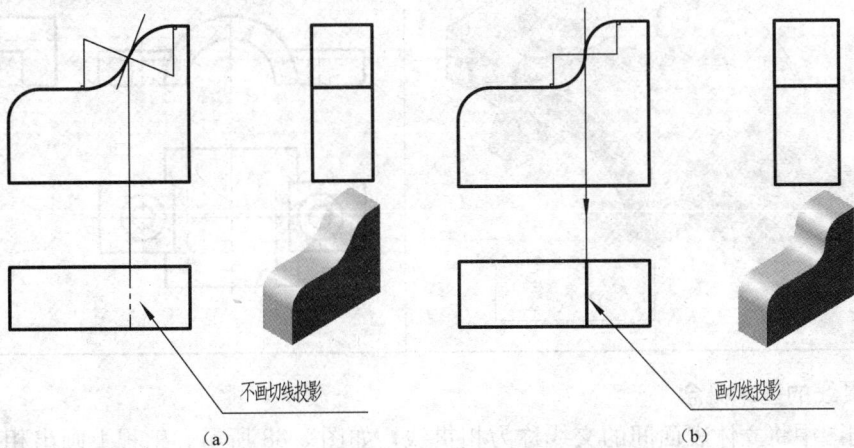

不画切线投影　　　　　　画切线投影

（a）　　　　　　　　　　（b）

图 3-87　切线的投影

（a）不画切线投影；（b）画切线投影

　　3）相交：两形体的邻接表面相交，邻接表面之间一定产生交线，而三视图中也一定会有交线的投影。

表 3-26　　　　　　　　　　　　　　相邻形体的邻接表面间的相互位置

关系	立体图例	平面图例
共面	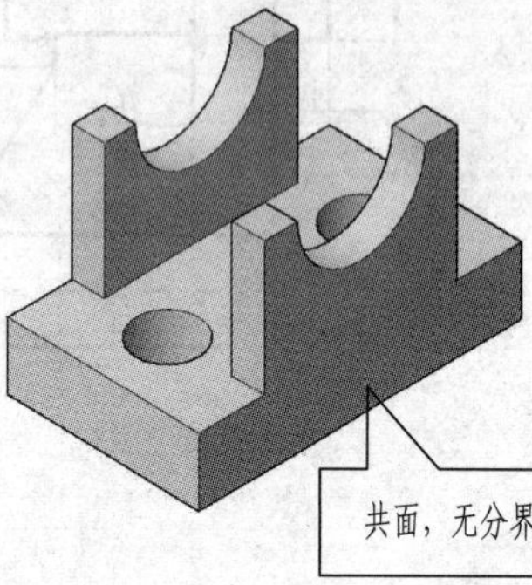 　共面，无分界线	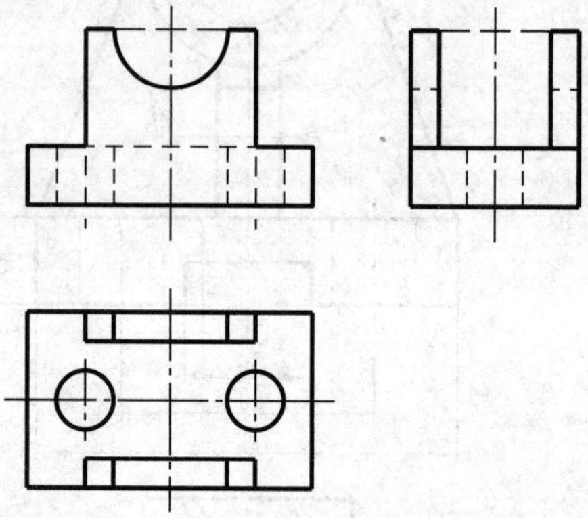
相切	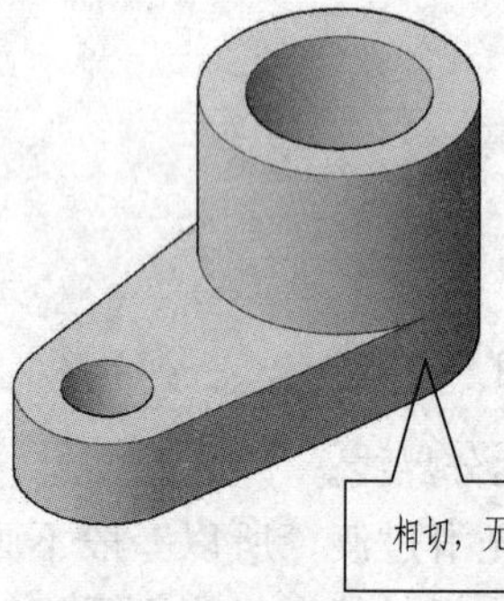 　相切，无交线	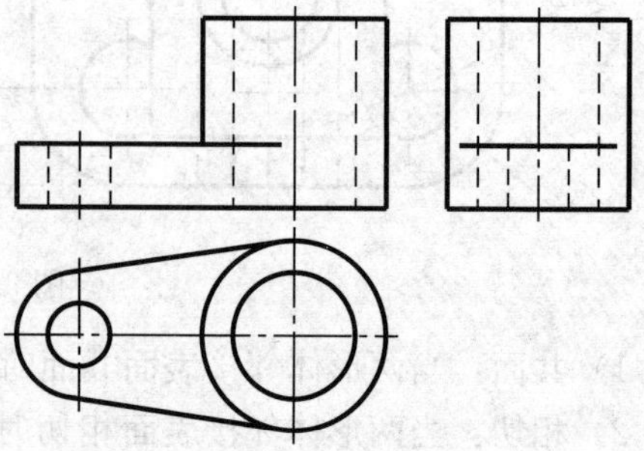
相交	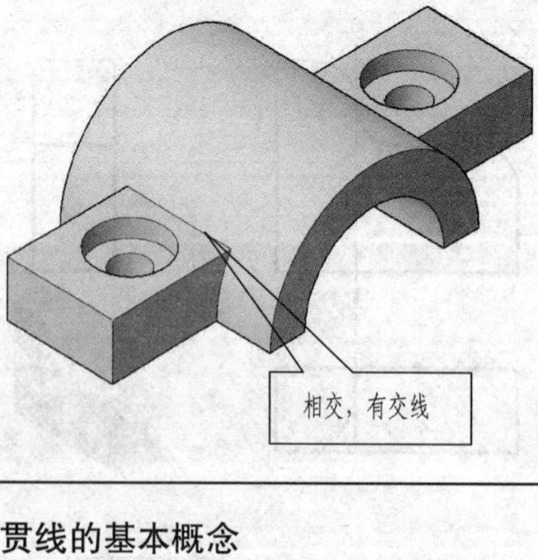 　相交，有交线	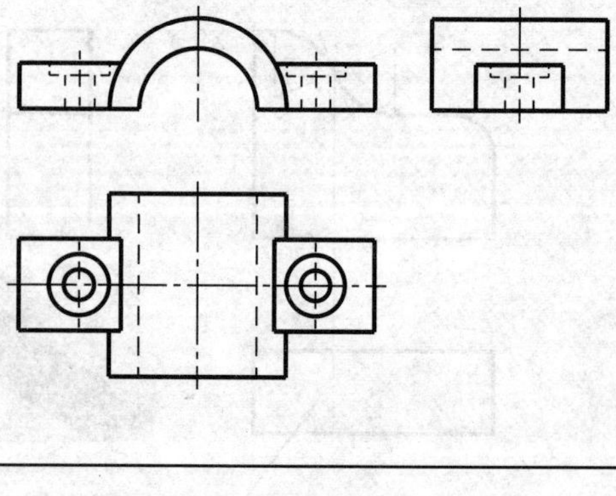

2. 相贯线的基本概念

　　工程制图中将立体表面间的交线称为相贯线，如图 3-88 所示。工程上画出相贯线的意义，在于用它来完整、清晰地表达出零件各部分的形状和相对位置，为准确读图和制造零件提供条件。工程上最常见的相贯线是回转体表面间的交线。

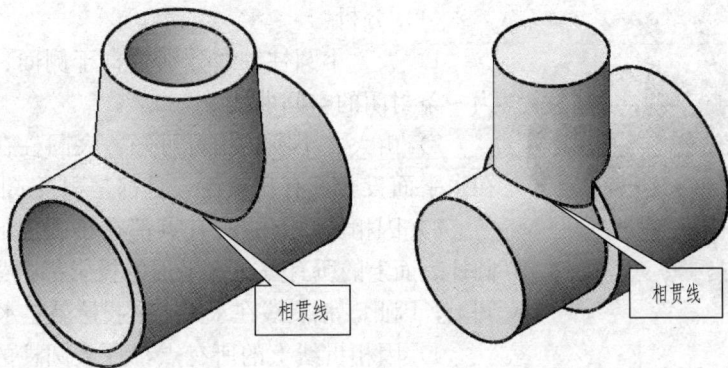

图 3-88　相贯线

3. 相贯线的性质

1) 共有性：相贯线是两相交立体表面的共有线，也是两立体表面的分界线，则相贯线上的点为两立体表面的共有点。

2) 封闭性：由于立体结构形状具有一定的空间范围，故相贯线一般为封闭的空间曲线，特殊的为平面曲线或平面多边形。

3) 相贯线的形状：相贯线的形状与相交两立体的表面特征有关，与相交两立体间的相对位置有关。

4. 求相贯线投影的方法

求相贯线投影最常用的方法是表面取点法。表面取点法是指通过求取相贯线上各点的各面投影，并将各点同面投影依次光滑连接起来近似代替相贯线投影的方法。

表面取点法仅是一种近似代替相贯线投影的方法。利用表面取点法解题时一般先选择相贯线上的特殊点，即控制相贯线结构形状位置的最前、最后、最左、最右、最上、最下点，以及一些相贯线的边界点，再选择一些必要的中间点。将这些点的各面投影求出来并依次光滑连接起来即可用于代替实际的相贯线投影。在选点过程中相贯的特殊点数量是一定的，一般也应该全部求出，而中间点的个数是无穷的，所取的点的数量越多越接近实际的相贯线投影，但所取点的数量越多解题也就越复杂。在实际解题过程中应注意分析特殊点的数量和控制中间点的数量，做到既不使解题太复杂又不使所求相贯线投影距离实际结构形状太远。

在求相贯线上点的各面投影过程中将会用到前面所学习的积聚性法、辅助线法、辅助面法等求取点投影的方法。

5. 求相贯线的步骤

1) 形体分析。分析相贯体表面的组成情况及表面特征，推断相贯线的结构形状。

2) 根据相贯体表面的投影特性，确定相贯线上点投影的求取方法。

3) 标出并求出相贯线上特殊点与中间点的各面投影。

4) 判别各点可见性，进行光滑连线。

5) 判别整体可见性，完成作图。

6) 检查。

【例 3-35】　两圆柱正交，如图 3-89 所示，绘制其三视图。

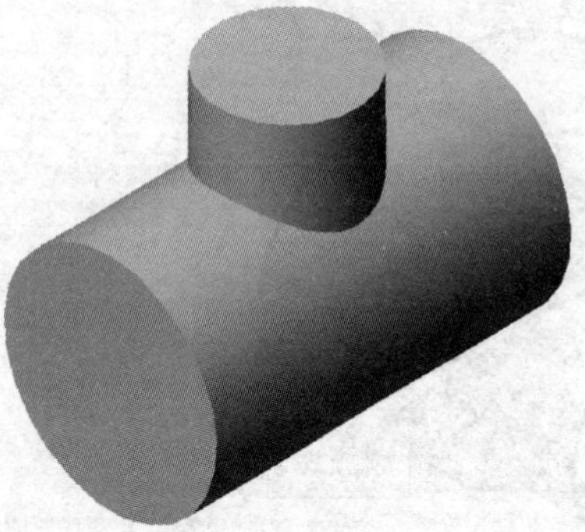

图 3-89　任务图

（1）分析

1）大、小圆柱轴线分别垂直于侧面、水平面。交线为一条封闭的空间曲线。

2）由大、小圆柱位置可知：大圆柱在侧面，小圆柱在水平面投影具有积聚性，且都是积聚成圆。

3）因相贯线上的所有点都在小圆柱的表面上，而小圆柱表面上的所有点在水平面的投影都积聚在水平面的小圆上，因此，相贯线在水平上的投影就是水平面上的小圆。

4）因相贯线上的所有点都在大圆柱的表面上，而大圆柱表面上的所有点在侧面的投影都积聚在侧面的大圆上，因此，相贯线在侧面上的投影就是侧面大圆上的一段（大圆柱与小圆柱重合部分）。

5）因相贯线前后对称，因此相贯线在正面的投影形状如图 3-90 所示。

6）根据本题的特点，相贯线上的点的求解可以有两种方法。一种方法为积聚性法，根据相贯线上所有点在水平面的投影均在小圆柱水平投影那个圆上，进而求出这些点在其他两面的投影；第二种方法为辅助面法，可以假想用一辅助水平面与两圆柱均相交，因假想的是一水平面，因此该辅助平面与小圆柱的截交线是圆，而与大圆柱的交线是矩形，则矩形与圆的交点必为相贯线上的点，根据这种原理来求解相贯线上点的投影。

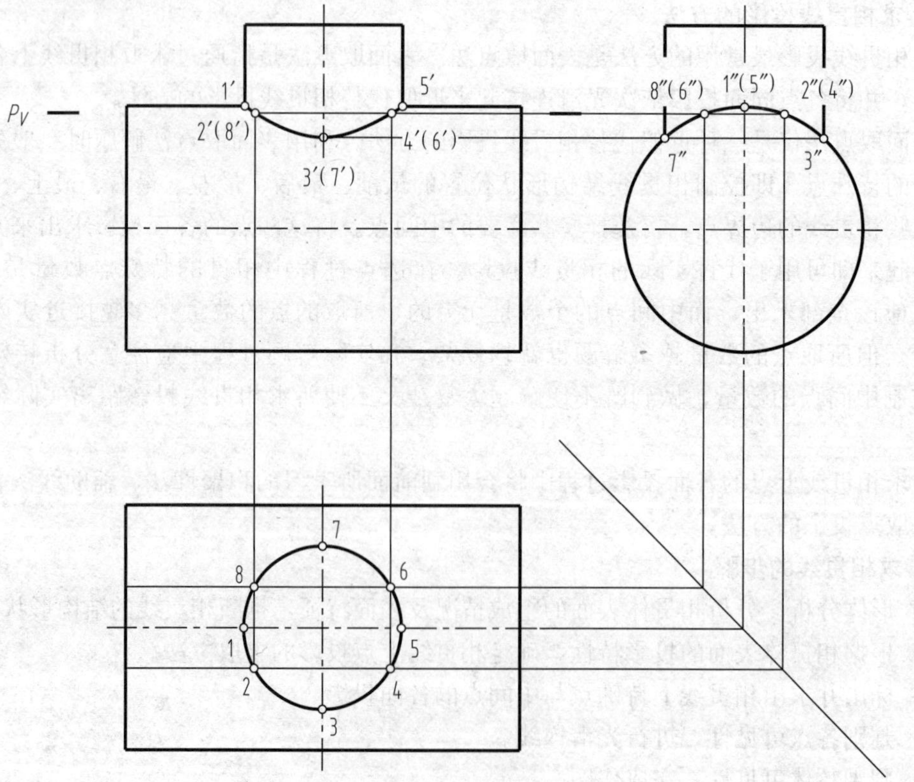

图 3-90　一般画法求相贯线

（2）求解过程

1）作相贯线在水平面的投影——小圆，如图 3-90 所示。

2）求取相贯线上的点的投影。

方法一：积聚性法

① 在相贯线的水平面上的投影——圆上取特殊点 I、III、V、VII并求出这些点在正面和侧面上的投影，如图 3-90 所示。

② 在相贯线的水平面上的投影——圆上取中间点 II、IV、VI、VIII，并求出这些点在正面和侧面上的投影，如图 3-90 所示。

方法二：辅助面法

① 在相贯线的水平面上的投影——圆上取特殊点 I、III、V、VII，并求出这些点在正面和侧面上的投影。

② 在正面投影上合适位置作辅助水平面 P_V 与两圆柱均相交，并求出该辅助平面与两圆柱的截交线各面投影。两截交线投影的交点 II、IV、VI、VIII，即为相贯线上点的投影。

3）作相贯线在侧面上的投影，即为 $3''$ 和 $7''$ 之间的圆弧。

4）在正面依次光滑连接各点，即为所求相贯线在正面的投影。因 $4'$ 与 $6'$、$3'$ 与 $7'$、$2'$ 与 $8'$ 是重影点，因此，$6'$、$7'$、$8'$ 不可见，结果如图 3-90 所示。

5）补全大小圆柱在水平面和侧面的投影，结果如图 3-90 所示。

6）检查。

（3）简化画法

简化画法如图 3-91 所示，绘图步骤如下：

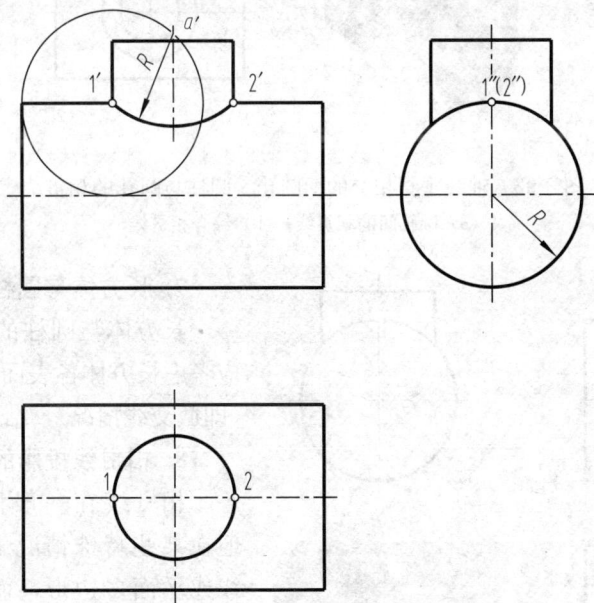

图 3-91　正交圆柱相贯线的简化画法

1）分析。分析两圆柱的相交情况，比较两圆柱的大小，想象相贯线的形状和位置（相贯线是一条凸向大圆柱的曲线，且该曲线必过小圆的转向轮廓线与大圆柱转向轮廓线的两个交点)。测量大圆柱的半径为 R。

2)标注特殊点。标注相贯线的最左点 Ⅰ 和最右点 Ⅱ 在正面的投影。

3)作图。在正面投影上,找到相贯线的最左点 $1'$ 和最右点 $2'$,以 $1'$ 或 $2'$ 为圆心,以大圆柱的半径 R 为半径作辅助圆,则辅助圆与小圆柱的轴线相交于一点 O'(O' 为大圆柱外的那一个交点),再以 O' 为圆心,以大圆柱的半径 R 为半径,以 $1'$、$2'$ 为起点和终点作弧。用作出的圆弧代替两垂直相交圆柱的相贯线,结果如图 3-91 所示。

4)注意。

① 要注意确定相贯线的起始和终止位置。

② 替代相贯线圆弧的圆心在小圆柱远离大圆柱方向的轴线上。

③ 替代相贯线圆弧的半径为大圆柱的半径。

6. 轴线垂直相交的两圆孔、圆柱与圆孔的相贯线

轴线垂直相交的两圆孔、圆柱与圆孔的相贯线的画法与轴线垂直相交的两圆柱相贯线的画法相似,只是在绘制过程中应注意图线的可见性问题,如图 3-92 所示。

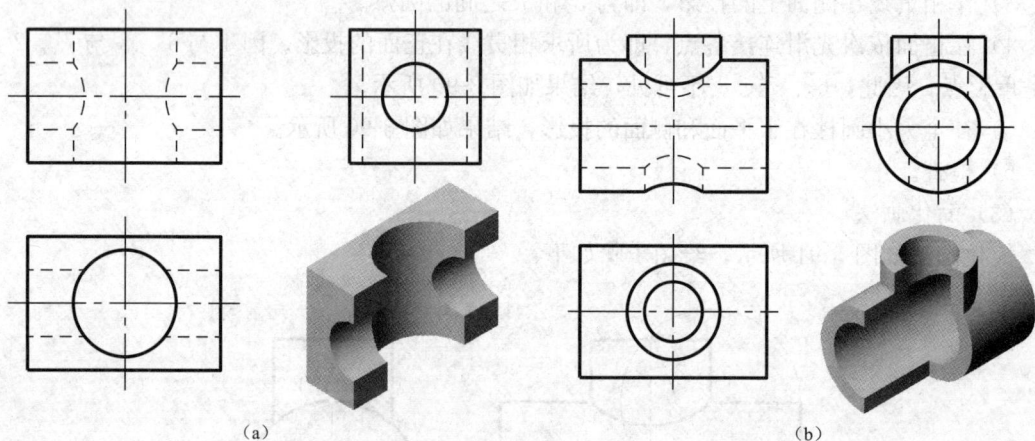

图 3-92　轴线垂直相交的两圆孔、圆柱与圆孔的相贯线
(a) 圆孔间的相贯线;(b) 综合相贯线

图 3-93　长方体与圆柱的相贯线

7. 长方体与圆柱的相贯线

长方体与圆柱的相贯线的求解方法,应考虑长方体各表面与圆柱体的相交情况(即截交线情况),结果如图 3-93 所示。

8. 相贯线投影的特殊形式

相贯线在一般情况下是空间曲线,但在某些特殊情况下,也可能是平面曲线或平面多边形,而相贯线投影由于投影的积聚性有时会出现一些特殊形式,常见形式如下:

(1)轴线相交回转体间的相贯线

两回转体轴线相交,且平行于同一

投影面，若它们能公切于一个球，则相贯线是垂直于这个投影面的椭圆（因此相贯线在该投影面上的投影积聚成一条直线）。常见形式见表 3-27。

表 3-27　　　　　　　　　　　相贯线的特殊形式（一）

分类	图形		
立体图			
平面图			
立体图			
平面图			

（2）轴线重合回转体间的相贯线

两个同轴回转体的相贯线是垂直于轴线的圆。常见形式见表 3-28。

表 3-28   相贯线的特殊形式（二）

分类	图形		
立体图	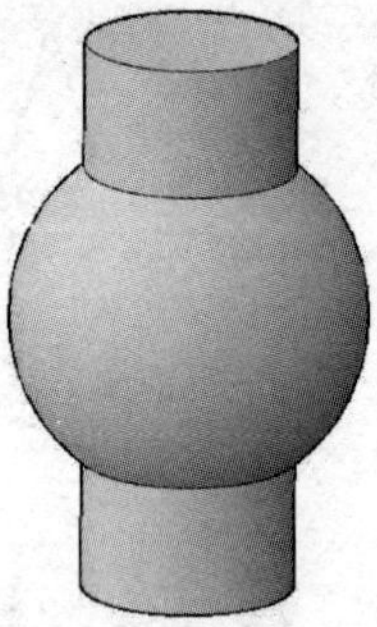	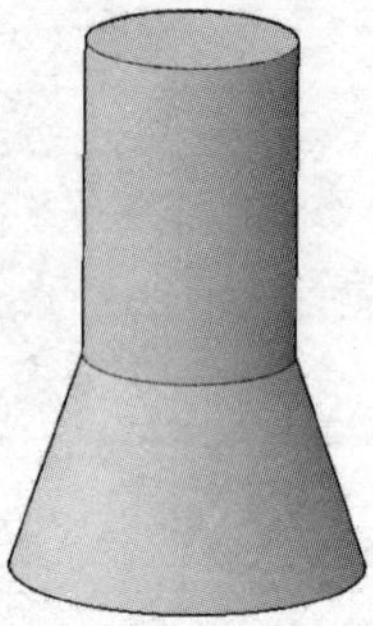	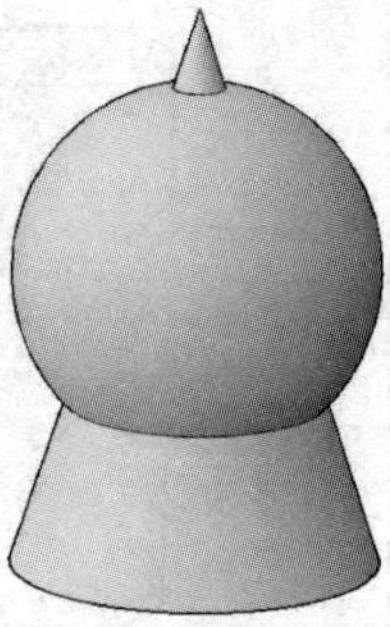
平面图	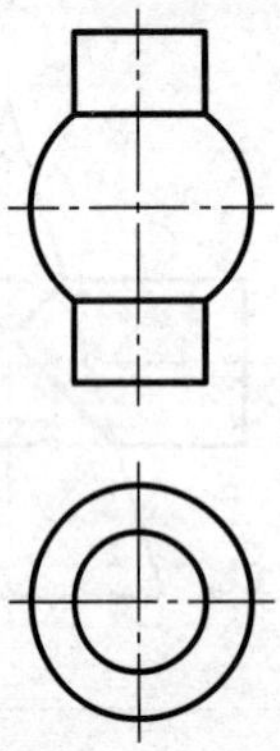	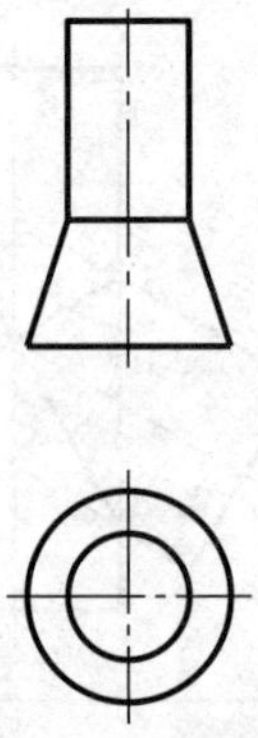	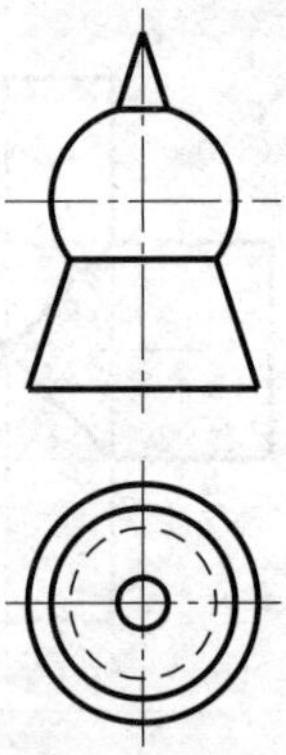

（3）轴线平行回转体间的相贯线

轴线平行的两圆柱的相贯线是两条平行的素线。常见形式见表 3-29。

表 3-29   相贯线的特殊形式（三）

分类	立体图	平面图
图形		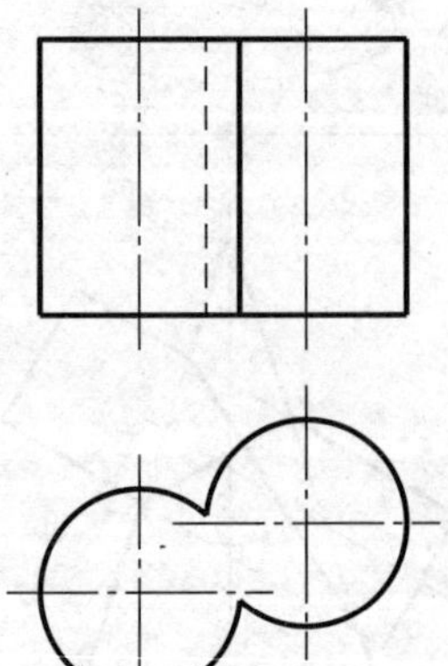

9. 组合体的相贯线

我们通常将由若干个基本形体组合而成的立体称为组合体。组合体在组合过程中各组成部分通常会产生相贯线。组合体相贯线的求解步骤如下：

（1）分析

分析组合体的组合情况，即组合体是由哪些基本体组合而成的，这些基本体在组合过程中，哪些相互之间会产生相贯线，相贯线的形状和起止如何，组合体的空间结构如何。

（2）绘制相贯线

根据前面的分析，将各相贯线绘制出来。

（3）检查

通常在绘制组合体相贯线后，应对相贯线进行以下各项内容的检查：

1）检查各相贯线的正确性。

2）检查相贯线的可见性。

3）检查相贯线的起止的正确性。

4）检查除相贯线外其他部分的情况。

常见的组合体的相贯线见表 3-30。

表 **3-30**　　　　　　　　　　　　组 合 体 的 相 贯 线

序号	平面图	立体图
1	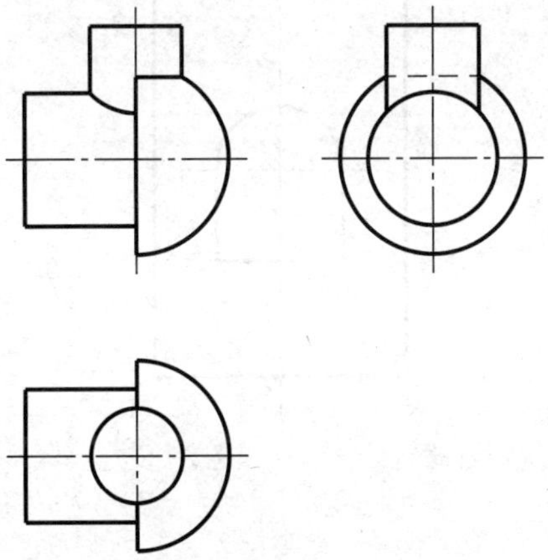	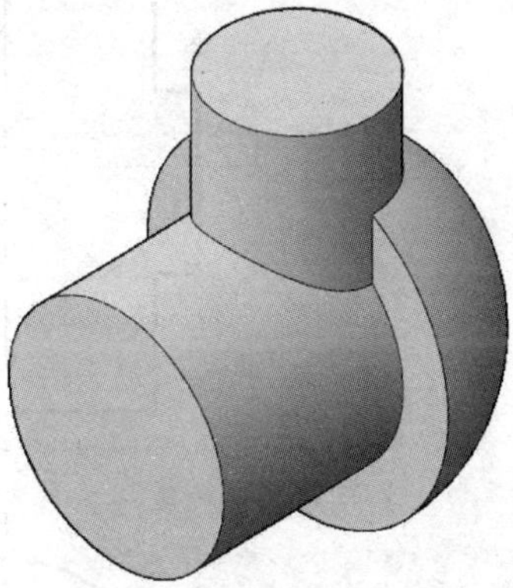
2	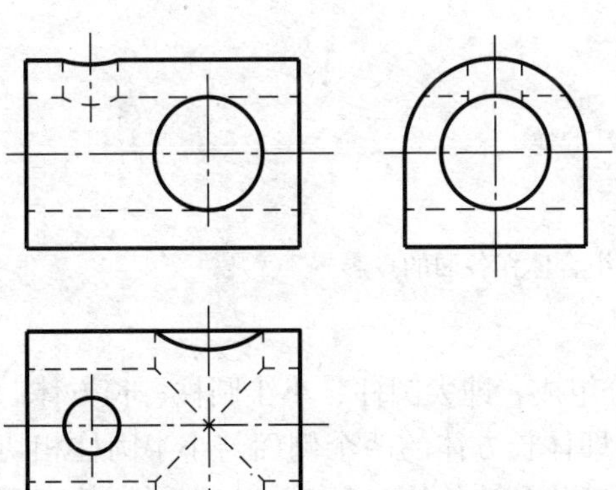	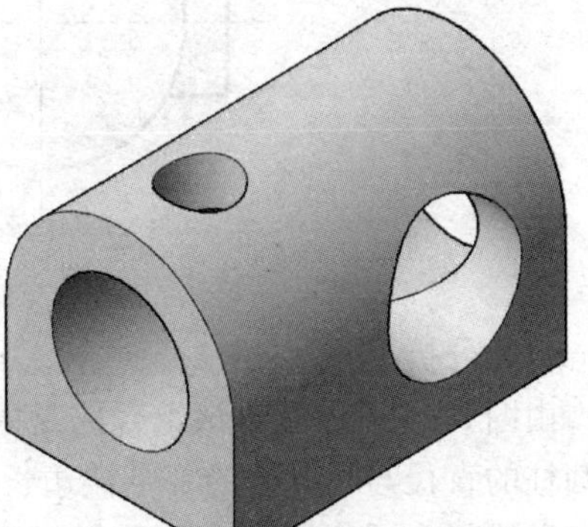

序号	平面图	立体图
3		

【例 3-36】　如图 3-94 所示，请补全组合体在各面的投影。

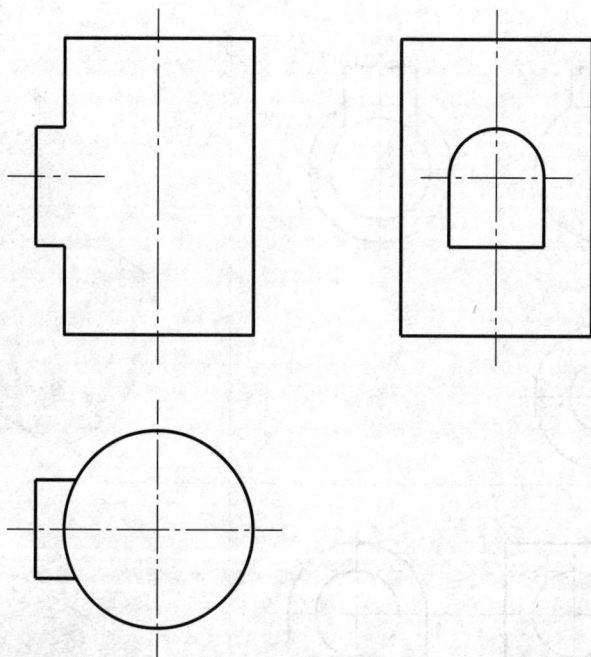

图 3-94　补全组合体在各面的投影

（1）分析

由图 3-94 可以看出该组合体是由三部分组成，即大圆柱、小半圆柱、长方体。其中，小半圆柱的直径与长方体的一个棱边长相等，即体长方体的两个侧面与小半圆柱相切；小半圆柱的轴线与大圆柱的轴线相垂直，可以采用简化画法绘制；长方体与大圆柱的表面相交，相贯线即为长方体表面截切大圆柱的表面。相贯体空间结构如图 3-95（a）所示。

（2）绘制相贯线

1）绘制小半圆柱与大圆柱的相贯线，如图 3-95（b）所示。

2）绘制长方体与大圆柱的相贯线，如图 3-95（b）所示。

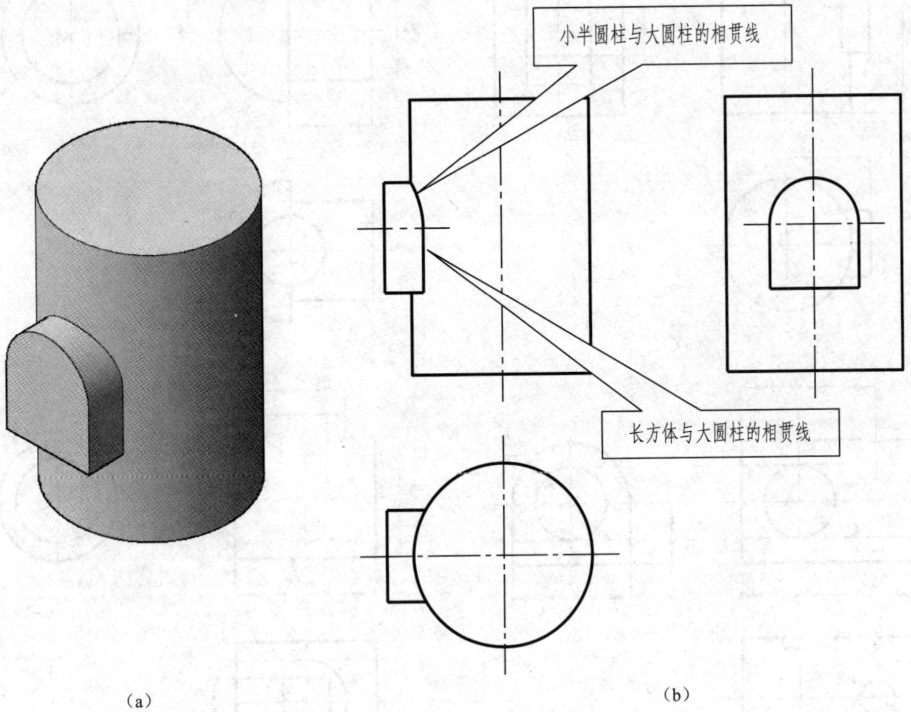

图 3-95　组合相贯体的答案与立体图

（a）立体图；（b）答案

（3）检查

由于小半圆柱与长方体两侧面相切，因此它们之间没有相贯线，也没有分隔线。

10. 相贯体的尺寸标注

相贯体的结构形状与组成相贯体的立体有关，另外还与相贯体各部分之间的相对位置有关。因此，相贯体的尺寸标注，一般不直接标注相贯线的尺寸，而是标注组成相贯体各基本体的尺寸和各基本体间的相对位置尺寸。

常见相贯体的尺寸标注如图 3-96 所示。

11. 组合体三视图的画法

（1）形体分析

将组合体分解成若干形体，并确定它们的组合形式，以及相邻表面间的相互位置。进而想象组合的空间结构和各面投影。

（2）视图选择

视图选择的最终目的是将组合体清楚地表达出来。视图中最主要的视图是主视图，而主视图确定后，其他视图也就确定了，因此选择视图应先从主视图开始。选择主视图的本质就是确定主视图的投影方向和相对于投影面的放置位置。一般是选择反映其特征最明显，反映形体间相互位置最多的投影方向作为主视图的投影方向；安放位置应反映位置特征，并使其

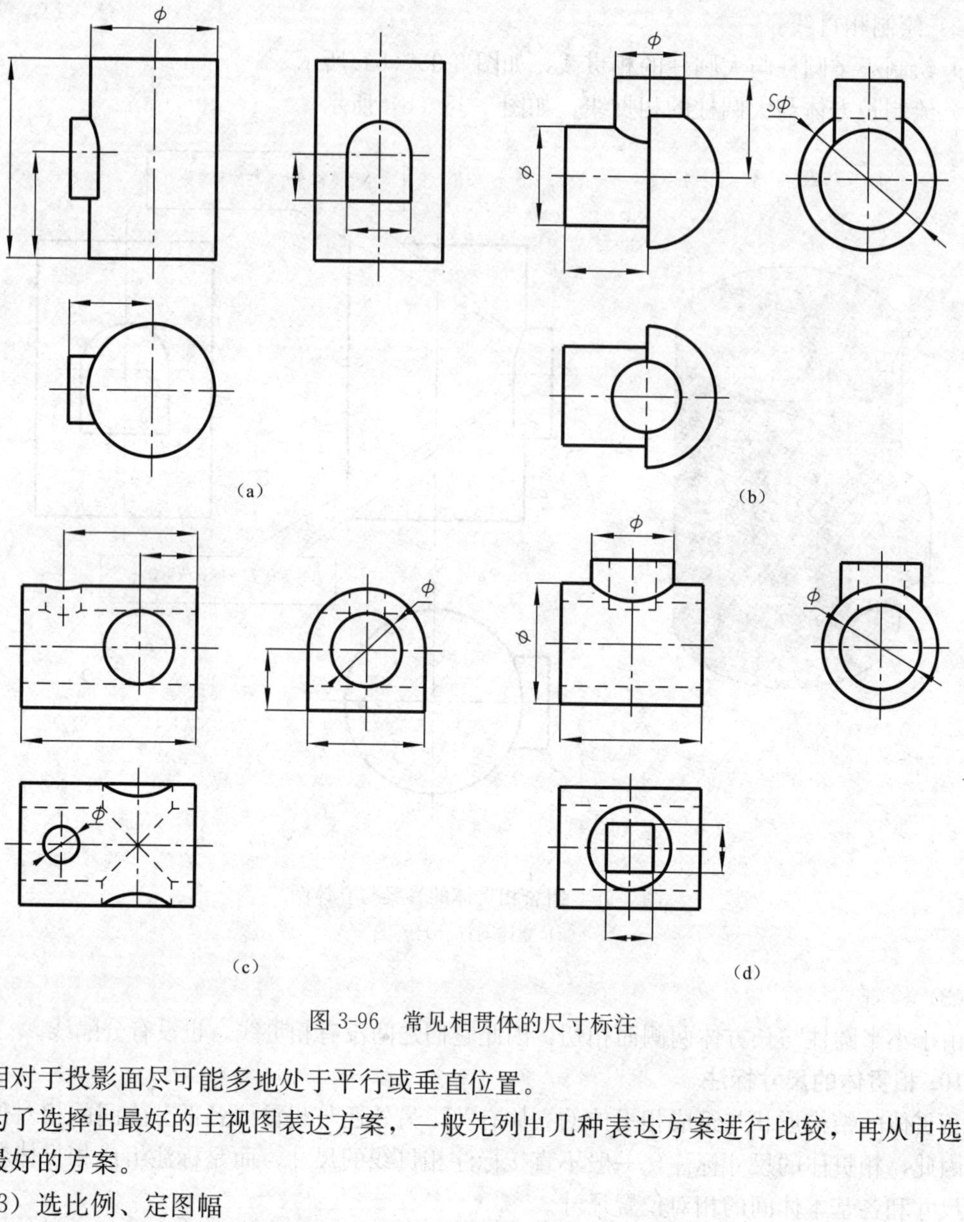

图 3-96　常见相贯体的尺寸标注

表面相对于投影面尽可能多地处于平行或垂直位置。

为了选择出最好的主视图表达方案，一般先列出几种表达方案进行比较，再从中选择出一种最好的方案。

（3）选比例、定图幅

一般尽量选用反映实体真实大小的 1∶1 比例绘制视图，若形体结构过大或过小，也可选择国家标准规定的放大或缩小比例绘制视图；图幅的规格根据比例大小和形体的尺寸确定，还应考虑视图的布局和留足够的空间以便标注尺寸。

（4）布图、画基准线

布图时应考虑视图的数量与间距，并保证图形绘制后在图纸上分布均匀，不过于偏向某一方向且有足够的标注尺寸的位置。根据布图情况绘制各视图的基准线，常见的基准线有对称中心线、回转体的轴线、形体中主要的平面及端面。

（5）逐个画出各基本形体三视图

按照"先主体，后细节；先实体，后挖切；先形状，后交线"的方法。逐个完成各基本形体的三视图。画图时注意按投影关系，三个视图同时进行。

12. 组合体的尺寸标注的方法

（1）尺寸的分类

组合体的尺寸根据其作用分为定形尺寸、定位尺寸和总体尺寸。

1）定形尺寸：确定基本形体的形状和大小的尺寸称为定形尺寸。

2）定位尺寸：确定各基本形体间相对位置的尺寸称为定位尺寸。

定位尺寸一般是各基本形体间尺寸基准之间的尺寸。若形体在某一方向处于平齐，对称居中时，则可省略该方向的定位尺寸。

3）总体尺寸：确定组合体外形和占空间大小的总长、总宽、总高的尺寸，称为总体尺寸。

总体尺寸一般必须标出，但从形体分析和相对位置上考虑，当定形尺寸和定位尺寸全部标出后尺寸即已齐全，若再加标总体尺寸，则会出现多余尺寸。因此，每加标一个总体尺寸，必去掉一个同方向的定形尺寸或定位尺寸。因此，定形尺寸、定位尺寸和总体尺寸之间可以相互转换。另外，当组合体端部为回转面时，总体尺寸一般由回转面轴线的定位尺寸和回转面的定形尺寸来间接确定。

（2）尺寸基准

尺寸标注的起点称为尺寸基准。组合体的长、宽、高三个方向（或轴向、径向两个方向）都应有尺寸基准。同方向的尺寸基准可以有多个，其中有一个起主要作用称为主要基准；除了主要基准外，通常还有若干个辅助基准。

组合体上的点、直线、平面都可以选作尺寸基准，一般不选曲面作基准。通常采用较大的平面（对称面、底面、端面）、直线（回转轴线、转向轮廓线）、点（球心）等作为尺寸基准。尺寸基准之间应有相联系的定位尺寸。

（3）组合体尺寸标注的方法与步骤

1）形体分析。进行尺寸标注之前，首先应对组合体进行形体分析，将组合体分解为若干基本体，并分析各基本体的定形尺寸和各基本体间的定位尺寸。另外，还应分析尺寸标注时的尺寸基准及组合体所需的总体尺寸。

2）选尺寸基准。根据前面对尺寸基准的分析，选定组合体各方向的尺寸基准。尺寸基准一般包括长度、宽度、高度三个方向的尺寸基准或轴向、径向两个方向的尺寸基准。

3）标注定形尺寸。标注各基本体的定形尺寸。

4）标注定位尺寸。标注各基本体间的定位尺寸。

5）标注总体尺寸。根据组合体的结构特点，标注总体尺寸，并去掉其中多余的定形尺寸或定位尺寸。

6）检查。尺寸标注完成后，一般应检查尺寸标注的完整性、正确性和清晰性。对其中缺少的或不合理的尺寸进行补充标注或调整。

任务实施

完成如图3-86所示的轴承座三视图并进行尺寸标注，任务实施过程如下。

1. 任务分析

如图3-97所示，轴承座可以看成是由五部分组合而成——底座、肋板、凸台、轴承、支承板。其中各部分表面间的相互位置中较重要的有以下几种：底板的后表面与支承板的后表面共面；肋板两侧面与轴承圆柱面相交；凸台圆柱面与轴承圆柱面相交（产生相贯线），凸台内孔与轴承内孔相交（产生相贯线）；支承板与轴承圆柱面相切。

图 3-97 轴承座形体分析

2. 绘制三视图

（1）视图选择

如图 3-98 所示，轴承座的主视图有 A、B、C、D 四个方向可以考虑，其视图结果如图 3-99所示。通过比较可知，其中 A 向反映组合体各基本形体数量较多，各基本体间的相对位置关系较多且明显，因此作为主视图最为合适，因此选择 A 向作为主视图方向。另外为将轴承座表达清楚还应配置俯视图和左视图。

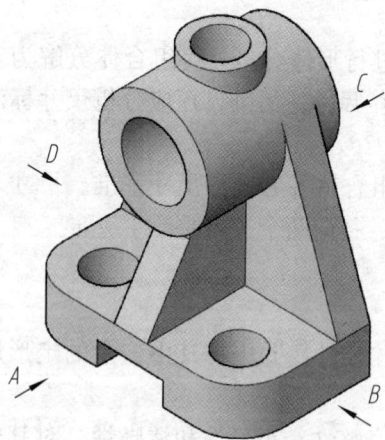

（2）选比例、定图幅

选用标准的 A4（297×210）图纸，绘图比例选择 1：1 绘制视图。

（3）布图、画基准线

轴承座的布图和基准线的绘制如图 3-100（a）所示。

图 3-98 轴承座视图的选择

（4）逐个画出各基本形体三视图

按照"先主体，后细节；先实体，后挖切；先形状，后交线"的方法。逐个完成各基本形体的三视图。画图时注意按投影关系，三个视图同时进行。

分别依次绘制轴承座的底座、轴承、支承板、凸台、肋板如图 3-100（b）～（f）所示。

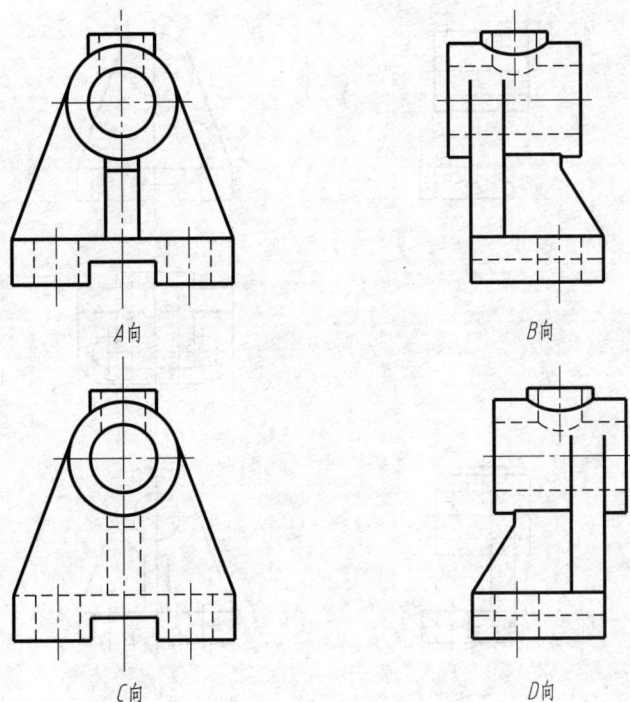

图 3-99　主视图投影方向比较

（5）检查，描深

1）按投影关系，对各基本形体三视图逐个检查。

2）注意形体间邻接面是相切，还是共面，补漏线，擦多余。补画凸台与轴承的交线（相贯线）和肋板与轴承的交线如图 3-100（g）所示。

3）描深原则：从上到下；从左到右；先圆后直线；先细后粗。轴承座三视图描深结果如图 3-100（h）所示。

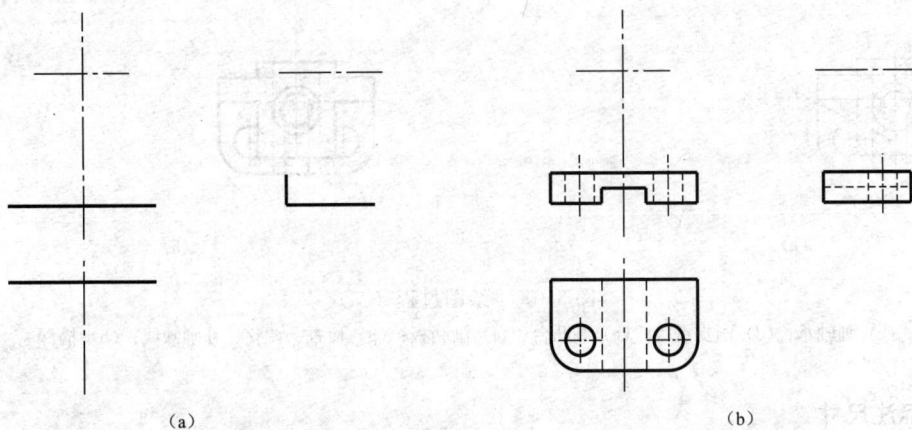

图 3-100　绘图过程（一）

(a) 布图、画基准线；(b) 画底板

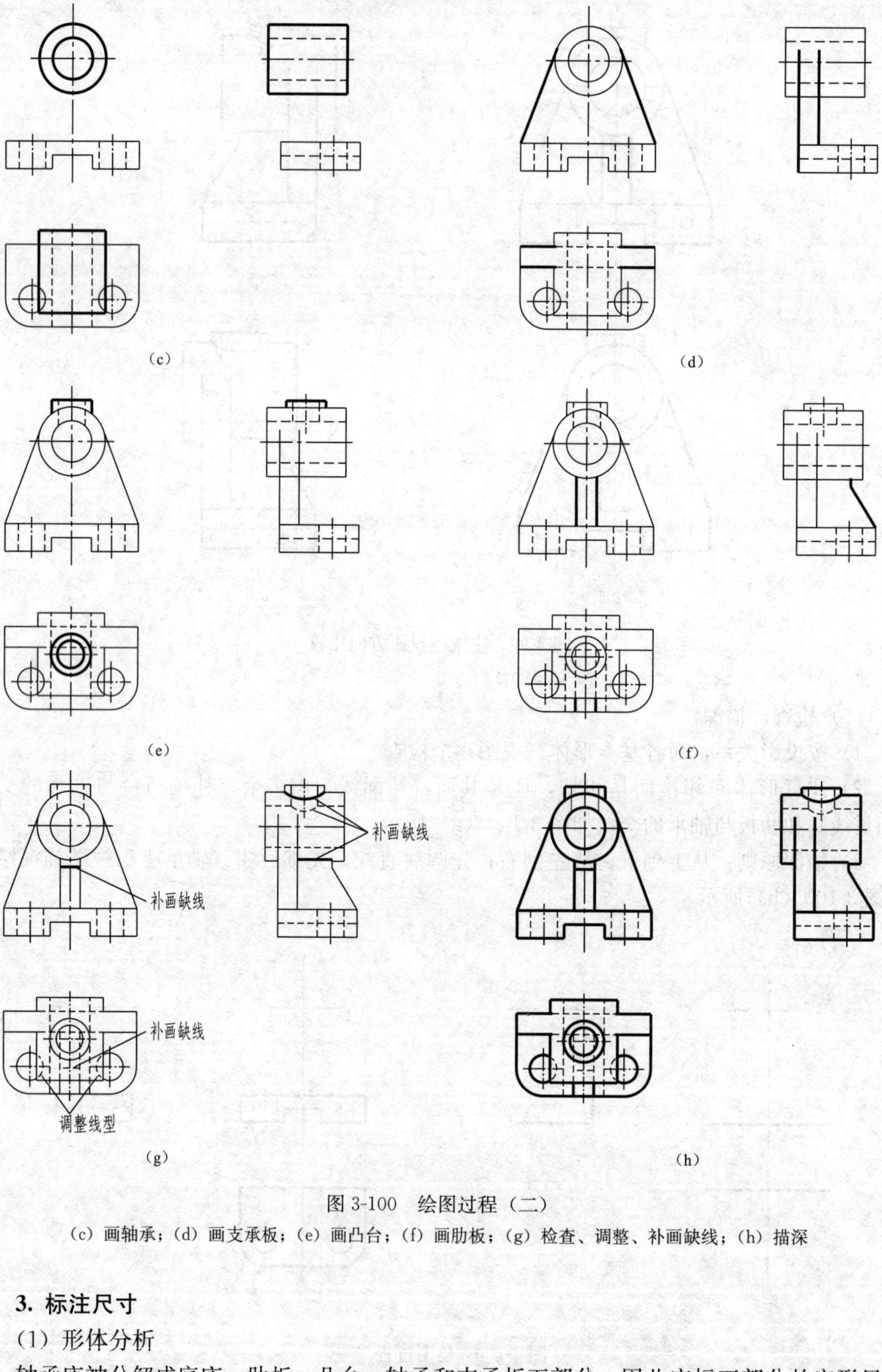

图 3-100 绘图过程（二）

（c）画轴承；（d）画支承板；（e）画凸台；（f）画肋板；（g）检查、调整、补画缺线；（h）描深

3. 标注尺寸

（1）形体分析

轴承座被分解成底座、肋板、凸台、轴承和支承板五部分，因此应标五部分的定形尺寸

和五部分间的定位尺寸。根据轴承座的形状结构，它需要长、宽、高三个方向的尺寸基准和总体尺寸。

（2）标注定形尺寸

标注各基本体的定形尺寸。轴承座的定形尺寸如图 3-101（a）所示。

（3）选尺寸基准

轴承座包括长度、宽度、高度三个方向的尺寸基准，如图 3-101（b）所示。

（4）标注定位尺寸

标注各基本体间的定位尺寸。轴承座的定位尺寸如图 3-101（b）所示。

（5）标注总体尺寸

轴承座的总体如图 3-101（c）所示。

（6）检查

尺寸标注完成后，一般应检查尺寸标注的完整性、正确性和清晰性。对其中缺少的或不合理的标注进行补标或调整。轴承座的全部尺寸如图 3-101（d）所示。

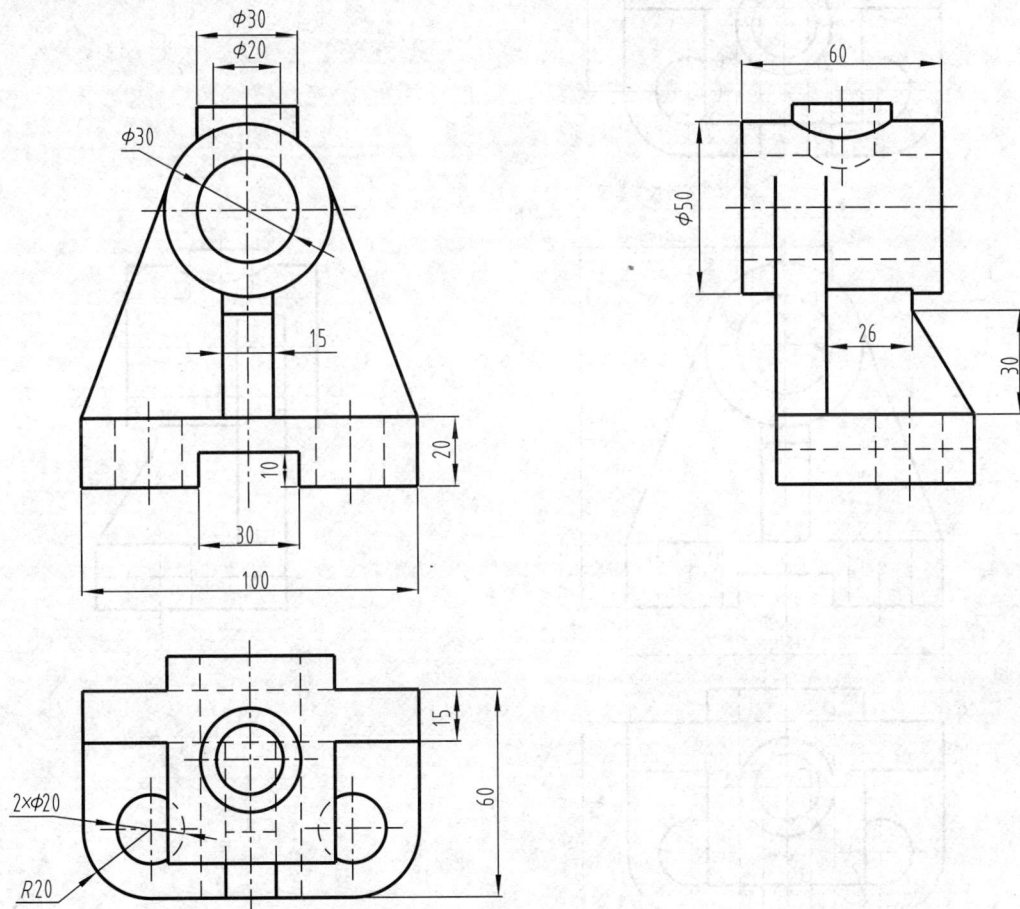

（a）

图 3-101　轴承座的尺寸标注（一）

（a）定形尺寸

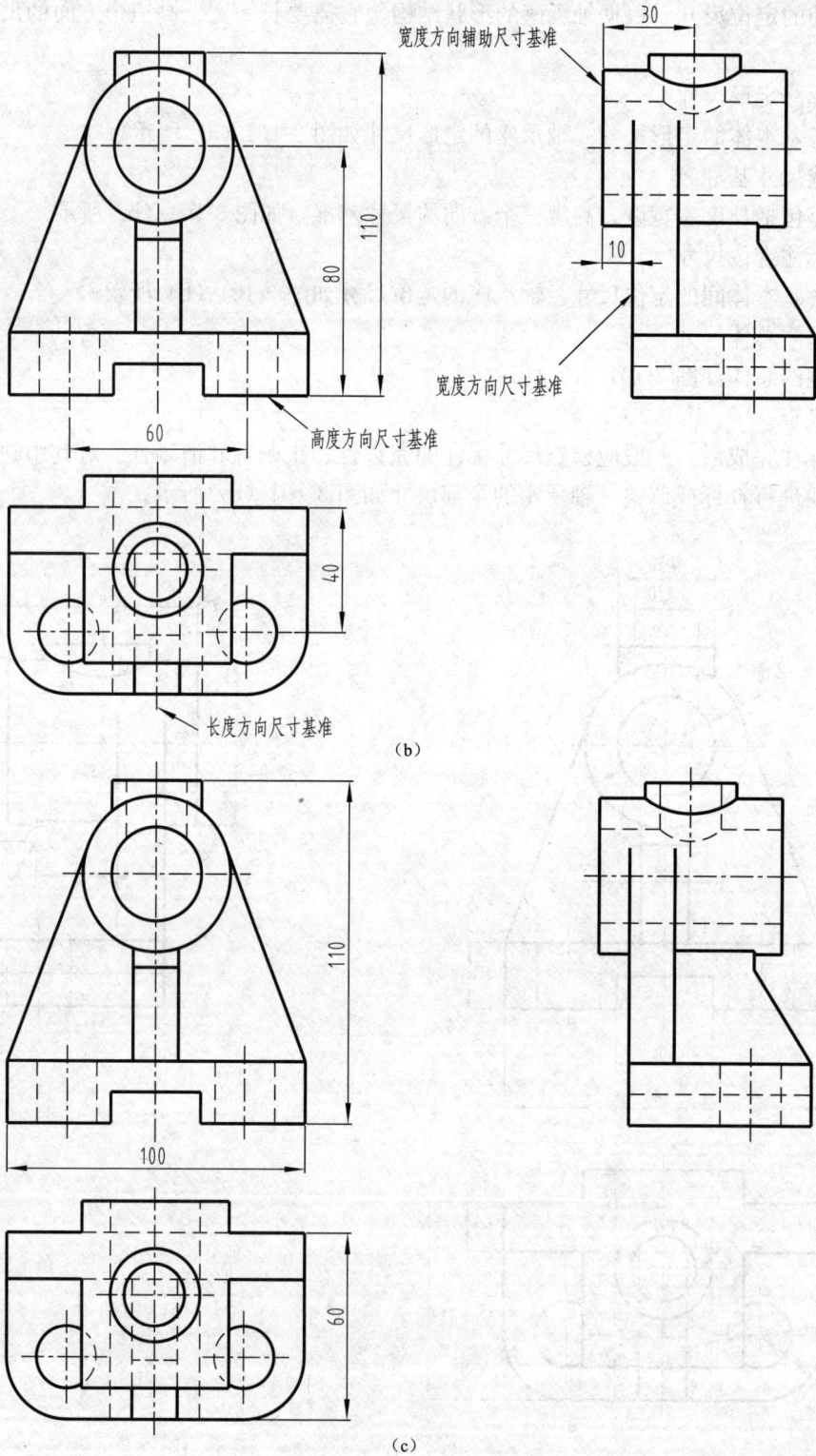

（b）

（c）

图 3-101　轴承座的尺寸标注（二）

（b）定位尺寸和尺寸基准；（c）总体尺寸

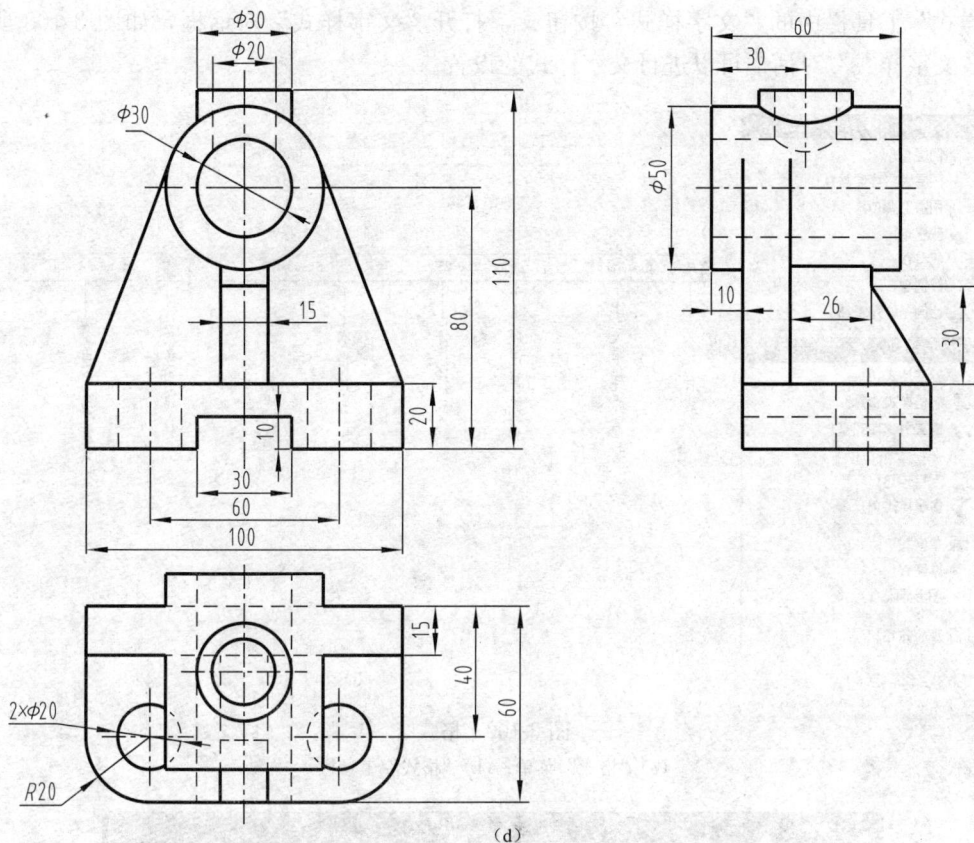

（d）

图 3-101　轴承座的尺寸标注（三）

（d）全部尺寸

任务 3.6　AutoCAD 中组合体视图的绘制

任务内容

学习 AutoCAD 的相关知识，完成轴承座三视图的绘制与尺寸标注。

任务目的

1）掌握 AutoCAD 中字体设置、文字标注、尺寸标注样式设置及常用尺寸标注命令的使用方法。

2）掌握 AutoCAD 中组合体视图绘制方法。

任务知识

1. 字体设置

单击如图 3-102（a）所示下拉菜单"格式"→"文字样式"，或使用如图 3-102（b）所示"样式"工具栏中的"文字样式"按钮，打开"文字样式"对话框，如图 3-103 所示。利用"文字样式"对话框可以进行文字样式的设置。

（a）

（b）

图 3-102　格式
（a）"格式"菜单；（b）"格式"工具栏

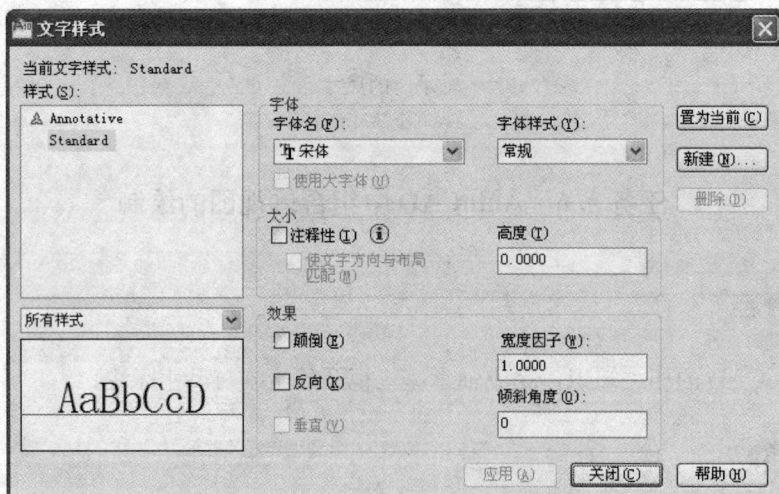

图 3-103　"文字样式"对话框

【例 3-37】　新建文字样式"USER"，字体名为 ROMANS，大字体名为 GBCBIG，宽度因子为 0.7。

1）单击如图 3-102（a）所示下拉菜单"格式"→"文字样式"，或使用如图 3-102（b）所示"样式"工具栏中的"文字样式"按钮，打开"文字样式"对话框。

2）单击"新建"按钮。

3）在出现的"新建文字样式"对话框中输入"USER"，如图 3-104 所示，单击"确定"

按钮。

4）出现"文字样式"对话框，在字体区设置字体名为 romans. shx。选中"使用大字体"选项，设置大字体名为 gbcbig. shx。设置"效果"区的"宽度因子"为 0.7。结果如图 3-105 所示。

图 3-104　"新建文字样式"对话框

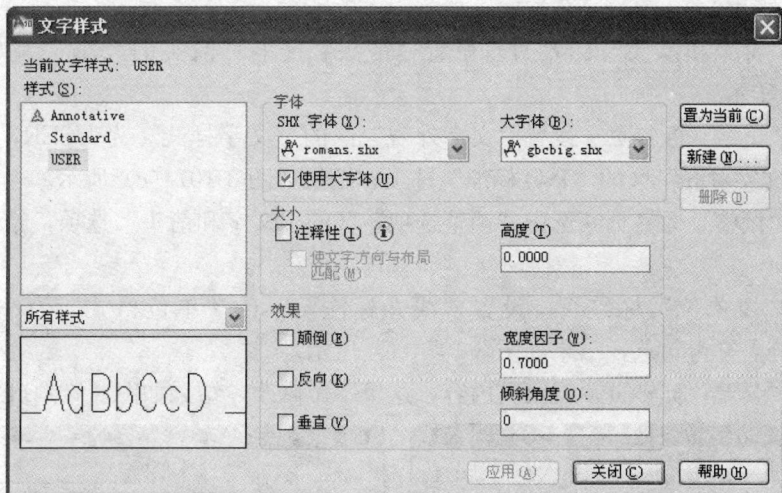

图 3-105　USER 文字样式

2. 尺寸标注样式设置

单击如图 3-102（a）所示下拉菜单"格式"→"标注样式"，或使用如图 3-102（b）所示"样式"工具栏中的"标注样式"按钮，打开"标注样式管理器"对话框，如图 3-106所示。利用"标注样式管理器"对话框可以进行尺寸样式的设置。

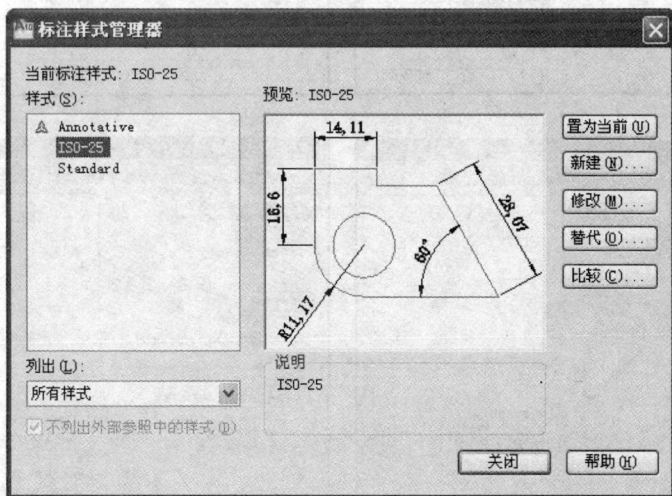

图 3-106　"标注样式管理器"对话框

【例 3-38】　修改标注样式"ISO-25"，使其符合标注规范。

1）单击如图 3-102（a）所示下拉菜单"格式"→"标注样式"，或使用如图 3-102（b）

所示"样式"工具栏中的"文字样式"按钮，打开"标注样式管理器"对话框，如图 3-106 所示。

2）选中"样式"区的"ISO-25"样式，单击"修改"按钮。

3）出现的"修改标注样式：ISO-25"对话框，选中"线"标签页。设置"尺寸线"区的"基线间距"为 8；设置"延伸线"区的"超出尺寸线"为 3，起点偏移量为 0，结果如图 3-107（a）所示。

4）选中"符号和箭头"标签页。设置"箭头"区的"箭头的大小"为 3.5，结果如图 3-107（b）所示。

5）选中"文字"标签页。设置"文字外观"区的"文字样式"为 USER，"文字高度"为 5；选中"文字对齐"区的"ISO 标准"选项，结果如图 3-107（c）所示。

6）选中"调整"标签页。选中"调整选项"区的"文字和箭头"选项，结果如图 3-107（d）所示。

7）选中"主单位"标签页。设置"线性标注"区的"单位格式"为小数，精度为 0.000，小数分隔符为句点，结果如图 3-107（e）所示。

8）选中"公差"标签页，观察其内容，这里不做修改，结果如图 3-107（f）所示。

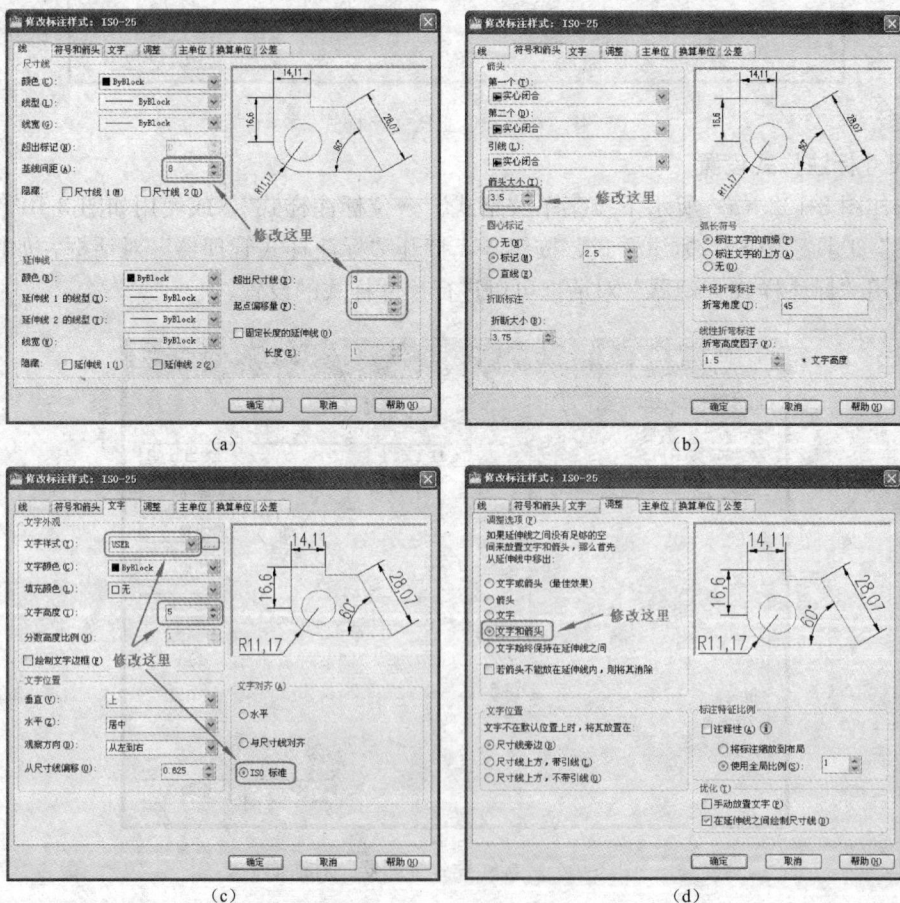

图 3-107　设置标注样式（一）
(a) 线；(b) 符号和箭头；(c) 文字；(d) 调整

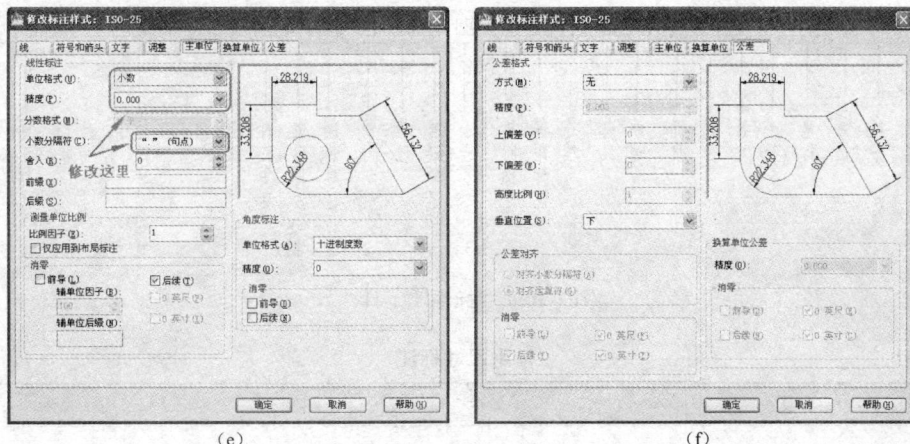

(e)   (f)

图 3-107 设置标注样式（二）

(e) 主单位；(f) 公差

9）单击"确定"按钮返回"标注样式管理器"对话框，单击"新建"按钮，在出现的"创建新标注样式"对话框中"用于"栏选择"角度标注"，如图 3-108（a）所示。

10）单击"继续"按钮，出现如图 3-108（b）所示"新建标注样式：ISO-25：角度"对话框，在"文字"标签页"文字对齐"区选中"水平"选项。

11）单击"确定"按钮返回"标注样式管理器"对话框，单击"关闭"按钮完成尺寸样式的设置。

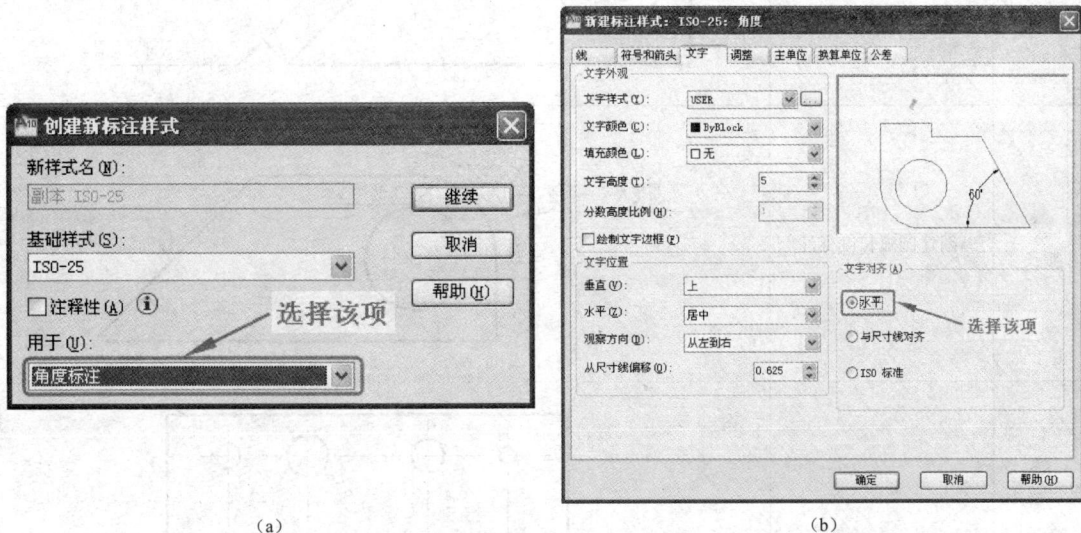

(a)   (b)

图 3-108 设置角度标注样式

(a)"创建新标注样式"对话框；(b) 设置角度的"文字样式"

3. 尺寸标注命令

标注尺寸一般使用如图 3-109 所示"标注"工具栏。常用标注命令的含义见表 3-31。

图 3-109　"标注"工具栏

表 3-31   **常用尺寸标注**

命令	含义	图例
⊢⊣ 线性	创建线性标注	
↘ 对齐	创建与指定位置或对象平行的标注	
⌒ 弧长	创建圆弧长度标注	
⊥⊥ 坐标	创建坐标标注	

图 3-109 工具栏标签：线性　对齐　弧长　坐标　半径　折弯　直径　角度　快速　基线　连续　等距标注　折断标注　公差　圆心标记　检验　折弯线性　编辑标注　编辑标注文字　标注更新　引线　标注样式控制　标注样式

续表

命令	含义	图例
◎ 半径	为圆或圆弧创建半径标注	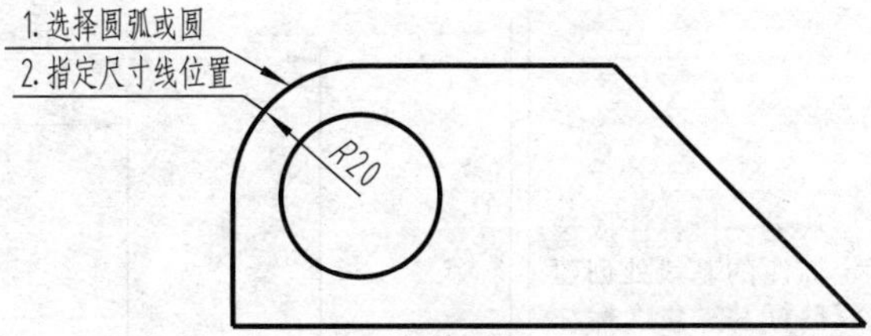 1.选择圆弧或圆 2.指定尺寸线位置 R20
⌐ 折弯	为圆和圆弧创建折弯标注	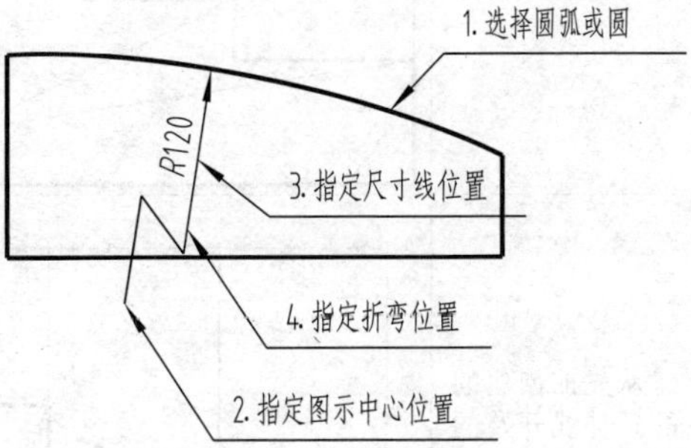 1.选择圆弧或圆 R120 3.指定尺寸线位置 4.指定折弯位置 2.指定图示中心位置
◎ 直径	为圆或圆弧创建直径标注	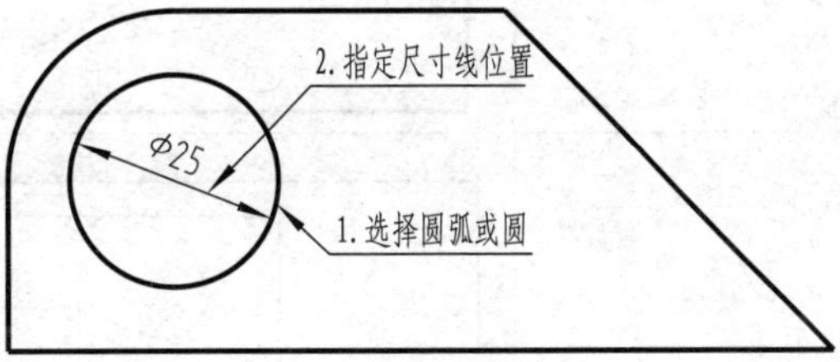 2.指定尺寸线位置 Φ25 1.选择圆弧或圆
△ 角度	创建角度标注	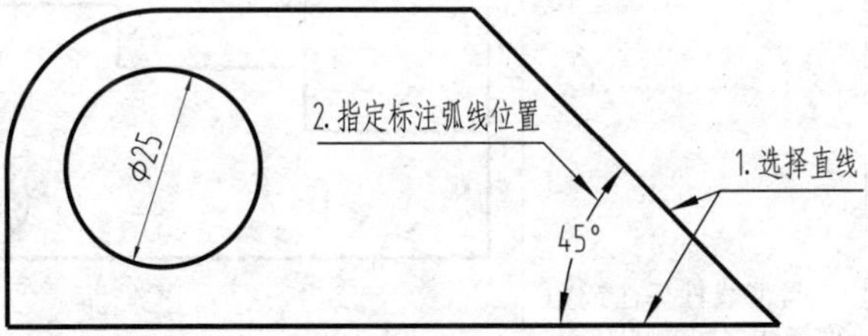 Φ25 2.指定标注弧线位置 1.选择直线 45°
⊢ 快速	从选定对象快速创建一系列标注	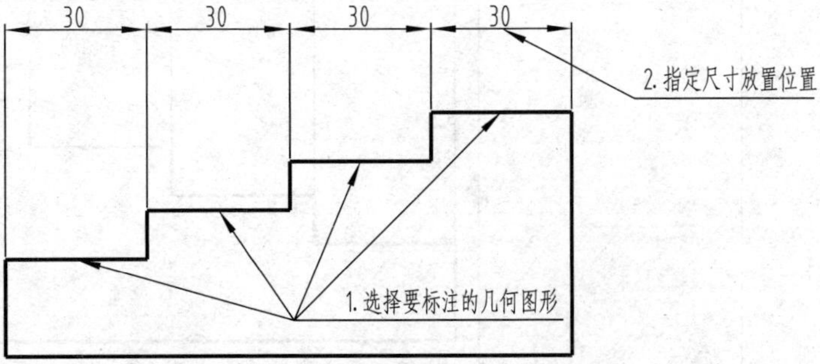 30　30　30　30 2.指定尺寸放置位置 1.选择要标注的几何图形

续表

命令	含义	图例
基线	从上一个标注或选定标注的基线处创建线性标注、角度标注或坐标标注	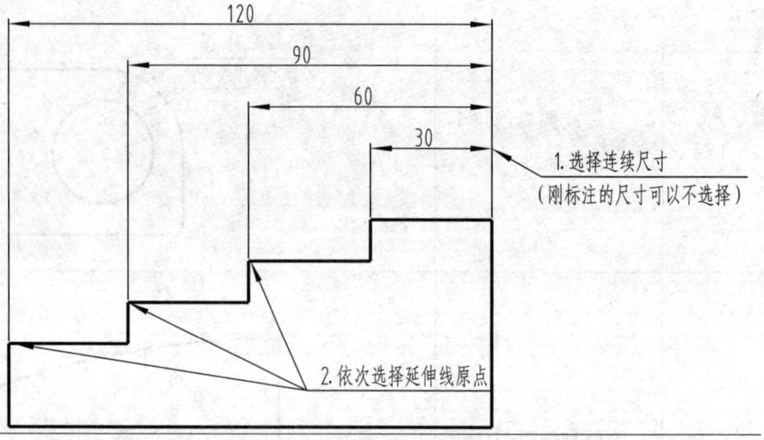
连续	创建从先前创建的标注的延伸线开始的标注	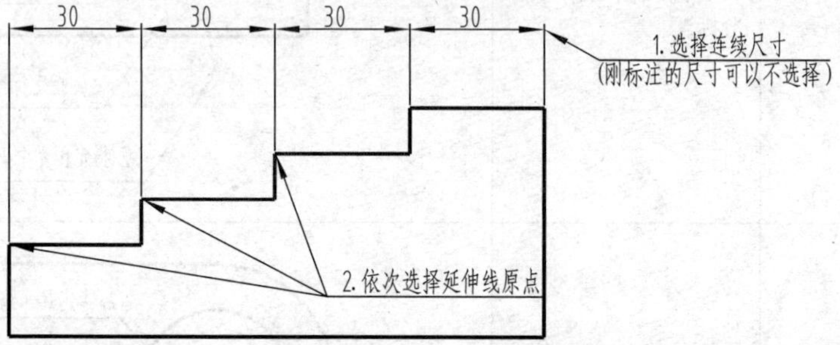
等距标注	调整线性标注或角度标注之间的间距	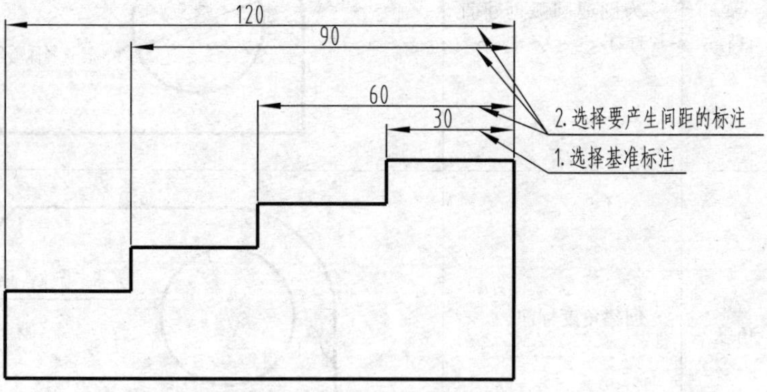 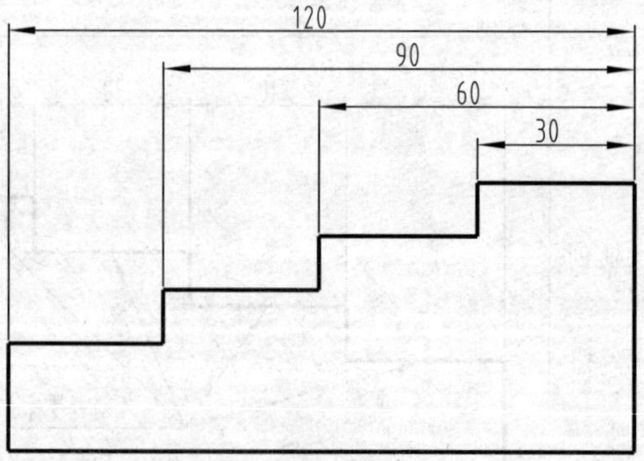

图例说明（基线）：120、90、60、30
1.选择连续尺寸（刚标注的尺寸可以不选择）
2.依次选择延伸线原点

图例说明（连续）：30、30、30、30
1.选择连续尺寸（刚标注的尺寸可以不选择）
2.依次选择延伸线原点

图例说明（等距标注）：
操作过程　120、90、60、30
1.选择基准标注
2.选择要产生间距的标注
结果　120、90、60、30

命令	含义	图例
折断标注	在标注和延伸线与其他对象的相交处打断或恢复标注和延伸线	1.选择要添加/删除折断的标注 75°
圆心标记	创建圆和圆弧的圆心标记或中心线	1.选择圆弧或圆
折弯线性	在线性标注或对齐标注中添加或删除折弯线	200 2.指定折弯位置　1.选择要添加折弯的标注
编辑标注	编辑标注文字和延伸线，有默认（将旋转标注文字移回默认位置）、新建（更改标注文字）、旋转（旋转标注文字）和倾斜（调整线性标注延伸线的倾斜角度）四个功能选项	40　原图　45　新建 40　旋转　40　倾斜
编辑标注文字	移动和旋转标注文字并重新定位尺寸线，有默认（将标注文字移回默认位置）、左对齐、右对齐、居中、角度（修改标注文字的角度）等功能	40　原图　40　左对齐 40　右对齐　40　角度

任务实施

完成轴承座三视图的绘制与尺寸标注，任务实施过程如下。

1. 任务分析

利用 AutoCAD 绘制轴承座的三视图并标注尺寸，首先需要创建绘图的环境，然后再进行三视图的绘制，最后进行尺寸标注。绘图环境一般包括设置字体样式、设置尺寸样式、调出常用的工具栏和创建合适的图层。在 AutoCAD 中绘制三视图的步骤与手工绘制基本相同，仅需要在绘制过程中注意利用一些绘图命令的功能尽量提高绘图效率。AutoCAD 中尺寸标注的要求与手工绘图相同，要注意各种尺寸标注命令的使用方法。

2. 新建文件并保存

1）双击桌面上的 AutoCAD 2010 快捷方式图标启动。

2）单击下拉菜单"文件"→"保存"，将文件以文件名"轴承座三视图.dwg"进行保存。

3. 设置绘图环境

1）设置字体样式。参照例 3-37，创建文字样式"USER"，字体名为 ROMANS，大字体名为 GBCBIG，宽度因子为 0.7。

2）设置尺寸标注样式。参照例 3-38，修改标注样式"ISO-25"，使其符合标注规范。

3）调出"标注"工具栏。在任意工具栏上右击鼠标，调出"标注"工具栏。

4）创建图层（见表 3-32）。

表 3-32　　　　　　　　　　　　图层属性设置

图层名	颜色	线型	线宽
粗实线层	绿色	CONTINUOUS	0.35mm
细实线层	黑色（白色）	CONTINUOUS	默认
尺寸线层	蓝色	CONTINUOUS	默认
点画线层	红色	CENTER	默认
双点画线层	黑色（白色）	PHANTOM	默认
虚线层	黄色	HIDDEN	默认
文本层	黑色（白色）	CONTINUOUS	默认

4. 绘制轴承座三视图

轴承座的绘图过程与手工图相同，具体过程如图 3-100 所示。

5. 标注尺寸

AutoCAD 中尺寸标注的要求与手工绘图相同，具体过程如图 3-101 所示。

6. 保存

单击下拉菜单"文件"→"保存"。

学习情境Ⅱ 典型零件

　　该情境主要介绍轴类零件、盘盖类零件、叉架类零件和箱体类零件。通过四种典型零件的学习主要培养学生对机件各种表达方法（剖视图、断面图和其他表达方法）的掌握，公差的基本概念、螺纹的基础知识，了解各种典型零件的加工工艺与加工方法，草图的绘制方法等。进一步提高学生计算机二维绘图与三维造型的能力。

项目4 叉架类零件

知识目标

1）了解拨叉零件的作用、结构和加工工艺。
2）掌握基本视图的表达方法。
3）掌握向视图、局部视图和斜视图的表达方法。
4）完成拨叉零件图。

能力目标

1）空间想象能力和空间构思能力。
2）创新能力。
3）零件的表达能力。

素质目标

1）团队协作精神的培养。
2）良好的与人交流与协作精神。
3）探究性学习和创新精神。

任务4.1 拨　　叉

任务内容

　　阅读拨叉零件图4-1，分析拨叉零件的表达方法与技术要求，完成拨叉零件图。

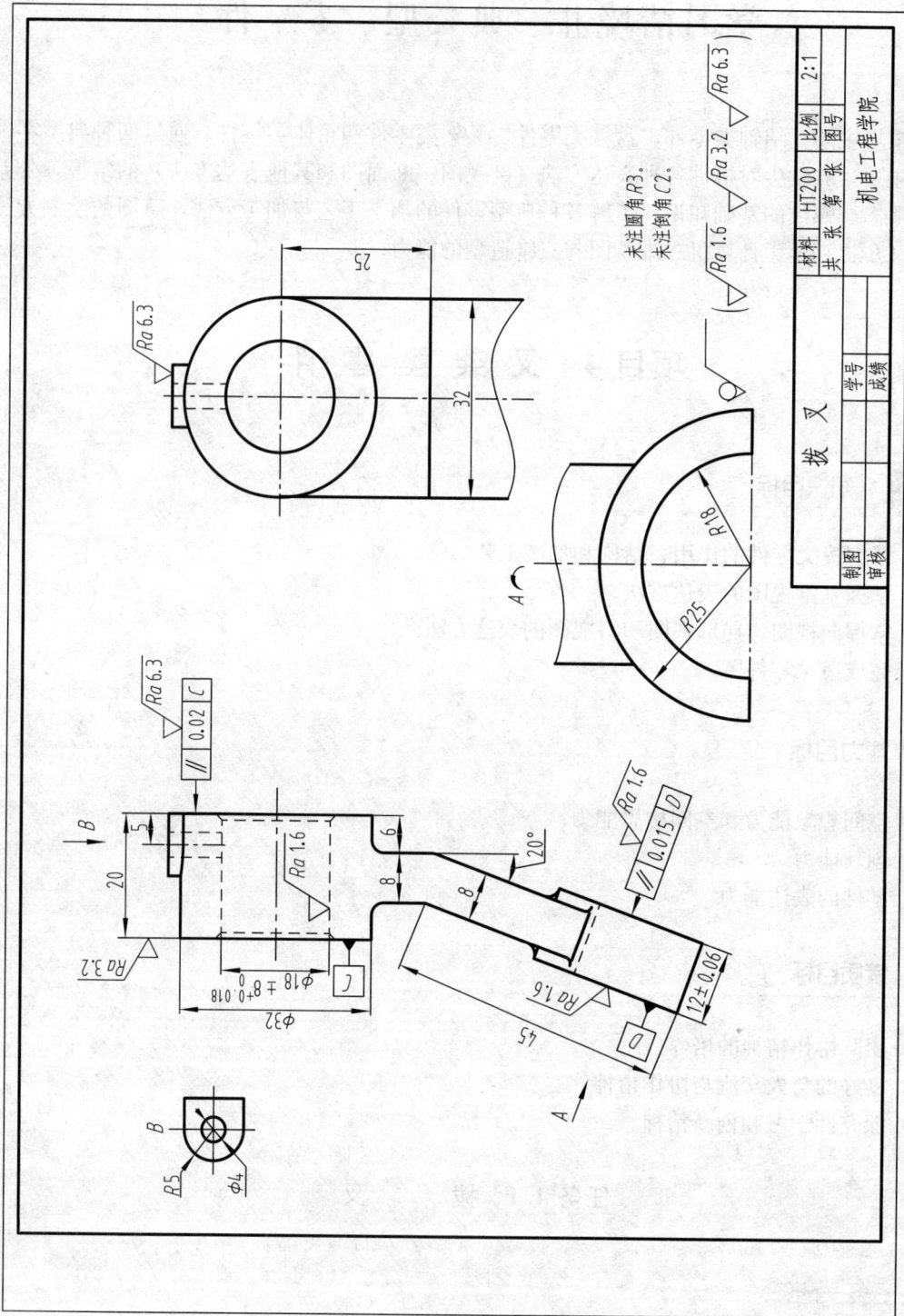

图 4-1 拨叉零件图

任务目的

1）了解拨叉零件的作用、结构和加工工艺。
2）掌握基本视图、向视图、局部视图和斜视图的表达方法。
3）完成拨叉零件图。

任务知识

1. 基本视图与向视图

（1）基本视图

对于许多复杂零件，其左右、上下的形状各不相同，若只用三视图表达，则在视图中会出现许多虚线，影响图形的清晰程度和增加标注尺寸的困难。因此，采用基本视图的表达方法就可以解决问题。在工程上，视图主要用来表达机件的外部结构和形状。一般只画出机件的可见部分，必要时才画出不可见部分。

GB/T 17451—1998、GB/T 4458.1—2002 规定：用正六面体的六个面作为基本投影面，把放在六个面中间的机件分别向这六个面投影（第一角投影），所得到的视图称作基本视图，如图 4-2 所示。

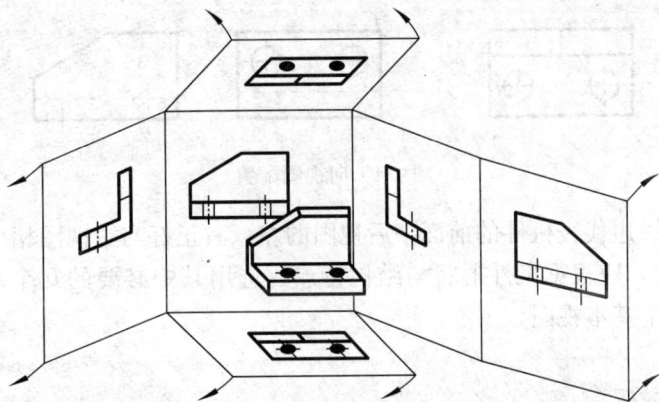

图 4-2　基本视图

可以看出，基本视图是由六个视图组成，除了原来的主视图、俯视图和左视图外，还有从右向左，从下向上，从后向前投影得到的右视图、仰视图和后视图。为了把这六个基本视图展开在一个平面上，规定按图 4-3 所示展开，从而得到六个基本视图的配置关系。

（2）向视图

在同一张图纸内按图 4-3 配置视图时，一律不标注视图名称。若不能按图 4-3 的规定配置时，应在视图的上方标出视图的名称"×"（×为拉丁字母，如 A、B、…，其大小一般比尺寸数字大一号），并在相应视图的附近用箭头指明投影方向，注上相同的字母，这种视图称为向视图。向视图是可以自由配置的视图，如图 4-4 所示。

画基本视图时应注意下列几点：

1）基本视图之间保持"长对正，高平齐，宽相等"的投影关系。

2）基本视图按图 4-3 规定配置时，左、右、俯、仰视图中，靠近主视图的一边代表机件

图 4-3　基本视图配置

图 4-4　向视图配置

的后面，远离的那一边代表机件的前面，后视图的左、右正好与主视图相反。

3）表达机件时，应根据机件形状与结构特点，选用其中必要的几个基本视图，并非任何机件都要画出六个基本视图。

2. 局部视图

（1）局部视图的概念

将机件的某一部分向基本投影面投影所得到的视图称作局部视图。局部视图通常被用来局部地表达机件的外形，如图 4-5 所示的机件接头。根据已学的知识，当选定主视图后，已把机件基本形状表达出来，其他部分的结构形状没有必要再用基本视图表达，该机件适合用局部视图表达。表达结果如图 4-6 所示，接头机件左右两边凸台和底部的局部形状可用 A、B 和 C 三个向视图来表达（C 向为省略标注），而没有必要用左、右视图来表达。

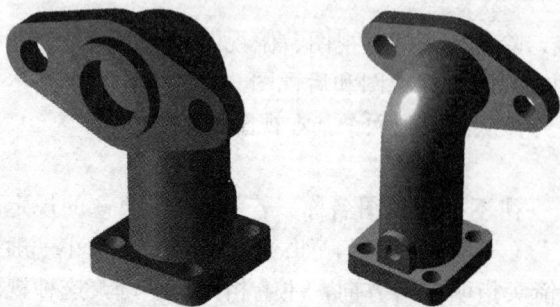

图 4-5　机件接头

（2）局部视图表达要求

1）局部视图一般配置在箭头所指的投影方向上，必要时，也可以配置在其他适当的位置。当局部视图按投影关系配置，中间又无其他图形隔开时，可省略标注，如图 4-6 中主视图左下方小凸台的局部视图。

2）按向视图的配置形式配置时，一般在局部视图上方标出视图的名称"×"，在相应的视图附近用箭头指明投影方向，并注上同样的字母，如图 4-6 中的局部视图 A 和 B。

3）局部视图的断裂处一般用波浪线或双折线表示，如图 4-6 中的局部视图。当所表示的局部结构是完整的，且外轮廓线又成封闭时，波浪线可以不画，如图 4-6 中的 A 和 B 局部视图。波浪线应画在机件实体内，不得超出轮廓，如图 4-7 所示。

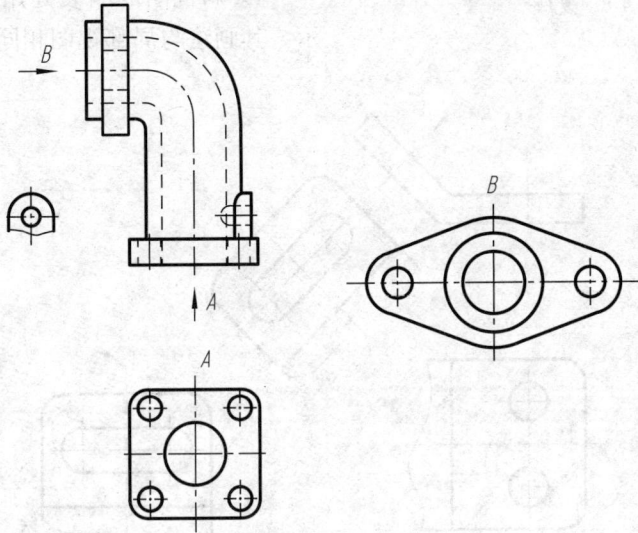

图 4-6 机件接头视图

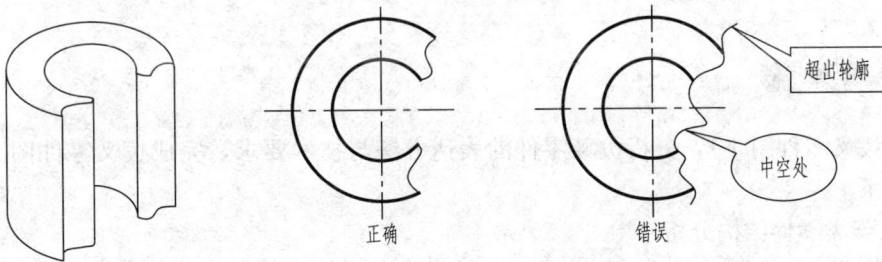

图 4-7 波浪线的正误画法

3. 斜视图

（1）斜视图的基本概念

机件向不平行于基本投影面的平面投影所得到的图形，称作斜视图。它常用于表达机件上倾斜部分的外形，如图 4-8 所示的支座。采用斜视图投影以后可以更清楚地表达出倾斜部分的实际形状，如图 4-9 所示，水平部分的结构采用的是局部视图方法表达。

（2）斜视图表达要求

1）表示斜视图投影方向的箭头应垂直于倾斜的投影面，并注上相应的字母，如图 4-9 中的 A，注意字母一律按水平方向书写。

图 4-8　支座

2）斜视图一般配置在箭头所指的投影方向上，并在其上标注"×"，如图 4-9 中的 A，必要时也可配置在其他位置。

3）在不会引起误解时，允许将斜视图旋转配置，标注形式为"×⌒"或"⌒×"，表示该斜视图名称，大写拉丁字母应靠近旋转符号的箭头端，如图 4-9 所示。

4）斜视图的断裂处用波浪线或双折线表示，其画法与局部视图相同。

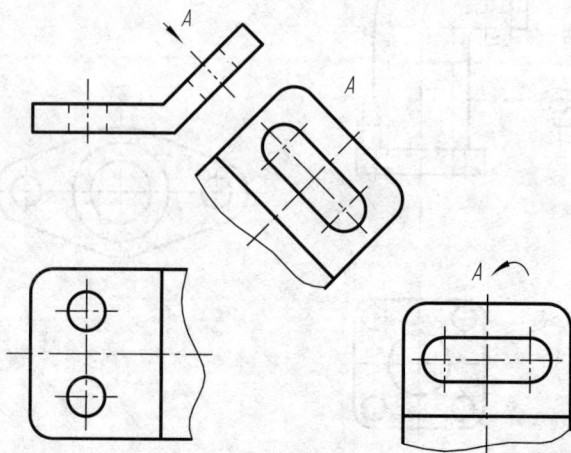

图 4-9　支座的斜视图表达视图

任 务 实 施

阅读拨叉零件图 4-1，分析拨叉零件的表达方法与技术要求，完成拨叉零件图。任务实施过程如下。

1. 叉架类零件结构分析

机器设备中常常安装有拨叉、支架、吊架、连杆、摇臂等，如图 4-10 所示，都属于叉架类零件。这类零件结构形状一般比较复杂，一般又常具有肋、板、杆、凸台、凹坑等结构，很不规则。但大部分叉架类零件主体可分为工作、固定和连接三大部分。

2. 拨叉零件图绘制

（1）视图选择

叉架类零件由于加工位置多变，在选择主视图时，主要考虑形状特征或工作位置，如图 4-1 所示的主视图。除主视图外，采用 A 向斜视图表达折弯部分，用 B 向局部视图表达凸台的上顶面的形状，如图 4-1 所示。

（2）绘制零件图步骤

1）选择适当图幅与比例，绘制边框与标题栏。

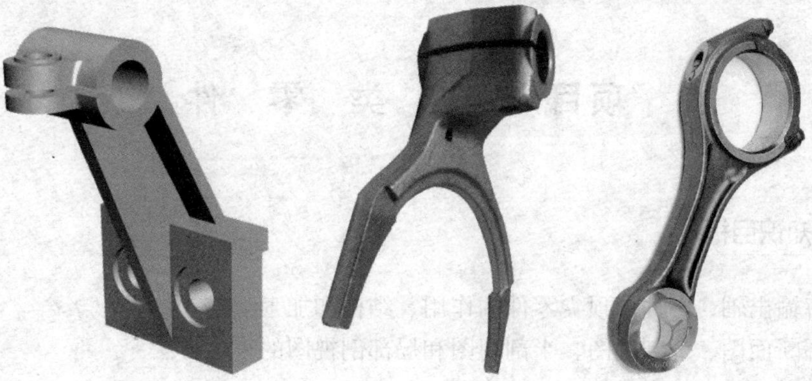

图 4-10 常见叉架类零件

(a) 支架；(b) 拨叉；(c) 连杆

2）绘制主视图定位线，布图。

3）根据实际尺寸，完成主视图、左视图、A 向斜视图、B 向局部视图绘制，擦去多余的线，检查视图，如图 4-1 所示。

4）由上到下，由左到右，先细后粗，先圆弧后直线加深。

5）标注尺寸：叉架类零件在长度、宽度、高度三个方向上的尺寸基准通常选孔的中心线、轴线、对称面或较大的加工面。如图 4-1 所示，长度方向尺寸基准为安装板的右边较大的安装接触面，宽度方向的尺寸基准选前后对称面，高度方向尺寸基准选工作轴孔的轴线，分别标出了各项尺寸。

项目 5　轴　类　零　件

知识目标

1) 了解输出轴、心轴、顶尖零件的作用、结构和加工工艺。
2) 掌握断面图、全剖视图、半剖视图和局部剖视图的表达方法。
3) 了解退刀槽、越程槽等工艺结构。
4) 掌握图样中的技术要求，表面粗糙度、尺寸公差、几何公差等的相关知识。

能力目标

1) 轴类零件的加工工艺分析。
2) 轴类零件表达。
3) 技术要求分析，表面粗糙度、尺寸公差、几何公差等的标注。
4) 轴类零件的零件图绘制与实体造型。

素质目标

1) 团队协作精神的培养。
2) 良好的与人交流与协作精神。
3) 探究性学习和创新精神。

任务 5.1　输　出　轴

任务内容

阅读输出轴零件图 5-1，分析输出轴零件的表达方法与技术要求，完成输出轴零件图与实体造型。

任务目的

1) 了解输出轴零件的作用、结构和加工工艺。
2) 掌握断面图的表达方法。了解退刀槽、越程槽等工艺结构。
3) 熟悉图样中的技术要求，表面粗糙度、尺寸公差、几何公差等的基本概念。
4) 掌握 AutoCAD 中尺寸公差、几何公差、表面粗糙度的标注和图案填充命令（BHATCH）的使用方法。
5) 完成输出轴零件图和实体造型。

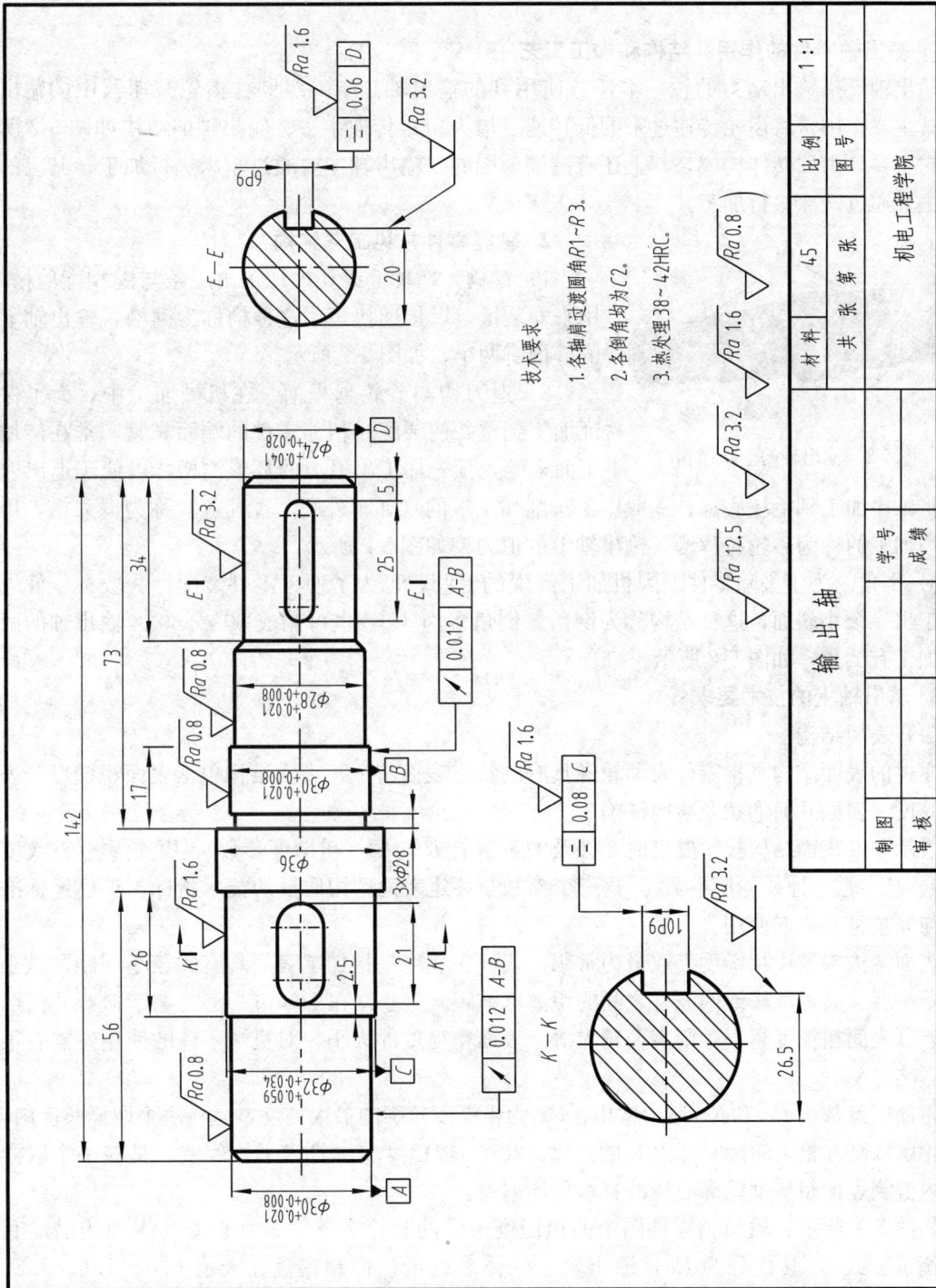

图 5-1 输出轴零件图

技术要求
1. 各轴肩过渡圆角R1~R3。
2. 各倒角均为C2。
3. 热处理38~42HRC。

$\sqrt{Ra\ 12.5}$ ($\sqrt{Ra\ 3.2}$ $\sqrt{Ra\ 1.6}$ $\sqrt{Ra\ 0.8}$)

输 出 轴		材 料	45	比 例	1:1
		共 张 第 张		图 号	
	学 号				
	成 绩			机电工程学院	
制 图					
审 核					

任务知识

1. 输出轴零件的作用、结构和加工工艺

输出轴泛指输出动力的轴，本任务使用到的输出轴是指一级圆柱齿轮减速器中的输出轴。其主要作用是将齿轮传递过来的低转速、增大扭矩传递出去。输出轴的结构如图 5-2 所示，它主要是由回转体构成，其上还有键槽。因此，输出轴主要通过车床进行加工，其上的键槽主要通过铣床进行加工。

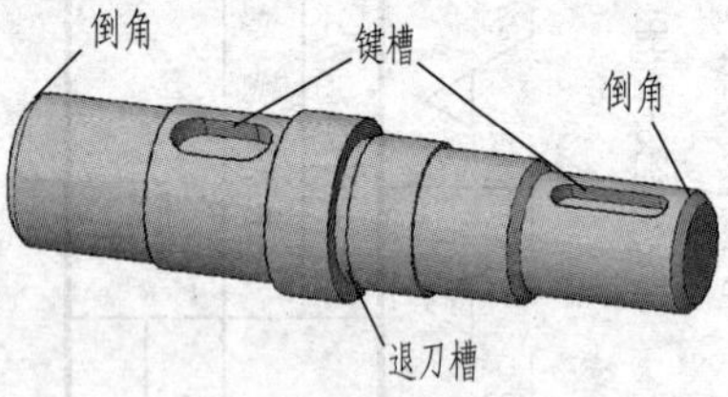

图 5-2 输出轴的空间结构

2. 轴类零件常见工艺结构

1) 键槽。在轴上或孔内加工出一条与键相配的槽，用来安装键，以传递扭矩，这种槽称为键槽。输出轴上的键槽有两个，如图 5-2 所示。

2) 退刀槽与砂轮越程槽。在机械加工中，为了保证加工到位并使装配时相邻零件的端面靠紧，常在待加工面末端，预先加工出退刀的环形沟槽，以便于退出刀具并将工序加工到毛坯底部。一般用于车削加工中的（如车外圆、镗孔等）称为退刀槽，用于磨削加工的称为砂轮越程槽。输出轴上的退刀槽如图 5-2 所示。

3) 倒角。为了去除零件上因机加工产生的毛刺，也为了便于零件装配，一般在零件端部加工出一个小斜面，这种结构称为倒角。倒角多为 45°，也可制成 30°或 60°。输出轴的两端均加工有倒角，如图 5-2 所示。

3. 输出轴上的技术要求

（1）表面结构

零件的表面结构是指零件表面轮廓具有的特定表面特征，表面结构包括表面粗糙度、表面波纹度、表面几何形状及表面缺陷。

表示零件表面结构技术要求时，涉及的参数有 R 轮廓（粗糙度参数）、W 轮廓（波纹度参数）、P 参数（原始轮廓参数）。这三个参数是评定表面结构质量的技术指标，现已经标准化并与完整符号一起使用。

表面结构参数中粗糙度参数最为常用。表面粗糙度是指加工表面具有的较小间距和微小峰谷不平度。其两波峰或两波谷之间的距离（波距）很小（在 1mm 以下），属于微观几何形状误差。表面粗糙度越小，则表面越光滑。表面粗糙度的大小，对机械零件的使用性能有很大的影响。

粗糙度参数中 Ra 和 Rz 最为常用。Rz 为粗糙度轮廓的最大高度，是在一个取样长度内，最大轮廓峰高和最大轮廓谷深之和的高度。Ra 为粗糙度轮廓算术平均偏差，是在一个取样长度内被测表面粗糙度轮廓曲线的算术平均偏差。

如图 5-1 所示，输出轴零件图中的粗糙度采用的是轮廓算术平均偏差（表面粗糙度有多种衡量方式），其代号为 Ra，输出轴上轴体表面的表面粗糙度主要有 0.8、1.6、3.2，键槽两端的表面粗糙度为 1.6，其他部位的表面粗糙度为 12.5。注意表面粗糙度数值的单位为微米。

表面结构符号如图 5-3 所示，其中符号尺寸见表 5-1。

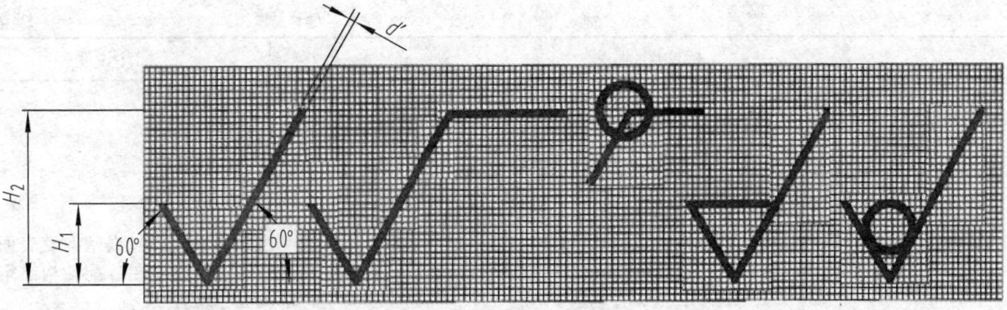

图 5-3　表面结构符号

表 5-1 　　　　　　　　　　　　表面结构图形符号和附加标注尺寸

数字和字母高度 h（见 GB/T 14690—1993）	2.5	3.5	5	7	10	14	20
符号线宽 d'	0.25	0.35	0.5	0.7	1	1.4	2
字母线宽 d							
高度 H_1	3.5	5	7	10	11	20	28
高度 H_2（最小值）	7.5	10.5	15	21	30	42	60

注　H_2 取决于标注内容。

　　表面结构标注要求对于每个表面一般只标注一次，并尽可能标注在相应的尺寸及其公差的同一视图上。标注总原则：根据 GB/T 4458.4—2003《机械制图　尺寸注法》的规定，表面结构的注写和读取方向与尺寸注写与读取的方向一致。具体标注形式见表 5-2。

表 5-2 　　　　　　　　　　表面结构标注形式

标注图例	标注说明
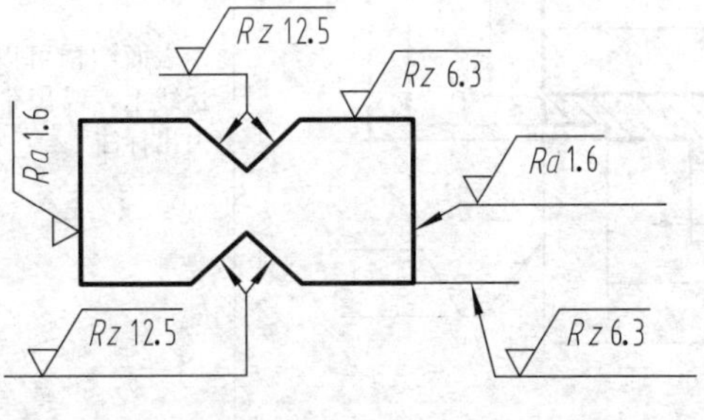	表面结构可注写在轮廓线上，其符号应从材料外指向材料内并接触表面
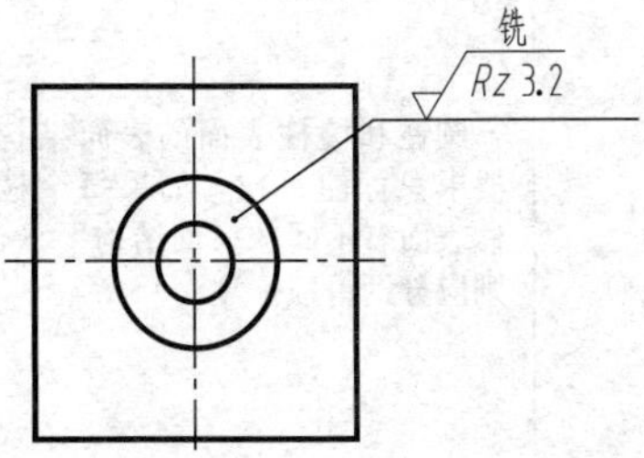 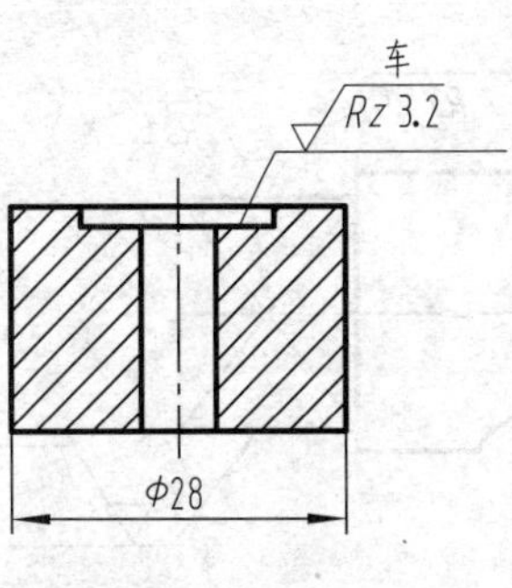	必要时，表面结构符号也可用带箭头或黑点的指引线引出标注

标注图例	标注说明
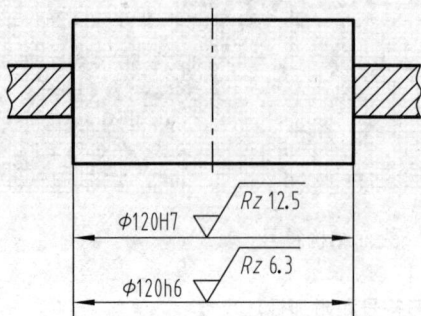	在不致引起误解时，表面结构可以标注在装配结构给定的尺寸线上
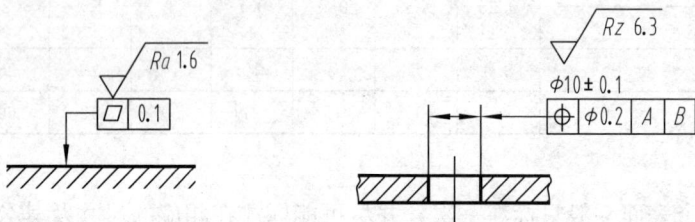	在不致引起误解时，表面结构可以标注在几何公差框格的上方
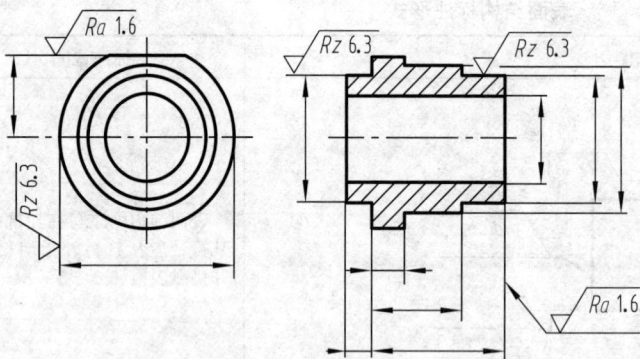	表面结构可以直接标注在延长线上，或用带箭头的指引线引出标注
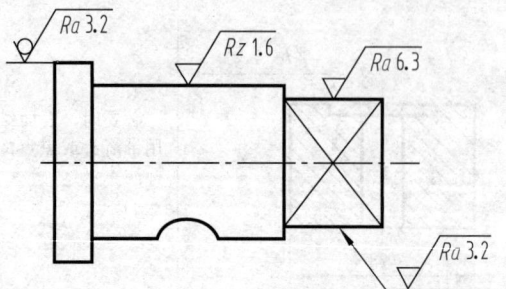	圆柱和棱柱表面的表面结构要求只标注一次。如果每个棱柱表面有不同的表面结构要求，则应分别单独标注

标注图例	标注说明
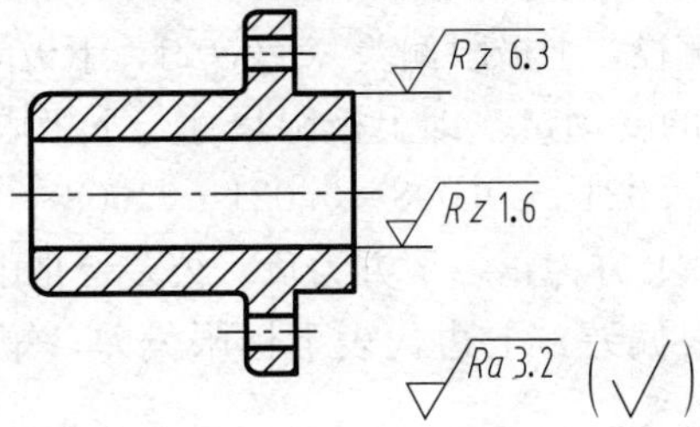 (a) 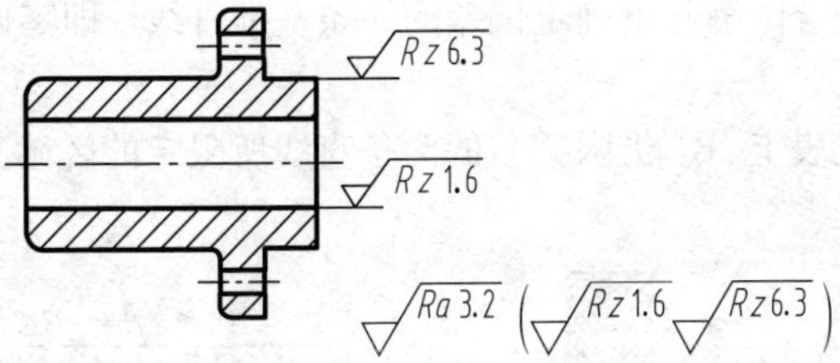 (b)	如果在工件的多数（包括全部）表面有相同的表面结构要求时，则其表面结构要求可统一标注在图样的标题栏附近。此时，表面结构要求的符号后面应有： （1）在圆括号内给出无任何其他标注的基本符号，见图（a） （2）在圆括号内给出不同的表面结构要求，见图（b） 不同的表面结构要求仍应直接标注在图形中
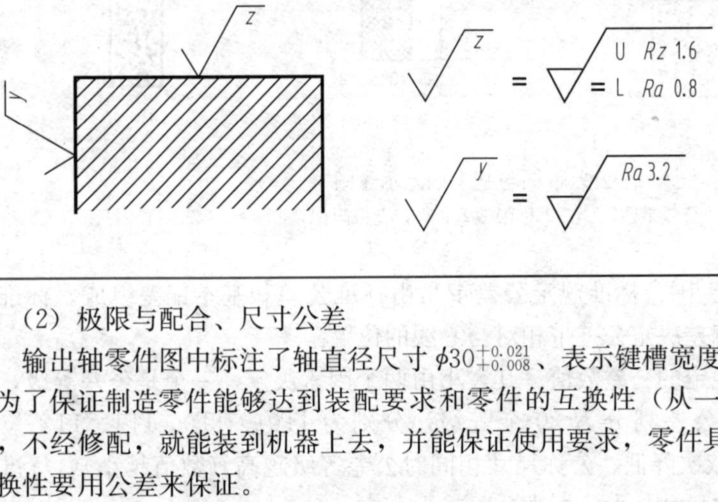	当多个表面具有相同的表面结构要求或图纸空间有限时，可以采用简化注法。可用带字母的完整符号，以等式的形式，在图形或标题栏附近，对有相同表面结构要求的表面进行简化标注

（2）极限与配合、尺寸公差

输出轴零件图中标注了轴直径尺寸 $\phi 30^{+0.021}_{+0.008}$、表示键槽宽度的尺寸 10P9 和 6P9，这些都是为了保证制造零件能够达到装配要求和零件的互换性（从一批规格相同的零件中任取一件，不经修配，就能装到机器上去，并能保证使用要求，零件具有的这种性质称为互换性）。互换性要用公差来保证。

1）尺寸公差。制造零件时，为了使零件具有互换性，要求零件的尺寸在一个合理范围之内，由此就规定了极限尺寸。制成后的实际尺寸，应在规定的上极限尺寸和下极限尺寸范围内。允许尺寸的变动量称为尺寸公差，简称公差。有关公差的术语，以 $\phi 30^{+0.021}_{+0.008}$ 为例，说明如下：

① 公称尺寸：设计给定的尺寸。是根据计算和结构上的需要所决定的尺寸，$\phi 30^{+0.021}_{+0.008}$ 公称尺寸为 $\phi 30$。

② 极限尺寸：尺寸要素允许的尺寸两个极端（允许尺寸变动的两个极限值），它是以公称尺寸为基数来确定的。例如，$\phi 30^{+0.021}_{+0.008}$ 中轴直径的上极限尺寸 $\phi 30.021$，下极限尺寸 $\phi 30.008$。

③ 尺寸偏差：某一尺寸减其公称尺寸所得的代数差。

④ 极限偏差：即指上极限偏差和下极限偏差。上极限尺寸减其公称尺寸所得的代数差就是上极限偏差；下极限尺寸减其公称尺寸所得的代数差即为下极限偏差。

国家标准规定偏差代号：孔的上、下极限偏差分别用 ES 和 EI 表示；轴的上、下极限偏差分别用 es 和 ei 表示。例如，$\phi30^{+0.021}_{+0.008}$ 中轴直径，上极限偏差 $es=0.021$，下极限偏差 $ei=0.008$。

⑤ 尺寸公差（简称公差）：允许尺寸的变动量。即上极限尺寸与下极限尺寸之差，公差用 IT 表示。$\phi30^{+0.021}_{+0.008}$ 轴直径的公差 $IT=30.021-30.008=0.021-0.008=0.013$。

⑥ 公差带图：用零线表示公称尺寸，上方为正，下方为负。公差带是由代表上、下偏差的矩形区域构成。矩形的上边代表上极限偏差，下边代表下极限偏差，矩形的高度代表公差，长度无实际意义，如图 5-4（a）所示。

⑦ 零线：在公差带图（极限与配合图解）中确定偏差的一条基准直线，即零偏差线。常以零线表示公称尺寸，如图 5-4 所示。

⑧ 公差带：在公差带图中，由代表上、下极限偏差的两条直线所限定的区域。

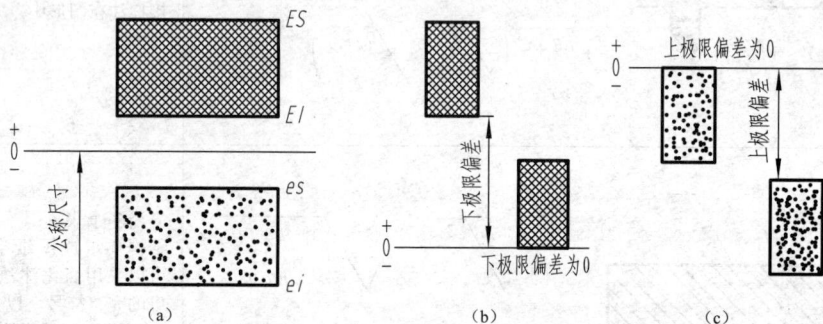

图 5-4　公差带图与基本偏差示意图
(a) 公差带图；(b) 下极限偏差；(c) 上极限偏差

2）标准公差与基本偏差。国家标准规定公差带是由标准公差和基本偏差组成。标准公差决定公差带的高度，基本偏差决定公差带相对与零线的位置。

标准公差是由国家标准规定的公差数值。其大小由两个因素决定，一个是公差等级，一个是公称尺寸。国家标准将公差划分为 20 个等级，分别为 IT01、IT0、IT1、IT2、…、IT18。从 IT01 至 IT18 精度依次降低。公称尺寸相同时公差等级越高（数值越小），标准公差越小；公差等级相同，公称尺寸越大，标准公差越大。

基本偏差是用于确定公差带相对零线位置的那个极限偏差，一般为靠近零线的那个偏差，如图 5-4（b）、（c）所示。当公差带在零线上方，基本偏差为下偏差；当公差带在零线的下方，基本偏差为上偏差；当零线穿过公差带，基本偏差为靠近零线的偏差；当公差带关于零线对称，基本偏差为上偏差或下偏差，如 JS（js）。基本偏差有正负之分。

基本偏差共有 28 个，它的代号用拉丁字母表示，大写为孔，小写为轴。基本偏差系列见图 5-5，其中，A~H（a~h）用于间隙配合，J~ZC（j~zc）用于过渡配合或过盈配合。从基本偏差系列图中可以看到：孔的基本偏差 A~H 为下偏差，J~ZC 为上偏差；轴的基本偏差 a~h 为上偏差，j~zc 为下偏差；JS 和 js 的公差带对称分布于零线两边，孔和轴的上、下偏差分别是 +IT/2、-IT/2。基本偏差系列图只表示公差带的位置，不表示公差的大小，因此，公差带一端是开口的，开口的另一端由标准公差限定。

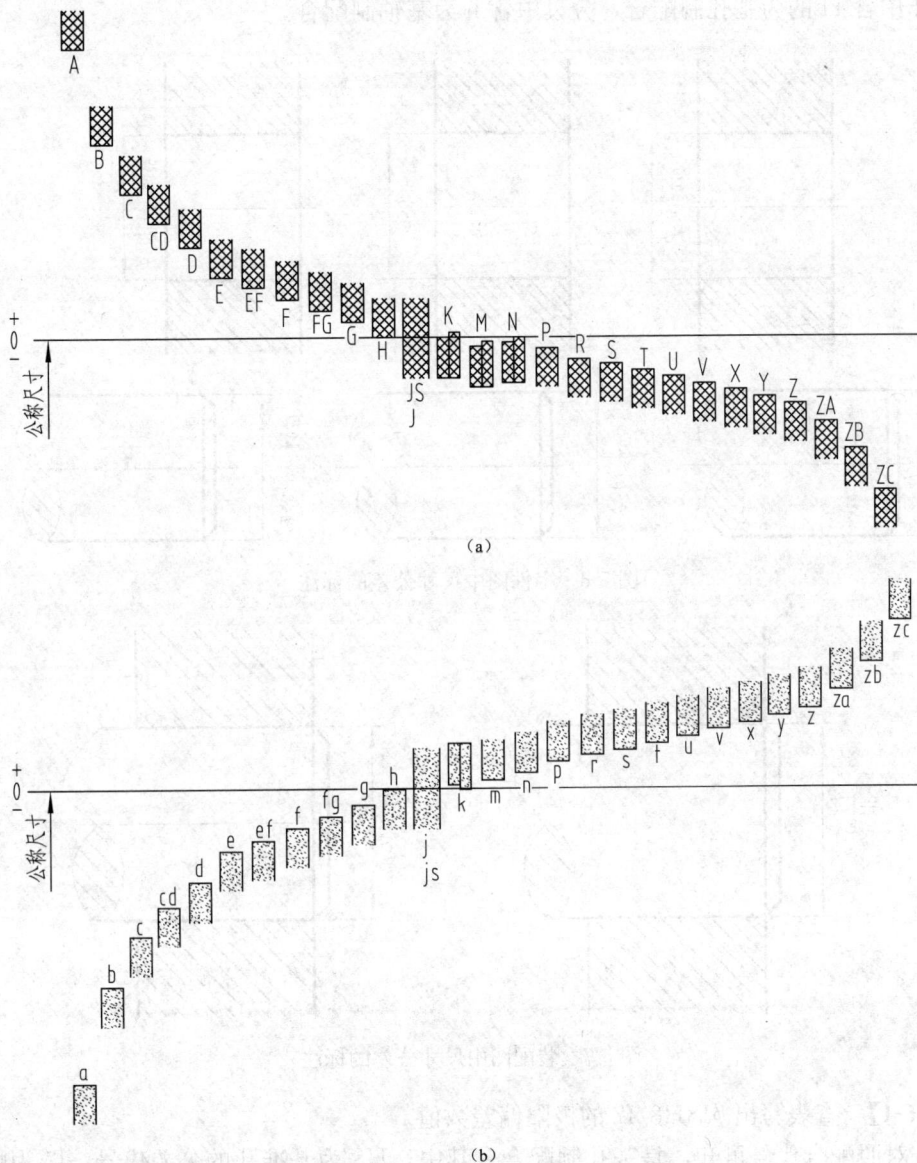

图 5-5 基本偏差系列

（a）孔的基本偏差系列 （b）轴的基本偏差系列

孔和轴的公差带代号由基本偏差代号与公差等级代号组成。例如 $\phi50H8$，$\phi50$ 表示公称尺寸，H 是孔的基本偏差代号，8 表示公差等级为 IT8，公差带代号为 H8。

轴和孔的标准公差数值和基本偏差数值可由附录 E 查得。

3）极限与配合的标注

在零件图上标注公差的形式有三种：只注公差带代号，只注极限偏差数值，注公差带代号及极限偏差数值，如图 5-6 所示。

在装配图上标注极限与配合，采用组合式注法，如图 5-7 所示，它是在公称尺寸后面，用分式表示，分子为孔的公差带代号，分母为轴的公差带代号，具体形式有图示两种形式。通常分子中含 H 的为基孔制配合，分母中含 h 为基轴制配合。

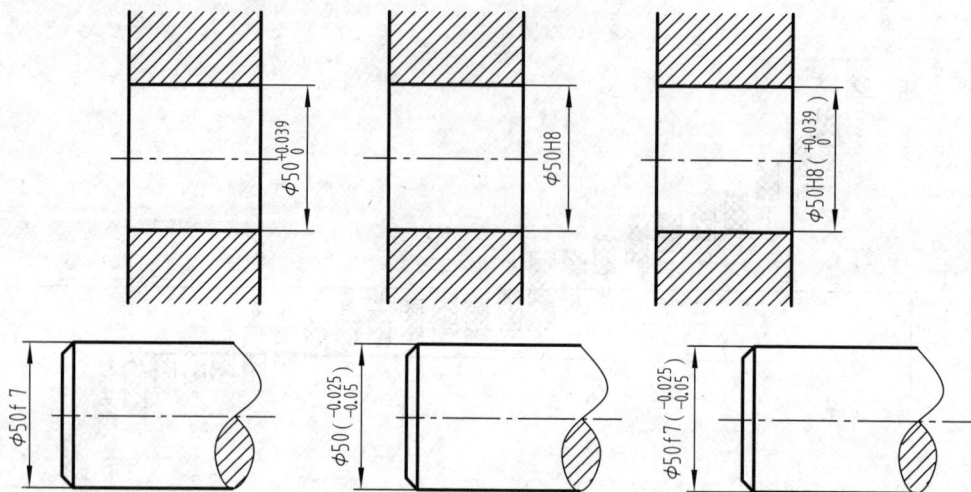

图 5-6　零件图中尺寸公差的标注

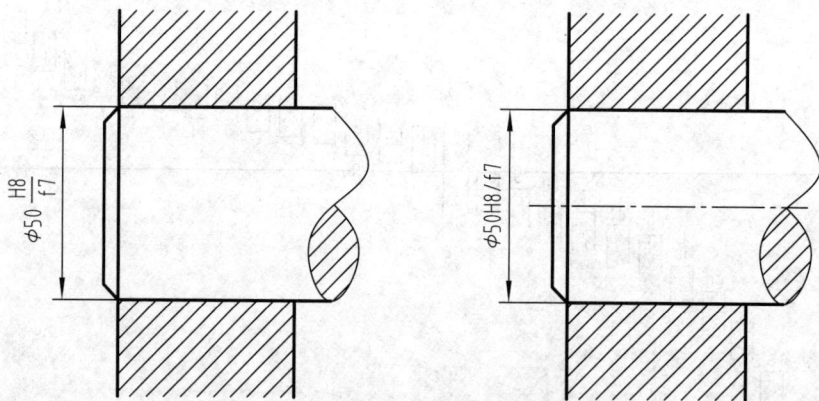

图 5-7　装配图中尺寸公差的标注

【例 5-1】　查表写出 $\phi18H8/f7$ 的极限偏差数值。

解　对照配合代号可知，是基孔制配合。其中，H8 为基准孔的公差代号，f7 为配合轴的公差代号。

① $\phi18H8$ 基准孔的极限偏差。可由附录 E 中查得。在附表 E-1 中由公称尺寸从大于 10 至 18 的行和标准公差等级为 IT8 的列相交处查得该尺寸的公差为 $IT=0.027$mm。

在附表 E-3 中由公称尺寸从大于 14 至 18 的行和基本偏差为 H 的列相交处查得下偏差 $EI=0$。

因此，可以计算出该尺寸的上偏差 $ES=IT+EI=0.027+0=0.027$（mm）。

由上可知 $\phi18H8$ 可写成 $\phi18^{+0.027}_{0}$。

② $\phi18f7$ 配合轴的极限偏差，可由附录 E 中查得。在附表 E-1 中由公称尺寸从大于 10 至 18 的行和标准公差等级为 IT7 的列相交处查得该尺寸的公差为 $it=0.018$mm。

在附表 E-2 中由公称尺寸从大于 14 至 18 的行和基本偏差为 f 的列相交处查得上偏差

$es=-0.016$。

因此，可以计算出该尺寸的上偏差 $ei=es-it=-0.016-0.018=-0.034$（mm）。

由上可知 $\phi18f7$ 可写成 $\phi18^{-0.016}_{-0.034}$。

4）配合。公称尺寸相同的，相互结合的孔和轴公差带之间的关系，称为配合。根据使用的要求不同，孔和轴之间的配合有松有紧，因而配合分为间隙配合、过盈配合和过渡配合三类。

① 间隙配合。孔与轴装配时，有间隙（包括最小间隙等于零）的配合。如图 5-8（a）所示，孔的公差带在轴的公差带之上。

② 过渡配合。孔与轴装配时，可能有间隙或过盈的配合。如图 5-8（b）所示，孔的公差带与轴的公差带互相交叠。

③ 过盈配合。孔与轴装配时有过盈（包括最小过盈等于零）的配合。如图 5-8（c）所示，孔的公差带在轴的公差带之下。

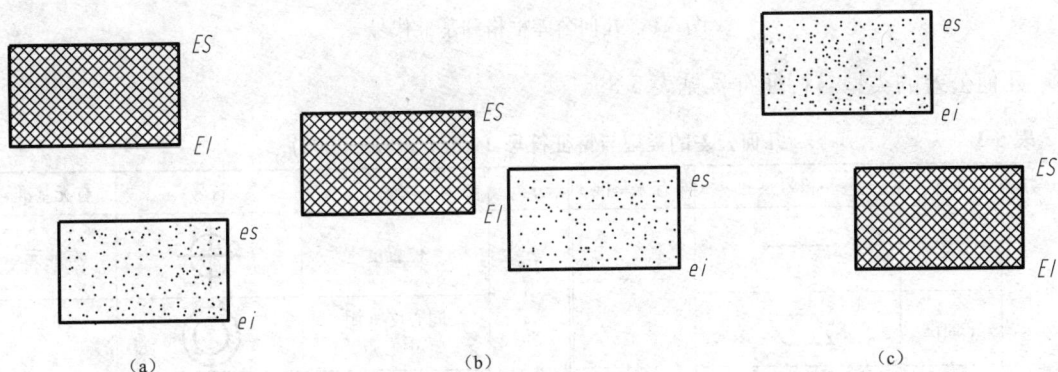

图 5-8 三种配合的公差带分布

(a) 间隙配合；(b) 过渡配合；(c) 过盈配合

5）配合制。在制造相互配合的零件时，使其中一种零件作为基准件，它的基本偏差固定，通过改变另一种基本偏差来获得各种不同性质配合的制度称为配合制。根据生产实际需要，国家标准规定了两种配合制。

① 基孔制配合。基本偏差为一定的孔的公差带，与不同基本偏差的轴的公差带形成各种配合的一种制度。基准孔的下偏差为零，用代号 H 表示。

② 基轴制配合。基本偏差为一定的轴的公差带，与不同基本偏差的孔的公差带形成各种配合的一种制度。基准轴的上偏差为零，用代号 h 表示。

（3）几何公差的概念与标注

几何公差是指实际被测要素对其理想要素的允许变动。

任何零件的加工过程中由于各种因素的影响总会产生形状、位置方面的误差。例如，加工轴时可能会出现轴线弯曲或一头粗、一头细的现象，这种现象属于零件形状误差。若一箱体上两个孔是安装同一齿轮轴的孔，如果两孔轴线歪斜太大，就会影响齿轮的啮合传动，这是位置误差。零件的几何公差的误差过大，会影响机器的工作性能，因此对精度要求高的零件，除了应保证尺寸精度外，还应控制其几何公差。几何公差根据其被测要素特点可以分为形状公差、方向公差、位置公差和跳动公差。

几何公差代号包括几何公差框格及指引线、几何公差值和其他有关符号、基准代号等，如图 5-9 所示。其中，标注基准用一个大写字母表示，大写字母标注在基准方格里，用细实线与一个涂黑或者空白三角形相连，涂黑或者空白的基准三角形含义相同，指引线允许倾斜。

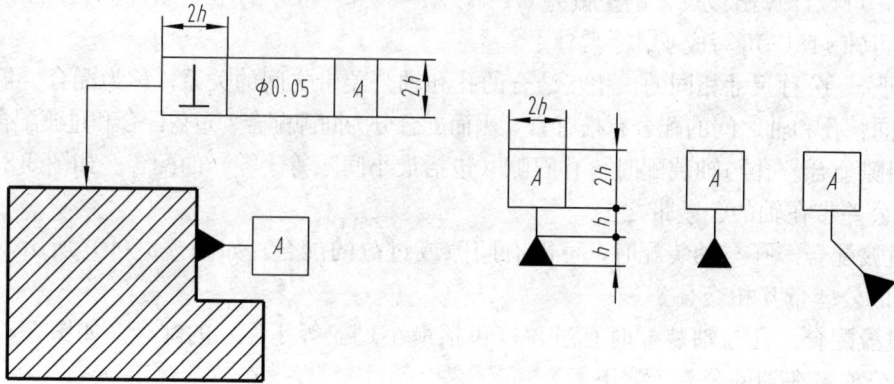

图 5-9　几何公差框格和基准代号

几何公差的类型与特征符号见表 5-3。

表 5-3　　　　　　　几何公差的类型与特征符号（GB/T 1182—2008）

分类	名称	符号	有无基准	分类	名称	符号	有无基准
形状公差	直线度		无	位置公差	位置度		有或无
	平面度				同心度（用于中心点）		有
	圆度				同轴度（用于轴线）		
	圆柱度				对称度		
	线轮廓度				线轮廓度		
	面轮廓度				面轮廓度		
方向公差	平行度		有	跳动公差	圆跳动		有
	垂直度						
	倾斜度						
	线轮廓度				全跳动		
	面轮廓度						

4. 断面图

（1）断面图的概念

假想用剖切面将机件的某处切断，仅画出断面的形状，并在断面上画出剖面符号的图形，简称断面。

剖面符号是区别剖切到与未剖切到的部分，在剖面上画出的符号，也称为剖面线。画断面图与剖视图时应采用国家标准所规定的剖面符号，常见材料的剖面符号见表 5-4。

　　不需在剖面区域中表示材料类别时，可采用通用剖面符号表示。通用剖面符号应以适当角度的细实线绘制，最好与主轮廓或剖面区域的对称线呈 45°角，如图 5-10 所示。读图时，根据画剖面符号部分是机件实体，未画剖面符号部分是机件空心部分或剖面之后的部分，就容易想象出机件内部形状和远近层次。

图 5-10　通用剖面符号的画法

表 5-4　　　　　　　　　剖　面　符　号

材料	剖面符号	材料	剖面符号
金属材料（已有规定剖面符号者除外）		木质胶合板	
线圈绕组元件		基础周围的泥土	
转子、电枢、变压器、电抗器等的迭钢片		混凝土	
非金属材料（已有规定剖面符号者除外）		钢筋混凝土	
型砂、填砂、粉末冶金、砂轮、陶瓷刀片、硬质合金刀片等		砖	
玻璃及供观察用的其他透明材料		格网（筛网、过滤网等）	

材料		剖面符号	材料	剖面符号
木材	纵剖面		液体	
	横剖面			

注 1. 剖面符号仅表示材料的类别，材料的代号和名称必须另行注明。
2. 迭钢片的剖面符号方向，应与束装中迭钢片的方向一致。
3. 液体剖面符号用细实线绘制。

断面图常用于表达机件上某些常见的结构，如肋、轮辐、孔、槽等的断面形状。

剖面与剖视的区别在于：断面图是机件上剖切处断面的图形，而剖视图则是剖切平面之后机件的全部。如图 5-11 所示，主视图下方的两个视图为断面图，主视图右侧的视图为剖视图。

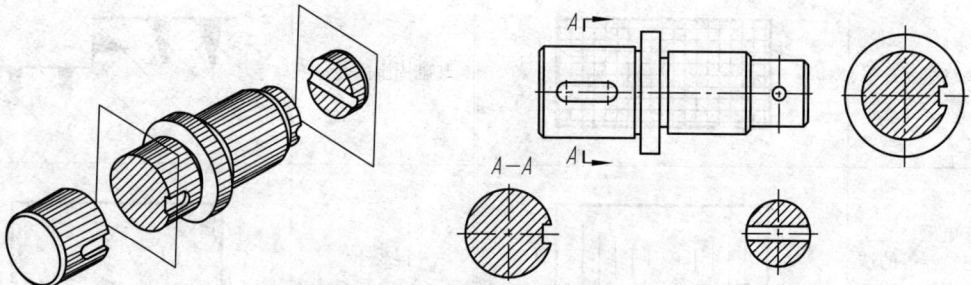

图 5-11　断面图与剖视图

（2）断面图的种类和画法

1）移出断面。画在视图轮廓线之外的断面称为移出断面，如图 5-12 所示。

画移出断面时，应注意以下几点：

① 移出断面的轮廓线用粗实线绘制。

② 移出断面应尽量配置在剖切符号或剖切线延长线上。剖切平面迹线是剖切平面与投影面的交线，用细点画线表示。必要时也可配置在其他适当的位置，如图 5-12 中的"A—A"，"B—B"所示。

③ 由两个或多个相交的剖切平面剖切得出的移出断面，中间一般应断开，如图 5-13（a）所示。

④ 断面图形对称时可画在视图的中断处，如图 5-13（b）所示。

⑤ 当剖切平面通过回转面形成的孔或凹坑的轴线时，这些结构按剖视绘制，如图 5-14（a）所示。

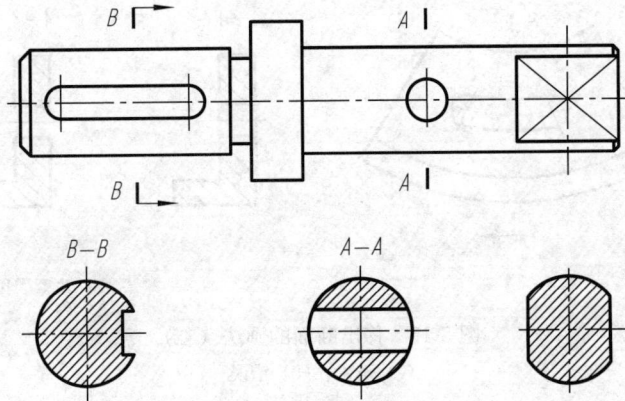

图 5-12 移出断面图

图 5-13 断面图的断开画法与对称画法
（a）断开画法；（b）对称画法

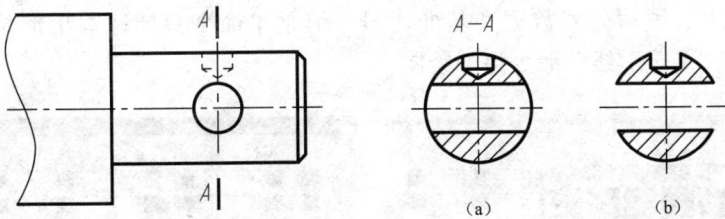

图 5-14 移出断面的画法（一）
（a）正确；（b）错误

⑥ 当剖切平面通过非圆孔时，会导致出现完全分离的两个断面时，这些结构应按剖视绘制，如图 5-15（a）所示。

2）重合断面。画在视图轮廓线之内的断面称作重合断面，如图 5-16 所示。

重合断面图的轮廓线规定用细实线绘制。当视图中的轮廓线与重合断面图重叠时，视图中的轮廓线仍应连续画出，不可间断。

5. 几何公差（形位公差）在 AutoCAD 中的标注方法

注意：由于 AutoCAD 系统中仍采用形位公差的说法，以下涉及 AutoCAD 的几何公差均称为形位公差。

图 5-15　移出断面的画法（二）

（a）正确；（b）错误

图 5-16　重合断面图

（1）应用"公差"命令标注

下拉菜单："标注" → "公差"。

工具栏：标注 ⊞。

执行该命令后，系统弹出"形位公差"对话框，如图 5-17 所示，用户可以在对话框中选择所需的公差符号、填写公差数据和基准代号。但是本命令只能注写出形位公差的项目框格，引线需要用"多重引线"命令另外绘制。

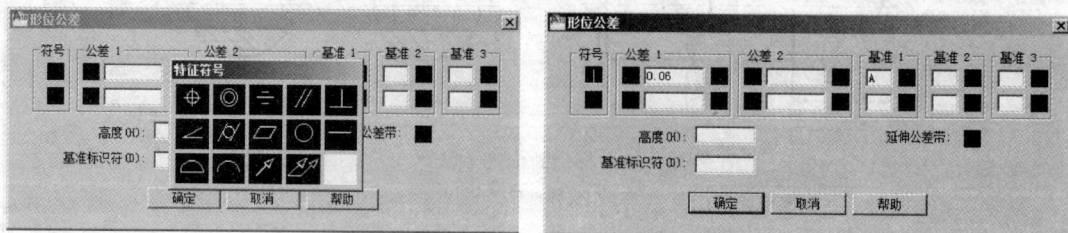

图 5-17　"形位公差"对话框

（2）应用 LEADER 命令标注形位公差

命令：leader↙

指定引线起点：　　　　　　　　　　　　　　（捕捉形位公差引线箭头开始位置）

指定下一点：

指定下一点或 ［注释（A）/格式（F）/放弃（U）］＜注释＞：　　（捕捉形位公差引线末端位置）

输入注释文字的第一行或<选项>：↙

输入注释选项［公差(T)/副本(C)/块(B)/无(N)/多行文字(M)］<多行文字>：t↙

弹出如图 5-17 所示的对话框，单击"符号"，弹出"特征符号"对话框，选择相应的项目符号后退出，再输入公差值，填写基准代号（如果没有则不填），单击"确定"按钮，完成标注设置。在选择形位公差标注引线起点、下一点并结束命令后，标注效果如图 5-18 所示。

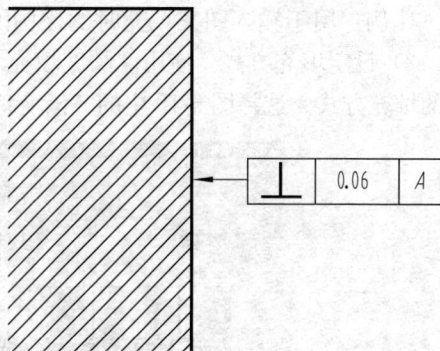

6. 图案填充（剖面符号在 AutoCAD 中的绘制方法）

（1）命令执行方式

下拉菜单："绘图"→"图案填充"。

工具栏：绘图❑。

命令：BHATCH。

图 5-18 "形位公差"标注效果

（2）操作

执行命令以后，弹出如图 5-19 所示对话框，选择"图案填充"选项卡中的图案（剖面符号），确定边界后，单击"确定"按钮，即可完成图案填充操作。

1）设置填充图案。用于控制用户剖面符号的图案样式及有关特性，包括以下内容：

类型：设置和选择填充图案的类型。单击下拉箭头，有"预定义"、"用户定义"、"自定义"三种，可选择需要方式。默认方式是"预定义"方式。

图案：选择填充图案。单击下拉箭头和单击右侧按钮弹出对话框（见图 5-20）可以选择所需填充图案，金属断面的符号一般选择 ANSI31。

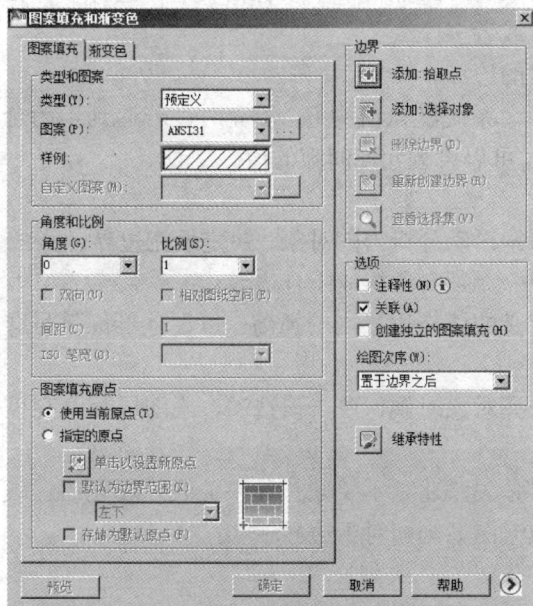

图 5-19 "图案填充与渐变色"对话框

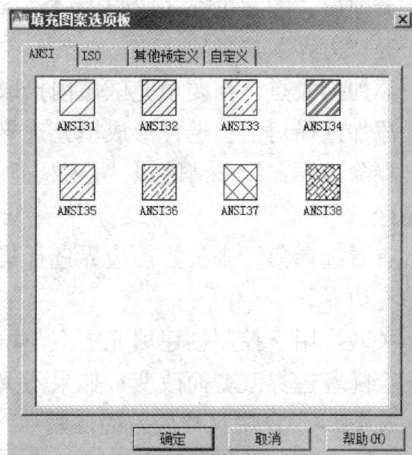

图 5-20 填充图案选项板

样式：用于显示用户选中填充图案的预览图像。

角度：用于输入图样中剖面符号的倾斜角度，默认角度值为 0。

比例：用于输入图案填充时的比例因子，根据预览效果，过密或者过稀，调整新比例。

2）设定填充方式。使用"图案填充和渐变色"对话框中"孤岛"选项可以进一步选择边界的填充方式。选择图 5-19 中的"渐变色"标签并单击右下角箭头，对话框如图 5-21 所示。

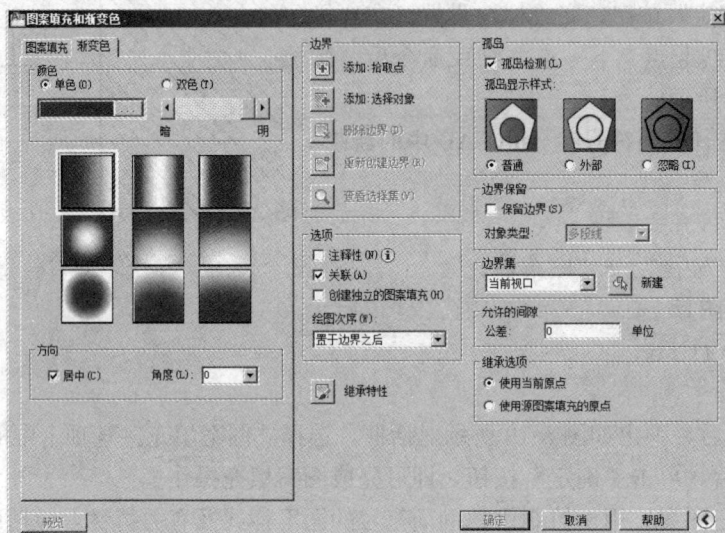

图 5-21　"图案填充与渐变色-孤岛"对话框

孤岛检测：用于定义最外面填充边界内部对象的填充方法。孤岛填充方式有三种：一是普通，由外到里，每奇数个相交区域进行填充；二是外部，只将最外层进行填充；三是忽略，忽略边界内的孤岛，全部填充。

对象类型：用于设置是否将填充边界以对象的形式保留下来及保留类型，选择"保留边界"复选框以后，可以从下拉列表中选择面域或者多段线。

边界集：相当于边界命令，建立填充图案的边界。

允许间隙：用于设定填充区域的最大间隙。系统默认值为 0。填充时，若遇到不闭合边界，会弹出"图案填充-边界未闭合"对话框，可以设置允许间隙的值。

3）"边界"选择项。

添加拾取点：在要填充区域内拾取点，系统自动分析当前对象，决定填充边界。

添加选择对象：选择形成填充边界的对象（无须对象构成闭合边界）。

删除边界：用于清除以"拾取点"方法定义的填充边界内的孤岛，以便让剖面符号穿过孤岛区。

查看选择集：查看当前边界选择集。有选择对象时候，单击该选项，绘图屏幕高亮度显示填充边界。

关联：用于控制创建填充图案与填充边界是关联还是不关联。如果关联，填充后，填充图案会随着边界改变而改变；如果不关联，填充图案则相对于边界独立。

7. AutoCAD 中尺寸公差的注写

（1）利用当前样式覆盖方式标注尺寸公差

1）打开"标注样式管理器"对话框，单击"替代"按钮，打开"替代当前样式"对话框，再打开"公差"选项，如图 5-22 所示。

2）设置标注公差参数如图 5-22 所示，并设置"主单位"前缀%%c，用于标注直径符号，如图 5-23 所示。

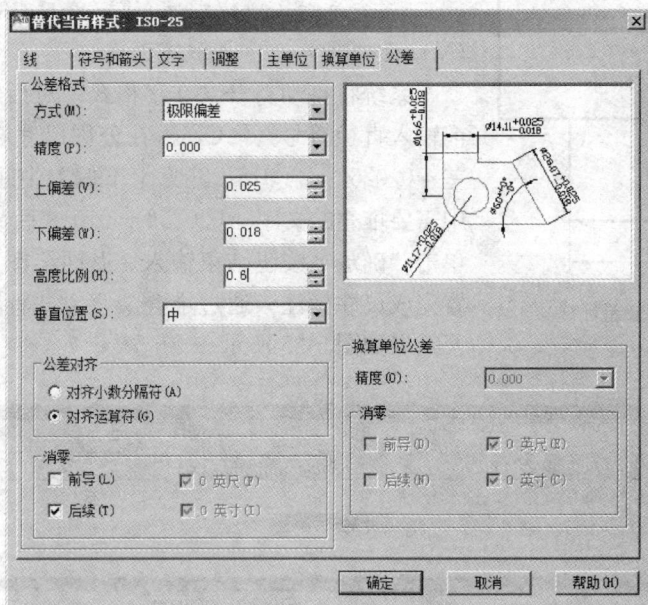

图 5-22 "公差"选项卡

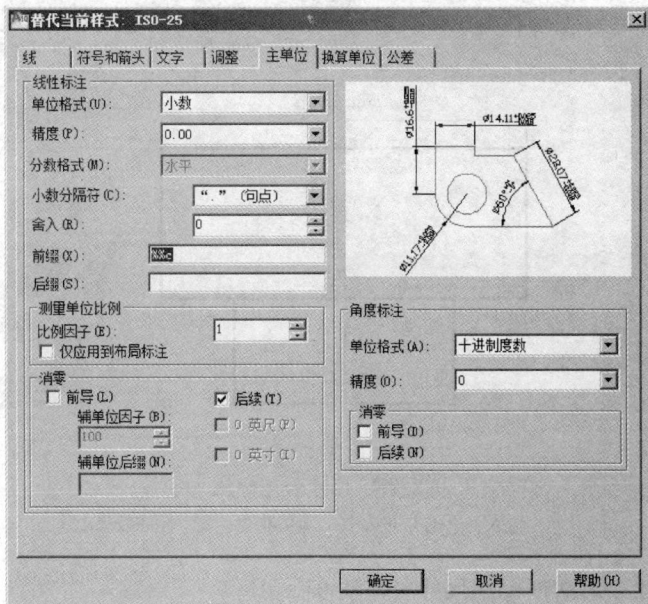

图 5-23 设置"主单位"的前缀

3）单击"确定"按钮，返回绘图窗口，标注带公差的尺寸，如图 5-24 所示。

（2）利用堆叠文字方式标注尺寸公差 $\phi 50^{+0.025}_{-0.018}$

命令：_dimlinear

指定第一条延伸线原点或＜选择对象＞：

指定第二条延伸线原点：

指定尺寸线位置或

[多行文字（M）/文字（T）/角度（A）/水平（H）/垂直（V）/旋转（R）]：　＜线宽＞m↙

系统将自动打开"文字格式"对话框，在公称尺寸50前输入直径符号%%C，再在公称尺寸50后输入上、下偏差＋0.025^−0.018（注意上下偏差中间用"^"分开）。选中需要堆叠的文字＋0.025^−0.018后，单击堆叠按钮，单击"确定"按钮结束输入。返回绘图窗口，选择尺寸位置完成尺寸标注。通过堆叠文字方式标注尺寸公差的过程及结果如图5-25所示。

图 5-24　尺寸公差标注

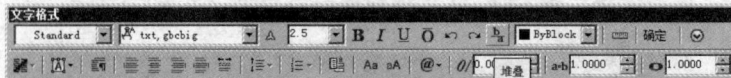

（a）

（b）

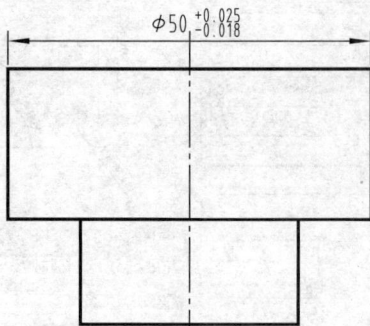

（c）

图 5-25　尺寸公差标注

（a）输入上下偏差并选中；（b）堆叠；（c）标注效果

（3）利用"特性"对话框标注尺寸公差 $\phi 30^{+0.021}_{+0.008}$

双击已标注尺寸，弹出特性对话框，如图5-26所示。找到"公差"选项，如图设置"显示公差"、"公差上偏差"、"公差下偏差"、"水平放置公差"、"公差文字高度"等项目，退出后改尺寸尺寸公差即设置完毕。

注意：该方法对替代尺寸文字无效；公差下偏差默认为负值，如需正值下偏差，需要输入在数值前加负号。

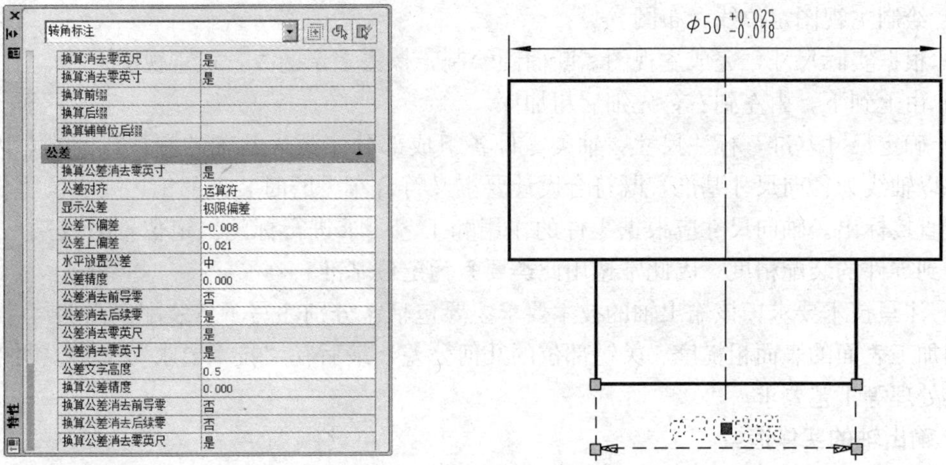

（a）

（b）

图 5-26 特性对话框修改尺寸公差

（a）"特性"对话框；（b）修改尺寸公差

任务实施

阅读输出轴零件图，分析输出轴零件的表达方法与技术要求，完成输出轴零件图与实体造型。任务实施过程如下。

1. 绘制输出轴零件图

（1）分析输出轴零件结构与了解加工工艺

输出轴属于轴套类零件，轴套类零件结构的主体部分大多是同轴回转体，它们一般起支承转动零件、传递动力的作用，因此，常带有键槽、轴肩、螺纹及退刀槽或砂轮越程槽、倒角、倒圆等结构，还常有固定其他零件的销孔、凹孔、凹槽等。

（2）输出轴的视图选择

轴套类零件图的视图选择，应在分析零件结构形状特点的基础上，选用适当的表达方法，完整、清晰地表达出轴套类零件各部分的结构形状。视图选择的原则是，首先分析零件结构选好主视图，然后再选配其他视图，以确定表达方案。

1）分析轴套类零件并了解主要加工工艺。

零件图的最终目的是为制造环节提供技术依据，要满足加工实际的需求，因此确定正确的表达方案要分析零件并了解零件的加工工艺。

轴套类零件的形状结构的最大特点是具有公共回转轴线，主要由回转圆柱面、圆锥面构成。因此，沿轴线垂直方向投影的视图最能反映该类零件的形状结构特点，符合了形状特征原则。

对轴套类零件的结构分析其实同时就是对轴套类零件加工工艺的了解，轴套类零件主要在车床上水平放置加工，所以主视图按加工位置选择，同时符合了原则。

2）其他视图的选择。根据输出轴零件的结构特点，配合尺寸标注，一般只用一个基本视图表示。零件上的细节结构（两个键槽），采用断面图表达方法表示。

（3）绘制零件图步骤

1）选择适当图幅与比例，绘制边框与标题栏。

2）绘制主视图定位线，布图。

3）根据实际尺寸，完成主视图，断面图绘制，擦去多余的线，检查视图。

4）由上到下，由左到右，先细后粗加深。

5）确定尺寸基准，标注尺寸。轴类零件各组成部分多数为共轴的圆柱或圆锥，因此这类零件以轴线为径向尺寸基准，既符合设计要求又符合车、磨时装夹的工艺要求。零件各段直径应直接标出。轴向尺寸应根据零件的作用和工艺要求进行标注。定位轴肩或某一端面，将关系到零件的装配精度，因此常选用此类要素为定位基准。

6）注写技术要求，该输出轴的技术要求主要包括：分别注写了各装配表面的尺寸公差、各切削加工表面的表面粗糙度、关键部位的几何公差，最后在"技术要求"文字说明中注写相关热处理等工艺要求。

2. 输出轴的实体造型

输出轴主体是有公共轴线的回转体，细节结构有两个键槽，所以实体造型的基本思路是利用旋转命令生成轴的主体，利用拉伸命令生成键槽挖切实体，最后布尔运算生成输出轴，如图 5-27 所示。

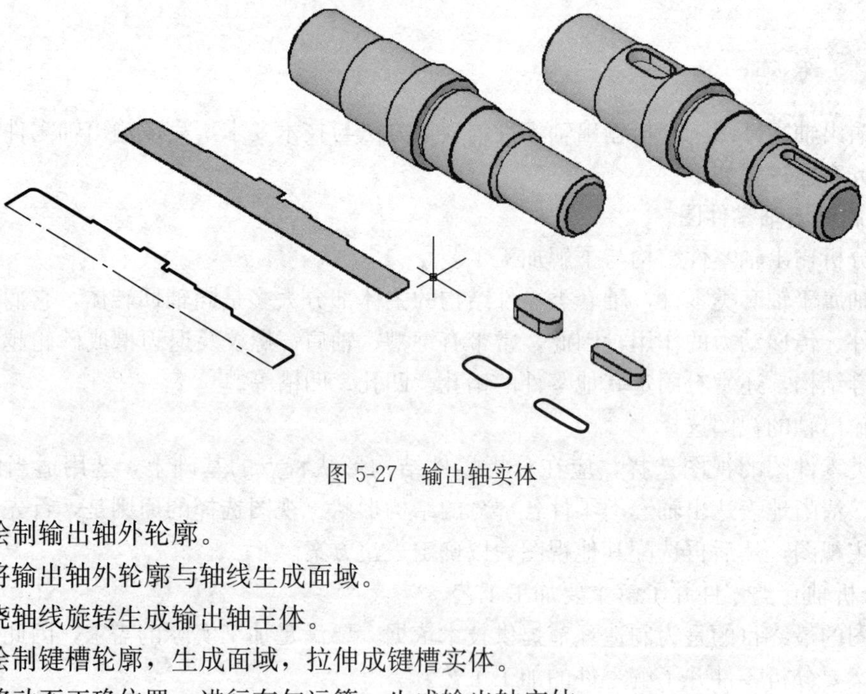

图 5-27　输出轴实体

1）绘制输出轴外轮廓。

2）将输出轴外轮廓与轴线生成面域。

3）绕轴线旋转生成输出轴主体。

4）绘制键槽轮廓，生成面域，拉伸成键槽实体。

5）移动至正确位置，进行布尔运算，生成输出轴实体。

任务 5.2　心　　　轴

🗔 **任务内容**

阅读如图 5-28 所示心轴零件图，分析心轴零件的表达方法与技术要求，完成心轴零件图与实体造型。

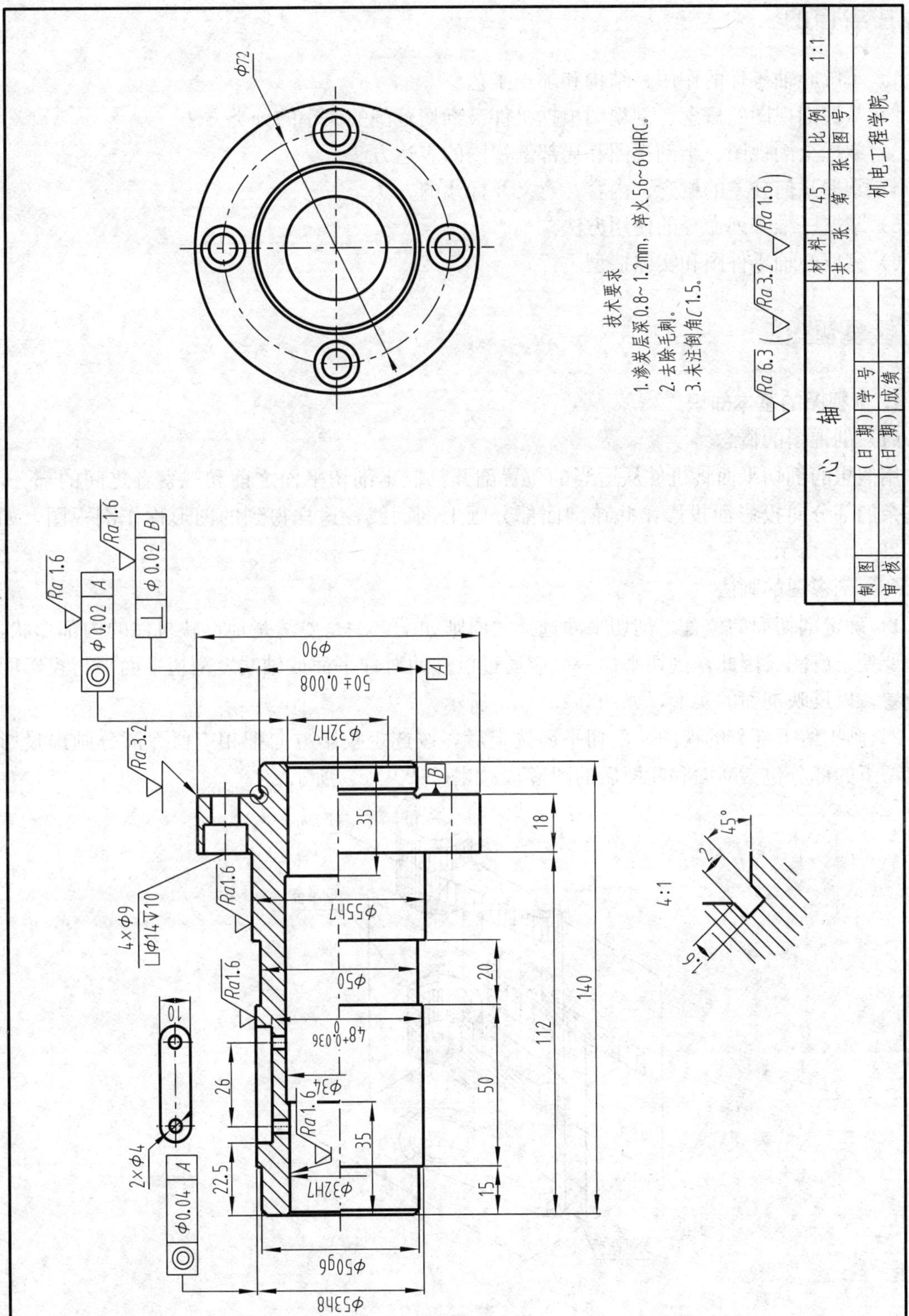

图 2-58 心轴

任务目的

1) 了解心轴零件的作用、结构和加工工艺。
2) 掌握剖视图的概念、剖视图根据机件被剖切范围的大小的分类方法。
3) 掌握全剖视图、半剖视图和局部剖视图的表达方法。
4) 掌握几何公差的概念、内容、意义及标注的方法。
5) 掌握三维阵列命令的使用方法。
6) 完成心轴零件图和实体造型。

任务知识

1. 剖视图的基本知识

（1）剖视图的概念

用假想的剖切平面将机件从适当的位置剖开，取走剖切平面之前和观察者之间的部分，将其余的部分向投影面投影，并在剖面部分画上剖面线，这样得到的图形称作剖视图，如图 5-29（a）所示。

（2）剖视图的画法

1）确定剖切面的位置。剖切平面选择的原则如下：一是要清楚地反映机件的内部形状，二是要便于看图。因此，剖切平面一般应通过机件的对称平面或轴线。剖切平面平行投影面的位置，以反映剖面的实形，如图 5-29（a）所示。

2）画出留下部分的视图。剖切平面选定后，按选定投影方向把相应留下部分画出投影图（留下的部分包括断面和断面后的图形），如图 5-29（c）所示。

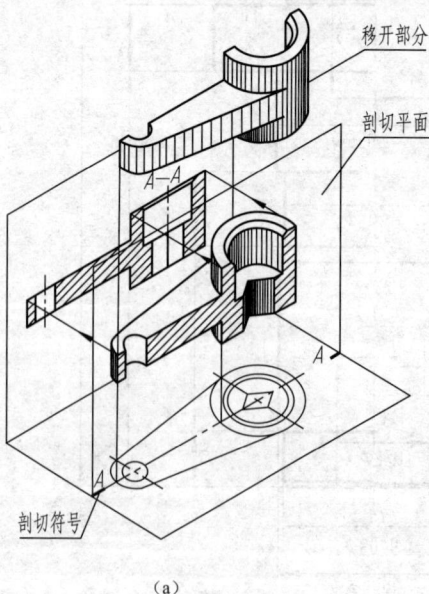

（a）

图 5-29　剖视图的画法（一）
（a）剖视图的形成

图 5-29 剖视图的画法（二）

（b）视图；（c）剖视图

此时，变原来的不可见为可见，即虚线变为实线。

应注意以下几点：

① 不可多画——即剖切平面之前的部分不能画出。

② 不可少画——即剖切平面看成透明的，其后面的可见部分要画出。

③ 剖切方法是假想的，因此未剖切到的其他视图，应该画出完整的图形，而不能只画一半，如图 5-30（a）所示。

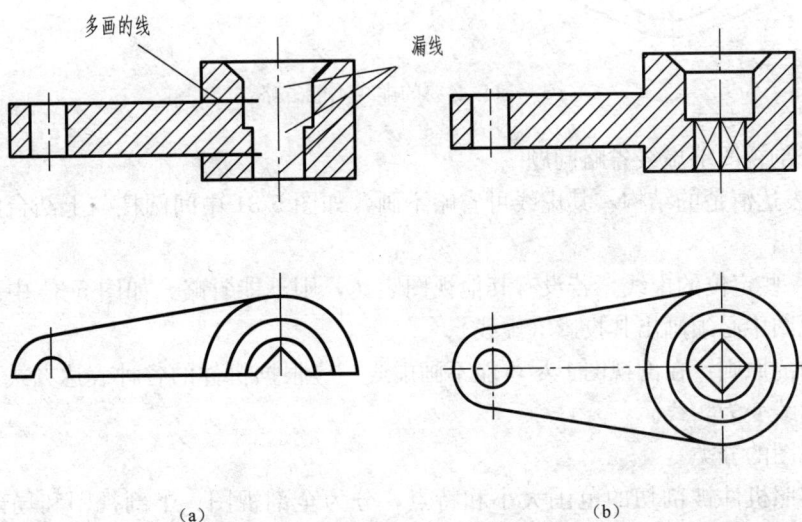

图 5-30 剖视图的画法注意要点

（a）错误画法；（b）正确画法

3）在剖面上画出剖面符号。画图时，要按照国家标准所规定的剖面符号在视图的剖面处画出剖面线。读图时，根据画剖面线部分是机件实体，未画剖面线部分是机件空心部分或剖面之后的部分，就容易想象出机件内部形状和远近层次。

（3）剖视图的标注

剖视图一般应进行标注。以指明剖切位置，指示视图间的投影关系。标注的内容如下：

1）剖切符号。指示剖切面起、讫和转折位置（用粗短画线表示）及投影方向（用箭头表示）的符号，如图 5-29 所示。注有字母"A"的两段粗实线及两端箭头，即为剖切符号。

2）剖视图的名称。在剖切符号处应用相同的大写字母标出，并在相应的剖视图上方标注相同的字母"×—×"，如图 5-29 中的"A—A"，以便对照看图。一个机件同时有几个剖视图，则名称应用不同字母按顺序书写，不得重复。

若遇下列情况，剖视图的标注可省略或简化。

① 当剖视图按投影关系配置，中间又没有其他图形隔开时，可省略箭头，如图 5-33 中的左视图。

② 当单一剖切平面通过机件的对称平面或基本对称平面时，且剖视图按投影关系配置，中间又没有其他图形隔开时，可省略标注，如图 5-31 中的主视图也可省略标注。

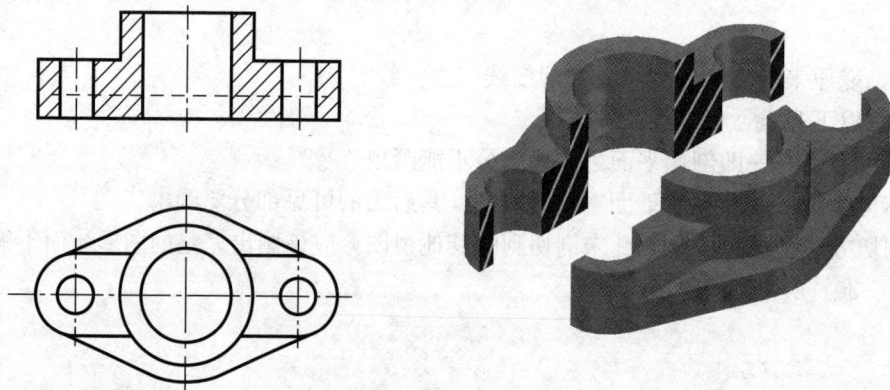

图 5-31　必要的虚线不能省略

（4）关于剖视图上虚线省略问题

1）对已表达清楚的结构，其虚线可省略不画，如图 5-31 中间圆柱与上凸台的交线在主视图中没有画出。

2）对于一些定位的虚线，若没有其他视图表达，则不能省略，如图 5-31 中下凸台后面的投影在主视图中必须画出其投影（虚线）。

画剖视图的原则：在剖视图上尽可能不画虚线，应根据机件的各种表达方式，将不可见变为可见，虚线变为实线。

（5）剖视图的分类

剖视图按照机件被剖切的范围大小和特点，分为全剖视图、半剖视图和局部视图三大类。这三种方法可以根据机件的内外结构特点及复杂程度灵活选用。

2. 全剖视图的概念和用途

用剖切平面完全地剖开机件所得到的剖视图称作全剖视图（简称全剖视），如图 5-32 所示。

图 5-32　支架

(a) 整体图形;(b) 从前后对称处剖切;(c) 从小孔对称处剖切

全剖视图主要用于外形简单、内形复杂的不对称机件,如图 5-32 所示支架,其主视图、左视图采用全剖视图表达,剖切位置如图 5-32 (b)、(c) 所示,绘制视图如图 5-33 所示。有些外形简单的对称机件,为了将内形显示完整,便于标注尺寸,也常采用全剖视图,如图 5-34所示。全剖视图采用剖视图的标注方法。全剖视图的尺寸标注,有关的内形尺寸和外形尺寸应尽量分别集中标注。

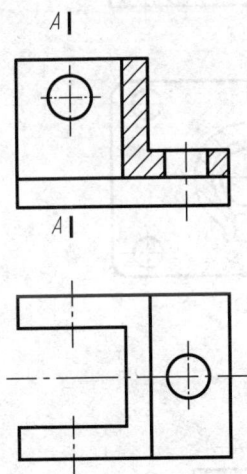

图 5-33　全剖视图（一）

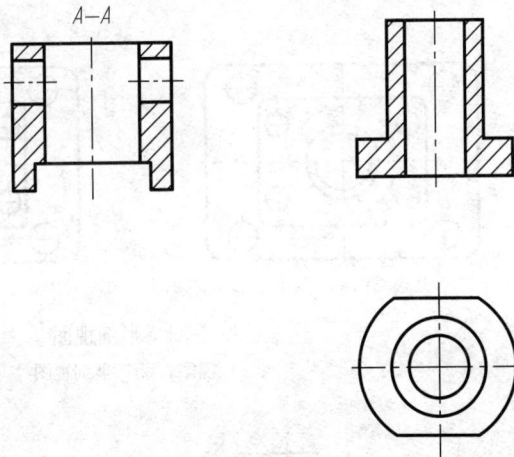

图 5-34　全剖视图（二）

3. 半剖视图的概念和用途

当机件具有对称平面时,在垂直于对称平面的投影面上投影所得到的图形,可以中心线为界,一半画成剖视、另一半画成视图,这样得到的剖视图称作半剖视图(简称半剖视)。如图 5-35 所示机件,其内、外结构都较为复杂,并且机件对称,所以可以采用半剖视图表达,主视图和俯视图剖切位置如图所示。该机件半剖表达结果如图 5-36 (b) 所示。

半剖视图主要用于内外形状都需要表达的对称机件。对于形状接近于对称,且不对称部分已另有图形表达清楚的机件,也可以画成半剖视,如图 5-37 所示。

画半剖视图要注意以下几点:

(1) 半个视图和半个剖视图的分界线是对称中心线,不能画成实线或波浪线。

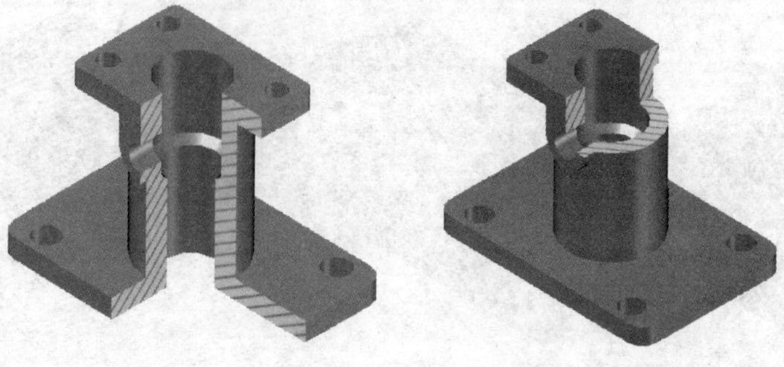

图 5-35 对称机件

(a) 主视图的剖切；(b) 俯视图的剖切

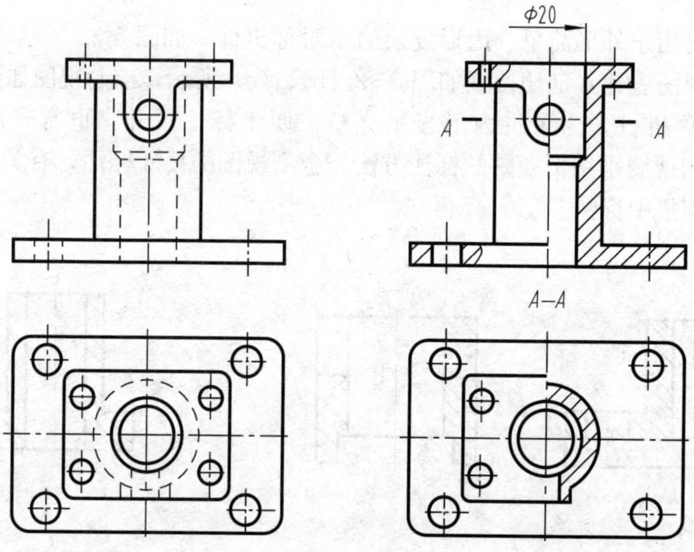

图 5-36 半剖视图

(a) 视图；(b) 半剖视图

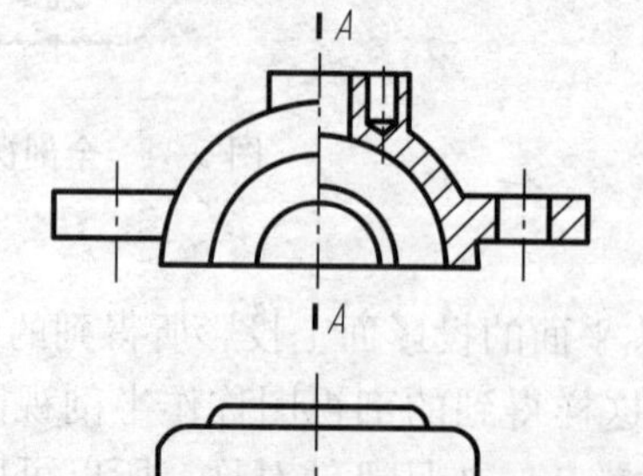

图 5-37 用半剖视图表示基本对称的机件

（2）在表示外形的半个视图中，一般不画虚线。此时标注机件内部结构对称方向的尺寸时，尺寸线应略超过中心线，并且在一端画出箭头，如图 5-36 所示。

（3）半剖视图的标注与全剖视图的标注完全相同。

4. 局部剖视图的概念和用途

用剖切平面局部地剖开机件所得到的剖视图，称作局部剖视图（简称局部剖）。

局部剖视图的应用比较广泛而且灵活，常用于图形不对称，不能采用半视图同时表达内外结构时，或者表达底板、凸缘上的小孔时。

图 5-38 所示箱体机件的形状构成，在前后、左右均不对称，采用局部剖视图的表达方法，可以同时兼顾其内外形状，最后的表达方案如图 5-39 所示。

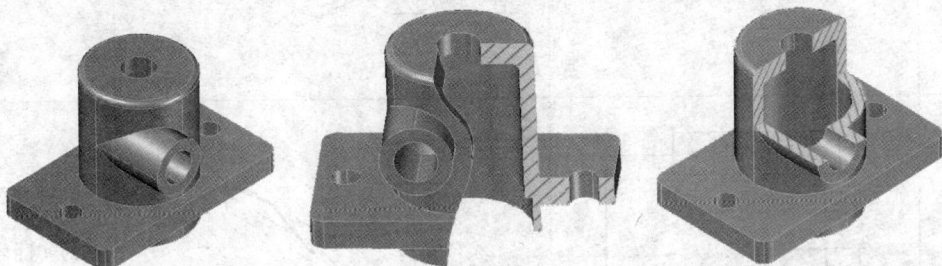

图 5-38　箱体

图 5-39　局部剖视图

5. 几何公差的标注与公差带定义

几何公差的标注与公差带定义见表 5-5。

表 5-5　　　　　　　　　　　　几何公差的标注与公差带定义

项目	图例	说明
垂直度		垂直度公差为 0.05mm，实际端面必须位于距离为 0.05mm 且垂直于基准轴线 A 的平行面之间

项目	图例		说明
平行度			平行度公差为 0.05mm，实际平面必须位于距离为 0.05mm，且平行于基准平面 A 的两平行平面之间
同轴度			同轴度公差为 $\phi 0.02$mm，$\phi 20$ 圆柱的实际轴线必须位于以 $\phi 30$ 基准圆柱轴线 A 为轴线的以 0.02 为直径的圆柱面内
对称度			对称度公差为 0.05mm，键槽的实际中心平面必须位于距离为 0.05mm 的两平行面之间，该两平面对称地配置在通过轴线 A 的辅助中心平面两侧
倾斜度			倾斜度公差为 0.03mm，实际斜面必须位于距离为 0.03mm 且与基准平面 A 呈 45° 的两平行面之间，45° 表示理论正确角度

续表

项目	图例	说明	
平面度			平面度公差为0.1mm，实际平面必须位于距离为0.1mm的两平面内
直线度			轴线直线度公差为0.1mm，实际轴线必须位于直径为0.1mm的圆柱面内
圆度			圆度公差为0.005mm，实际圆必须位于半径差为0.005mm的两同心圆之间
圆柱度			圆柱度公差为0.006mm，实际圆柱面必须位于半径差为0.006mm的两同轴圆柱之间
面轮廓度			面轮廓度公差为0.2mm，实际曲面必须位于包络以理想曲面为中心的一系列直径为0.2mm的球的两包络面之间

项目	图例	说明	
线轮廓度			线轮廓度公差为0.1mm，实际曲线必须位于包络以理想曲线为中心的一系列直径为0.1mm的圆的两包络线之间

6. 三维阵列（3DARRAY）

（1）命令执行方式

下拉菜单："修改" → "三维操作" → "三维阵列"。

命令：3DARRAY。

（2）操作

三维阵列命令与二维阵列相比较，同样也有矩形阵列和环形阵列两类选项，不同的是三维阵列矩形阵列多了一个层选项，环形阵列的回转中心是一根轴。

1）三维阵列的矩形阵列。将一半径为5、高为5的圆柱体，利用矩形阵列操作，阵列出3行4列5层，其中行距50，列距80，层高15，操作过程如下，结果如图5-40所示。

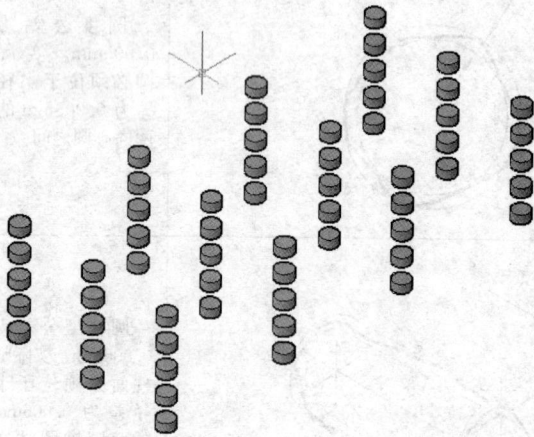

首先利用圆柱体（CYLINDER）命令绘制一半径为5、高为5的圆柱体，然后执行三维阵列命令。

命令：3darray ✓

选择对象：找到1个（选择圆柱体）

选择对象：

输入阵列类型［矩形（R）/环形（P）］<矩形>：✓

输入行数（---）<1>：3 ✓

输入列数（|｜｜｜）<1>：4 ✓

输入层数（...）<1>：5 ✓

指定行间距（---）：50 ✓

图5-40　三维阵列的矩形阵列

指定列间距（|｜｜｜）：80 ✓

指定层间距（...）：15 ✓

2）维阵列的环形阵列。将如图5-41（a）所示的六棱柱绕圆的中心短轴360°环形阵列6个。

命令：3darray ✓

选择对象：找到1个（选择六棱柱）

选择对象：✓

输入阵列类型［矩形（R）/环形（P）］<矩形>：p ✓

输入阵列中的项目数目：6 ✓

指定要填充的角度（＋＝逆时针，－＝顺时针）<360>：✓

旋转阵列对象？［是（Y）/否（N）］<Y>：✓

指定阵列的中心点：（短轴的第一端点）

指定旋转轴上的第二点：（短轴的第二端点）

旋转阵列对象？［是(Y)/否(N)］＜Y＞：n

如果选择"是"，结果如图 5-41（b）所示。

如果选择"否"，结果如图 5-41（c）所示。

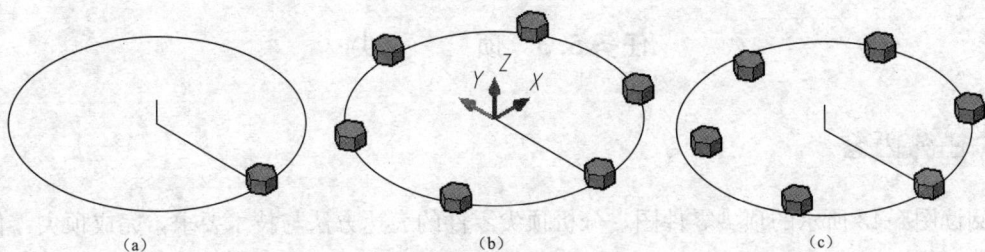

图 5-41　三维阵列的环形阵列

（a）环形阵列图形；（b）旋转对象；（c）不旋转对象

任 务 实 施

完成心轴零件图与实体造型。任务实施过程如下。

1. 绘制心轴零件图

1）选择适当图幅与比例，绘制边框与标题栏。

2）绘制主视图定位线，布图。

3）完成视图绘制，擦去多余的线，检查视图。

4）由上到下，由左到右，先细后粗加深。

5）确定尺寸基准，标注尺寸。

6）注写技术要求。

结果如图 5-28 心轴零件图所示。

2. 心轴的实体造型

心轴实体造型如图 5-42 所示，绘制步骤如下：

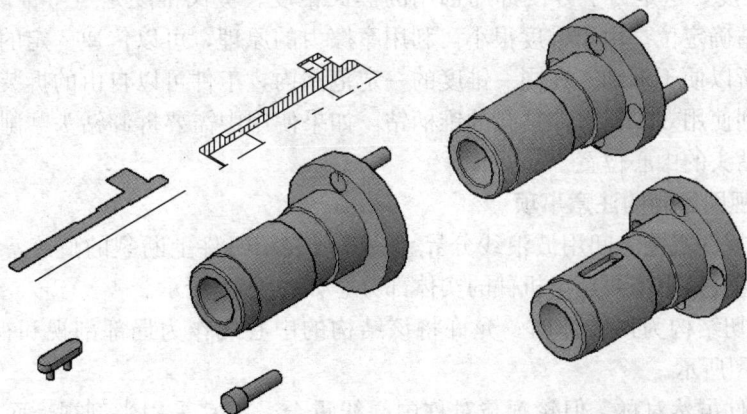

图 5-42　心轴实体

1) 绘制心轴外轮廓。

2) 将外轮廓生成面域。

3) 绕心轴轴线旋转生成心轴主体。

4) 按照沉孔尺寸绘制阶梯圆柱体，并阵列，布尔运算求差。

5) 绘制键槽与孔实体，移动至正确位置，进行布尔运算，生成心轴实体，如图 5-42 所示。

任务 5.3　顶　　　尖

任务内容

阅读图 5-43 所示的顶尖零件图，分析顶尖零件的表达方法与技术要求，完成顶尖零件图与实体造型。

任务目的

1) 了解顶尖零件的作用、结构和加工工艺。

2) 掌握局部剖视图表达需要注意的问题。

3) 掌握表面粗糙度选择的依据。

4) 掌握样条曲线命令的使用方法。

5) 完成顶尖零件图和实体造型。

任务知识

1. 顶尖的作用

顶尖主要用于小型车床上加工轴套类零件，借助中心孔定位，防止工件在加工中偏摆，增加工件在加工时的刚性，使被加工零件得到很高的尺寸精度，是车床上进行切削时必备的一种附件。

如图 5-43 所示，顶尖支撑部分锥角为 60°，与被加工零件中心孔角度相匹配，并且该部分加工精度较高，能使顶尖在加工时候发热程度轻些，磨损程度好些。顶尖尾部采用的是 1：19.002 的锥度，这是为了方便拆卸选用的莫氏锥度。莫氏锥度是一个锥度的国际标准，用于静配合以精确定位。由于锥度很小，利用摩擦力的原理，可以传递一定的扭矩，又因为是锥度配合，所以便于拆卸。在同一锥度的一定范围内，工件可以自由的拆装，同时在工作时又不会影响到使用效果，例如钻孔的锥柄钻，如果使用中需要拆卸钻头磨削，拆卸后重新装上不会影响钻头的中心位置。

2. 局部剖视图绘制的注意事项

1) 局部剖视和视图之间用波浪线分界。波浪线表示机件上断裂的痕迹，它不应与图样上的其他图线重合，更不要超出机件的实体部分，如图 5-44 所示。

2) 当被剖切结构为回转体时，允许将该结构的中心线作为局部剖视和视图的分界线，如图 5-45 主视图所示。

3) 有些机件虽然对称，但轮廓与对称中心线重合，不宜采用半剖视，而以采用局部剖视为宜，如图 5-46 所示。

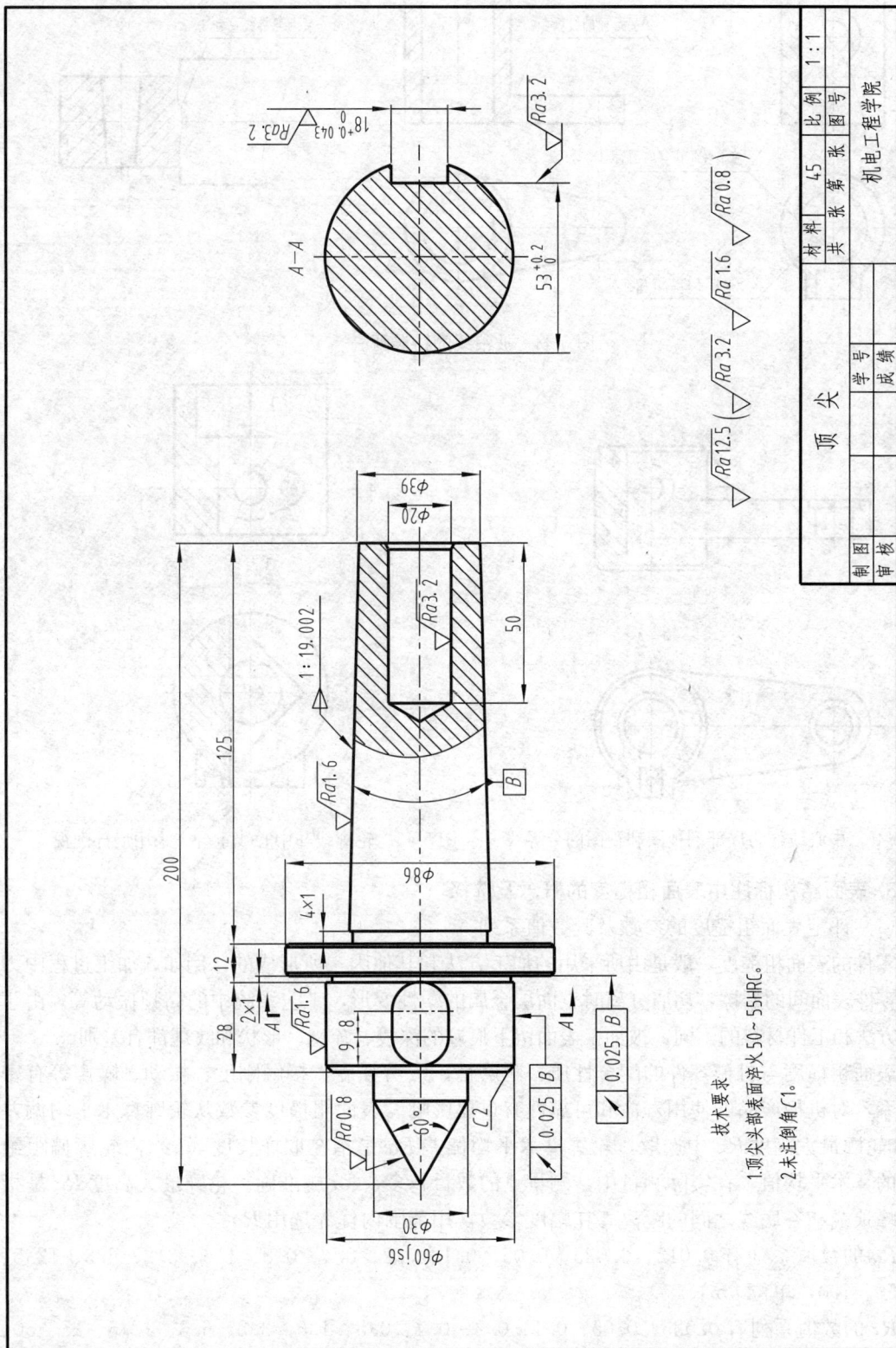

图 5-43　顶尖零件图

技术要求
1.顶尖头部表面淬火 50～55HRC。
2.未注倒角 C1。

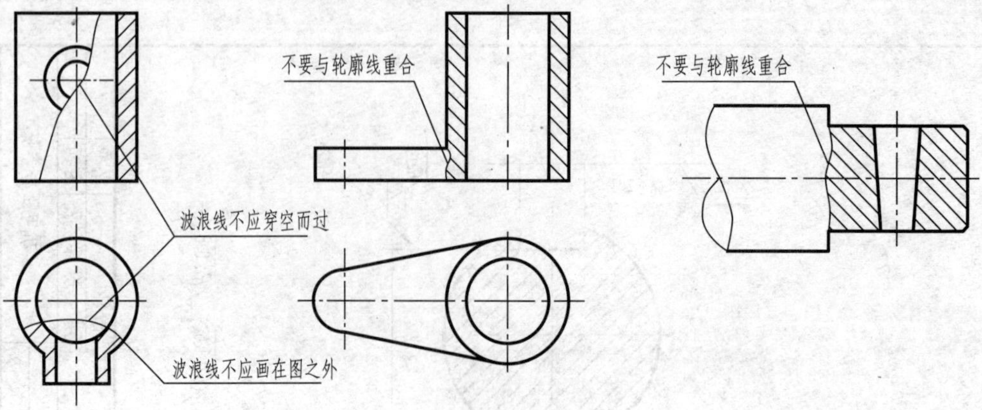

不要与轮廓线重合

不要与轮廓线重合

波浪线不应穿空而过

波浪线不应画在图之外

图 5-44 波浪线的错误画法

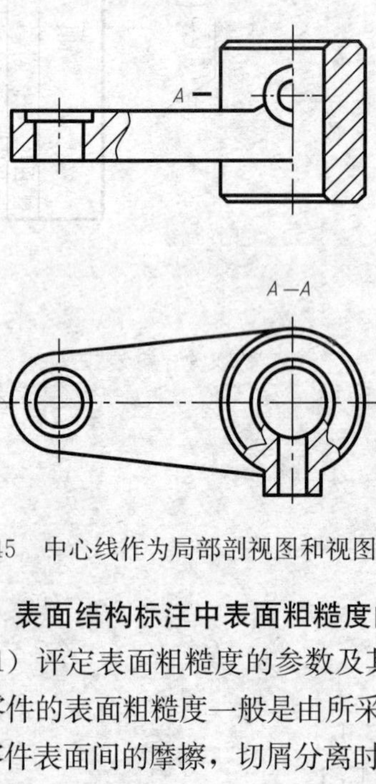

图 5-45 中心线作为局部剖视图和视图的分界线 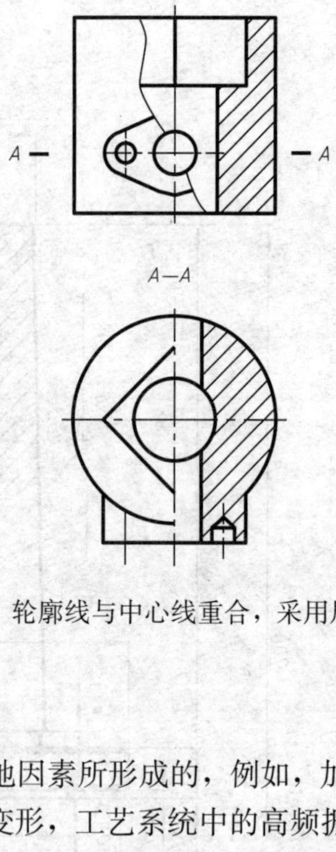　　图 5-46 轮廓线与中心线重合，采用局部剖视

3. 表面结构标注中表面粗糙度的概念及选择

（1）评定表面粗糙度的参数及其数值系列

零件的表面粗糙度一般是由所采用的加工方法和其他因素所形成的，例如，加工过程中刀具与零件表面间的摩擦，切屑分离时表面层金属的塑性变形，工艺系统中的高频振动等。由于加工方法和工件材料的不同，被加工表面留下痕迹的深浅、疏密、形状和纹理都有差别。

表面粗糙度与机械零件的配合性质、耐磨性、疲劳强度、接触刚度、振动、噪声等有密切关系，对机械产品的使用寿命和可靠性有重要影响。表面粗糙度参数从轮廓算术平均偏差 Ra 和轮廓最大高度 Rz 中选取，轮廓算术平均偏差 Ra 是指在取样长度（l_r）内轮廓偏距绝对值的算术平均值。在实际测量中，测量点的数目越多，Ra 越准确。轮廓最大高度 Rz 是指轮廓峰顶线和谷底线之间的距离。在幅度参数常用范围内优先选用 Ra。

Ra 的数值系列有 0.012、0.025、0.05、0.1、0.2、0.4、0.8、1.6、3.2、6.3、12.5、25、50、100，单位 μm。

Rz 的数值系列有 0.025、0.05、0.1、0.2、0.4、0.8、1.6、3.2、6.3、12.5、25、50、100、200、400、800、1600，单位 μm。

（2）零件表面粗糙度选用原则

1）工作表面比非工作表面的粗糙度数值小。

2）摩擦表面比非摩擦表面的粗糙度数值小。摩擦表面的摩擦速度越高，所受的单位压力越大，则应越高；滚动摩擦表面比滑动摩擦表面要求粗糙度数值小。

3）运动精度要求高的表面，应选择较小的粗糙度数值。

4）接触刚度要求高的表面，应选择较小的粗糙度数值。

5）承受交变载荷的零件，会发生应力集中的地方，应选择较小的粗糙度数值。

6）表面承受腐蚀的零件，应选择较小的粗糙度数值。

7）配合性质相同时，零件尺寸越小，则应粗糙度数值越小；同一精度等级，小尺寸的粗糙度数值要比大尺寸的粗糙度数值小，轴的粗糙度数值要比孔的粗糙度数值小（特别是IT5～IT8 的精度）。

8）对间隙配合，配合间隙越小，粗糙度数值应越小；对过盈配合，为保证连接强度的牢固可靠，载荷越大，要求粗糙度数值越小。一般情况间隙配合比过盈配合粗糙度数值要小。

9）操作手柄、手轮等外露表面，应选择较小的粗糙度数值，保证外观光滑，安全美观。

（3）常见表面的粗糙度选用

常见表面的粗糙度 Ra 参数值选用参照表 5-6 选用。

表 5-6   **常见表面的粗糙度 Ra 参数值选用**

Ra（不大于）	表面状况	加工方法	适应的零件表面
100、50、25	明显可见的刀痕	粗车、镗、刨、钻	粗加工后的表面；焊接前的焊缝、粗钻孔壁等
12.5	可见刀痕	粗车、镗、刨、钻	粗加工非配合表面，如轴的端面、倒角、齿轮及皮带轮的侧面，键槽的非工作表面，减重孔眼表面等
6.3	可见加工痕迹	车、镗、刨、钻、铣、锉、磨、粗铰、铣齿	半精加工不重要零件的配合表面，如支柱、支架、外壳、衬套、轴、盖等的端面。紧固件的自由表面，紧固件通孔的表面，内、外花键的非定心表面，不作为计量基准的齿轮顶圈圆表面等
3.2	微见加工痕迹	车、镗、刨、铣、刮 1～2 点/cm²、拉、磨、锉、滚压、铣齿	半精加工，和其他零件连接不形成配合的表面，如箱体、外壳、端盖等零件的端面。要求有定心及配合特性的固定支承面如定心的轴间，键和键槽的工作表面。不重要的紧固螺纹的表面。需要滚花或氧化处理的表面
1.6	看不清加工痕迹	车、镗、刨、铣、铰、拉、磨、滚压、刮 1～2 点/cm²、铣齿	安装直径超过 80mm 的 G 级轴承的外壳孔，普通精度齿轮的齿面，定位销孔，V 型带轮的表面，外径定心的内花键外径，轴承盖的定心凸肩表面
0.8	可辨加工痕迹的方向	车、镗、拉、磨、立铣、刮 3～10 点/cm²、滚压	要求保证定心及配合特性的表面，如锥销与圆柱销的表面，与 G 级精度滚动轴承相配合的轴颈和外壳孔，中速转动的轴颈，直径超过 80mm 的E、D 级滚动轴承配合的轴颈及外壳孔，内、外花键的定心内径，外花键键侧及定心外径，过盈配合 IT7 级的孔（H7），间隙配合 IT8～IT9 级的孔（H8，H9），磨削的齿轮表面等

续表

Ra（不大于）	表面状况	加工方法	适应的零件表面
0.4	可辨加工痕迹的方向	铰、镗、拉、磨、刮 3～10 点/cm²、滚压	要求长期保持配合性质稳定的配合表面，IT7 级的轴、孔配合表面，精度较高的齿轮表面，受变应力作用的重要零件，与直径小于 80mm 的 E、D 级轴承配合的轴颈表面、与橡胶密封件接触的轴的表面，尺寸大于 120mm 的 IT13～IT16 级孔和轴用量规的测量表面
0.2	微辨加工痕迹的方向	布轮磨、磨、研磨、超级加工	工作时受变应力作用的重要零件的表面。保证零件的疲劳强度、防腐性和耐久性，并在工作时不破坏配合性质的表面，如轴颈表面、要求气密的表面和支承表面，圆锥定心表面等。IT5、IT6 级配合表面、高精度齿轮的表面，与 G 级滚动轴承配合的轴颈表面，尺寸大于 315mm 的 IT7～IT9 级孔和轴用量规级尺寸大于 120～315mm 的 IT10～IT12 级孔和轴用量规的测量表面等
0.1	不可辨加工痕迹的方向	超级加工	工作时承受较大变应力作用的重要零件的表面。保证精确定心的锥体表面。液压传动用的孔表面。汽缸套的内表面，活塞销的外表面，仪器导轨面，阀的工作面。尺寸小于 120mm 的 IT10～IT12 级孔和轴用量规测量面等
0.05	暗光泽面	超级加工	保证高气密性的结合表面，摩擦离合器的摩擦表面，对同轴度有精确要求的轴和孔，高速摩擦的工作表面
0.025	亮光泽面	超级加工	高压柱塞泵柱塞和柱塞套的配合表面，中等精度仪器的配合表面
0.012	镜状光泽面	超级加工	仪器的测量表面和配合表面，尺寸超过 100mm 量块的工作表面
0.008	雾状光泽面	超级加工	量块的工作表面，高精度测量仪器的测量面，高精度仪器摩擦机构的支撑表面

4. 样条曲线（SPLINE）

样条曲线是通过一系列指定的点绘制的一条光滑的曲线，常用于绘制波浪线和一些不规则曲线。

（1）命令执行方式

下拉菜单："绘图"→"样条曲线"。

工具栏：绘图～。

命令：SPLINE。

（2）操作过程

命令：_ spline

指定第一个点或［对象(O)］：（选取点 2）

指定下一点：（选取点 3）

指定下一点或［闭合(C)/拟合公差(F)］＜起点切向＞：（选取点 4）

指定下一点或［闭合(C)/拟合公差(F)］＜起点切向＞：（选取点 5）

指定下一点或［闭合(C)/拟合公差(F)］＜起点切向＞：(选取点6)

指定下一点或［闭合(C)/拟合公差(F)］＜起点切向＞：✓

指定起点切向：(选取点1)

指定端点切向：(选取点7)

绘制图形结果如图5-47所示。

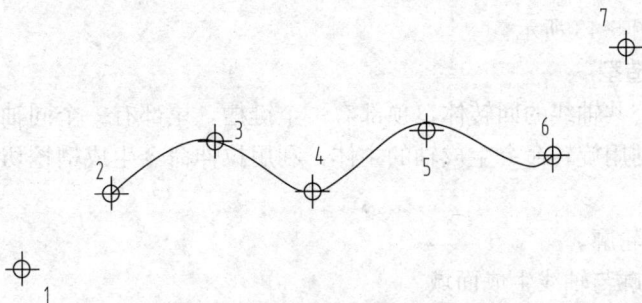

图 5-47　样条曲线示例

选项含义：

1）闭合：生成一条闭合的样条曲线。

2）拟合公差：输入样条曲线的偏差值，值越大曲线越远离指定的点，值越小，曲线离指定点越近。

任务实施

完成顶尖零件图与实体造型。任务实施过程如下。

1. 绘制顶尖零件图

（1）顶尖零件图的视图选择分析

轴套类零件的形状结构的最大特点是具有公共回转轴线，主要由回转圆柱面、圆锥面构成。因此，沿轴线垂直方向投影的视图最能反映该类零件的形状结构特点，符合了形状特征原则。

顶尖的主视图选择，既符合加工位置选择，同时符合形状特征原则和工作位置。主视图内部结构，尾部的孔用局部剖视图表达。

（2）其他视图的选择

根据顶尖零件的结构特点，配合尺寸标注，一般只用一个基本视图表示。零件上的细节结构（键槽），采用断面图表达方法表示。

（3）绘制零件图步骤

1）选择适当图幅与比例，绘制边框与标题栏。

2）绘制主视图定位线，布图。

3）根据实际尺寸，完成主视图，断面图绘制，擦去多余的线，检查视图。

4）描深。

5）确定尺寸基准，标注尺寸，轴类零件各组成部分多数为共轴的圆柱或圆锥。因此，这类零件以轴线为径向尺寸基准，既符合设计要求又符合车、磨时装夹的工艺要求。零件各段直径应直接标出。轴向尺寸应根据零件的作用和工艺要求进行标注。定位轴肩或某一端面，将关系到零件的装配精度，因此常选用此类要素为定位基准，如图 5-43 所示。

6) 注写技术要求。该顶尖的技术要求主要包括：分别注写各装配表面的尺寸公差、各切削加工表面的表面粗糙度、关键部位的几何公差，最后在"技术要求"文字说明中注写相关热处理等工艺要求。

顶尖零件图如图 5-43 所示。

2. 顶尖的实体造型

顶尖主体是有公共轴线的回转体，顶部有一个键槽，尾部有一个同轴线的孔，所以实体造型的基本思路是利用旋转命令生成轴的主体，利用拉伸命令生成槽挖切实体，最后布尔运算生成实体。

1) 绘制顶尖外轮廓。

2) 将顶尖外轮廓与轴线生成面域。

3) 绕轴线旋转生成顶尖主体。

4) 绘制槽轮廓，生成面域，拉伸成键槽实体。

5) 移动至正确位置，进行布尔运算，生成实体，如图 5-48 所示。

图 5-48　顶尖

项目 6　盘盖类零件

知识目标

1）了解盘盖类零件的作用、结构和加工工艺。
2）掌握剖切面的分类方法。
3）掌握单一剖切面、几个相交的剖切面、几个平行的剖切面剖视图的表达方法。
4）掌握零件上常见孔的结构的标注方法。

能力目标

1）空间想象能力和空间构思能力。
2）创新能力。
3）盘盖类零件的表达能力。

素质目标

1）团队协作精神的培养。
2）良好的与人交流与协作精神。
3）探究性学习和创新精神。

任务 6.1　端　　盖

任务内容

阅读图 6-1 所示端盖零件图，分析端盖零件的表达方法与技术要求，完成端盖零件图与实体造型。

任务目的

1）了解端盖零件的作用、结构和加工工艺。
2）掌握剖切面的分类方法。
3）掌握单一剖切面、几个相交的剖切面、几个平行的剖切面剖视图的表达方法。
4）掌握零件上常见孔的结构的标注方法。
5）掌握 AutoCAD 使用多个平面剖切实体的方法。
6）完成端盖零件图和实体造型。

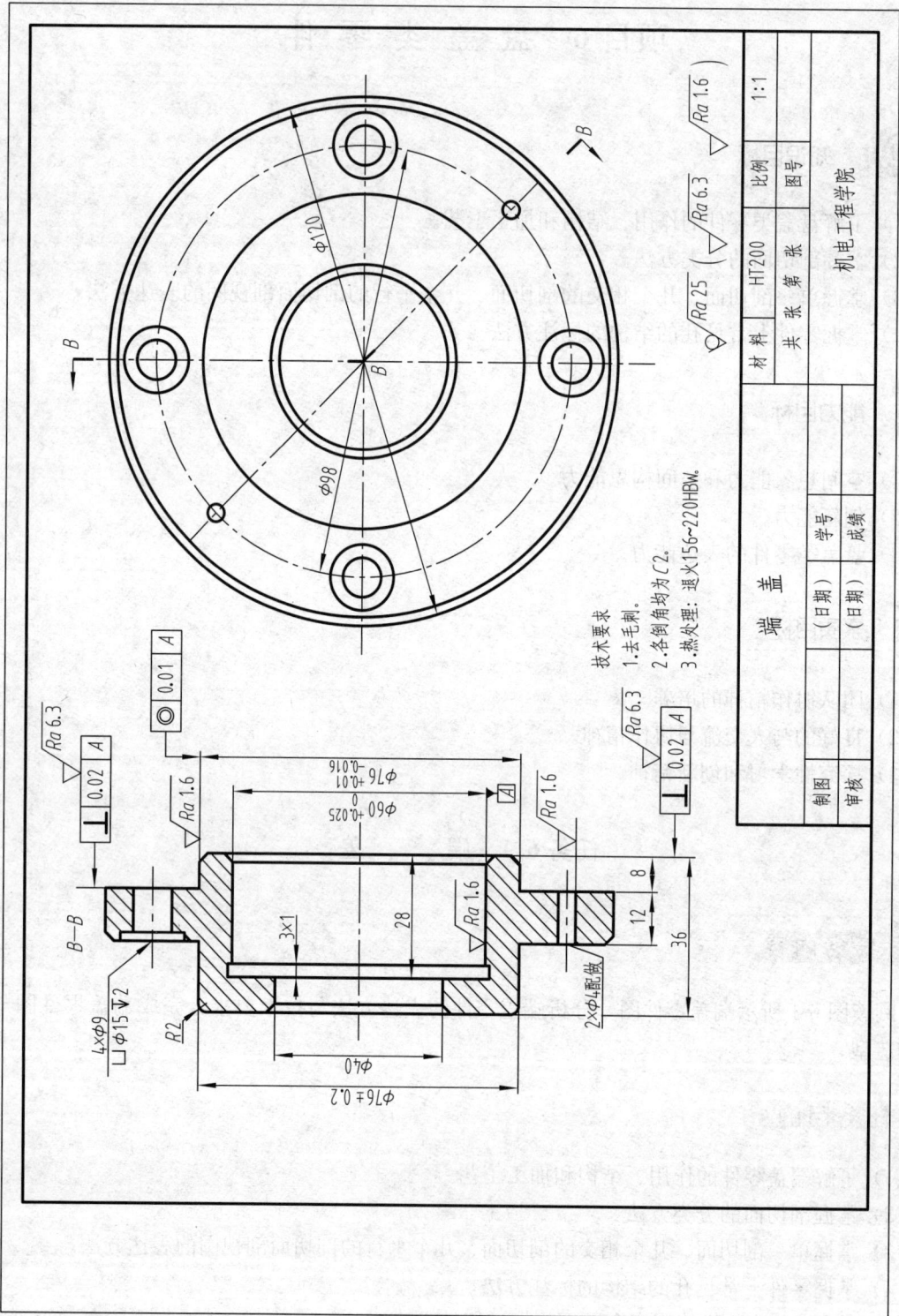

技术要求
1. 去毛刺。
2. 各倒角均为 C2。
3. 热处理：退火 156~220HBW。

$\sqrt{Ra\ 25}$ ($\sqrt{Ra\ 6.3}$ $\sqrt{Ra\ 1.6}$)

端　盖		材料	HT200	比例	1:1
		共　张 第　张		图号	
制图		（日期）			机电工程学院
审核		（日期）			
学号		成绩			

图 6-1　端盖零件图

任务知识

1. 端盖零件的作用、结构和加工工艺

（1）端盖零件的作用、结构

端盖是应用非常广泛的零件，其结构较为简单，端盖一般用于设备外部用于封闭箱体类零件，其上螺孔用于螺纹连接件的安装，固定端盖与箱体类零件，同时端盖往往会对内部零件（如轴承）起到定位作用，还与毛毡密封圈配合，起到密封的作用。端盖零件属于盘盖类零件，主要包括手轮、皮带轮、齿轮、法兰盘、各种端盖等，它们主体结构是同轴线的回转体或其他平板形，其径向尺寸比轴向尺寸大，其上常有凸台、凹坑、退刀槽、密封槽、倒角、圆角、螺孔销孔等结构。

（2）端盖的加工工艺

端盖一般采用铸铁材质比较多，所以坯件一般为铸造件，其上有铸造圆角、拔模斜度等铸造工艺结构。其上安装孔一般采用钻削加工，安装接触端面采用铣削加工。

1）起模斜度。用铸造的方法制造零件毛坯时，为了便于在型砂中取出模型，一般沿模型起模方向做成约 1∶20 的斜度，称为起模斜度，如图 6-2（b）所示。因此，在铸件上也有相应的起模斜度，这种斜度在图上可以不标注，也不一定画出，如图 6-2（a）所示，必要时，可以在技术要求中用文字说明。

2）铸造圆角。在铸件毛坯各表面相交的转角处，都有铸造圆角，如图 6-2（c）所示，这样既能方便起模，又能防止浇铸铁水时将砂型转角处冲坏，还可以避免铸件在冷却时产生裂缝或缩孔。铸造圆角在图上一般不标注，常集中注写在技术要求中。

图 6-2（c）所示铸件毛坯的底面（作为安装底面），需要经过切削加工，铸造圆角被削平。

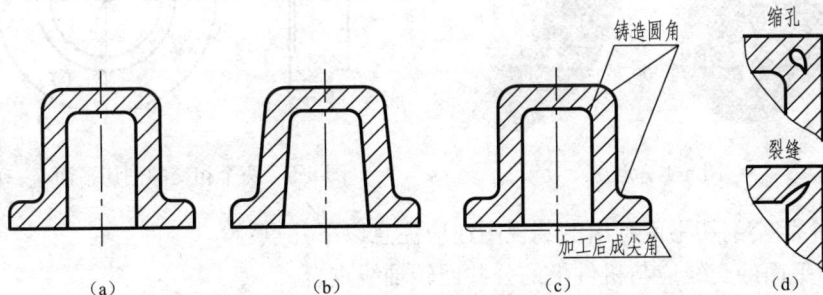

图 6-2 起模斜度与铸造圆角

(a) 不画起模斜度；(b) 画起模斜度；(c) 铸造圆角；(d) 缩孔与裂缝

3）铸件壁厚。在浇铸零件时，为了避免各部分因冷却速度的不同而产生缩孔或裂缝，铸件壁厚应均匀变化、逐渐过渡，如图 6-3（a）所示为错误结构，图 6-3（b）为正确结构。

2. 掌握剖切面的分类方法

剖切面可以是平面或柱面，一般是用平面剖切机件。又分为单一剖切面、几个相交的剖切面、几个相互平行的剖切平面三种。这三种剖切面剖开机件均适合绘制全剖视图、半剖视图和局部剖视图。画剖视图时，可根据机件的结构特点，选用适当的剖切面形式。

（a）　　　　　　　　　　　　　　　　（b）

图 6-3　铸件壁厚

（a）错误结构；（b）正确结构

3. 掌握单一剖切面、几个相交的剖切面、几个平行的剖切面剖视图的表达方法

（1）单一剖切面剖视图的表达方法

前面介绍全剖视图、半剖视图和局部剖视图使用的都是单一剖面进行表达的。

（2）几个相交的剖切面剖视图的表达方法

用几个相交的剖切平面（交线垂直于某一基本投影面）剖开机件，将被倾斜剖切平面剖开的结构要素及其有关部分旋转到与选定的投影面平行再进行投影。如图 6-4 和图 6-5 所示。

此类剖视图常用于表达具有公共回转轴线的盘盖类机件（见图 6-5）及杆类机件（见图 6-6）。

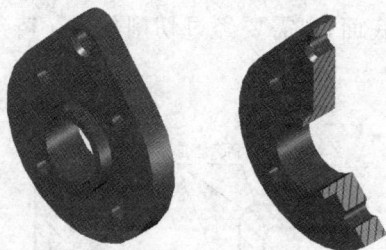

图 6-4　盘盖

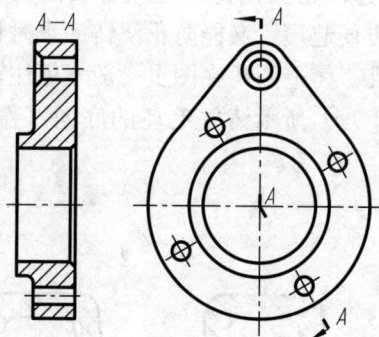

图 6-5　两个相交的剖切平面（一）

采用几个相交剖切平面画出的剖视图还应注意以下几点：

1）剖切平面的交线应与机件上的公共回转轴线重合。

2）剖切平面后的其他结构一般仍按原来位置投影，如图 6-6 中的油孔。

3）当剖切后产生不完整要素时，应将此部分按不剖绘制，如图 6-7 所示。

4）当机件具有若干大小、形状不同，分布又较复杂的孔槽，可以用几个相交的剖切平面进行剖切，如图 6-8 和图 6-9 所示。采用展开画法时，要在剖视图上方标注"×—×展开"字样。

（3）几个平行的剖切面剖视图的表达方法

几个平行的剖切平面剖切，适用于内部结构的层次较多，且位于相互平行位置时的机件。

几个平行的剖切平面剖开机件获得的剖视图如图 6-10 所示。假想用两个以上平行于基本投影面的剖切平面剖切机件，将每一个剖切平面所得到的结构向该基本投影面投影，画出其剖视图。

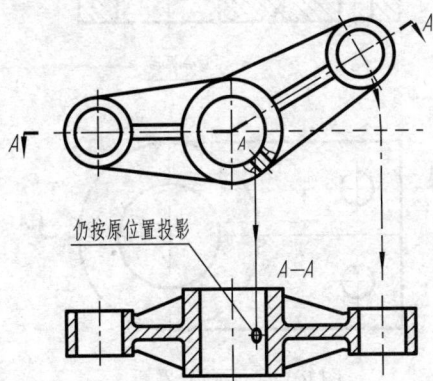

图 6-6 两个相交的剖切平面（二）

图 6-7 不完整要素的旋转表达

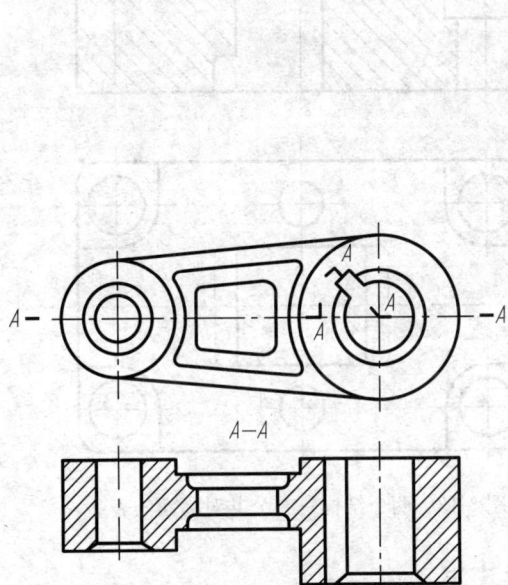

图 6-8 几个相交的剖切平面剖得的全剖视图

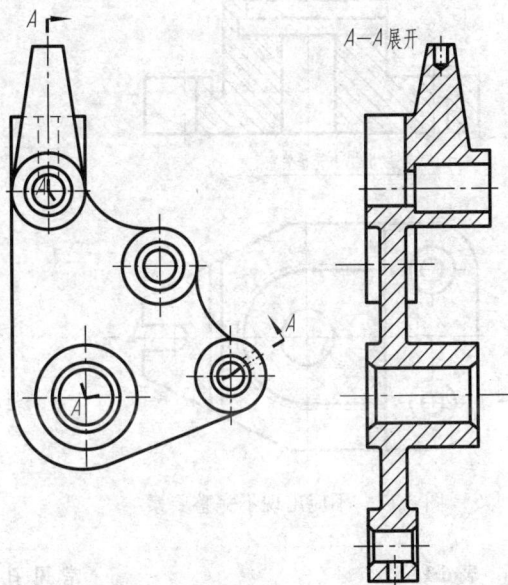

图 6-9 几个相交的剖切平面剖得的展开剖视图

用几个平行剖切面表达的机件剖视图，应注意以下几点：

1）各个剖切平面所得到的剖视之间不应画出分界线的投影，如图 6-11 所示。

2）该剖视图必须要标注剖切位置。标注剖切符号时，以直角转折，转折处不应与机件的轮廓线重合，如图 6-10 所示。

3）在图形内不要出现不完整的要素，如图 6-12 所示。由于剖切平面只剖到左边半个孔，因此在剖视图上就出现了不完整孔的投影。只有当两个结构在图形上具有公共对称中心线时，可以各画出一半，这时应以对称中心线或轴线分界，如图 6-13 所示。

4. 掌握零件上常见孔的结构的标注方法

零件上常见各类常见孔尺寸注法见表 6-1。

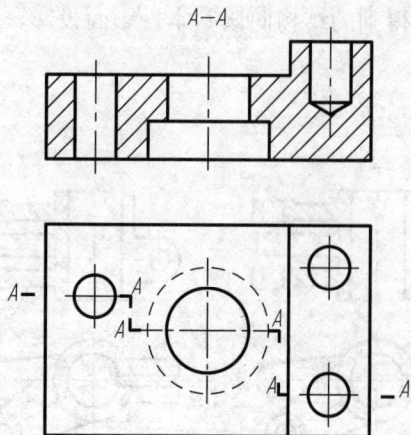

图 6-10 几个平行的剖切平面剖得的全剖视图

图 6-11 不画分界线

图 6-12 不应出现不完整要素

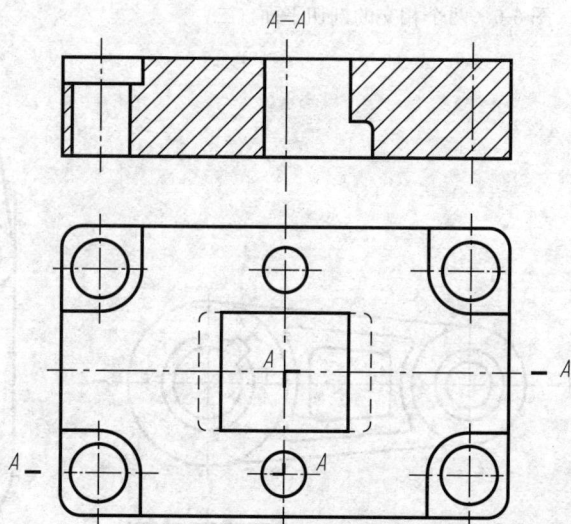

图 6-13 两个结构具有公共对称面的表达

表 6-1 常 见 孔 尺 寸 注 法

类型	示 例		
光孔	$4\times\phi6\downarrow10$	$4\times\phi6\downarrow10$	$4\times\phi6$
螺纹通孔	$4\times M6-7H$	$4\times M6-7H$	$4\times M6-7H$

类型	示 例
螺纹不通孔	
锥形沉孔	
柱形沉孔	

5. AutoCAD 使用多个平面剖切实体的方法

如图 6-14（a）所示，该零件需要用相交两个剖面对孔结构进行表达，最后生成如图 6-14（c）结果，操作如下：

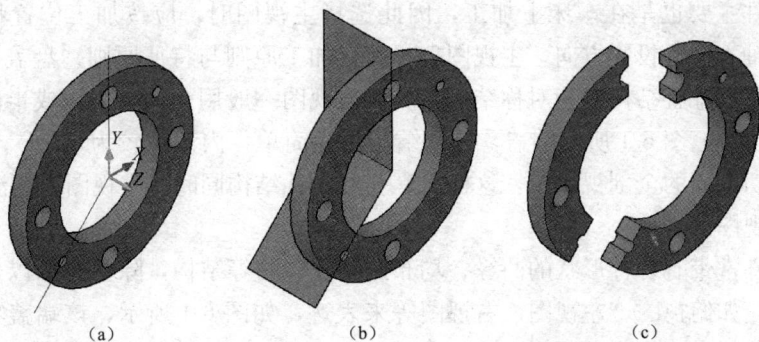

（a）　　　　　　　　　　（b）　　　　　　　　　　（c）

图 6-14　多个平面剖切实体的方法

（a）实体造型与多段线；（b）拉伸曲面；（c）剖切

（1）用多段线命令绘制剖切面的位置线

在如图 6-14（a）XOY 面上，过大、中、小三种孔的圆心，绘制两相交的剖切面的迹线。

命令：pline↙

指定起点：

指定下一个点或［圆弧（A）/半宽（H）/长度（L）/放弃（U）/宽度（W）］：

指定下一点或［圆弧（A）/闭合（C）/半宽（H）/长度（L）/放弃（U）/宽度（W）］：

（2）用拉伸命令将绘制好的多段线拉成曲面

命令：extrude↙

选择要拉伸的对象：找到 1 个   （选择绘制好的多段线）

选择要拉伸的对象：

指定拉伸的高度或［方向（D）/路径（P）/倾斜角（T）］＜－30.0000＞：   （输入或者指定合适的高度）

结果如图 6-14（b）所示。

（3）利用剖切命令沿曲面剖切

命令：slice↙

选择要剖切的对象：找到 1 个   （选择零件）

选择要剖切的对象：

指定切面的起点或［平面对象（O）/曲面（S）/Z 轴（Z）/视图（V）/XY（XY）/YZ（YZ）/ZX（ZX）/三点（3）］＜三点＞：s↙

选择曲面：   （选择生成的相交曲面）

选择要保留的剖切对象或［保留两个侧面（B）］＜保留两个侧面＞：b↙

结果如图 6-14（c）所示。

任务实施

完成端盖零件图与实体造型。任务实施过程如下。

1. 绘制端盖零件图

（1）端盖零件图的视图选择分析

盘盖类零件主要也是在车床上加工，因此选择主视图时，应按加工位置将轴线水平放置，选择垂直轴方向为投影方向，主视图选择符合加工原则与特征原则。盘盖类零件内部一般孔类结构较多，并且结构多为对称结构，所以主视图一般用全剖剖视图或半剖视图表达内部结构及相对位置。图 6-1 所示端盖，外部结构较为简单，内部结较为复杂，主视图采用的是两个相交剖切剖面的全剖视视图，这样将螺孔和销孔结构同时在主视图表达清楚。

（2）其他视图的表达

盘盖类零件常带有各种形状的凸缘、均布的圆孔、肋等结构，除主视图以外，需要增加其他基本视图，如俯视图、左视图、右视图等来表达，如图 6-1 所示，该端盖零件图选用了左视图配合表达。

（3）绘制零件图步骤

1）选择适当图幅与比例，绘制边框与标题栏。

2）绘制主视图、左视图定位线，布图。

3）根据实际尺寸，完成主视图，左视图绘制，擦去多余的线，检查视图。

4）描深。

5）确定尺寸基准，标注尺寸，端盖类零件尺寸分为径向尺寸和轴向尺寸两种。由于这零件的主体共轴的回转体，因此公共轴线应径向的尺寸基准，应分别标出各段径向尺寸。

轴向尺寸以重要的端面或接触面为尺寸基准，如图 6-1 所示以安装接触端面为重要接触面，定为尺寸基准，标出了 12、8 等重要轴向尺寸，左右端面为辅助基准标出了其他相应的轴向尺寸。

6）注写技术要求。该端盖的技术要求主要包括：分别注写了各装配表面的尺寸公差、各切削加工表面的表面粗糙度、关键部位的几何公差，最后在"技术要求"文字说明中注写相关热处理等工艺要求，如图 6-1 所示。

2. 端盖的实体造型

端盖主体是有公共轴线的回转体，细节结构有四个阶梯螺孔和两个定位销孔，所以实体造型的基本思路是利用旋转命令生成端盖的主体，阵列命令生成螺孔，最后布尔运算生成实体。

1）绘制端盖外轮廓。

2）将端盖外轮廓与轴线生成面域。

3）绕轴线旋转生成顶尖主体。

4）绘制阶梯螺孔实体，阵列生成 4 个；绘制销孔实体，复制生成两个。

5）进行布尔运算，生成实体，如图 6-15 所示。

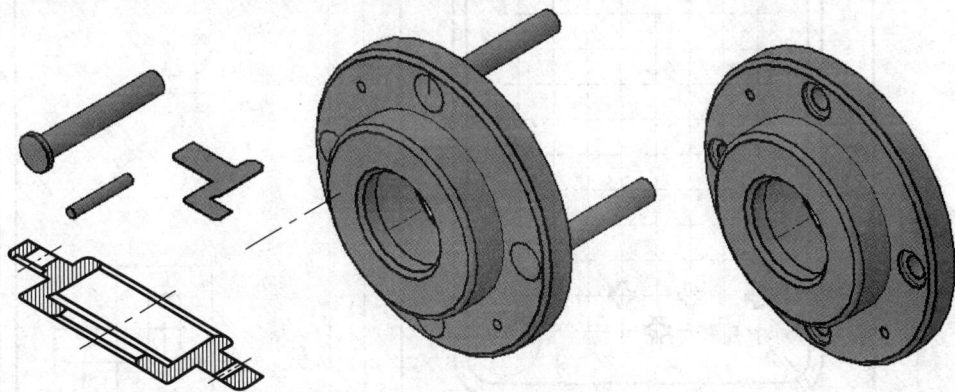

图 6-15　端盖实体

任务 6.2　漏　　盘

任务内容

阅读图 6-16 漏盘零件图，分析漏盘零件的表达方法与技术要求，完成漏盘零件图与实体造型。

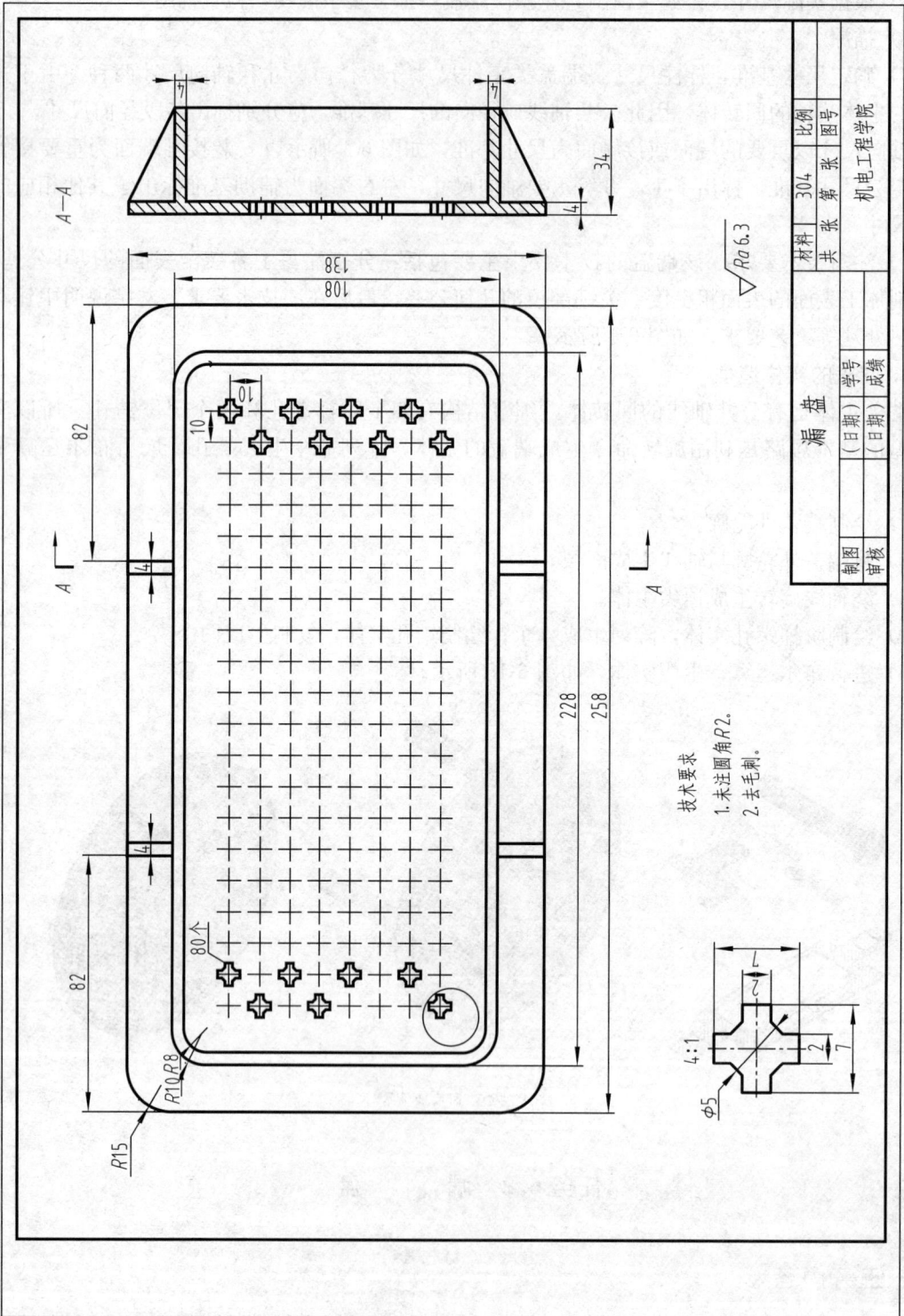

技术要求
1.未注圆角R2。
2.去毛刺。

图 6-16　漏盘

材料　304
共 张　第 张
比例　图号
机电工程学院

漏 盘
学号　成绩

制图　（日期）
审核　（日期）

$\sqrt{Ra\,6.3}$

任务目的

1）了解漏盘零件的作用、结构和加工工艺。
2）掌握机件的规定画法、简化画法和局部放大视图的表达方法。
3）完成漏盘零件图和实体造型。

任务知识

1. 漏盘零件的作用、结构和加工工艺

漏盘一般多为薄壁板材构件，结构相同的重复多孔是其最显著的特点。漏盘这类零件多用于分拣、清洗、非金属材料成型（如食品）、封闭空间的气液流通等功能。根据使用场合不同，所受负载不同，其结构也有所不同。多数承载小的漏盘是薄壁板材拉伸冲压冲裁而成的；部分承载较大的漏盘是板材焊接而成的。

2. 局部放大图

将机件的部分结构用大于原图形所采用的比例画出的图形，称为局部放大图。局部放大图可画成视图、剖视图或断面图，它与原图形的表达方式无关。当机件上某些细小结构在原图形中表达不清楚或不便于标注尺寸时，可采用局部放大图，如图 6-16 和图 6-17 所示。

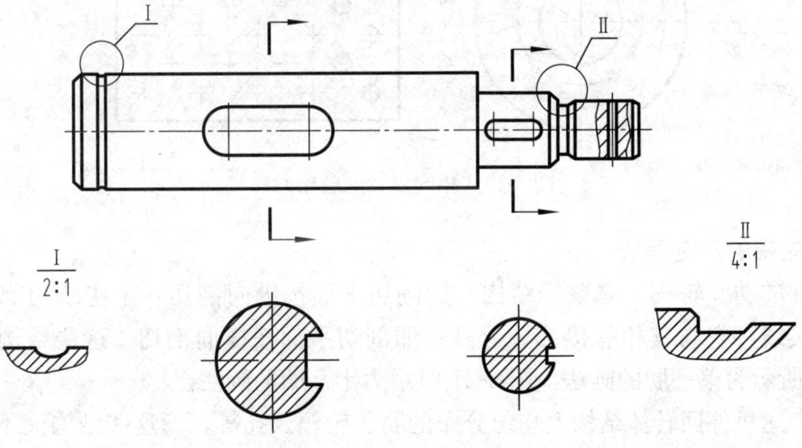

图 6-17　局部放大图（一）

在画局部放大图时，应用细实线圈出被放大的部位，并尽量配置在被放大部位的附近，而且要在图形上方标出放大的比例，如图 6-17 所示。

当同一机件有几个被放大的部分时，必须用罗马数字依次标明被放大的部位，并在局部放大图的上方标注出相应的罗马数字和采用的比例。当机件上仅有一个需放大的部位时，在局部放大图的上方只需标注采用的比例，如图 6-18 所示。

3. 相同结构要素的省略画法

机件上相同的结构要素（如齿、孔、槽等），并按一定规律分布时，可以只画出几个完整的要素，其余用细实线连接，或画出它们的中心位置，但图中必须注出该要素的总数，如图 6-19 所示。

2:1

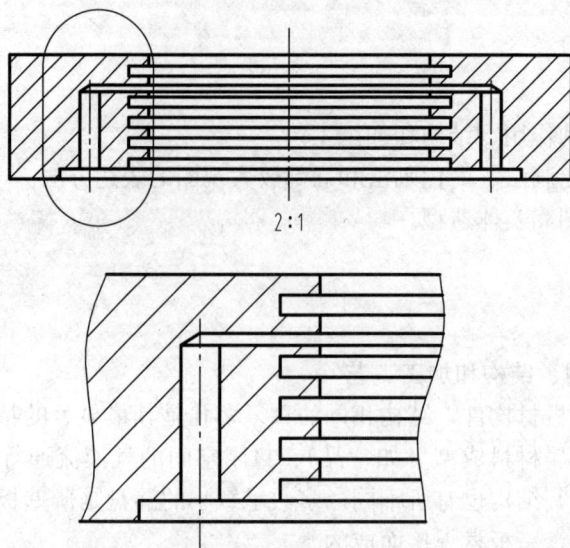

图 6-18　局部放大图（二）

图 6-19　相同要素的省略画法

4. 肋和轮辐的规定画法

对于机件的肋、轮辐、薄壁等结构，如剖切平面按纵向剖切，这些结构都不画剖面符号，而用粗实线将它与其相邻接部分分开；如剖切平面按横向剖切，这些结构画出剖切符号。图 6-20 所示为单一肋的画法，图 6-21 所示为十字肋的画法。

当需要表达机件回转体结构上均匀分布的肋、轮辐、孔等，而这些结构又不处于剖切平面上时，可将这些结构旋转到剖切平面上画出，不需加任何标注，如图 6-22 所示。

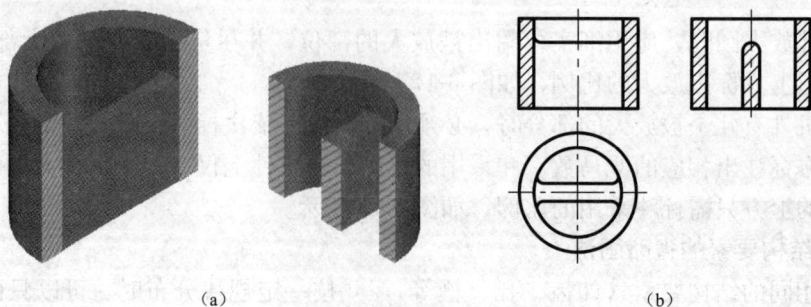

(a)　　　　　　　　　　　　　　　　　(b)

图 6-20　单一肋的画法
(a) 空间结构；(b) 视图

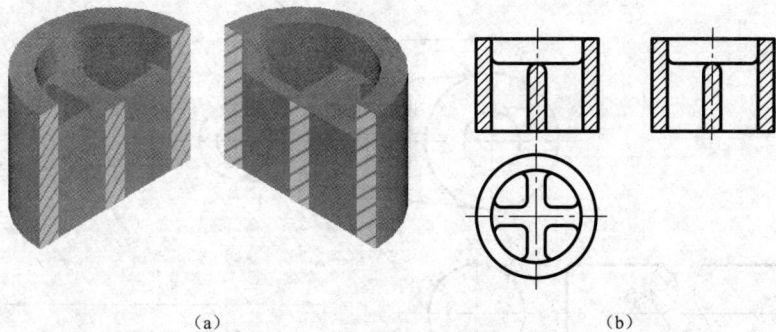

图 6-21 十字肋的画法
(a) 空间结构；(b) 视图

图 6-22 轮辐的规定画法
(a) 轮辐的画法；(b) 肋板的画法

5. 均匀分布的孔和对称图形的规定画法

圆柱形法兰和类似零件上均匀分布的孔可按图 6-23 绘制。在不引起误解时，对于对称机件的视图可只画 1/2 或 1/4，并要对称中心线的两端画出两条与其垂直的平行细实线，如图 6-24 所示。

图 6-23 均匀分布的画法

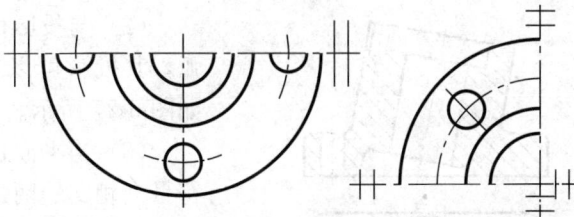

图 6-24 对称图形的画法

6. 断开画法

对较长的机件沿长度方向的形状一致或按一定规律变化时，例如轴、杆、型材、连杆等，可以断开后缩短表示，但要标注实际尺寸。画图时，可用图 6-25 中所示的方法表示。

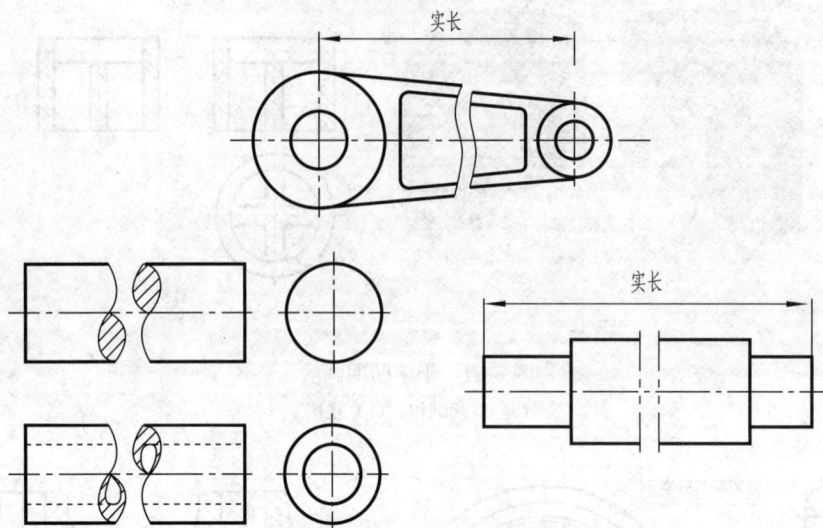

图 6-25　断开画法

7. 其他简化画法

（1）机件上的过渡线、相贯线在不会引起误解时，允许用圆弧或直线来代替非圆曲线，如图 6-26 所示。

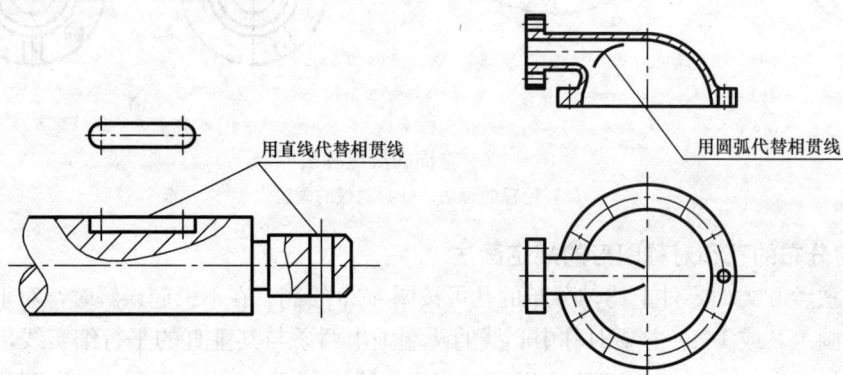

用直线代替相贯线

用圆弧代替相贯线

图 6-26　相贯线的简化画法

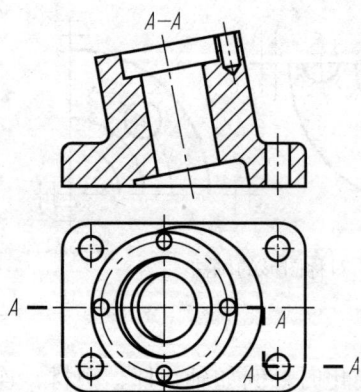

图 6-27　较小倾斜角度的圆的简化画法

（2）与投影面倾斜角度小于或等于 30°的圆或圆弧，其投影可以用圆或圆弧来代替真实投影的椭圆，如图 6-27 所示。

（3）当平面在图形中不能充分表达时，可用平面符号（相交的两条细实线）表示，如图 6-28 所示。

（4）当采用移出断面表达机件时，在不会引起误解的情况下，允许省略剖面符号，但剖切位置和断面图的标注必须按前述的规定绘制，如图 6-29 所示。

（5）机件上对称结构的局部视图，如键槽、方孔等可按图 6-30 所示的方法表示。

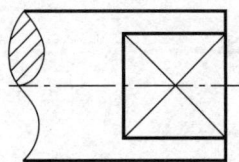

图 6-28　用符号表示平面　　　　　　　图 6-29　剖面符号可以省略的情况

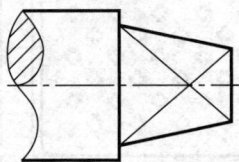

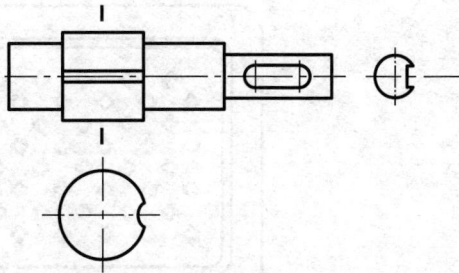

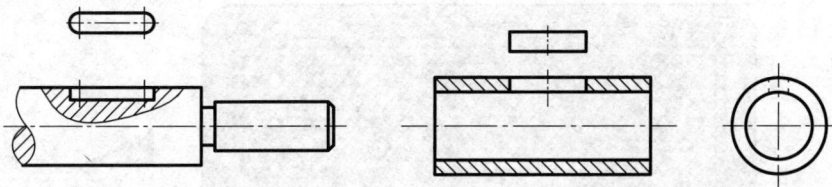

图 6-30　对称结构的简化画法

任 务 实 施

完成漏盘零件图与实体造型。任务实施过程如下。

1. 绘制漏盘零件图

（1）漏盘零件图的视图选择分析

漏盘零件主要在冲床、钻床、压力机上加工，因此选择 6-16 主视图时，符合冲床、钻床加工人员操作习惯，主视图选择符合加工原则，并且这个主视图最能反映各个孔之间位置特征，符合特征原则。漏盘内部一般孔结构较多，并且孔结构多为重复结构，所以左视图一般用全剖剖视图或表达一组孔结构的内部结构及相对位置。图 6-16 所示漏盘，孔结构偏小，采用了 4：1 的局部放大视图，这样将孔孔结构表达清楚，同时也方便标注尺寸。左视图肋板被纵剖，按照国家规定画法表达。

（2）绘制零件图步骤

1）选择适当图幅与比例，绘制边框与标题栏。

2）绘制主视图、左视图定位线，布图。

3）根据实际尺寸，完成主视图，左视图绘制，擦去多余的线，检查视图。

4）描深。

5）确定尺寸基准，标注尺寸。

6）注写技术要求，该漏盘的技术要求精度要求较低，注写如图 6-16 所示。

2. 漏盘的实体造型

漏盘主体是主要是板材，细节结构有 80 个重复结构孔，所以实体造型的基本思路是利用拉伸命令生成端盖的主体，拉伸、镜像命令生成肋板，最后布尔运算生成实体。

1）按照零件图 6-16 尺寸精确绘制漏盘底板外轮廓、围板轮廓、肋板侧面（三角形）轮廓，如图 6-31（a）所示。

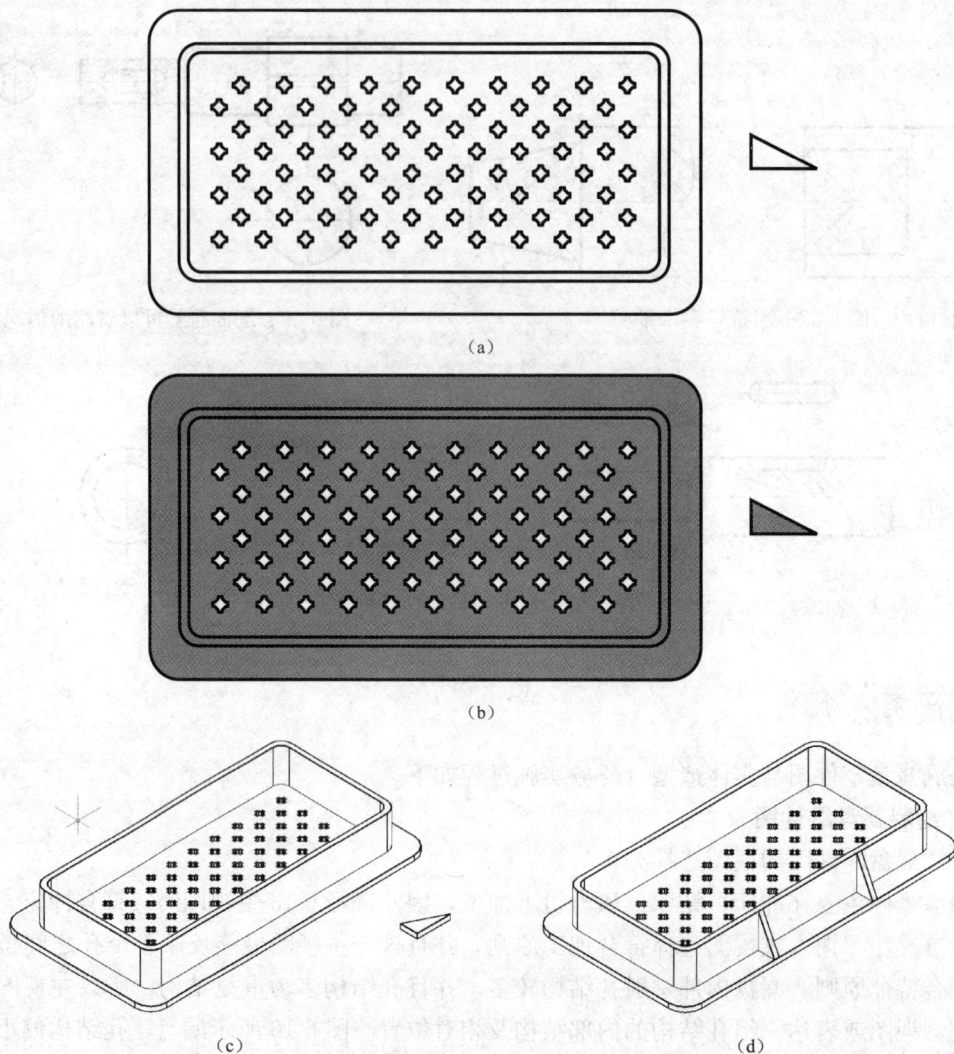

图 6-31　漏盘实体

（a）绘制截面；（b）生成面域；（c）拉伸；（d）放置肋板

2）按照零件图 6-16 尺寸精确绘制底板孔形状，并用复制、阵列等命令生成如图 6-31（a）所示的 80 个孔。

3）将漏盘大底板、80 个孔、肋板侧面（三角形）、围板内外轮廓生成面域，如图 6-31（b）所示。

4）运用布尔运算求差，大底板面域减去 80 个孔面域；围板外轮廓面域减去内轮廓面域，如图 6-31（b）所示。

5）底板面域向下拉伸 4，围板面域向上拉伸 30，肋板面域拉伸 4，如图 6-31（c）所示。

6）利用对齐命令将肋板放到准确位置；两次镜像命令，生成 4 个肋板，如图 6-31（d）所示。

7）进行布尔运算求和，生成实体，如图 6-31（d）所示。

项目 7 箱 体 类 零 件

知识目标

1）了解箱体类零件的作用、结构和加工工艺。
2）了解螺纹的基本知识、掌握螺纹的正确画法及标注。
3）掌握螺纹紧固件的基本知识与装配画法。
4）学习草图绘制的基本知识。
5）学习箱体类零件的表达方法。

能力目标

1）空间想象能力和空间构思能力。
2）创新能力。
3）零件的表达能力。

素质目标

1）团队协作精神的培养。
2）良好的与人交流与协作精神。
3）探究性学习和创新精神。

任务 7.1 铣 刀 头 座

任务内容

分析铣刀头座零件（见图 7-1），了解该零件的结构特点，完成铣刀头座零件图草图绘制与零件图绘制。

任务目的

1）了解铣刀头座零件的作用、结构和加工工艺。
2）了解螺纹的概念、作用及构成要素。
3）掌握螺纹的正确画法及标注。
4）掌握螺纹紧固件的基本知识与装配画法。
5）完成螺纹紧固件的装配图和实体造型。

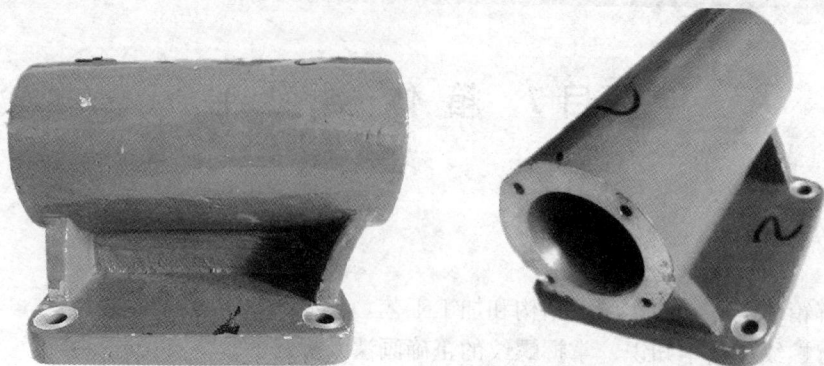

图 7-1　铣刀头座零件

6）学习草图绘制的基本知识。

7）完成铣刀头座零件的草图绘制。

8）完成铣刀头座零件图。

任务知识

1. 铣刀头座零件的作用、结构和加工工艺

铣刀头是一种用于大件切削的机床附件，例如装在龙门铣床上进行铣削加工。铣刀装在铣刀盘上，铣刀盘通过键与轴连接，当动力通过 V 带传给带轮，经键传到轴，即可带动铣刀盘转动，对零件进行铣削加工。

铣刀头座属于箱体类零件，是铣刀头轴承、轴、端盖等零件的安装基体。箱体类零件主要用来支承、包容运动零件或其他零件，其内部有空腔、孔等结构，形状比较复杂。箱体类是机器或部件的基础零件，它将机器或部件中的轴、套、齿轮等有关零件组装成一个整体，使它们之间保持正确的相互位置，并按照一定的传动关系协调地传递运动或动力。因此，箱体的加工质量将直接影响机器或部件的精度、性能和寿命。常见的箱体类零件有机床主轴箱、机床进给箱、变速箱体、减速箱体、发动机缸体、机座等。

根据箱体零件的结构形式不同，可分为整体式箱体和分离式箱体。前者是整体铸造、整体加工，加工较困难，但装配精度高；后者可分别制造，便于加工和装配，但增加了装配工作量。

箱体材料一般选用 HT200～HT400 的各种牌号的灰铸铁，而最常用的为 HT200。灰铸铁不仅成本低，而且具有较好的耐磨性、可铸性、可切削性和阻尼特性。在单件生产或某些简易机床的箱体，为了缩短生产周期和降低成本，可采用钢材焊接结构。此外，精度要求较高的坐标镗床主轴箱则选用耐磨铸铁。负荷大的主轴箱也可采用铸钢件。

毛坯的加工余量与生产批量、毛坯尺寸、结构、精度、铸造方法等因素有关。有关数据可查有关资料及根据具体情况决定。

毛坯铸造时，应防止砂眼和气孔的产生。为了减小毛坯制造时产生残余应力，应使箱体壁厚尽量均匀，箱体浇铸后应安排时效或退火工序。

箱体类零件形状复杂、壁薄且不均匀，内部呈腔形，加工部位多，加工难度大，既有精度要求较高的孔系和平面，也有许多精度要求较低的紧固孔。因此，一般中型机床制造厂用于箱体类零件的机械加工劳动量约占整个产品加工量的 15%～20%。

2. 螺纹的概念、作用及构成要素

（1）螺纹的形成、作用

螺纹为回转面上沿螺旋线所形成的、具有相同剖面的连续凸起和沟槽。在圆柱或圆锥外表面上形成的螺纹称外螺纹，如图 7-2（a）所示；在圆柱或圆锥内表面上形成的螺纹称内螺纹，如图 7-2（b）所示。内、外螺纹的加工方法如图 7-3 所示。

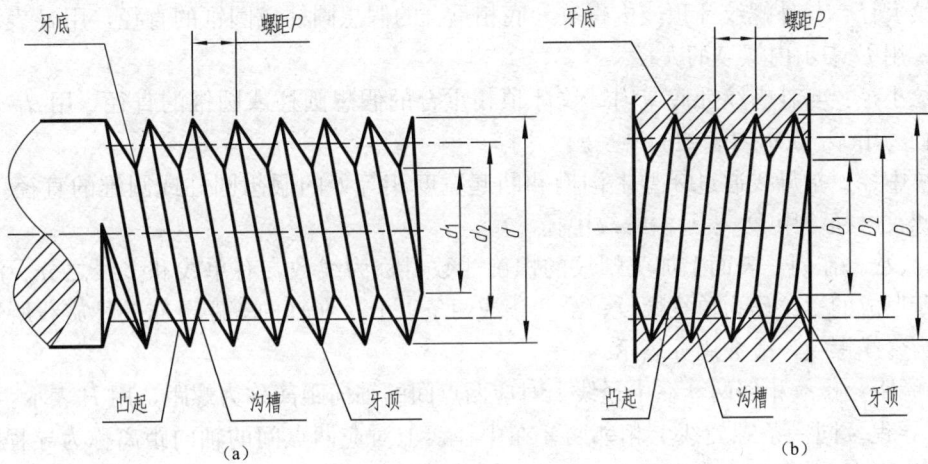

图 7-2 螺纹
（a）外螺纹；（b）内螺纹

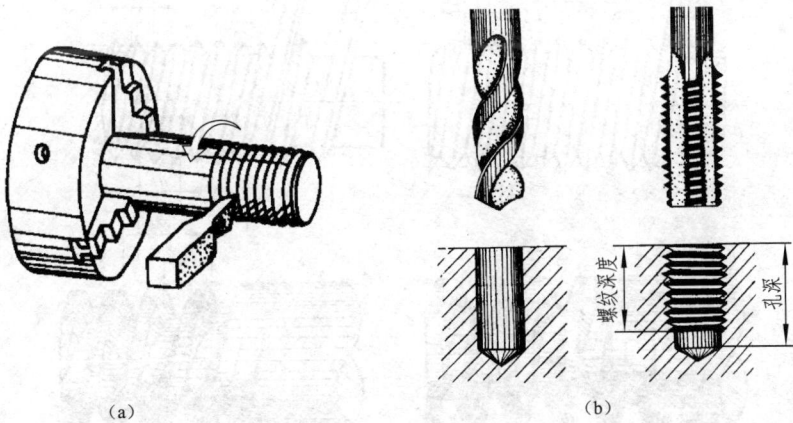

图 7-3 螺纹加工
（a）外螺纹加工；（b）内螺纹加工

螺纹按其用途可分为紧固螺纹、传动螺纹、管螺纹和专用螺纹。紧固螺纹是指起紧固连接作用的螺纹如普通螺纹、小螺纹；传动螺纹是指起传动作用的螺纹如梯形螺纹、锯齿形螺纹和矩形螺纹；管螺纹是指管用螺纹如 55°密封管螺纹、米制锥螺纹；专用螺纹是指专门用途螺纹如气瓶专用螺纹。

螺纹按其标准化程度可分为标准螺纹、特殊螺纹和非标准螺纹。标准螺纹是指牙型、公称直径和螺距三个要素均符合国家标准的螺纹。只有牙型符合国家标准的螺纹称为特殊螺纹，凡牙型不符合国家标准的螺纹称为非标准螺纹。

（2）螺纹的要素

1）牙型。在通过螺纹轴线的剖面上，螺纹的齿廓形状称为牙型。相邻两牙侧面间的夹角称为牙型角。图7-2所示为三角形螺纹，常用的还有矩形、梯形、锯齿形等牙型。

2）公称直径。代表螺纹尺寸的直径，通常指螺纹大径的公称尺寸。

螺纹大径：与外螺纹牙顶或内螺纹牙底相重合的假想圆柱或圆锥的直径，用 d 表示外螺纹大径，用 D 表示内螺纹的大径。

螺纹小径：与外螺纹牙底或内螺纹牙顶相重合的假想圆柱或圆锥的直径，用 d_1 表示外螺纹小径，用 D_1 表示内螺纹的小径。

螺纹中径：指母线通过牙型上沟槽和凸起宽度相等处的假想圆柱或圆锥的直径。用 d_2 表示外螺纹中径，用 D_2 表示内螺纹中径。

3）线数。在同一表面上加工螺纹的螺旋线数目称为线数，有单线和多线之分。沿一条螺旋线所形成的螺纹称为单线螺纹；沿两条或两条以上，在轴向等距分布的螺旋线所形成的螺纹称为多线螺纹，线数用 n 表示。

4）螺距。螺纹相邻两牙在中径线上对应两点间的轴向距离称为螺距，用 P 表示。

5）导程。同一条螺旋线上相邻两牙在中径线上对应两点间的轴向距离称为导程，用 S 表示。单线螺纹的导程等于螺距即 $S=P$，如图7-4（a）所示；多线螺纹导程等于线数乘以螺距，即 $S=nP$。图7-4（b）所示为是一个双线螺纹，则它的导程就是其螺距的两倍。

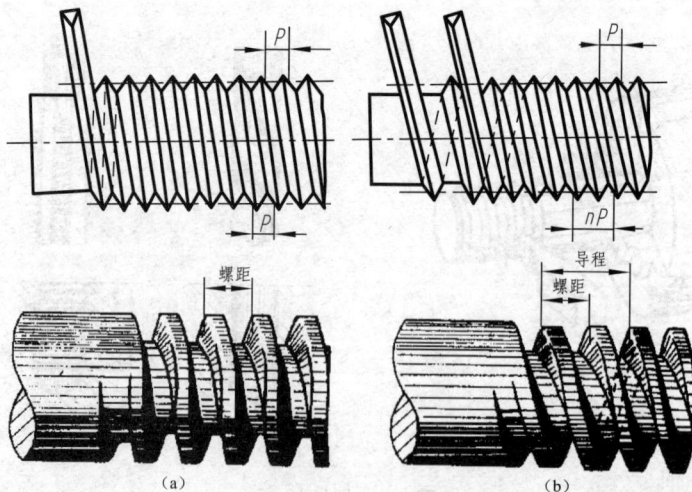

图 7-4 线数

（a）单线螺纹；（b）多线螺纹

6）旋向。螺纹的旋向是指螺旋线在圆柱或圆锥等立体表面上的绕行方向，有右旋和左旋两种，工程上常采用右旋螺纹。

　　螺纹的旋向可以根据螺纹旋进旋出的方向来判断，按顺时针方向旋入的螺纹称为右旋螺纹，按逆时针方向旋入的螺纹称为左旋螺纹。也可按图 7-5 所示用左、右手的方法来判断。

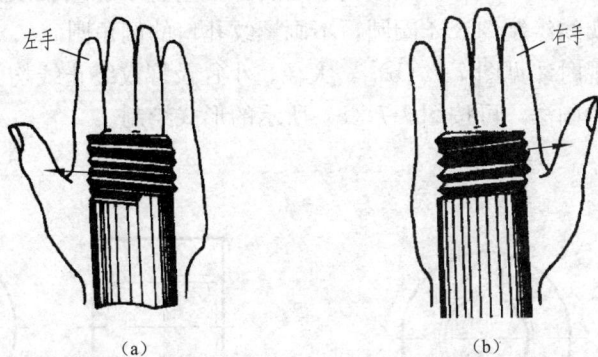

图 7-5　螺纹旋向的判断
(a) 左旋；(b) 右旋

3. 螺纹的规定画法

为了简化作图，GB/T 4459.1—1995 中规定了内、外螺纹及螺纹连接的画法。

(1) 外螺纹的规定画法

外螺纹的画法如图 7-6 (a) 所示。

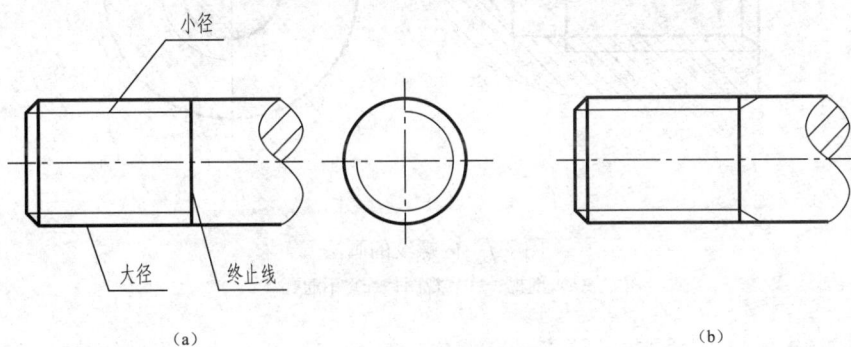

图 7-6　外螺纹的画法
(a) 一般情况；(b) 必要时画收尾部分

　　在平行于螺纹轴线的视图中：螺纹的牙顶（大径）用粗实线绘制；牙底（小径）可取大径的 0.85 倍，用细实线绘制，并画到螺杆的倒角或倒圆部分；螺纹终止线用粗实线绘制。

　　在垂直于螺纹轴线的视图中：大径用粗实线绘制；小径用细实线绘制约 3/4 圈圆；螺杆端面的倒角圆不需画出。

　　在绘制外螺纹时，一般不需绘制螺纹的收尾部分，必要时可以用与螺纹轴线呈 30°的细实线绘制，如图 7-6 (b) 所示。

（2）内螺纹的规定画法

内螺纹的画法如图 7-7 所示。

当螺纹孔作剖视时［见图 7-7（a）］：在平行于螺纹轴线的视图中，牙顶（小径）及螺纹终止线用粗实线绘制；牙底（大径）用细实线绘制。在垂直于螺纹轴线的视图中，小径用粗实线绘制；大径用细实线绘制约 3/4 圈圆，不画螺纹孔口的倒角圆。

当螺纹孔不作剖视时［见图 7-7（b）］：大径、小径及螺纹终止线均为虚线。

对于不通孔螺纹的画法，可按图 7-7（c）所示的形式绘制。

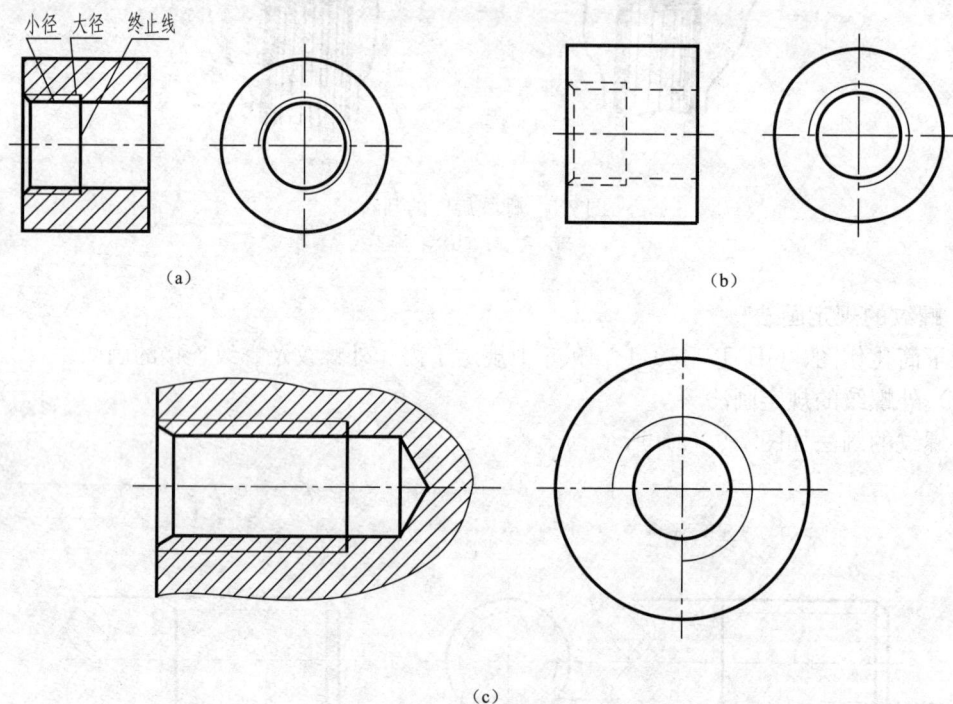

图 7-7　内螺纹的画法

(a) 剖视；(b) 视图；(c) 不通孔

（3）内、外螺纹连接的画法

国家标准规定，在剖视图中，其旋合部分按外螺纹画法绘制，其余部分仍按各自的画法绘制，如图 7-8 所示。

（4）螺纹牙型的表示方法

在绘制螺纹时，一般不需表示螺纹的牙型，必要时可采用局部剖视图［见图 7-9（a）］、全剖视图［见图 7-9（b）］、局部放大图［见图 7-9（c）］的形式绘制。

4. 螺纹的标记

螺纹采用规定画法后，为了表示各种螺纹及参数，应在图样上按规定形式进行标记，以表示该螺纹的牙型、公称直径、螺距、公差带等。

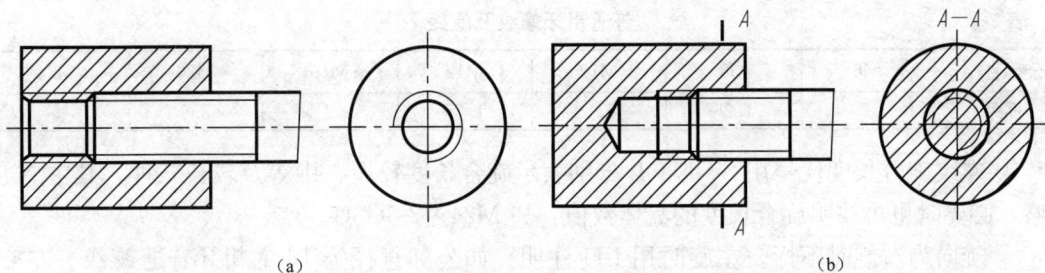

图 7-8 内外螺纹连接的画法
(a) 通孔；(b) 不通孔

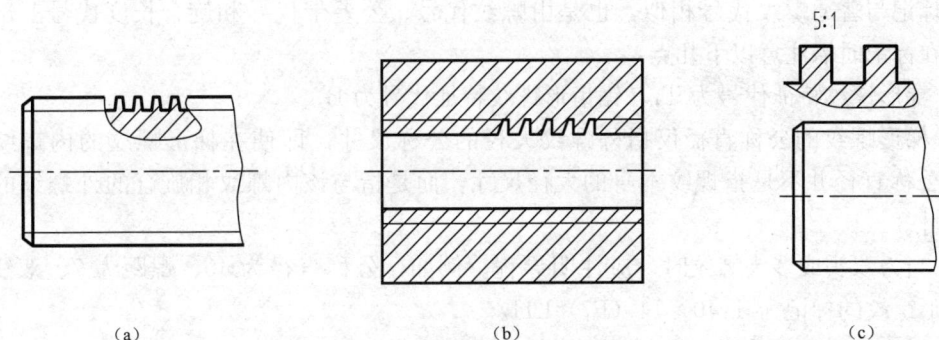

图 7-9 螺纹牙型表示法
(a) 局部剖视图；(b) 全剖视图；(c) 局部放大图

（1）普通螺纹标记方法

一个完整的螺纹标记由螺纹代号（包括特征代号、公称直径、螺距、旋向）、螺纹公差带代号和旋合长度代号组成，各代号之间用"-"隔开。

1）单线螺纹的标注方法：

特征代号　公称直径×螺距　旋向-螺纹公差带代号-旋合长度

例如：M16×2 右-5g 6g-N。

表示的是：普通粗牙螺纹，螺距为2，右旋，中径的公差带代号为5g，顶径的公差带代号为6g，旋合长度为中等旋合长度。

2）多线螺纹的标注方法：

特征代号　公称直径×导程（P 螺距）　旋向-螺纹公差带代号-旋合长度

例如：M16×4（P2）右-5g 6g-N。

表示的是：普通粗牙螺纹，导程为4，螺距为2，右旋，中径的公差带代号为5g，顶径的公差带代号为6g，旋合长度为中等旋合长度。

3）标记普通螺纹的注意要点：

① 普通螺纹的特征代号为 M。

② 公称直径为螺纹大径的公称尺寸。

③ 粗牙普通螺纹的螺距应省略不注，细牙螺纹应注明螺距。

表7-1列出了常用普通粗牙螺纹及螺距；螺纹公差带代号由两项公差代号组成，前项表示螺纹中径公差，后项表示顶径公差。当中径与顶径公差代号完全相同时，则只需标注一个代号。代号字母大写表示内螺纹公差，小写表示外螺纹公差。例如普通内螺纹 M12-6H。

表 7-1　　　　　　　　　　　　　　　　　普通粗牙螺纹及螺距

公称直径	M6	M8	M10	M12	M16	M20	M24
螺距	1	1.25	1.5	1.75	2	2.5	3

④ 螺纹旋合长度代号用 S、N、L 分别表示旋合长度较短、中等及较长三种，其中 N 应省略，必要时也可注明旋合长度的具体数值，如 M24×2-5G6G-40。

⑤ 旋向为右旋时不标，左旋时用 LH 注明。如公称直径为 16 的粗牙普通螺纹、左旋，标记为 M16LH。

（2）梯形螺纹和锯齿形螺纹

其标记与普通螺纹代号相似，也是由螺纹代号、公差带代号和旋合长度代号三部分组成，但在标记时需注意以下几点：

1）梯形螺纹特征代号为 Tr，锯齿形螺纹特征代号为 B。

2）梯形螺纹的公称直径仅指外螺纹大径的公称尺寸，即使在梯形螺纹的内螺纹标记中，其公称直径并不是指螺纹本身的大径尺寸，而是指与该内螺纹相旋合的外螺纹的大径公称尺寸。

3）当为双头或多头螺纹时，应注明导程。例如，公称直径为 40、螺距为 7、双线、左旋的梯形螺纹的标记为 Tr40×14（P7）LH。

4）螺纹的公差带代号只指中径的公差带代号。例如 B32×6-7E，表示公称直径为 32、螺距为 6、中径公差带代号为 7E 的锯齿形螺纹。

5）螺纹的旋合长度代号只有长（L），中等（N）两组。

（3）管螺纹

管螺纹分为用螺纹密封的管螺纹（55°和 60°两种）和非螺纹密封的管螺纹两种。

用螺纹密封的管螺纹的标记：

螺纹特征代号　尺寸代号　旋向

非螺纹密封的管螺纹的标记：

螺纹特征代号　尺寸代号　公差等级　旋向

在标记管螺纹时应注意以下问题：

1）55°用螺纹密封的管螺纹中：锥管外螺纹的特征代号为 R；锥管内螺纹的特征代号为 R_c；圆柱内螺纹为 R_p。例如，尺寸代号为 3/4 的用螺纹密封的锥管内螺纹标记为 R_c3/4。60°用螺纹密封的管螺纹中：锥管外螺纹的特征代号为 NPT；锥管内螺纹的特征代号为 NPSC；密封管螺纹公差等级只有一种，不标记。

2）非螺纹密封的管螺纹的特征代号为 G。公差等级代号只有外螺纹需要标注，分为 A、B 两级，内螺纹不标注。例如，尺寸代号为 1/2、公差等级为 A 的外螺纹的标记为 G1/2A。

3）标记中尺寸代号无单位，不要误认为以英寸或毫米为单位。

（4）内外螺纹连接

当内外螺纹连接在一起时，它们的公差带代号用斜线隔开。斜线之左表示内螺纹公差，斜线之右表示外螺纹公差，如 M20×2-6H/6g。

（5）螺纹代号在图样上的标注

1）公称直径以 mm 为单位的螺纹，其标记应直接注在大径的尺寸线上或其延长线上。

2）管螺纹的标记一律注在大径处的引出线上（投影面与螺纹轴线平行）或对称中心处引出线上（投影面与螺纹轴线垂直）。

常用螺纹的标注如图 7-10 所示。

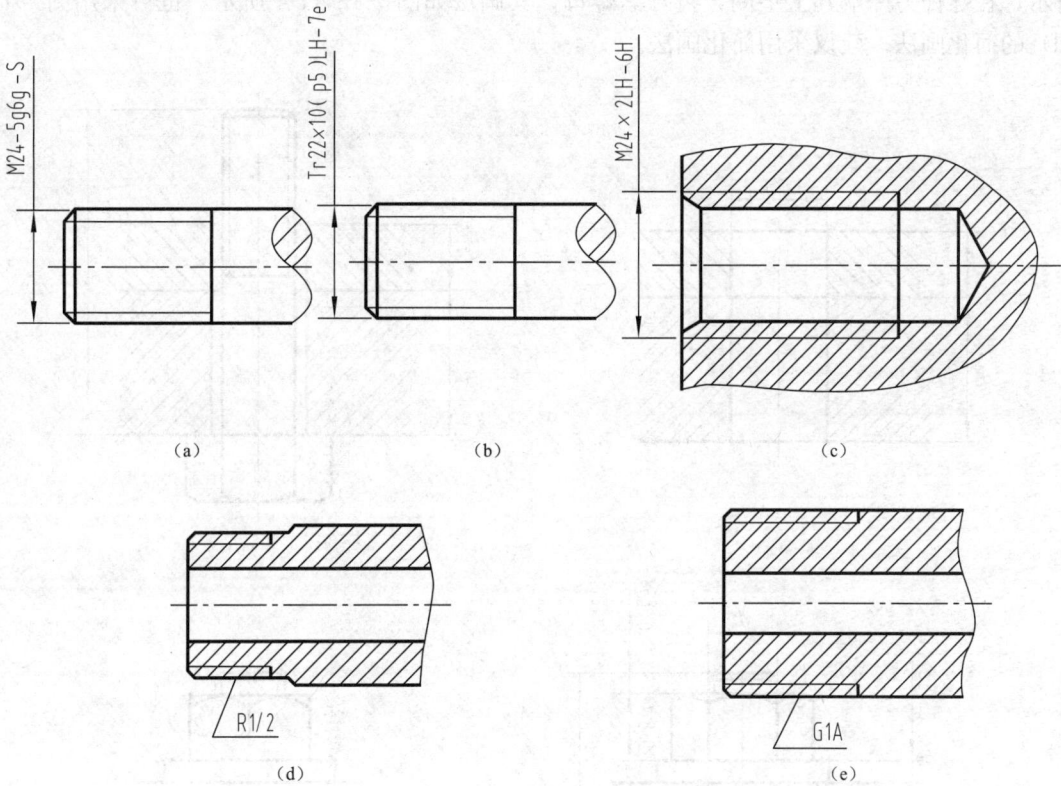

图 7-10　常用螺纹的标注

（a）普通外螺纹；（b）梯形螺纹；（c）普通内螺纹；（d）锥管外螺纹；（e）非螺纹密封管螺纹

5. 螺纹紧固件的装配画法

螺纹紧固件连接形式如图 7-11 所示。

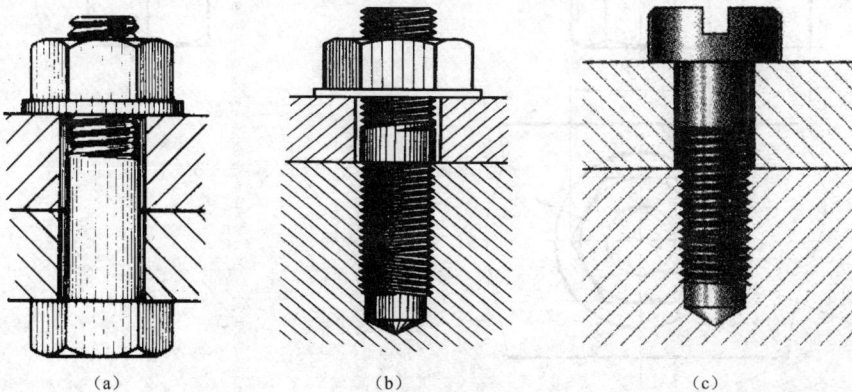

图 7-11　螺纹紧固件

（a）螺栓连接；（b）螺柱连接；（c）螺钉连接

（1）螺栓连接

螺栓用于连接厚度不大的两个零件。连接前，先在两个被连接零件上钻出通孔，如图 7-12 （a）所示，通孔直径比螺栓大径略大（约等于 1.1d）；再将螺栓穿入通孔中，如图 7-12 （b）所示，在螺杆另一端套上垫圈，再拧紧螺母，其画法如图 7-12 （c）所示，也可采用图 7-12 （d）的简化画法。建议采用简化画法。

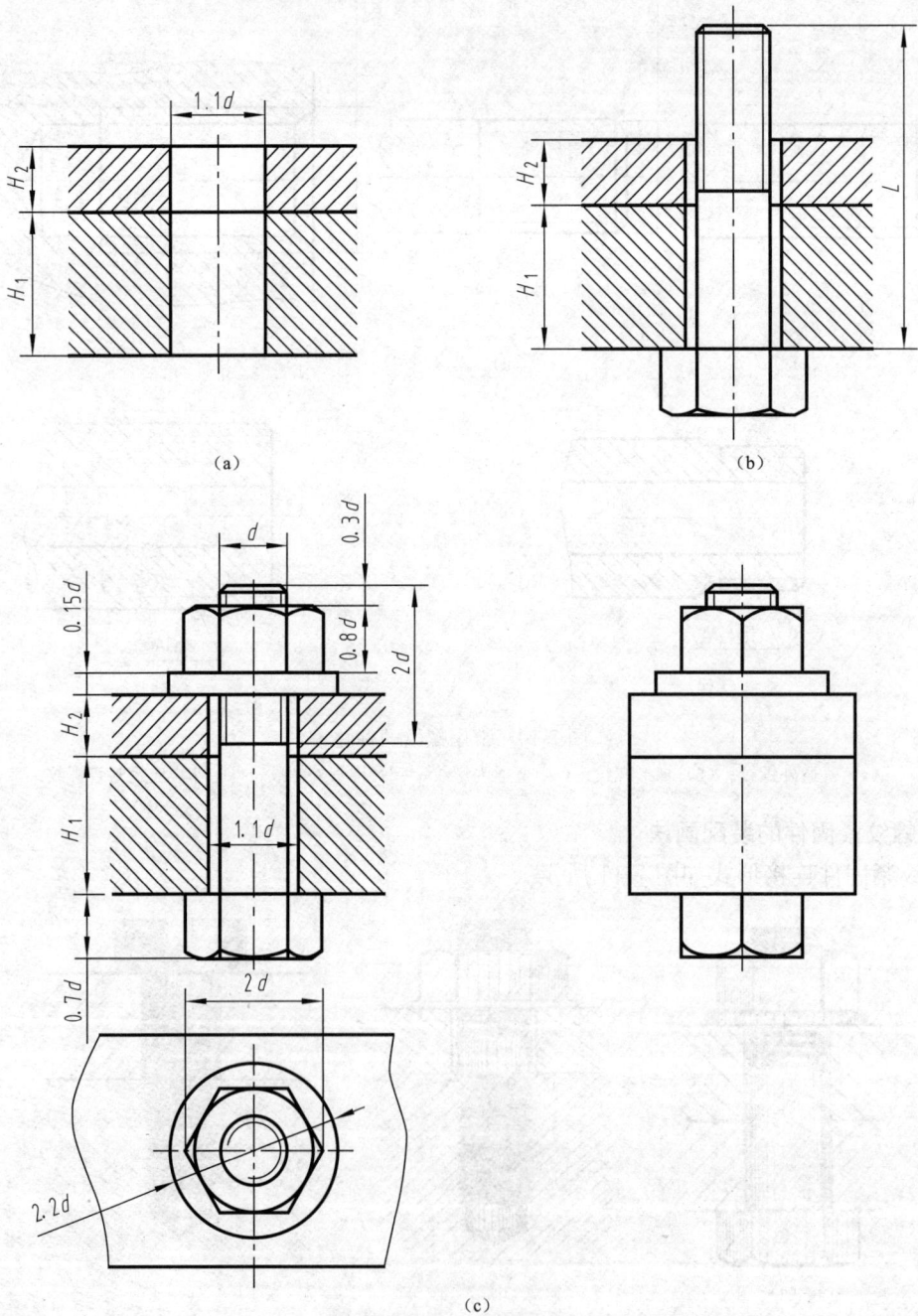

图 7-12　螺栓连接（一）

（a）通孔；（b）插入螺栓；（c）装配图

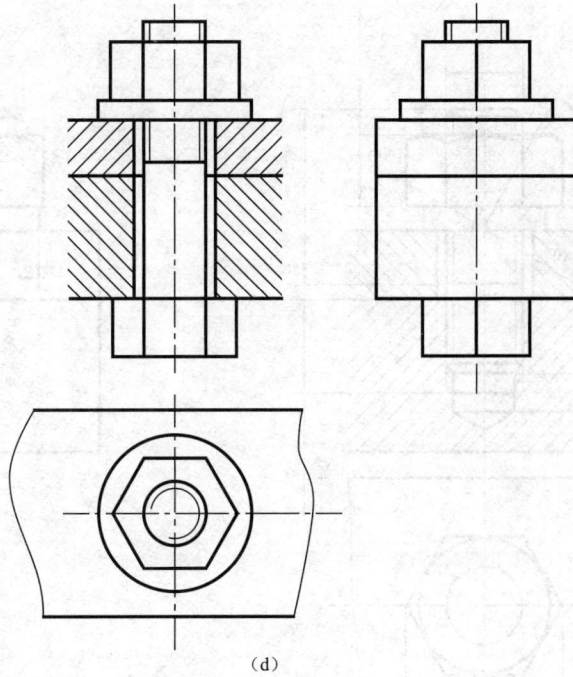

图 7-12　螺栓连接（二）

（d）简化画法

在画螺纹连接图时，应遵守以下的基本规定：

1）零件的接触面画一条线，不接触表面画两条线。

2）相邻两个零件的剖面线方向相反，或者方向一致、间隔不等。

3）当剖切平面通过紧固件和实心零件（如螺钉、螺栓、螺母、垫圈、键、销、球、轴等）的轴线时，这些零件均按不剖绘制，即仍画外形；需要时，可采用局部剖视。

（2）螺柱连接

当两个被连接的零件有一个较厚，不宜钻通时，可采用螺柱连接如图 7-13 所示。通常在

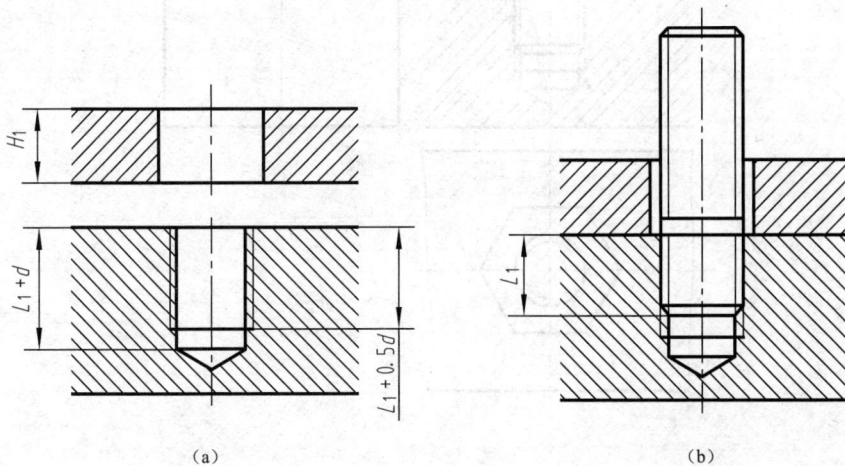

图 7-13　螺柱连接（一）

（a）被连接件；（b）旋入螺柱

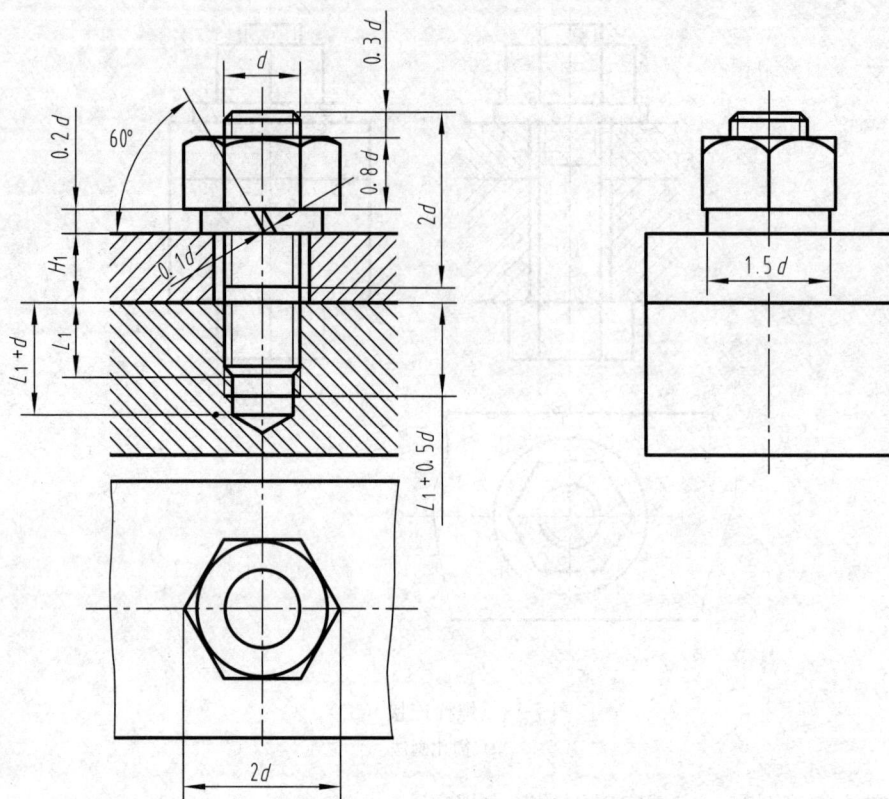

(c)

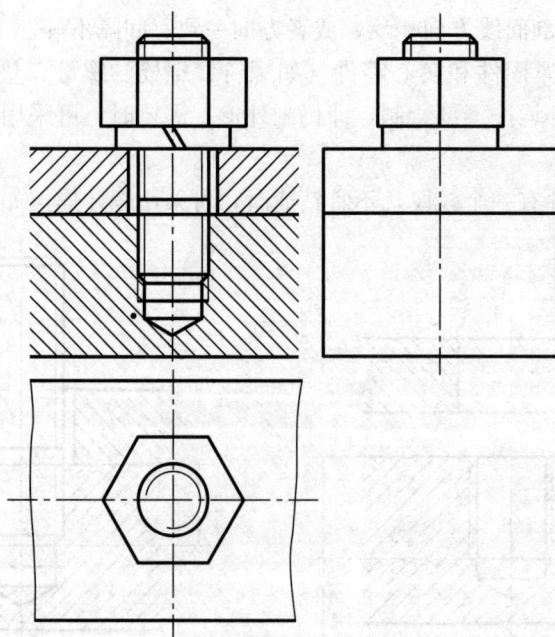

(d)

图 7-13　螺柱连接（二）

(c) 装配图；(d) 简化画法

较薄的零件上钻孔，其直径比螺柱大径稍大（约 $1.1d$），在较厚的零件上则加工出螺孔，如图 7-13（a）所示。当采用弹簧垫圈时，斜口方向应是阻止螺母松动的方向，在图中应画成与水平线呈 60°向左倾斜的两条平行线，开槽宽 $m = 0.1d$。双头螺柱的连接画法如图 7-13（c）所示，也可采用图 7-13（d）的简化画法。

双头螺柱旋入端长度为保证连接可靠，旋入端的长度 L_1 随被旋入零件材料的不同而有以下三种情况：

1）对于钢或青铜 $L_1 = d$

2）对于铸铁 $L_1 = (1.25 \sim 1.5)d$

3）对于铝合金 $L_1 = 2d$

（3）螺钉连接

螺钉连接用于受力不大的地方，将螺钉穿过较薄被连接零件的通孔后，直接旋入较厚被连接零件的螺孔内。螺钉连接的画法如图 7-14 所示。

画螺钉连接图时应注意以下几点：

1）螺钉的螺纹终止线应在螺孔顶面之上。

2）螺钉的头部的一字槽，在主视图中放正画在中间位置，在投影为圆的视图中，应画成与水平线呈 45°的两条平行斜线，槽的宽度也可用加粗的粗实线简化表示，如图 7-14（b）所示。

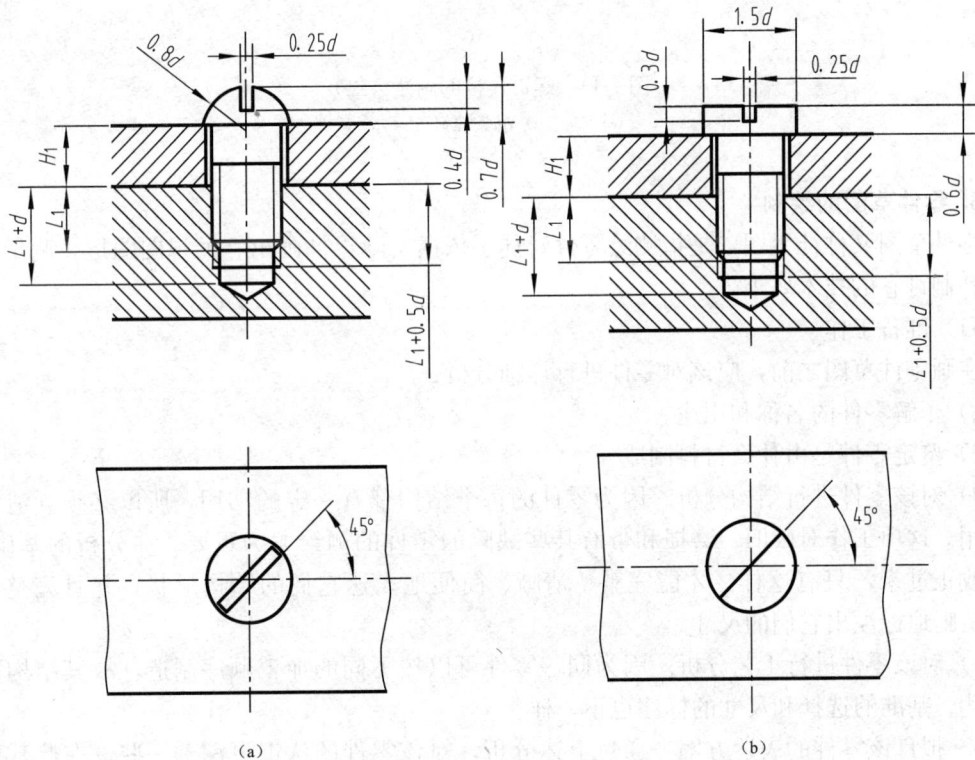

图 7-14 螺钉连接的画法（一）

（a）半圆头螺钉；（b）圆柱头螺钉

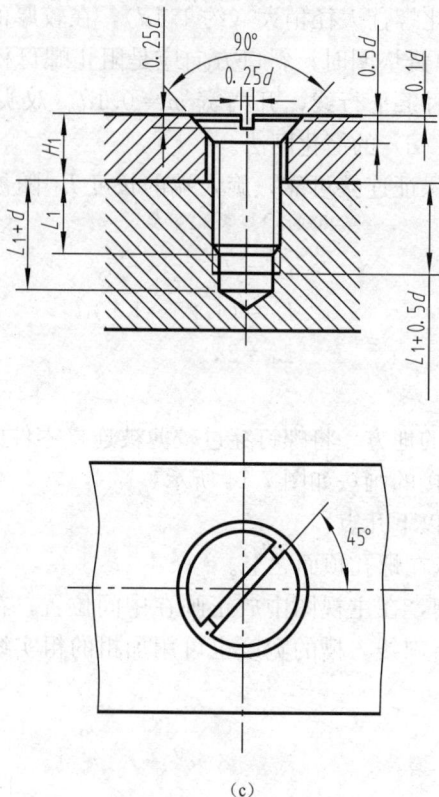

图 7-14 螺钉连接的画法（二）

（c）沉头螺钉

6. 零件草图的绘制

零件草图又称徒手图，是指测绘零件时徒手依据实际零件画出它的视图图形，测量它的尺寸和制订它的技术要求。

（1）准备工作

在画零件草图之前，应该对零件进行详细分析：

1）了解零件的名称和用途。

2）鉴定零件是由什么材料制成。

3）对该零件进行结构分析。因为零件的每个结构都有一定的功用，所以必须弄清它们的功用。这项工作对破旧、磨损和带有某些缺陷的零件的测绘尤为重要。在分析的基础上，把它改正过来，只有这样，才能完整、清晰、简便地表达它们的结构形状，并且完整、合理、清晰地标注出它们的尺寸。

4）对该零件进行工艺分析。因为同一零件可以按不同的加工顺序制造，故其结构形状的表达、基准的选择和尺寸的标注也不一样。

5）拟订该零件的表达方案。通过上述分析，对该零件的认识更深刻一些，在此基础上再来确定主视图、视图数量和表达方法。

（2）画零件草图的步骤

1）在图纸上定出各个视图的位置。画出各视图的基准线、中心线，安排各视图的位置时，要考虑到各视图间应有标注尺寸的地方，画出右下角的标题栏。

2）详细地画出零件的外部及内部的结构形状。

3）选择基准和画尺寸线、尺寸界线及箭头。经过仔细校核后，将全部轮廓线描深，画出剖面符号等。熟练时，也可一次画好。

4）测量尺寸，定出技术要求，并将尺寸数字、技术要求记入图中。应该把零件上全部尺寸集中一起测量，使有联系的尺寸能够联系起来，这不但可以提高工作效率，还可以避免错误和遗漏尺寸。

任务实施

完成铣刀头座零件图草图绘制与零件图绘制。任务实施过程如下。

1. 铣刀头座零件草图的测绘

通过了解铣刀头座的材料、形状与结构特点、加工工艺，箱体类零件加工位置多变，选择主视图时，主要考虑形状特征或工作位置。

（1）视图确定

铣刀头座，主视图可以采用全剖视表达其内部形状和各部分的相对位置。俯视图采用对称画法并作局部剖，反映底板的形状和孔的位置。左视图反映左右两端面形状，其上分布的螺纹孔、支撑板的结构等，如图 7-15 铣刀头座草图所示。

（2）尺寸标注

箱体类零件在长度、宽度和高度三个方向上的尺寸基准类同与叉架类零件也通常选孔的中心线、轴线、对称面或较大的加工面。铣刀头座长度方向尺寸基准为两端面，宽度方向的尺寸基准选前后对称面，高度方向尺寸基准选底面，分别标出了各项尺寸。箱体类零件结构复杂，尺寸多，要仔细分析，逐个标出定形尺寸和定位尺寸，并合理安排，如图 7-15 铣刀头座草图所示。

（3）注写技术要求

根据设计要求与生产加工工艺要求，注写铣刀头座的技术要求。分别注写装配表面的尺寸公差、各切削加工表面的表面粗糙度，最后在"技术要求"文字说明中注写铣刀头座铸造的工艺要求。技术要求部分参照图 7-15 铣刀头座草图完成标注。

1）孔与孔的位置精度（同一轴线上孔的同轴度误差和孔端面对孔轴线的垂直度误差）：造成孔安装倾斜，导致轴径向跳动和轴向窜动，加剧轴承磨损。

2）孔和平面的位置精度：主要规定孔和安装基准面的平行度。

3）表面粗糙度：影响配合面的配合性质和接触刚度。

2. 铣刀头座零件图的绘制

根据零件草图整理绘制铣刀头座零件图，如图 7-16 所示。

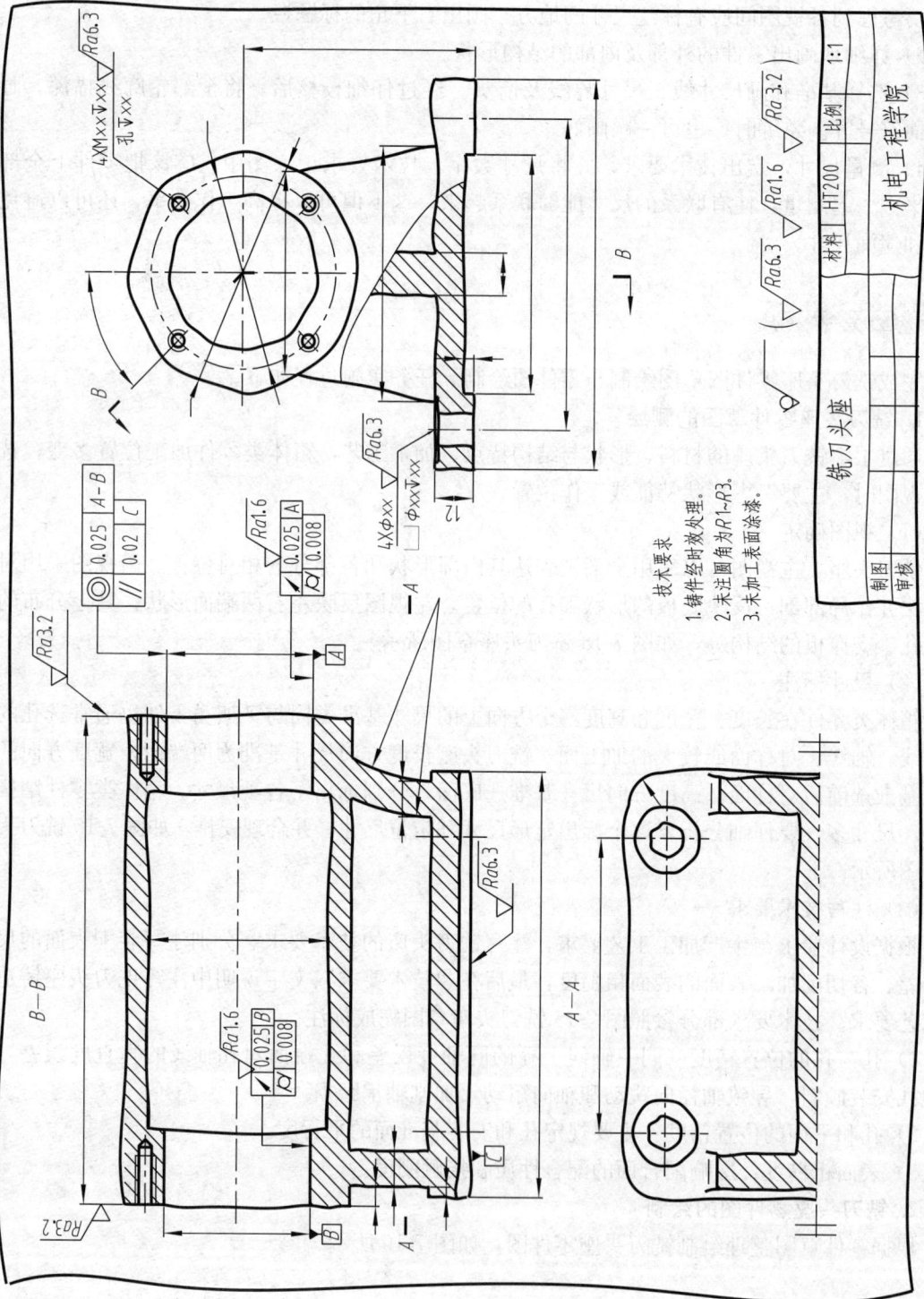

图 7-15　铣刀头座草图

技术要求
1. 铸件经时效处理。
2. 未注圆角为R1~R3。
3. 未加工表面涂漆。

铣刀头座

材料	HT200	比例	1:1
制图			机电工程学院
审核			

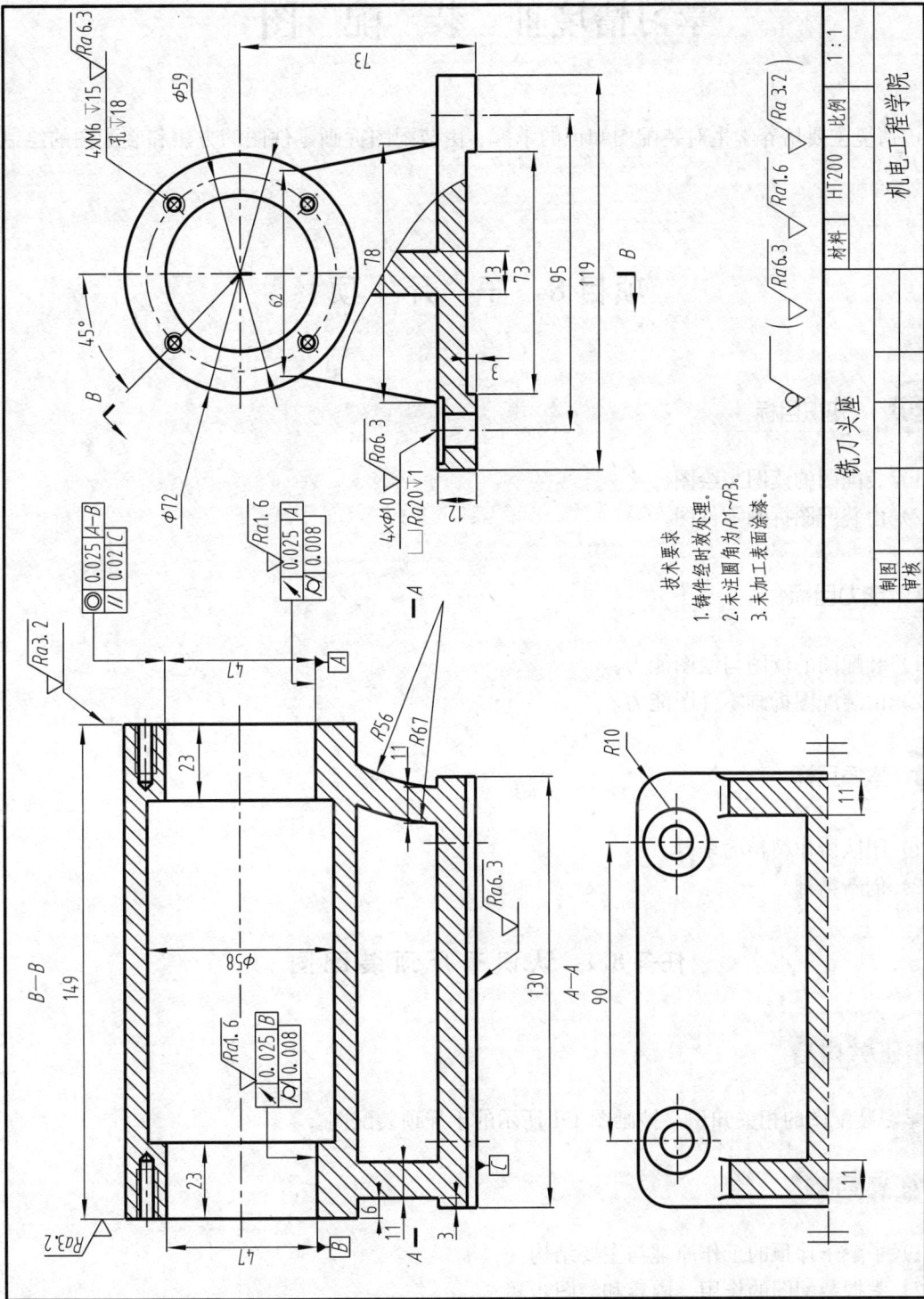

图 7-16 铣刀头座零件图

学习情境Ⅲ　装　配　图

该情境主要培养学生对装配图知识的掌握、由装配图拆画零件图的方法和装配图的绘制方法。

项目 8　千　斤　顶

知识目标

1）装配图的读图与绘图。
2）由装配图拆画零件图。

能力目标

1）装配图的读图与绘图能力。
2）由装配图拆画零件图能力。

素质目标

1）团队协作精神的培养。
2）创新精神。

任务 8.1　认识千斤顶装配图

任务内容

学习装配图的相关知识，抄画图 1-1 所示的千斤顶装配图。

任务目的

1）了解千斤顶的工作原理与主要结构。
2）掌握装配图的作用、内容和绘图步骤。
3）掌握装配图的规定画法和简化画法。
4）了解装配图上的工艺结构。

任务知识

1. 装配图的作用及内容

（1）装配图及装配图的作用

机器或部件都是由若干零件按一定的装配关系和技术要求装配而成的，用来表达机器或部件的图样称为装配图。在机械产品的设计过程中，一般要先根据设计要求画出装配图，再根据装配提供的总体结构和尺寸，拆画零件图。装配图分为总装配图和部件装配图，总装配图一般用于表达机器的整体情况和各部件或零件间的相对位置。而部件装配图用于表达机器上某一个部件的情况和部件上各零件的相对位置。

装配图是设计、制造和使用机器或部件的重要技术文件。它在以下几个方面起着重要作用：

1）在机器生产过程中，根据装配图将零件装配成机器或部件。

2）在机器使用过程中，装配图可帮助使用者了解机器或部件的结构、性能和使用方法等。

3）在交流生产经验，采用先进技术时，也经常参考先前的装配图。

（2）装配图的内容

1）一组视图。用一组图形正确、完全、清晰地表达机器或部件的工作原理、传动关系、各零部件之间的装配关系和连接方式，以及零件的主要结构形状。

2）必要尺寸。装配图的作用是表达零、部件的装配关系，因此，其尺寸标注的要求不同于零件图。不需要注出每个零件的全部尺寸，一般只需标注规格尺寸、装配尺寸、安装尺寸、外形尺寸和其他重要尺寸五大类尺寸。

① 规格尺寸。说明部件规格或性能的尺寸，它是设计和选用产品的主要依据。如图 1-1 明细栏中的 M4×6、M6×8。

② 装配尺寸。装配尺寸是保证部件正确地装配，并说明配合性质、装配要求的尺寸。装配尺寸包括作为装配依据的配合尺寸和重要的相对位置尺寸。如图 1-1 中的顶盖与起重螺杆的配合尺寸 $\phi20H6/f5$，底座与螺套的配合 $\phi35H8/js7$，起重螺杆与螺套的配合尺寸 $\phi25$、$\phi18.6$。

③ 安装尺寸。将部件安装到地基上或与其他零件、部件相连接时所需要的尺寸。

④ 外形尺寸。外形尺寸表示机器或部件外形轮廓的尺寸，即机器或部件的总长、总宽和总高。它反映了机器或部件的体积大小，即该机器或部件在包装、运输和安装过程中所占空间的大小。如图 1-1 中的总高 $122\sim157$，总宽 146，以及底座的外形尺寸 $\phi77$、顶盖的外形尺寸 $\phi30$。

⑤ 其他重要尺寸。除以上四类尺寸外，在装配或使用中必须说明的尺寸，如运动零件的位移尺寸等。

需要说明的是，装配图上的某些尺寸有时兼有几种意义，而且每一张图上也不一定都具有上述五类尺寸。在标注尺寸时，必须明确每个尺寸的作用，对装配图没有意义的结构尺寸不需注出。

3）技术要求。用文字或符号在装配图中说明机器或部件的性能、装配和调整要求、验收条件、试验和使用、维护规则等方面的要求。

4）序号、标题栏和明细栏。明细栏说明机器或部件上的各个零件的序号、名称、数量、备注等。图上标注序号的作用是将明细栏和装配图联系起来，使看图时便于找到零件的位置。标题栏说明机器或部件的名称、重量、图号、图样比例、设计单位和人员、日期等。

2. 装配图的规定画法和简化画法

（1）装配图的视图表达方法

装配图的表达方法和零件图基本相同，所以零件图中所应用的各种表达方法都适用于装配图。此外，根据装配图的要求还提出了一些规定画法和特殊的表达方法。

1）两零件的接触表面或基本尺寸相同，且相互配合的工作面，只画一条线表示公共轮廓。若两零件表面不接触或基本尺寸不相同，即使间隙很小，也必须画成两条线，如图 8-1 所示。

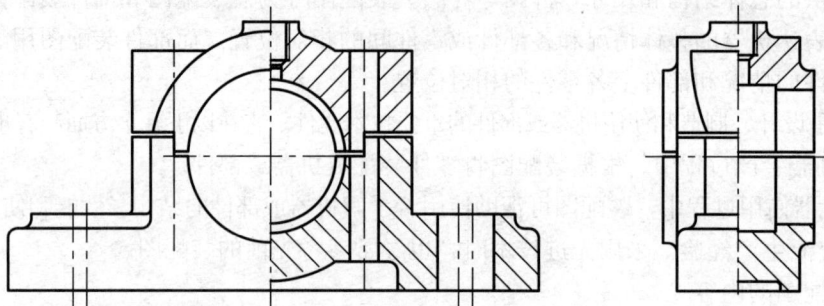

图 8-1　接触面和非接触面

2）相邻两个或多个零件的剖面线应有区别，或者方向相反，或者方向一致但间隔不等，或相互错开，如图 8-2 所示。同一零件不同视图的剖面线方向和间隔必须一致，这样有利于找出同一零件的各个视图，想象其形状和装配关系。

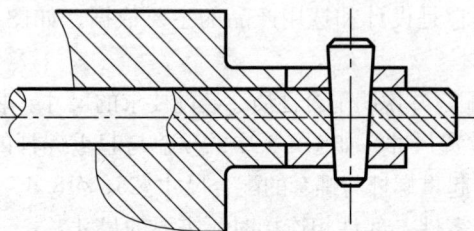

图 8-2　装配图中剖面线的画法

3）为简化作图，对于标准件（如螺栓、螺母、键、销等）和实心件（如球、手柄、连杆、拉杆等）等零件，若纵向剖切且剖切平面通过其对称平面或基本轴线时，则这些零件均按不剖绘制，如图 8-3 所示。

（2）特殊表达方法

1）拆卸画法。当某些零件的图形遮住了其后面的需要表达的零件，或在某一视图上不需要画出某些零件时，可先拆去这些零件后再画。也可选择沿零件结合面进行剖切的画法。

2）单独表达某零件的画法。如果所选择的视图已将大部分零件的形状、结构表达清楚，但仍有少数零件的某些方面还未表达清楚时，可单独画出这些零件的视图或剖视图，如图 8-4 所示的转子油泵中的泵盖 B 向视图。

3）假想画法。为表示部件或机器的作用、安装方法，可将其他相邻零件、部件的部分轮廓用双点画线画出，如图 8-4 所示，假想轮廓的剖面区域内不画剖面线。

当需要表示运动零件的运动范围或运动的极限位置时，可按其运动的一个极限位置绘制图形，再用双点画线画出另一极限位置的图形，如图 8-5 所示。

4）夸大画法。在画装配图时，有时会遇到薄片零件、细丝弹簧、微小间隙等，对于这些零件或间隙，无法按其实际尺寸画出，或者虽能如实画出，但不能明显地表达其结构时，均可采用夸大画法，即将这些结构适当夸大后再画出。

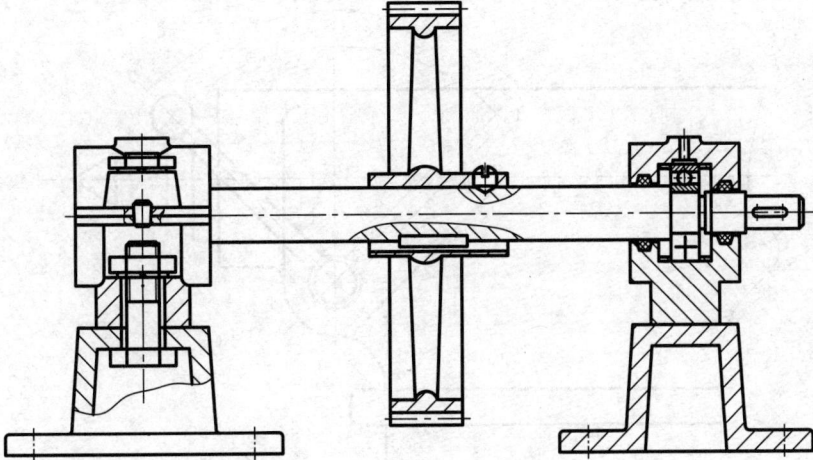

图 8-3　剖视图中不剖零件的画法

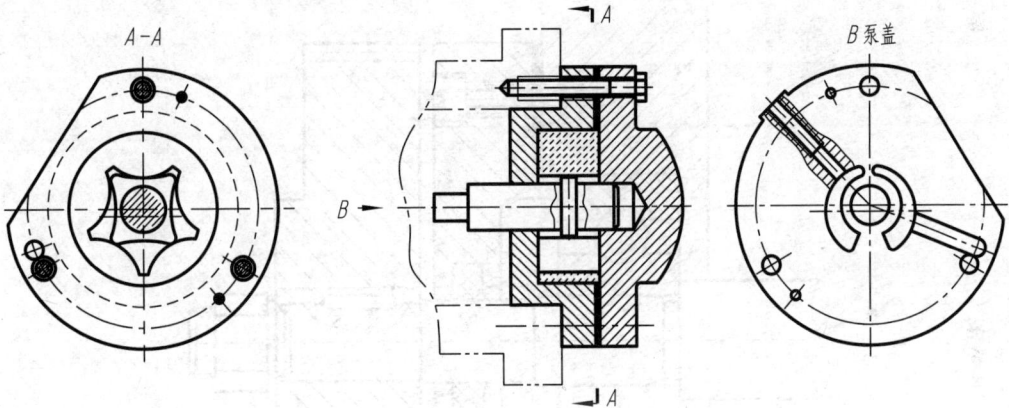

图 8-4　转子油泵

（3）简化画法

1）对于装配图中若干相同的零、部件组，如螺栓连接等，可详细地画出一组其余只需用点画线表示其位置即可，如图 8-6 所示。

2）在装配图中，对于厚度在 2mm 以下的零件（如薄的垫片等）的剖面线可用涂黑代替，如图 8-6 所示。

3）在装配图中，零件的工艺结构如小圆角、倒角、退刀槽、起模斜度等可不画出，如图 8-6 所示。

4）装配图中，滚动轴承允许采用简化画法。即只详细用剖视图画出一半图形，另外一半仅按通用画法画出，如图 8-6 所示。

（4）零、部件编号

在生产中，为便于图纸管理、生产准备、机器装配和看懂装配图，对装配图上各零、部件都要编注序号。序号是为了方便看图编制的。

图 8-5　运动零件的极限位置

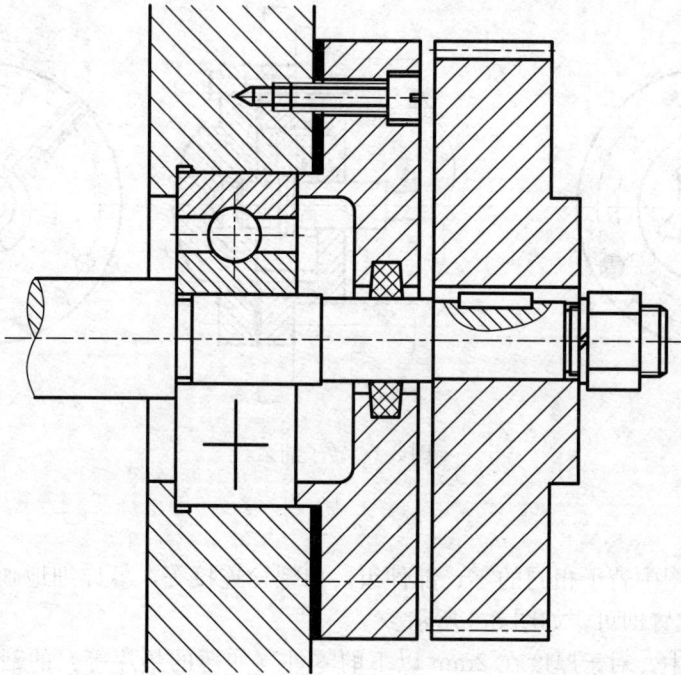

图 8-6　装配图中的简化画法

1）一般规定。

① 装配图中所有的零、部件都必须编注序号。规格相同的零件只编一个序号，标准化组件如滚动轴承、电动机等，可看作一个整体编注一个序号。

② 装配图中零件序号应与明细栏中的序号一致。

③ 同一装配图中序号编注形式应一致。

2）序号的组成。装配图中的序号一般由指引线（细实线）、圆点（或箭头）、横线（或圆圈）和序号数字组成，如图 8-7 所示。

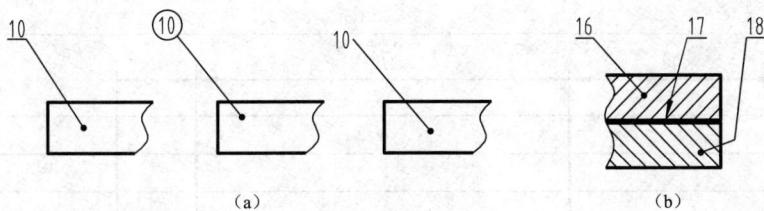

图 8-7 序号的组成

(a) 序号的标注样式；(b) 序号的标注形式

具体要求如下：

① 序号应注在图形轮廓线的外边，并填写在指引线的横线上或圆内，横线或圆用细实线画出，如图 8-7 (a) 所示。

② 指引线应从所指零件的可见轮廓内引出，并在末端画一小圆点。若指引线末端不便画出圆点时，可在指引线末端画出箭头，箭头指向该零件的轮廓线，如图 8-7 (b) 所示。

③ 指引线尽可能分布均匀且不要与轮廓线、剖面线等图线平行。指引线之间不允许相交，但必要时线允许弯折一次，如图 8-7 (b) 所示。

④ 序号数字高度应比装配图中的尺寸数学大一号。

3）零件组序号。对紧固件组或装配关系清楚的零件组，允许采用公共指引线，如图 8-8 所示。

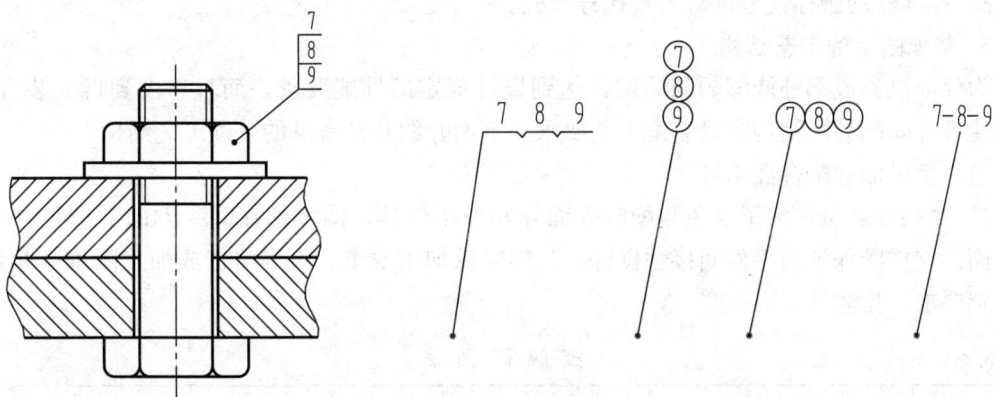

图 8-8 零件组序号

4）序号的排列。常用的序号编排方法有两种：一种是一般件和标准件混合一起编排；另一种是将一般件编号填入明细栏中，而标准件直接在图上标注出规格、数量和国标号，或另列专门表格。

零件的序号应按顺时针或逆时针方向在整个一组图形外围顺次整齐排列，并尽量使序号间隔相等，如图 1-1 所示。

（5）标题栏及明细栏

标题栏格式由前述的 GB 10609.1—2008 确定，明细栏则按 GB 10609.2—2009 规定绘制。各工厂企业有时也有各自的标题栏、明细栏格式，本课程推荐的装配图作业格式如图 8-9 所示。

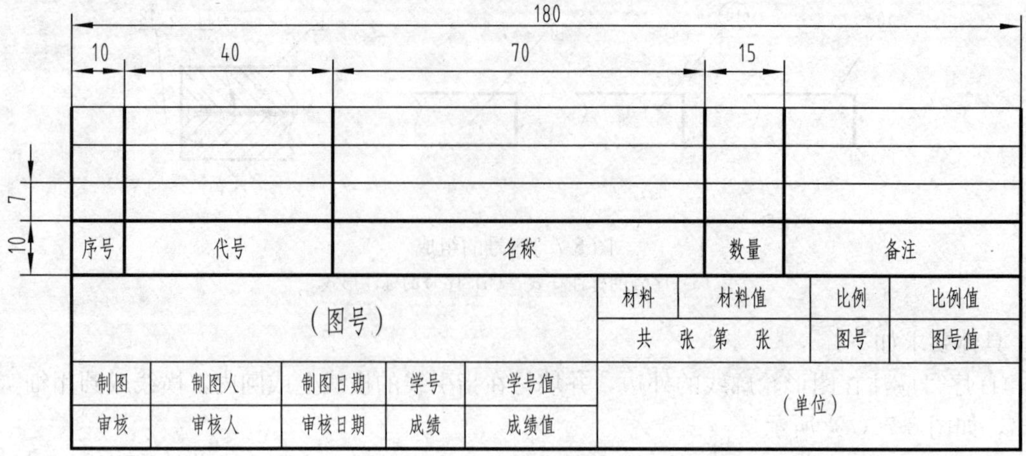

图 8-9 装配图标题栏和明细栏格式

绘制和填写标题栏、明细栏时应注意以下问题：

1）明细栏和标题栏的分界线是粗实线。外框和内框的竖线都是粗实线，内框的横线均为细实线（包括明细栏最上边一条横线）。

2）明细栏中的序号应自下而上顺序填写，如向上延伸位置不够，可以在标题栏紧靠左边的位置上自下而上延续。

3）标准件的国标代号可写入“代号”栏。

3. 装配图上的工艺结构

为保证机器或部件能够顺利装配，达到设计规定的性能要求，而且考虑到拆、装方便，必须使零件间的装配结构满足装配工艺要求。下面介绍几种常见的装配工艺结构。

（1）接触面和配合面结构

1）接触面数量。为了避免装配时表面互相发生干涉，两零件在同一方向上应只有一个接触面。这样既保证两零件间接触良好，又能降低加工要求。否则将造成加工困难，并且也达不到要求，见表 8-1。

表 8-1 接触面画法

接触面 \ 图例	正确	错误
轴向接触面	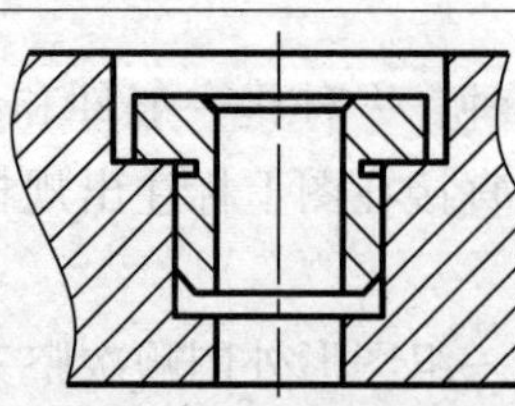	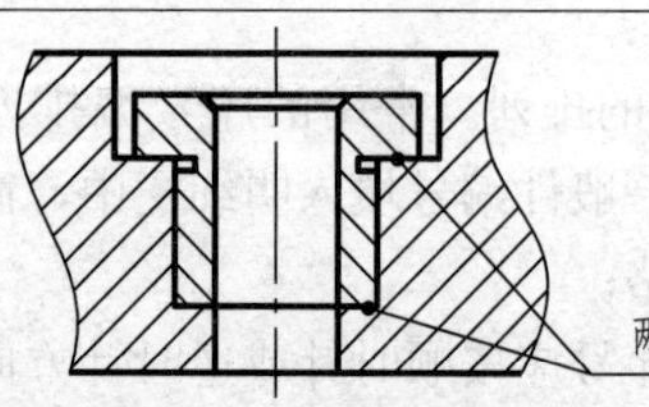
径向接触面	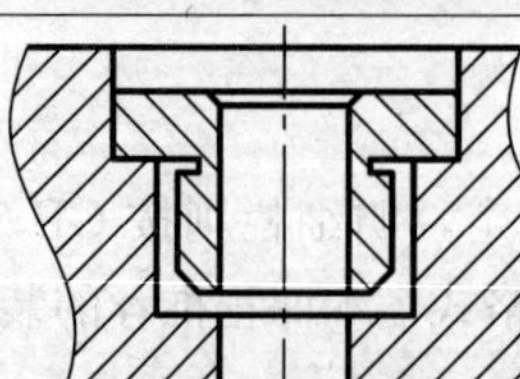	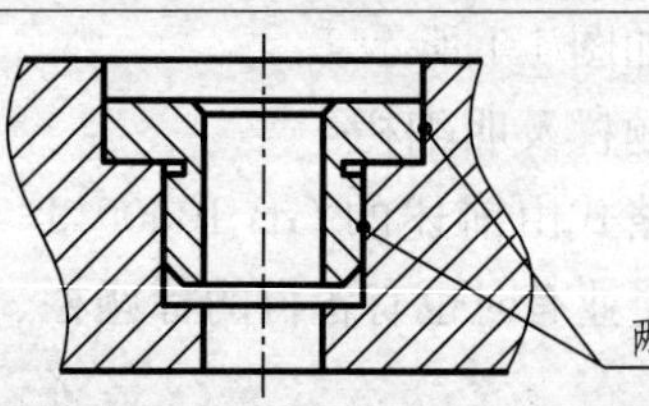

2）轴颈和孔的配合。对于轴颈和孔，只需在一个位置形成配合即可，应尽量减少多处配合现象，如图 8-10 所示。

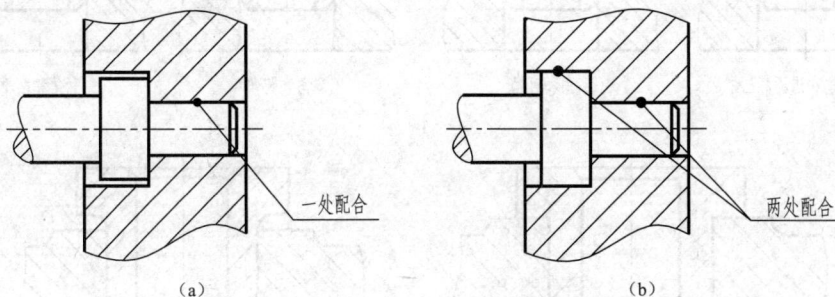

图 8-10 轴颈和孔的配合
(a) 正确；(b) 错误

3）锥面配合。由于锥面配合能同时确定轴向和径向的位置，因此当锥孔不通时锥体顶部与锥孔底之间必须留有间隙，否则不能保证锥面配合，如图 8-11 所示。

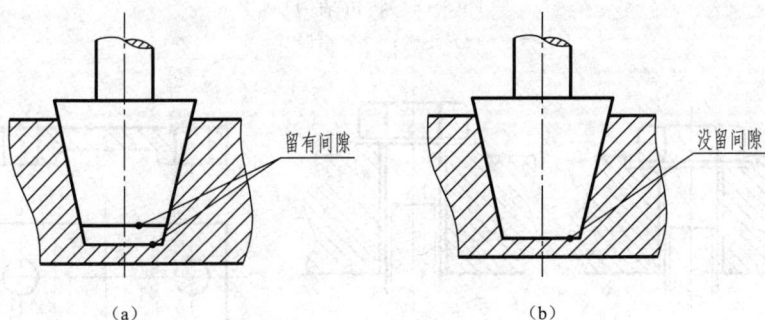

图 8-11 轴颈和孔的配合
(a) 正确；(b) 错误

4）转折结构。两零件有一对相交的表面接触时，在转角处应制出倒角、圆角、凹槽等，以保证表面接触良好。转折处不应都加工成直角或尺寸相同的圆角，因为这样会使装配时转折处发生干涉，以致接触不良而影响装配精度，如图 8-12 所示。

5）加工面。为了保证接触良好，接触面需经机械加工。因此，合理减小加工面积，不但可以降低加工成本，而且可以改善接触情况。

① 为了保证连接件（螺栓、螺母、垫圈）和被连接件间的良好接触，在被连接件上做出沉孔、凸台等结构，如图 8-13 所示。

② 为了减小接触面，减小加工面积，一般在机座底部挖一凹槽，如图 8-14 所示。

（2）螺纹连接的合理结构和防松结构

1）螺纹连接的合理结构。螺纹连接是机器上最常用的连接结构。为了保证便于装配、螺纹旋紧和便于拆装通常应对螺纹连接进行以下设计：

① 被连接件通孔尺寸应比螺纹大径或螺杆大径稍大，以便装配，如图 8-15 (a) 所示。

② 为保证拧紧，要适当加长螺纹尾部，在螺杆上加工了退刀槽，在螺孔上做出凹坑或倒角，如图 8-15 (a) 所示。

③ 螺栓连接时，被连接件的孔径应比螺栓的公称直径大，如图 8-15 (b) 所示。

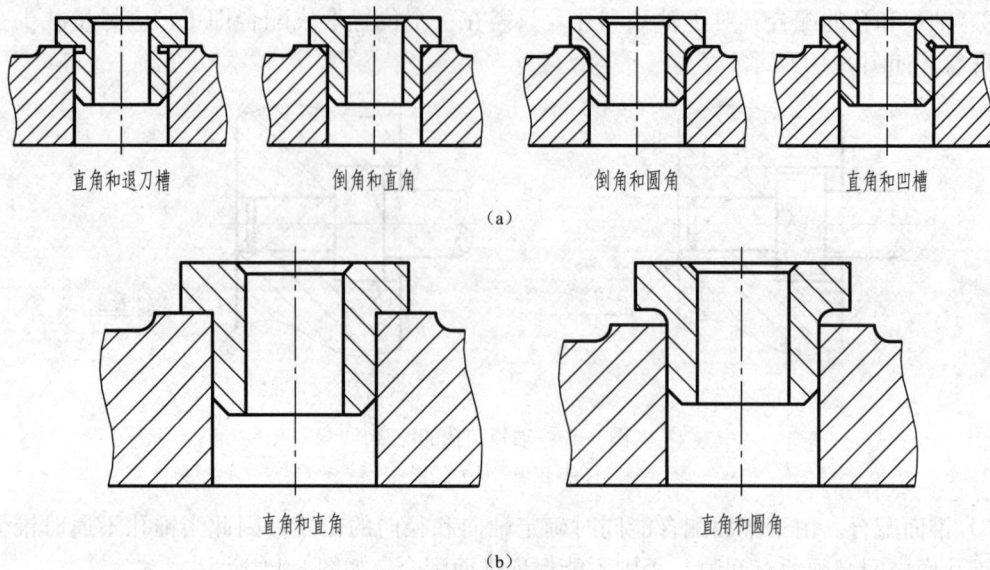

直角和退刀槽　　　倒角和直角　　　倒角和圆角　　　直角和凹槽

(a)

直角和直角　　　　　　　　直角和圆角

(b)

图 8-12　转折结构

(a) 正确；(b) 错误

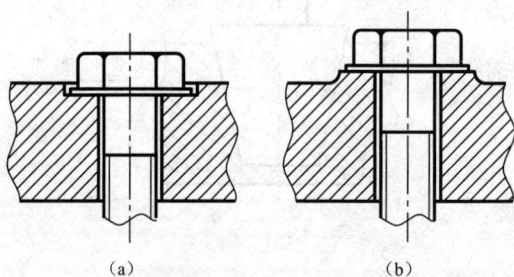

(a)　　　　　　(b)

图 8-13　沉孔和凸台

(a) 沉孔；(b) 凸台

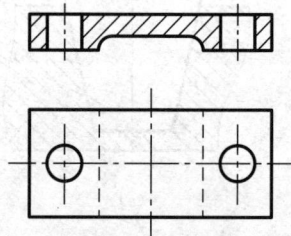

图 8-14　凹槽

④ 为了便于拆装，必须留出扳手的活动空间和装、拆螺栓的空间，如图 8-15（c）所示。

2）螺纹连接的防松结构。机器运转时，由于受到振动或冲击，螺纹连接可能发生松动，有时甚至造成严重事故。因此，在某些机构中需要防松，常用的几种防松结构有以下几处：

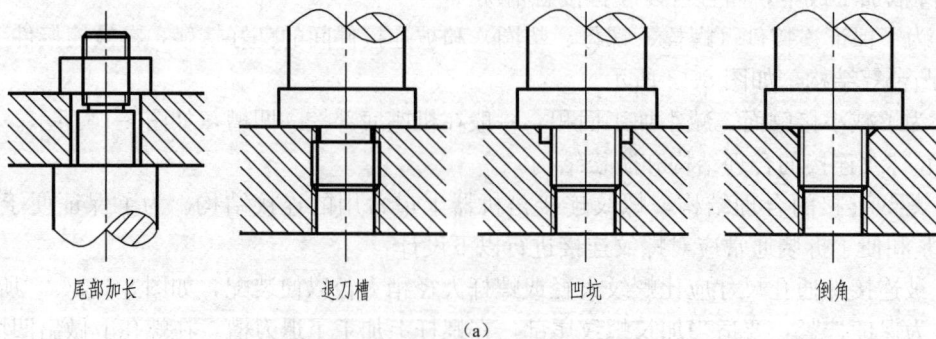

尾部加长　　　　退刀槽　　　　凹坑　　　　倒角

(a)

图 8-15　螺纹连接的合理结构（一）

(a) 螺纹连接的合理结构

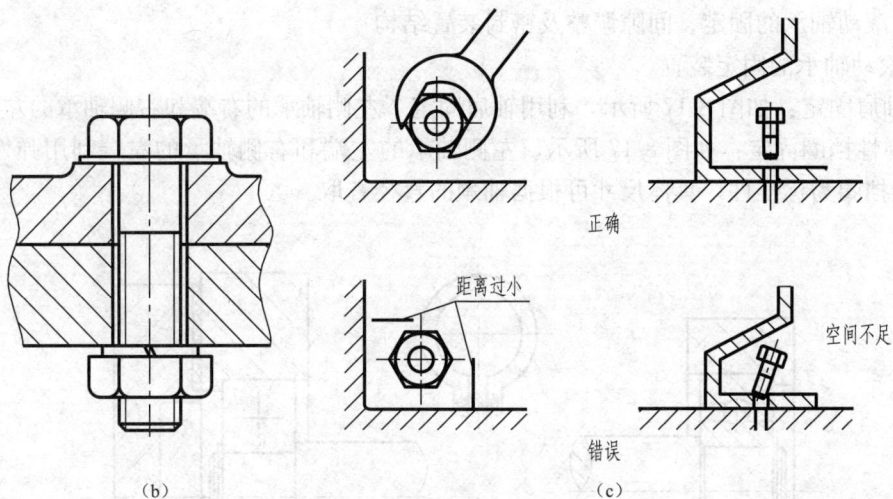

图 8-15 螺纹连接的合理结构（二）

（b）螺栓连接；（c）螺纹连接要便于拆装

① 双螺母锁紧：依靠两螺母在拧紧后，螺母之间产生的轴向力，使螺母牙与螺栓牙之间的摩擦力增大而防止螺母自动松脱，如图 8-16（a）所示。

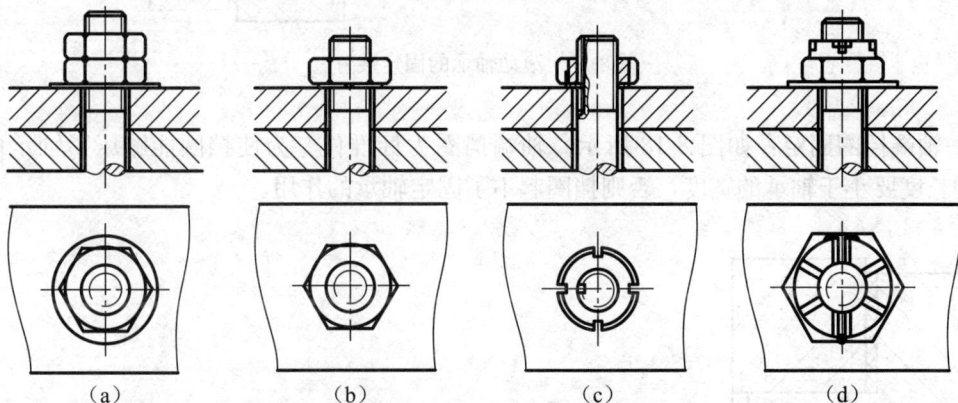

图 8-16 螺纹连接的防松结构

（a）双螺母锁紧；（b）弹簧垫圈锁紧；（c）止动垫片锁紧；（d）开口销锁紧

② 弹簧垫圈锁紧：螺母拧紧后，垫圈受压变平，依靠这个变形力，使螺母牙与螺栓牙之间的摩擦力增大和垫圈开口的刀刃阻止螺母转动而防止螺母松脱，如图 8-16（b）所示。

③ 止动垫片锁紧：螺母拧紧后，弯倒止动垫片的止动即可锁紧螺母，如图 8-16（c）所示。

④ 开口销锁紧：开口销通常与六角开槽螺母相配合防止螺母松动，如图 8-16（d）所示。

（3）定位销的合理结构

为了保证重装后两零件间相对位置和精度，常采用圆柱销或圆锥销定位。

1）定位销一般用两个，并配置在配合零件的两端对角位置。

2）为了加工销孔和拆卸方便，销孔尽量做成通孔。

3）相互配合零件上的销孔应当配做。

（4）滚动轴承的固定、间隙调整及密封装置结构

1）滚动轴承的固定装置。

① 轴肩固定：如图 8-17 所示，利用轴肩固定了左侧轴承的右端和右侧轴承的左端。

② 弹性挡圈固定：如图 8-17 所示，左侧轴承的左端和右侧轴承的右端利用弹性挡圈固定。弹性挡圈为标准件，具体尺寸可根据轴颈的直径查取。

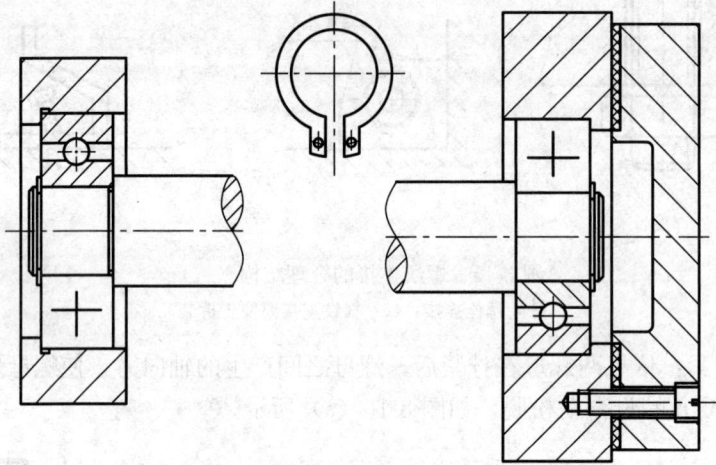

图 8-17　滚动轴承的固定装置

③ 轴端挡圈固定：如图 8-18 所示。轴端挡圈为标准件。为使挡圈能够压紧轴承内圈，轴颈的长度要小于轴承的宽度，否则挡圈起不了固定轴承的作用。

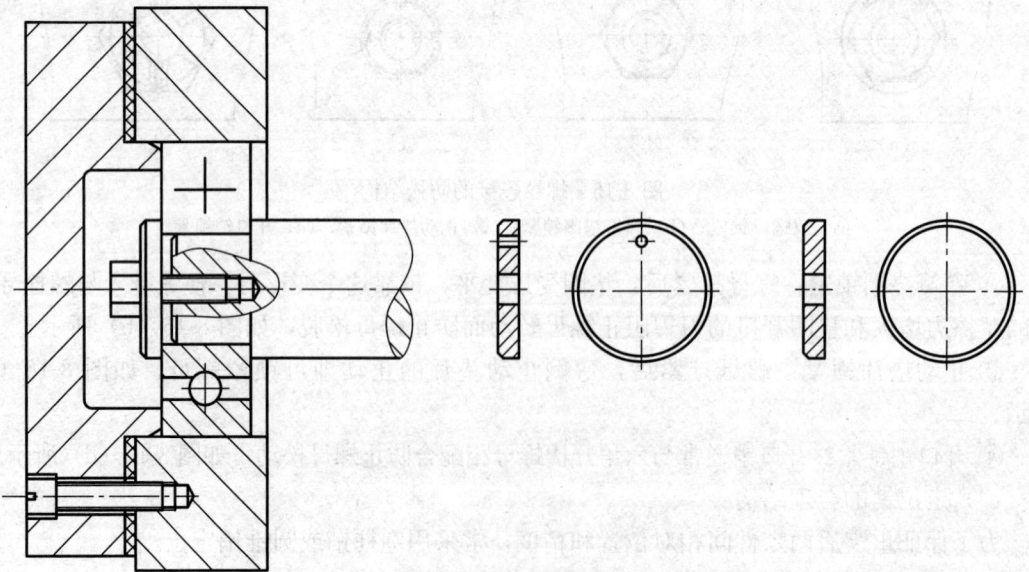

图 8-18　轴端挡圈固定

④ 圆螺母及止动垫圈固定：如图 8-19 所示。圆螺母和止动垫圈均为标准件。

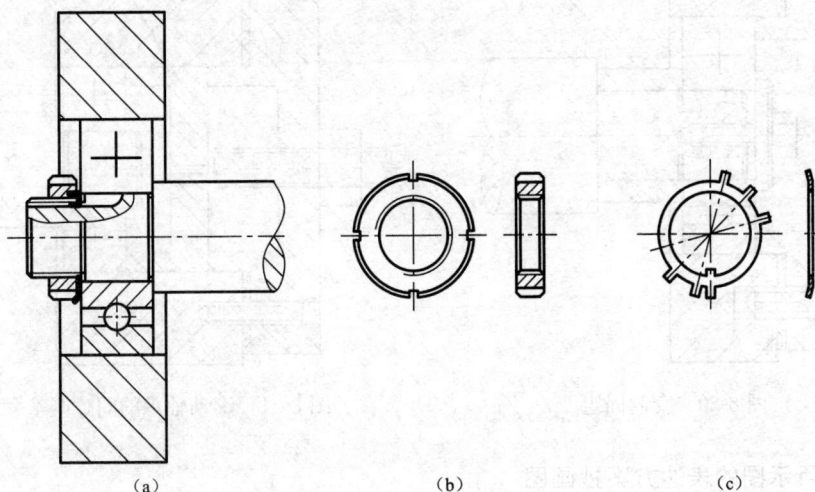

图 8-19　圆螺母及止动垫圈固定
(a) 轴承内圈的固定；(b) 圆螺母；(c) 止动垫圈

⑤ 套筒固定：如图 8-20 所示。

2）滚动轴承的间隙调整。

由于轴在高速旋转时会引起发热、膨胀，因此在轴承和轴承端盖的端面之间应留有少量的间隙，一般为 0.2~0.3mm，以防轴承转动不灵活或卡住。滚动轴承工作时所需要的间隙可随时调整。如图 8-21 所示，常用的间隙调整方法有以下几种：更换不同厚度的金属垫片；用螺钉调整推盘等。

3）滚动轴承的密封装置结构。为了防止外部灰尘和水分进入轴承和轴承中的润滑剂渗漏，通常需要对滚动轴承进行密封。常见的密封方法有毡圈式、沟槽式、皮碗式、挡片式等，如图 8-22 所示。

以上各种密封方法所用的零件，如皮碗和毡圈已标准化，某些相应的局部结构如毡圈式、油沟等也为标准结构，其尺寸可由有关手册查取，画图时应正确表示。

（5）零件的拆卸

零件的结构设计要考虑维修时拆卸方便，如图 8-23 所示。

任务实施

抄画图 1-1 所示的千斤顶装配图。任务实施过程如下。

1. 了解千斤顶的工作原理和主要结构

千斤顶的工作原理：千斤顶作为顶起重物的工具，使用时，按顺时针方向转动旋转杆的同时，起重螺杆就向上升起，顶盖就可将重物顶起。其中重要的零件起重螺杆和螺套都是左旋螺纹。

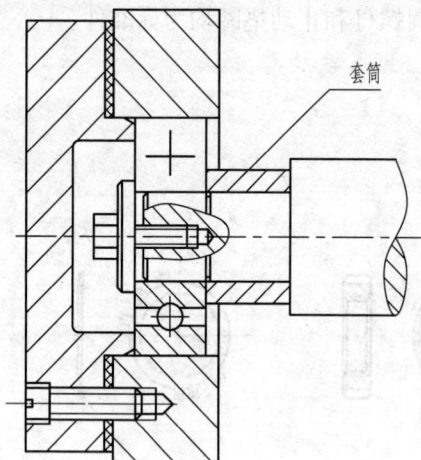

图 8-20 套筒固定

图 8-21 滚动轴承的间隙调整

2. 按照所示图的表达方案抄画图

画图时一般遵守以下步骤：

1）选比例、定图幅、布图、绘制基准线。应尽可能采用 1：1 的比例，这样有利于想象物体的形状和大小。需要采用放大或缩小的比例时，必须采用 GB/T 14690—1993 推荐的比例。确定比例后，根据表达方案确定图幅。确定图幅和布图时要考虑标题栏和明细栏的大小和位置，然后绘制基准线，如图 8-24 所示。

2）绘制主要零件的轮廓线。千斤顶的主要零件是底座、起重螺杆、螺套、顶盖和旋转杆。画出底座的主要轮廓线后，接着画起重螺杆、螺套的轮廓线，再画顶盖和旋转杆的轮廓

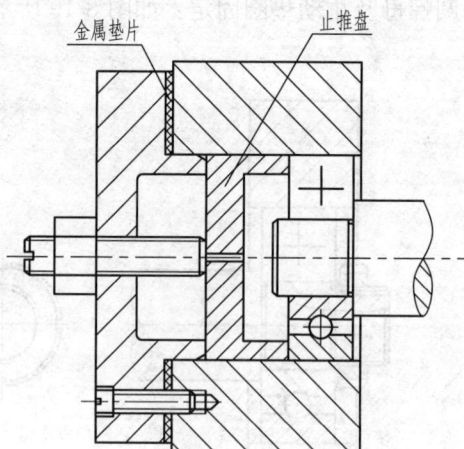

(a)　　　　　　　　　　　　(b)

图 8-22 滚动轴承的密封装置结构（一）

(a) 毡圈式；(b) 沟槽式

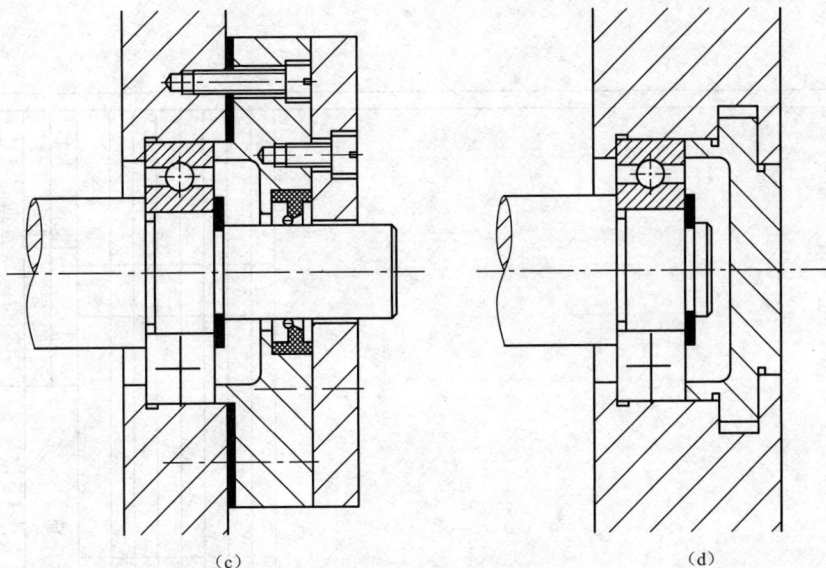

图 8-22　滚动轴承的密封装置结构（二）

(c) 皮碗式；(d) 挡片式

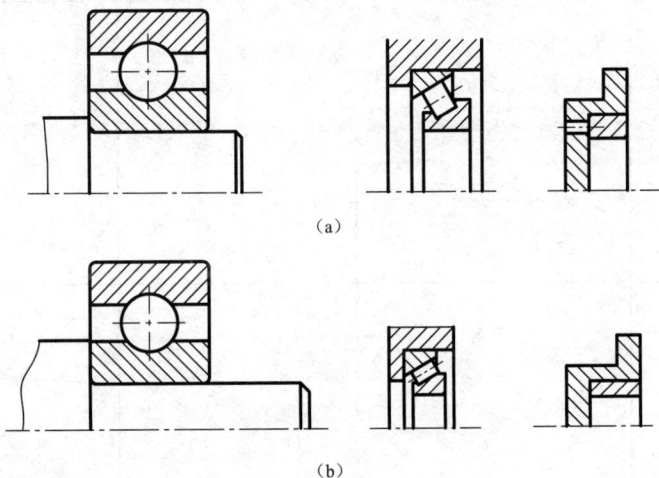

图 8-23　零件的结构设计

（a）正确；（b）错误

线，如图 8-25 所示。

　　3）画结构细节，完成图形底稿。画完千斤顶的主要零件的基本轮廓线之后，可继续绘制零件的详细结构，如内六角圆柱端紧定螺钉，如图 8-26 所示。

　　4）整理加深，标注尺寸、注写序号、填写明细栏和标题栏，写出技术要求，完成全图，如图 1-1 所示。

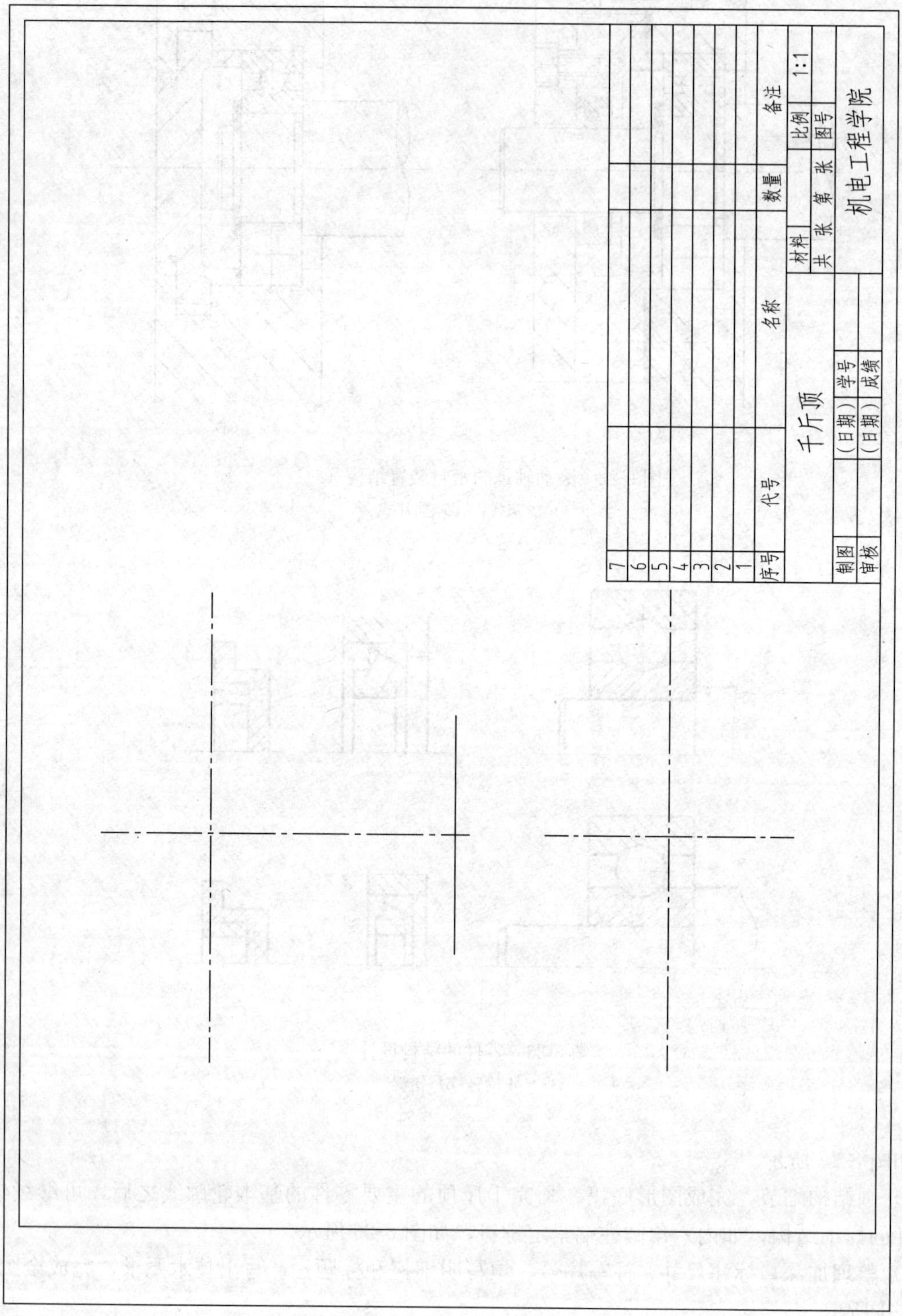

序号	代号	名称	材料	数量	备注
7					
6					
5					
4					
3					
2					
1					

制图	(日期)	学号	共　张　第　张	比例	1:1
审核	(日期)	成绩		图号	

千斤顶

机电工程学院

图 8-24　千斤顶的绘图步骤（一）

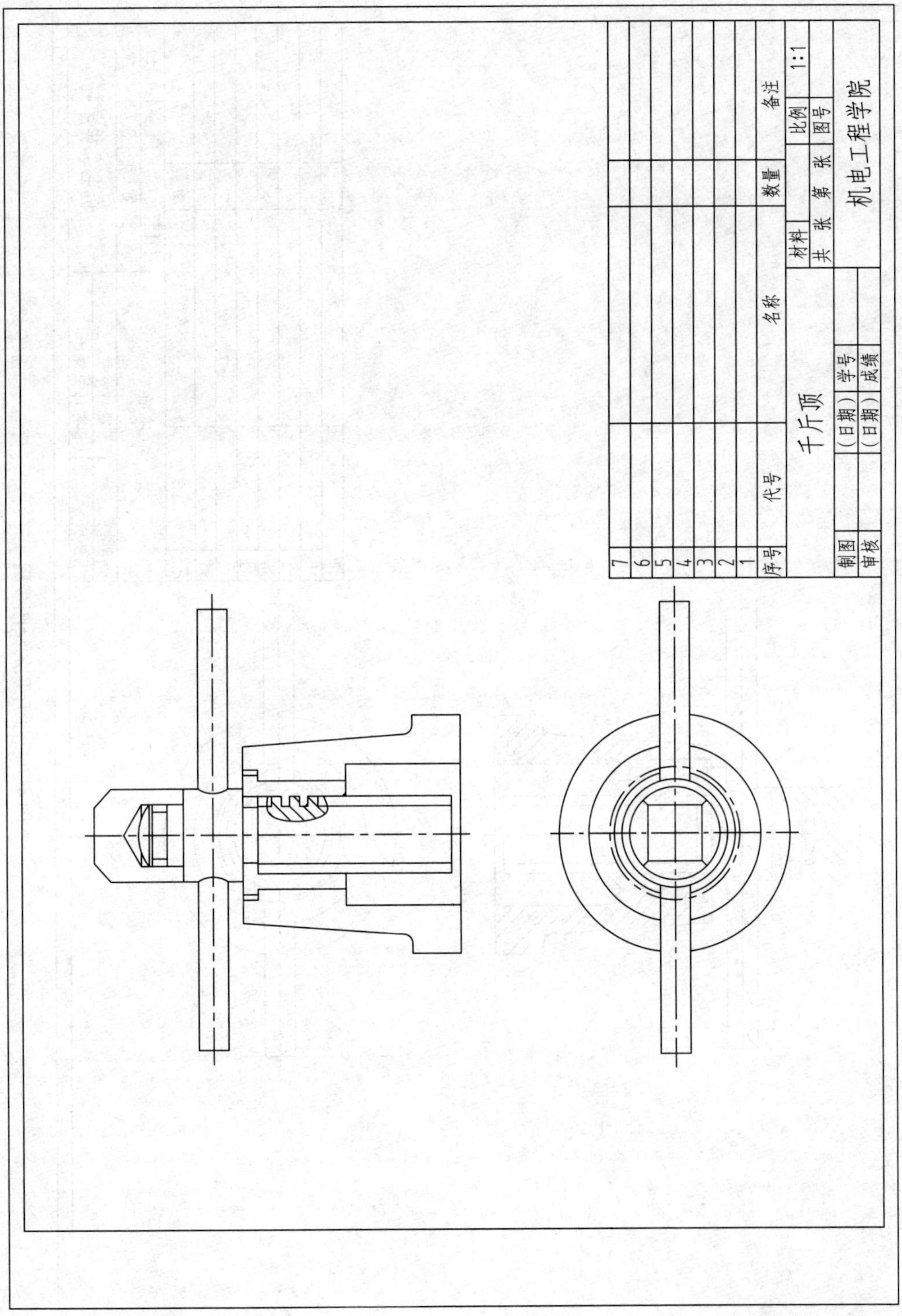

图 8-25　千斤顶的绘图步骤（二）

7							
6							
5							
4							
3							
2							
1							
序号	代号	名称	数量	材料		备注	

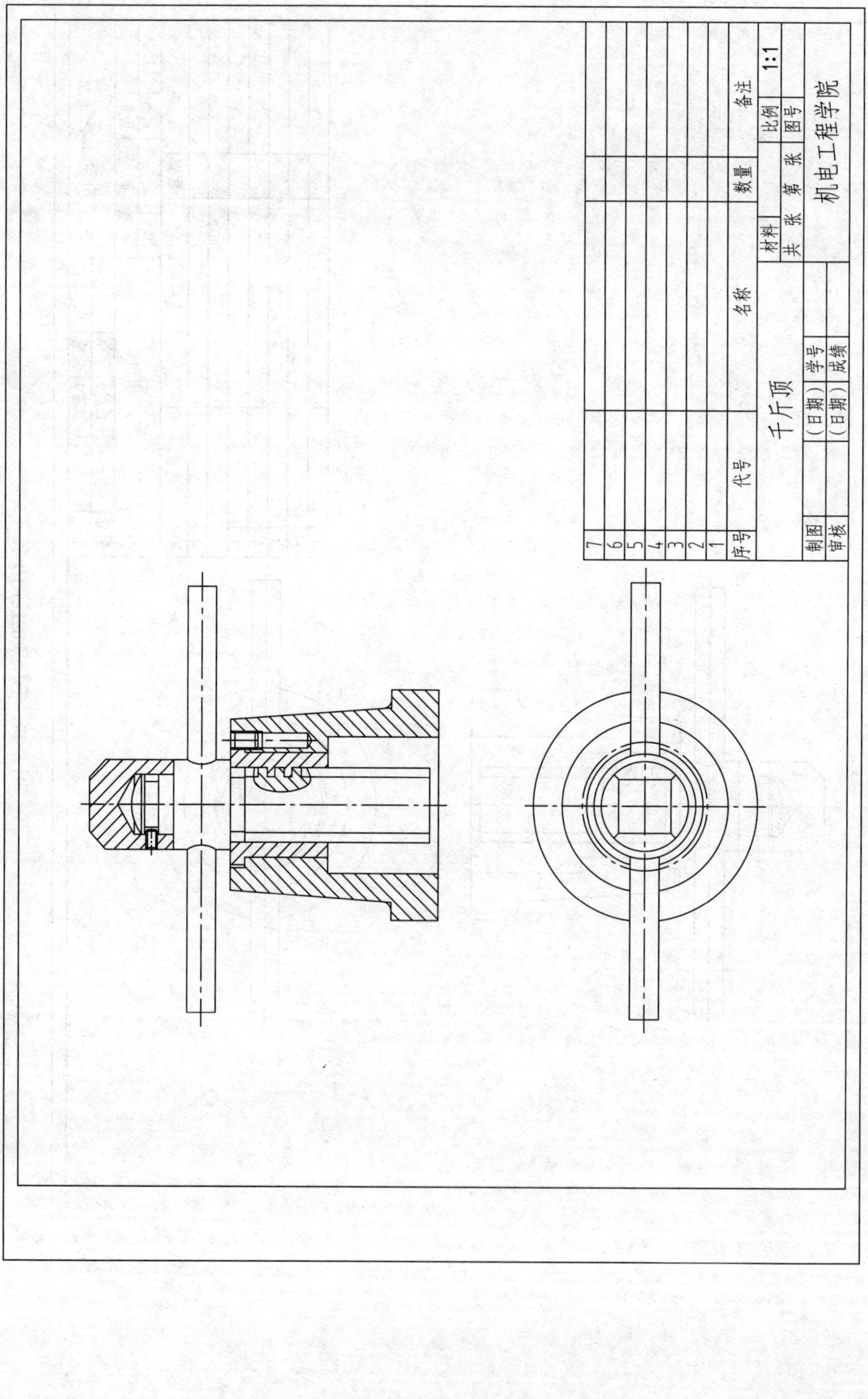

序号	代号	名称	数量	材料	备注
7					
6					
5					
4					
3					
2					
1					

千斤顶

比例 1:1

图号

共 张 第 张

机电工程学院

| 制图 | (日期) | 学号 | |
| 审核 | (日期) | 成绩 | |

图 8-26 千斤顶的绘图步骤（三）

任务 8.2　由千斤顶装配图拆画零件图

任务内容

由千斤顶装配图拆画底座零件图并进行实体造型。

任务目的

1）了解由装配图拆画零件图的基本知识。

2）完成由千斤顶装配图拆画底座零件图并进行实体造型。

任务知识

1. 读装配图

在机器或部件的设计、装配、检验和维修工作中，在进行技术革新、技术交流过程中，都需要看装配图。工程技术人员必须具备熟练读装配图的能力。

读装配图应特别注意从机器或部件中分离出每一个零件，并分析其主要结构形状和作用，以及同其他零件的关系。然后再将各个零件合在一起，分析机器或部件的作用、工作原理及防松、润滑、密封等装置，必要时还应查阅有关的专业资料。

（1）读装配图的目的和要求

1）了解机器或部件的性能、功用和工作原理。

2）了解各零件间的装配关系、拆装顺序。

3）了解各零件的主要结构形状和作用。

4）了解其他系统，如润滑系统、防漏系统等的原理和构造。

5）了解机器的主要尺寸、技术要求、操作方法等。

（2）读装配图的基本方法

1）概括了解，弄清表达方法。

①阅读有关资料。读装配图首先要读标题栏、明细栏、产品说明书等有关技术资料，了解机器或部件的名称、性能、功用。

②分析视图。读装配图时，应从视图中大致了解机器或部件的形状、尺寸和技术要求，对机器或部件有一个基本的感性认识。另外，还应分析各视图的表达方法，找出各视图的投影关系，明确各视图所表达的具体内容。

随后对装配图的表达方法进行分析。弄清各视图的名称、所采用的表达方法及各图间相互关系，为详细研究机器或部件结构打好基础。

2）深入了解工作原理和装配关系。在对全图概括了解的基础上，需对机器或部件进行深入、细致的形体分析，以彻底了解机器或部件的组成情况，各零件的相互位置及传动关系，想象出各主要零件的结构形状。

①从主视图入手，根据各装配干线，对照零件在各视图中的投影关系。

②按视图间的投影关系，利用零件序号、明细栏及剖视图中的剖面线的差异，分清图中

前后件、内外件的互相遮盖关系，将组合在一起的零件逐一进行分解识别，搞清每个零件在相关视图中的投影位置和轮廓。在此基础上，构思出各零件的结构形状。

③ 仔细研究各相关零件间的连接方式、配合性质，辨明固定件与运动件，搞清各传动路线的运动情况和作用。

④ 分析各零件的功用和结构特点，了解各零件间的装配关系，认识机器或部件的工作原理。

3）归纳总结，获得完整概念。在进行表达分析和形体结构分析的基础上，进一步完善构思，归纳总结，可得到对机器或部件的总体认识。即能结合装配图说明其传动路线、拆装顺序，以及安装使用中应注意的问题。

2. 由装配图拆画零件图

由装配图拆画某个零件的零件图，不仅是机械设计中的重要环节，而且也是考核读装配图效果的重要手段。根据装配图拆画零件图不仅需要较强的读图、画图能力，而且需要有一定的设计和制造知识。

（1）拆画零件图的要求

1）拆画前，应认真阅读装配图，全面深入了解设计意图，弄清工作原理、装配关系、技术要求和每个零件的结构形状。

2）画图时，不但要从设计方面考虑零件的作用和要求，而且还要从工艺方面考虑零件的制造和装配，应使所画的零件图符合设计和工艺要求。

（2）拆画零件图要处理的问题

1）零件的分类。拆画零件图前，要对机器或部件中的零件进行分类处理，以明确拆画对象。按零件的不同情况可分为以下几类：

① 标准零件：标准零件多数属于外购件，不需要画出零件图，只要按照标准零件的规定标记代号列出标准件的汇总表即可。

② 借用零件：借用零件是借用定型产品上的零件。对于这类零件，可利用已有的图样，而不必另行画图。

③ 特殊零件：特殊零件是设计时所确定下来的重要零件，在设计说明书中都附有这类零件的图样或重要数据。

④ 一般零件：这类零件基本上是按照装配图所体现的形状、大小和有关的技术要求来画图，是拆画零件图的主要对象。

2）对表达方案的确定。装配图的表达方案是从整个机器或部件的角度出发考虑的，重点是表达机器或部件的工作原理和装配关系。而零件图的表达方案是根据零件的结构形状特点考虑的，不强求与装配图一致。因此在拆画零件图时不应机械地照搬零件在装配图中的视图方案，而应重新考虑，一般应注意以下几点：

① 主视图的选择：一般壳体、箱座类零件主视图所选的位置可以与装配图一致，这样在装配机器时，便于对照。

② 其他视图的选择：根据零件的结构形状和复杂程度确定其他视图的数量和表达方法。

3）对零件结构形状的处理。在装配图中，对零件上某些局部结构，往往未完全绘出，对零件上某些标准结构也未完全表达。拆画零件图时，应结合考虑设计和工艺的要求，补画这些结构。例如，零件上某部分需要与某零件装配时一起加工，则应在零件图上注明。

4）对零件图上尺寸的处理。装配图上的尺寸往往不能完全确定零件的尺寸，但各零件结构形状的大小，已经过设计人员的考虑，基本上是合适的。因此，根据装配图画零件图，可以从图样上按比例直接量取尺寸。尺寸的大小与注法根据不同情况分别处理。

① 装配图已注出的尺寸。凡装配图已注出的尺寸都是比较重要的尺寸，这些尺寸数值可直接抄注在相应的零件图上。对于配合尺寸，某些相对位置尺寸要注出偏差值。

② 标准结构尺寸。零件上一些标准结构（如倒角、圆角、退刀槽、螺纹、销孔、键槽等）的尺寸数值，应从有关标准或明细栏中查取核对后进行标注。

③ 计算尺寸。零件图上的某些尺寸应根据装配图所给的数据应进行计算后注写，如齿轮的分度圆、齿顶圆直径尺寸等，要经过计算，然后注写。

④其他尺寸。其他尺寸均从装配图中直接量取，根据绘图比例标注。但注意尺寸数字的圆整和取标准化数值。

5）零件表面粗糙度的确定。零件上各表面的粗糙度是根据其作用和要求确定的。一般接触面与配合面的粗糙度数值应较小。自由表面的粗糙度数值一般较大。有密封、耐蚀、美观等要求的表面粗糙度数值应较小。

6）零件图上技术要求的确定。根据零件的作用，结合设计要求查阅有关手册或参考同类、相近产品的零件图来确定所拆画零件图上的表面粗糙度、公差配合、几何公差等技术要求。

任务实施

由千斤顶装配图拆画底座零件图并进行实体造型。任务实施过程如下。

1. 读千斤顶装配图

1）读如图 1-1 所示的千斤顶装配图标题栏、明细栏、产品说明书等有关技术资料。了解到千斤顶是一种顶起重物的工具，它由 7 种零件组成。其中起重螺杆和螺套都是左旋螺纹，使用时，按顺时针方向转动旋转杆的同时，起重螺杆就向上升起，顶盖就可将重物顶起，升降的工作范围为 $122\sim157$mm。

2）分析千斤顶装配图视图。它共包括两个基本视图，主视图采用了通过起重螺杆轴线的全剖视图，表达了千斤顶的主要装配干线。俯视图是外形视图，表达了千斤顶俯视方向的总体轮廓。

3）分析千斤顶装配图的工作原理和装配关系。可以看出，其组成零件中，除去内六角圆柱端紧定螺钉 4 和 7 标准件外，主要零件是底座 1、起重螺杆 2、螺套 3、旋转杆 5、顶盖 6。

4）具体分析千斤顶的结构。从主视图中，可以看出底座 1 的结构和内部形状，中间有一个 $\phi35$ 的孔与螺套 3 配合。对照俯视图，可以看出其外部形状 $\phi77$。另外，主视图中内六角圆柱螺钉 4 的尺寸在明细栏中注明了 M6。

2. 拆画底座零件图

1）将底座从千斤顶装配图中分离出来。

2）确定视图表达方案，绘图。

3）标注尺寸。

4）注写技术要求。

5）填写标题栏，整理完成零件图，如图 8-27 所示。

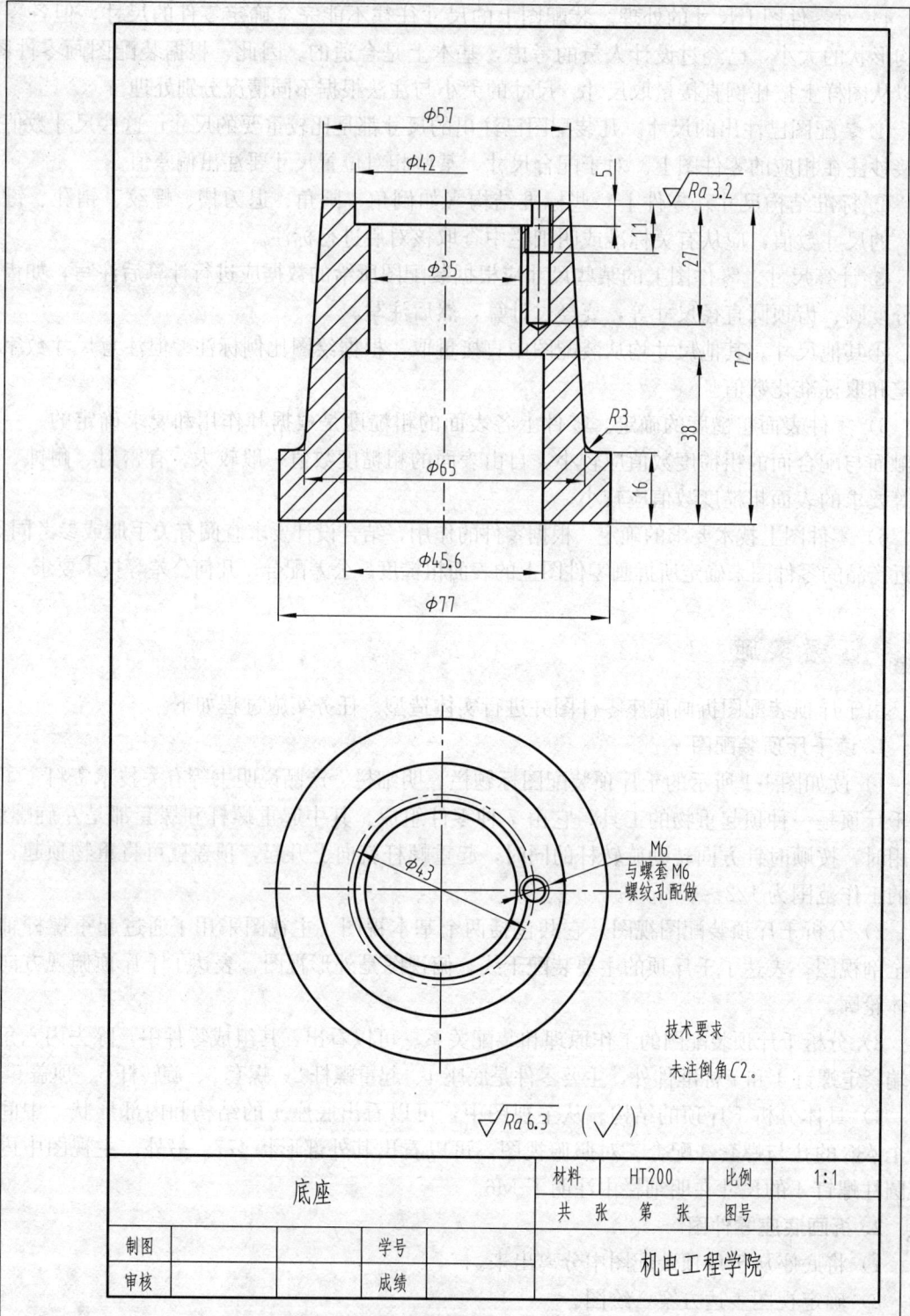

$\phi 57$

$\phi 42$

$\sqrt{Ra\,3.2}$

5

11

27

$\phi 35$

72

$R3$

38

$\phi 65$

16

$\phi 45.6$

$\phi 77$

M6
与螺套M6
螺纹孔配做

$\phi 43$

技术要求

未注倒角C2。

$\sqrt{Ra\,6.3}$ $(\sqrt{\ })$

底座			材料	HT200	比例	1:1
			共　张　第　张		图号	
制图			学号		机电工程学院	
审核			成绩			

图 8-27　底座零件图

3. 将底座进行实体造型

1）将底座的轴向截面定义成面域（命令 ▣ ）。

2）以底座的轴线为旋转轴将此面域过的面旋转成体（命令 ▤ ）。

3）绘制螺纹小孔（命令 ▥ ）。

4）利用布尔运算求差集（命令 ◎ ），结果如图 8-28 所示。

图 8-28 底座实体图

学习情境Ⅳ 基 础 测 绘

　　该情境主要培养学生的测绘能力、综合制图能力和基本的精度设计能力，使学生学会各种测绘工具的使用、常用件和标准件的选用和画法，以及常见结构的精度设计。

项目9 测 绘 铣 刀 头

知识目标

1）了解铣刀头的拆、装。
2）掌握轴承的基本知识与绘制方法。
3）掌握键连接和销连接的绘制方法。
4）掌握部件的测绘方法和步骤。
5）掌握常用测量工具的测量方法。
6）掌握装配示意图的绘制方法与注意要点。
7）掌握常用典型件的精度设计。

能力目标

1）能使用各种工具拆装部件或机器，能使用绘图工具绘制工程图样，能使用技术测量工具进行零件测绘。
2）能正确查阅机械制图国家标准和相关手册，并根据国家标准正确绘制机械图样。
3）能熟练操作 AutoCAD 软件。

素质目标

1）爱岗敬业、自律、诚信、进取、勇于创新等良好品质的培养。
2）较强的沟通与协作、协调与组织能力，良好的团队精神。

任务9.1 铣 刀 头 的 测 绘

任务内容

完成铣刀头的测绘。

⏱ **任务目的**

1）了解铣刀头的结构和工作原理。
2）掌握轴承的基本知识与查阅方法。
3）掌握键连接和销连接的绘制方法。
4）绘制铣刀头装配示意图及零件草图。

👥 **任务知识**

1. 滚动轴承

滚动轴承的类型很多，按照其承受载荷的方向主要分为以下三类：

向心轴承——主要承受径向载荷。

推力轴承——只承受轴向载荷。

向心推力轴承——既可承受轴向载荷，又可承受径向载荷。

滚动轴承的结构基本相似，一般由内圈、外圈、滚动体和保持架组成，如图9-1所示。

（1）滚动轴承的画法

滚动轴承的画法主要有通用画法、特征画法和规定画法，其中前两种画法又称简化画法，有关要求见表9-1。

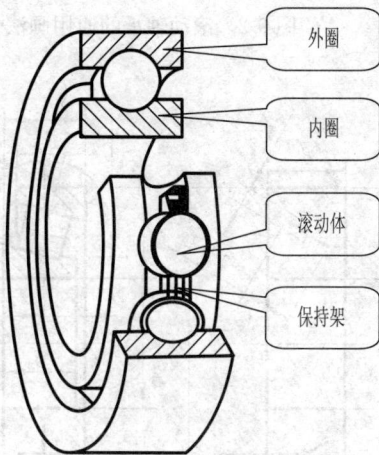

图9-1　滚动轴承

表 9-1 　　　　　　　　　　　　　　　　　　　**滚动轴承画法**

画法		要求		适用条件
简化画法	通用画法	各种符号、矩形线框和轮廓用粗实线绘制；不画剖面符号；矩形线框的大小应与轴承的外形尺寸一致；应在轴的两侧绘制	用矩形线框及位于线框中央放正的十字形符号表示	在剖视图中，不需要表示滚动轴承的外形轮廓、载荷特性和结构特征时
	特征画法		在矩形线框内画出其结构要素符号来表示其结构特征	需要较形象地表示滚动轴承的结构特征
规定画法		滚动体不画剖面线，其内外套圈可画成方向相反、间隔相同的剖面线；轴线的一边用剖视图绘制，另一边用通用画法绘制		在滚动轴承产品图样、产品标准及说明书等中应用

滚动轴承的各种画法示例如图9-2～图9-5所示。

（2）滚动轴承的代号（GB/T 272—1993）

滚动轴承的代号由前置代号、基本代号和后置代号组成。

1）前置代号和后置代号。滚动轴承的前置和后置代号是轴承在结构形状、尺寸、公差等其他技术要求改变时，在其基本代号的前、后所添加的补充代号，使用时可根据国家标准的有关规定选取。

2）基本代号。滚动轴承的基本代号由类型代号、尺寸系列代号和内径代号组成。

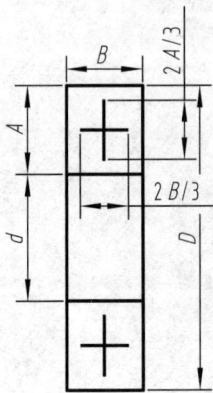

图 9-2　滚动轴承的通用画法　　　　图 9-3　深沟球轴承的特征画法和规定画法

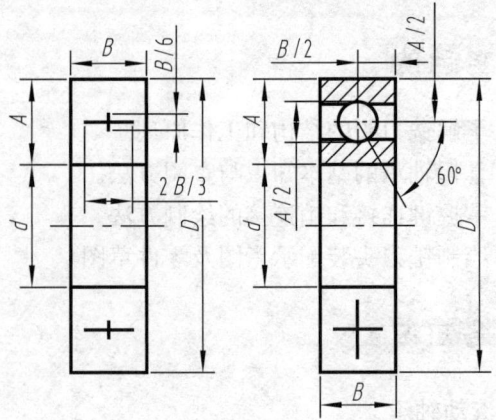

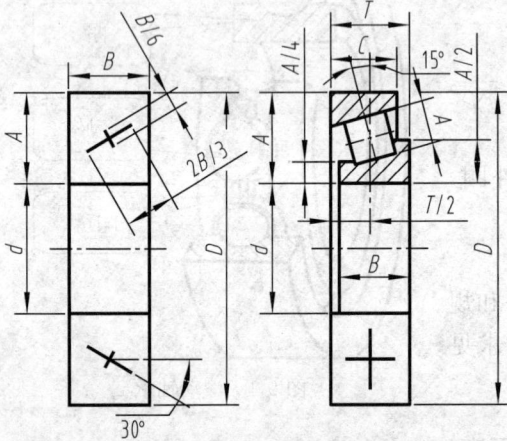

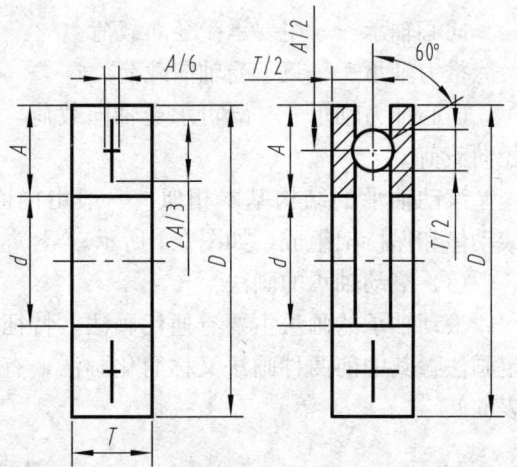

图 9-4　圆锥滚子轴承的特征画法和规定画法　　　图 9-5　推力球轴承的特征画法和规定画法

　　类型代号表示滚动轴承的类型，位于基本代号的最左边，用数字或字母组成，其含义见表 9-2。

表 9-2　　　　　　　　　　　　滚 动 轴 承 的 类 型

代号	轴承类型	代号	轴承类型
0	双列角接触球轴承	6	深沟球轴承
1	调心球轴承	7	角接触球轴承
2	调心滚子轴承和推力调心滚子轴承	8	推力圆柱滚子轴承
3	圆锥滚子轴承	N	圆柱滚子轴承（双列或多列用字母 NN 表示）
4	双列深沟球轴承	U	外球面球轴承
5	推力球轴承	QJ	四点接触球轴承

　　滚动轴承的尺寸系列代号有宽度（或高度）系列代号和直径系列代号组成，其含义见表 9-3。
　　滚动轴承的内径代号表示轴承的内径大小，其表示方法见表 9-4。
　　下面举例说明基本代号的含义：
　　6210 表示深沟球轴承，2 为尺寸系列代号，10 为内径代号（内径为 50mm）。

表 9-3　　　　　　　　　　　　　　　　滚动轴承的尺寸系列代号

直径系列代号	向心轴承								推力轴承			
	宽度系列代号								高度系列代号			
	8	0	1	2	3	4	5	6	7	9	1	2
	尺寸系列代号											
7	—	—	17	—	37				—	—	—	—
8	—	08	18	28	38	48	58	68	—	—		
9	—	09	19	29	39	49	59	69	—	—		
0	—	00	10	20	30	40	50	60	70	90	10	
1	—	01	11	21	31	41	51	61	71	91	11	
2	82	02	12	22	32	42	52	62	72	92	12	22
3	83	03	13	23	33				73	93	13	23
4	—	04	—	24	—				74	94	14	24
5	—								—	95	—	—

表 9-4　　　　　　　　　　　　　　　　滚动轴承的内径代号

内径尺寸（mm）	内径代号的表示方法
20～480（22、28、32 除外）	轴承内径除以 5 的商数，当商数为一位数时，需在左边加"0"
大于或等于 500 及 22、28、32	用内径的毫米数直接表示，但必须与尺寸系列代号之间用"/"隔开
0.6～10（内径为小数）	用内径的毫米数直接表示，但必须与尺寸系列代号之间用"/"隔开
1～9（内径为整数）	用内径的毫米数直接表示，对 7、8、9 直径系列的轴承，内径与尺寸系列代号之间用"/"隔开
10～17	10：00
	12：01
	15：02
	17：03

23208 表示调心滚子轴承，32 为尺寸系列代号，08 为内径代号（内径为 40mm）。

51200 表示推力球轴承，12 为尺寸系列代号，00 为内径代号（内径为 10mm）。

1203 表示双列角接触球轴承，2 为尺寸系列代号，03 为内径代号（内径为 17mm）。

60/32 表示深沟球轴承，0 为尺寸系列代号，32 为内径代号（内径为 32mm）。

（3）滚动轴承的标记

滚动轴承的标记由三个部分组成：轴承名称、轴承代号和标准编号。

例如：滚动轴承　5103　GB/T 272—1993。

2. 键连接的规定画法

键是标准件，键的长度 L、宽度 b 和键槽的尺寸可根据轴的直径 d 从有关标准中选取。其画法如图 9-6 所示。

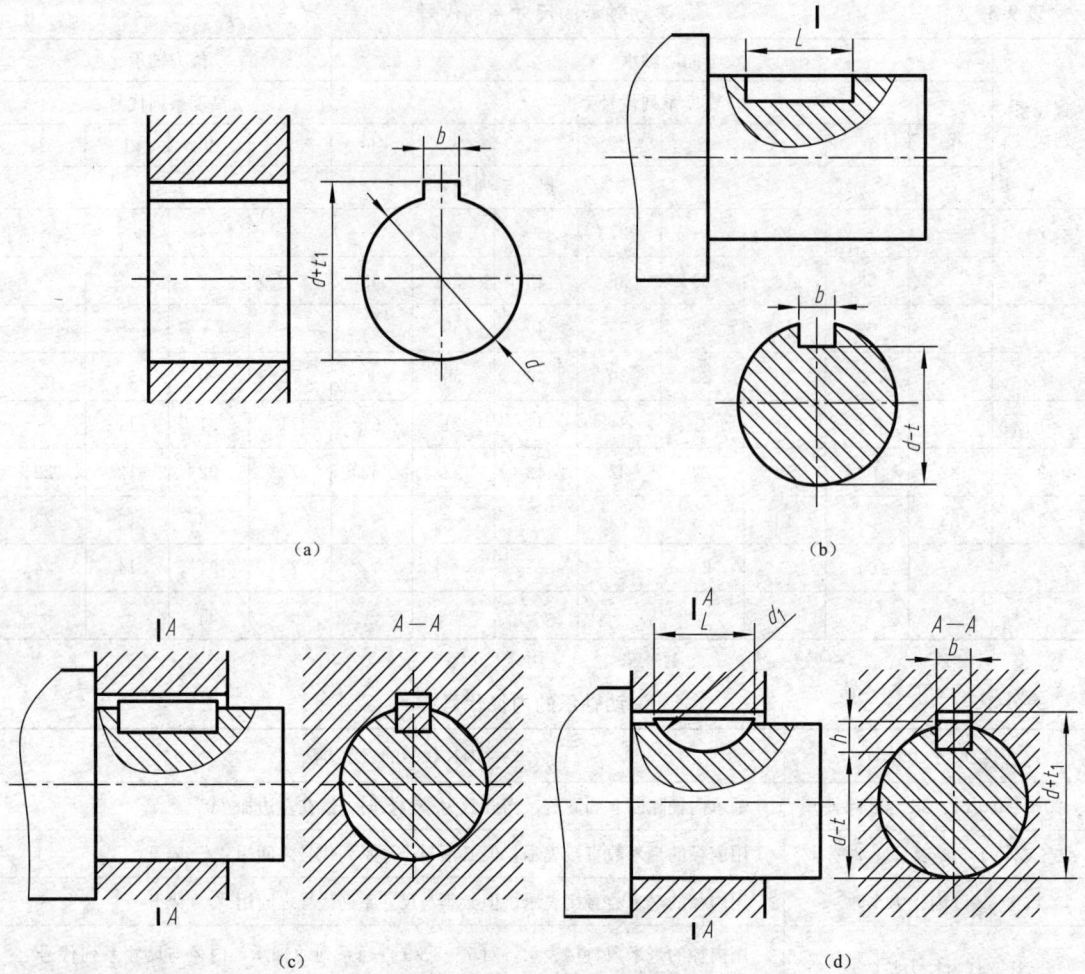

图 9-6 平键和半圆键连接的画法
（a）轮毂槽；（b）轴槽；（c）平键连接；（d）半圆键连接

在绘制普通平键和半圆键连接时应注意以下问题：

1）键的两侧面与轴和键槽的侧面接触，应画一条线。

2）键的底面与轴槽底面接触，画一条线。

3）键的顶面与轮毂槽顶面之间有间隙，画两条线。

4）当剖切平面通过轴和键的轴线时，轴和键均按不剖画出。

3. 销连接的规定画法

销通常用于零件间的连接和定位。常用的有圆柱销、圆锥销、开口销等。用销连接或定位的两个零件上的销孔，一般需一起加工，并在销孔图样上注写"装配时作"或"与×件配作"。圆锥销的公称直径是指小端直径。销连接的画法和标注如图 9-7 所示。

销的规定标记示例：

公称直径 $d=10\text{mm}$，长度 $l=30\text{mm}$，材料 35 钢，硬度为 35HRC，表面，氧化处理的 B 型圆柱销：销 GB/T 119—2000 B10×30。

公称直径 $d=10\text{mm}$，长度 $l=50\text{mm}$，材料 35 钢，硬度为 35HRC，表面，氧化处理的 B

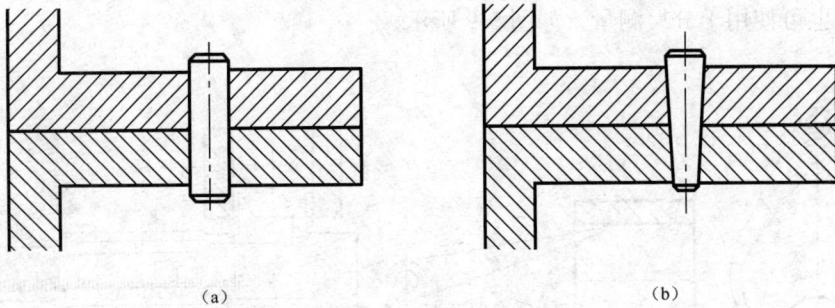

图 9-7　圆柱销与圆锥销连接的画法

(a) 圆柱销连接；(b) 圆锥销连接

型圆锥销：销　GB/T 117—2000　B10×50。

4. 零件的测绘方法

零件的测绘就是依据实际零件绘制它的图形、测量它的尺寸并制订其技术要求。测绘在实际应用时，是首先徒手画出零件草图，然后根据零件草图画出零件图，为设计机器、修配零件和准备配件创造条件。

(1) 常用的测量工具

要根据零件测量出尺寸并画出图形，首先要了解测量的工具及其使用的方法。常用的测量工具包括直尺、千分尺、游标卡尺、内卡钳、外卡钳等，如图 9-8 所示。

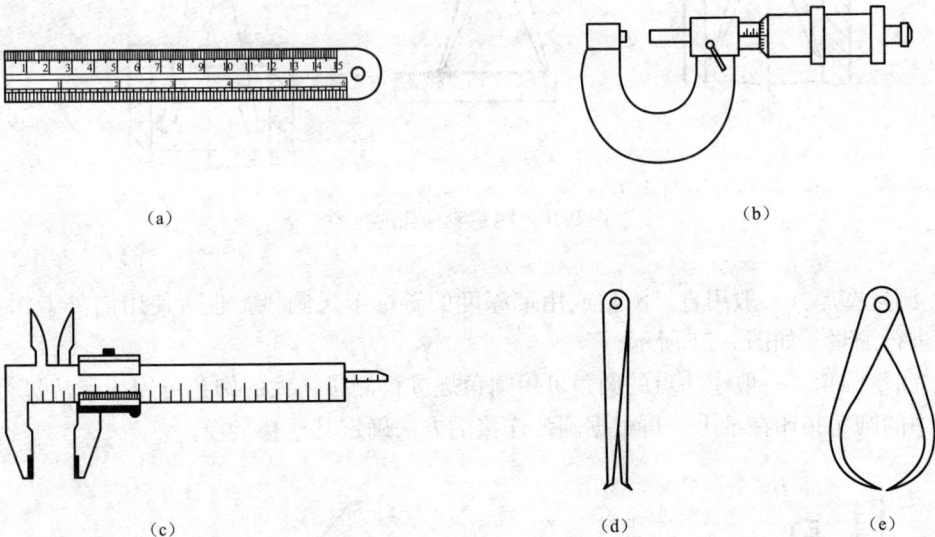

图 9-8　常用测量工具

(a) 直尺；(b) 千分尺；(c) 游标卡尺；(d) 内卡钳；(e) 外卡钳

(2) 几种常用的测量方法

1) 测量直线尺寸（长、宽、高）。一般用直尺或游标卡尺直接量出尺寸的大小。

2) 测量内外直径尺寸。一般用内卡钳、外卡钳和直尺进行测量，或用游标卡尺直接测量，必要时也可使用千分尺测量，如图 9-9 所示。

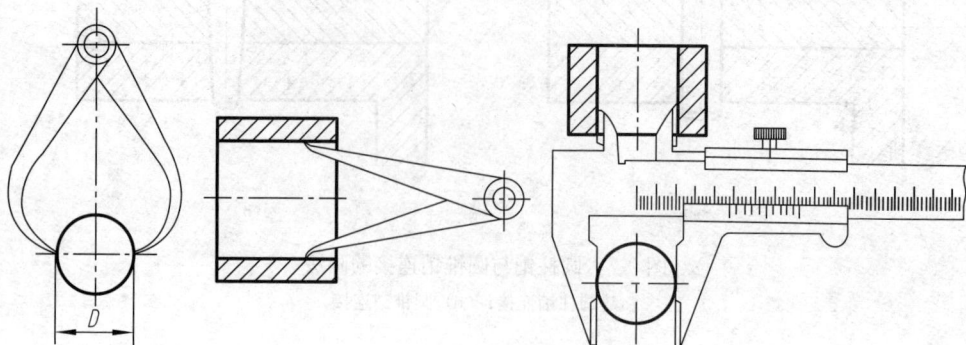

图 9-9　测量内外直径尺寸

在测量阶梯孔的内径时，会遇到外面孔小、里面孔大的情况，用游标卡尺无法测量出大孔的直径，此时可用内卡钳测量，如图 9-10 所示。

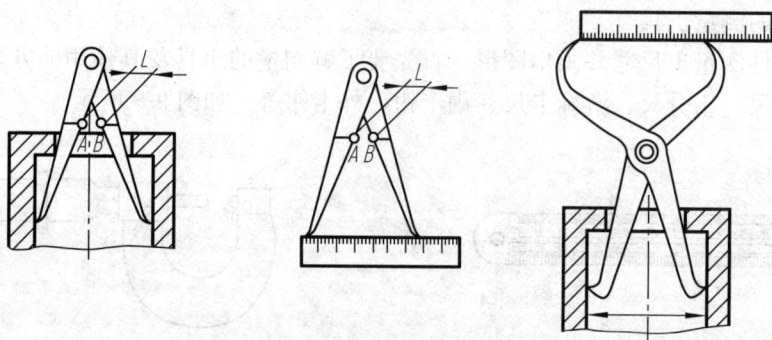

图 9-10　测量阶梯孔的直径

3）测量壁厚。一般用直尺测量或用带深度的游标卡尺测量，也可使用内外卡钳和直尺配合来进行测量，如图 9-11 所示。

4）测量圆角。一般小一点的圆角可用圆角规进行测量。大的圆角可用拓印法进行测量，将实物中的圆角拓印在纸上，再根据圆弧连接的方法确定其连接半径。

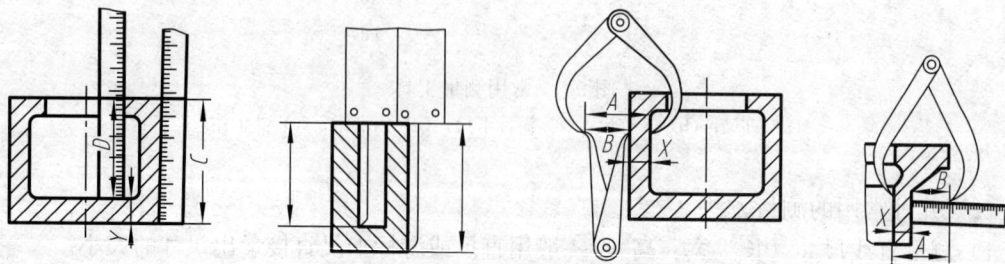

图 9-11　测量壁厚

（3）螺纹的测绘

测绘螺纹时，通常采用以下步骤：

1）确定螺纹线数及旋向。

2）测量螺距。可用拓印法，即将螺纹放在纸上压出痕迹并测量。为准确起见，可量出几个螺距的长度（p），然后除以螺距的数量（n），即 $P=p/n$，如图9-12所示。也可用螺纹规，选择与被测螺纹能完全吻合的规片，其上刻有螺纹牙型和螺距，即可直接确定，如图9-13所示。

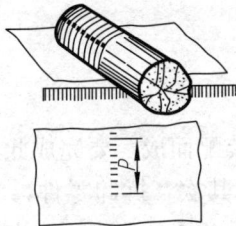

图9-12　用拓印法测量螺纹的螺距　　　　　图9-13　用螺纹规测量螺纹的螺距

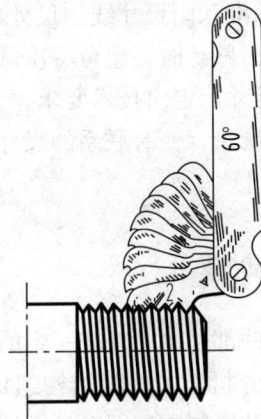

3）用游标卡尺测大径。内螺纹的大径无法直接测出，可先测小径，然后由附录查出大径。

4）查标准，定代号。根据牙型、螺距和大径（或小径），查有关标准，定出螺纹代号。

5. 绘制零件草图

（1）绘制零件草图的要求

零件草图是根据零件实物，通过目测估计各部分的尺寸比例，徒手画出的零件视图，然后在此基础上把测量的尺寸数字填入图中。零件草图常在测绘现场画出，是其后绘制零件图的重要依据，因此，它应该具备零件图的全部内容，视图表达、尺寸标注、技术要求等要完整，而绝非"潦草之图"。

（2）绘制前的准备工作

在画零件草图之前，应该对零件进行详细分析。

1）了解零件的名称和用途。

2）鉴定零件是由什么材料制成，零件的材料可参考有关资料。

3）对该零件进行结构分析。零件的每个结构都有一定的功用，必须将它们分析清楚。这项工作对破旧、磨损和带有某些缺陷的零件的测绘尤为重要。在分析的基础上，把它改正过来，只有这样，才能完整、清晰、简便地表达它们的结构形状，并且完整、合理、清晰地标注出它们的尺寸。

4）对该零件进行工艺分析。因为同一零件可以按不同的加工顺序制造，故其结构形状的表达、基准的选择和尺寸的标注也不一样。

5）拟订该零件的表达方案。通过上述分析，对该零件的认识更深刻一些，在此基础上再来确定主视图、视图数量和表达方法。

（3）画零件草图的步骤

1）在图纸上定出各个视图的位置。画出各视图的基准线、中心线。安排各视图的位置时，要考虑到各视图间应有标注尺寸的地方，画出右下角的标题栏。

2）详细地画出零件的外部及内部的结构形状。

3）选择基准和画尺寸线、尺寸界线及箭头。经过仔细校核后，将全部轮廓线描深，画出剖面符号等。熟练时，也可一次画好。

4）测量尺寸，定出技术要求，并将尺寸数字、技术要求记入图中。应该把零件上全部尺寸集中一起测量，使有联系的尺寸能够联系起来，这不但可以提高工作效率，还可以避免错误和遗漏尺寸。

任务实施

机器或部件都是由零件按一定的装配关系和技术要求装配而成。要完成此项目，首先要对铣刀头进行分析，了解其结构组成、工作原理及用途；其次，拆卸零件，为防止零件丢失、便于复位及绘制装配图，可边拆卸边绘制部件的装配示意图；再次，画出所有非标件的零件草图；然后，由零件草图及装配示意图绘制装配图；最后，由装配图拆画零件图。而本次任务只要完成装配示意图和零件草图的绘制。

1. 铣刀头结构分析

铣刀头由铣刀头座、轴、调节环、轴承、端盖、皮带轮、螺钉、销、键、挡圈等零件组成。铣刀头是一种用于大件切削的机床附件，如装在龙门铣床上进行铣削加工，铣刀头的内部结构如图 9-14 所示。铣刀头座两端由圆锥滚子轴承支撑轴，轴承外侧有端盖；左边带轮为动力输入端，带轮和轴由键连接，带轮的左侧有销、挡圈、螺钉实现定位和紧固；轴的右边动力输出给铣刀盘，刀盘带动铣刀对零件进行铣削加工。铣刀装在铣刀盘上（铣刀和铣刀盘见图 9-15，由双点画线表示），铣刀盘通过键与轴连接，挡圈、垫圈、螺钉把刀盘与轴紧固住。

2. 拆卸零件

在初步了解铣刀头工作原理及结构的基础上，按照主要装配关系和装配干线依次拆卸各零件，通过对各零件的作用和结构的仔细分析进一步了解各零件间的装配关系。要特别注意零件间的配合关系，弄清其配合性质。拆卸时为了避免零件的丢失与混乱，一方面要妥善保管零件，另一方面可对各个零件进行编号，并分清标准件与非标准件，做出相应的记录。

3. 画装配示意图

装配示意图是用来表示部件中各零件的相互位置和装配关系的示意性图样，是重新装配部件和画装配图的参考依据。画装配示意图时，一般从主要零件入手，按照国家标准规定，用简单的图线和一些简图符号，采用简化画法和习惯画法，画出零件的大致轮廓。然后按装配顺序再把其他零件逐个画上。通常对各零件的表达不受前后层次、可见与不可见的限制，尽可能把所有零件集中画在一个视图上。若有必要，也可补充要其他视图上。

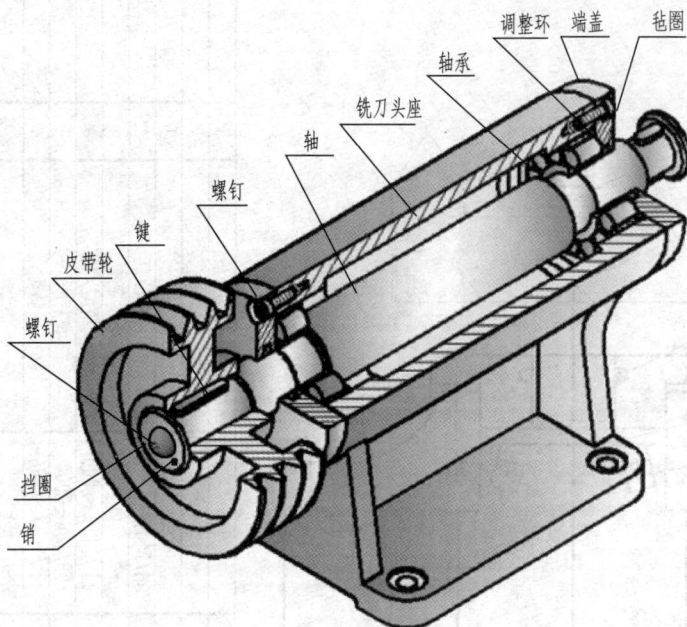

图 9-14　铣刀头内部结构图

图 9-15 所示为铣刀头装配示意图。从此图中可以看出装配示意图有以下特点：

1）装配示意图只用简单的符号和线条表达部件中各零件的大致形状和装配关系。

2）一般零件可用简单图形画出其大致轮廓。形状简单的零件（如螺钉、轴等）可用线段表示，其中常用的标准件可用国家标准规定的示意图符号表示，如轴承、键等。

3）相邻两零件的接触面或配合面之间应留有间隙，以便于区分。

4）全部零件应进行编号，并填写明细栏。

4. 画零件草图

根据画零件草图的方法和步骤，逐个画出轴、皮带轮、调节环、端盖等非标准零件的草图，铣刀头座的草图绘制已在任务 7.1 中完成。利用游标卡尺、直尺、外卡钳、内卡钳等工具测量尺寸并注意圆整，制订技术要求，将尺寸数字、技术要求记入图中。注意轴承内圈与轴颈配合尺寸的一致性，轴承外圈与铣刀头座安装孔配合尺寸的一致性，键槽等标准结构需要测绘并推算其主要结构参数，查阅国家标准圆整为标准值。部分技术要求（包括铣刀头座）的确定需要结合下次任务的精度设计进一步完成。轴承、销、螺钉等为标准件，只要在测量尺寸后查阅标准，核对并写出规定标记，将标记编入明细栏，不必画零件草图。

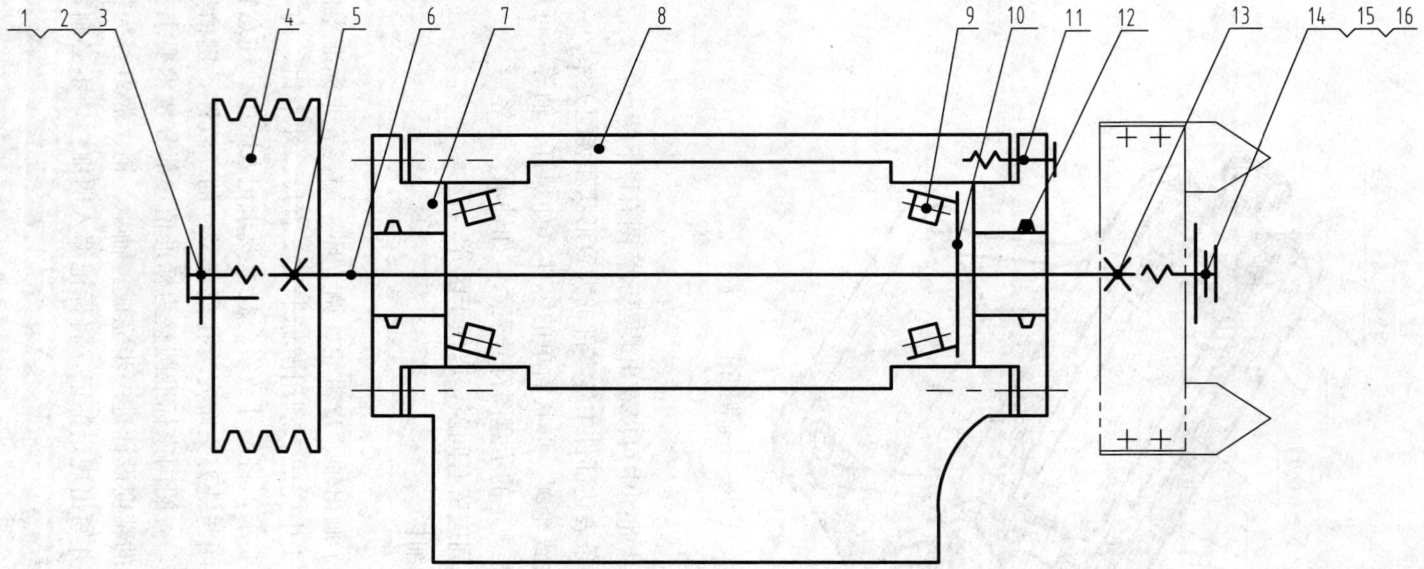

8		铣刀头座	1			
7		端盖	2			
6		轴	1			
5	GB/T1096-2003	键A6X18	1			
4	GB/T119-2000	皮带轮	1			
3	GB/T68-2000	销A2X10	1			
2	GB/T891-1986	螺钉TM5X10	1			
1		挡圈	1			
序号	代号	名称	数量	备注		

	铣刀头			比例	1:1	
		号		图号		
		成绩				

材 料						
制图			共　张　第　张			
审核			机电工程学院			

16	GB/T93-1987	垫圈	1			
15	GB/T5783-2000	螺栓M5X15	1			
14	GB/T1892-1986	挡圈	1			
13	GB/T1096-2003	键A6X10	1			
12		毡圈	1			
11	GB/T70.1-2008	螺钉TM5X20	12			
10		调整环	1			
9	GB/T297-1994	轴承30204	2			

图 9-15　铣刀头装配示意图

任务 9.2　铣刀头的精度设计与装配

任务内容

完成铣刀头的精度设计与装配。

任务目的

1）掌握轴类零件的精度设计方法。
2）掌握滚动轴承结合的精度设计方法。
3）掌握平键结合的精度设计方法。
4）完成铣刀头装配图的绘制。
5）完成铣刀头零件图的绘制。

任务知识

机器精度的设计尽管需要从多方面进行分析与计算，但总是要根据给定的整机精度，确定出各个组成零件的精度。因此，零件的精度设计是整机精度设计的基础。影响零件精度的最基本因素是零件的尺寸、形状、方向、位置及表面粗糙度，因而，精度设计的主要内容包括尺寸公差、几何公差、表面质量等几个方面的选择与设计。

几何精度设计的方法主要有类比法、计算法和试验法三种。目前，几何精度设计仍处于以经验设计为主的阶段。大多数要素的几何精度都是采用类比的方法凭实际工作经验确定的。零件几何精度设计的主要原则是：保证机械产品使用性能优良，制造上经济合理，以期取得最佳的技术经济效果。

1. 轴类零件的精度设计

轴类零件一般都是回转体，因此，主要是设计直径尺寸和轴向长度尺寸。设计直径尺寸时，应特别注意有配合关系的部位，当有几处部位直径相同时，都应逐一设计并注明不得省略。即使是圆角和倒角也应标注无遗，或者在技术要求中说明。标注长度尺寸时，既要考虑零件尺寸的精度要求，又要符合机械加工的工艺过程，不致给机械加工造成困难或给操作者带来不便。因其需要考虑基准面和尺寸链问题，本任务只研究轴类零件尺寸公差、几何公差和表面粗糙度的确定方法。

（1）尺寸公差的确定

轴类零件有以下各处需要设计与标注尺寸公差，即选择确定其公差值，一般采用类比法确定。

1）安装传动零件（齿轮、蜗轮、带轮、链轮等）、轴承及其他回转件与密封处轴的直径公差，公差值按装配图中选定的配合性质从公差配合表中选择确定。安装轴承的轴颈尺寸公差也可按表 9-11 和表 9-13 确定。

2）键槽的尺寸公差。键槽的宽度和深度的极限偏差按键连接标准规定选择确定。

3）轴的长度公差。在减速器中一般不作尺寸链的计算，可以不必设计确定长度公差。

一般采用自由公差，按 h12、h13 或 H12、H13 确定。

（2）几何公差的确定

根据传动精度、工作条件等，可确定以下各重要表面的几何公差：

1）配合表面的圆柱度。与滚动轴承或齿轮（蜗轮）等配合的表面，其圆柱度公差约为轴直径公差的 1/2；与联轴器、带轮等配合的表面，其圆柱度公差约为轴直径公差的 0.6～0.7 倍。

2）配合表面的径向跳动公差。轴与齿轮、蜗轮轮毂的配合部位相对滚动轴承配合部位的径向跳动公差可按表 9-5 确定。

表 9-5　　　　　　　　　　　　　轴与齿轮、蜗轮配合部位的径向跳动度

齿轮精度等级或运动精度等级		6	7、8	9
轴在安装轮毂部位的径向跳动度	圆柱齿轮和圆锥齿轮	2IT3	2IT4	2IT5
	蜗杆、蜗轮	…	2IT5	2IT6

注　IT 为轴配合部分的标准公差值，见附表 E-1。

轴与联轴器、带轮的配合部位相对滚动轴承配合部位的径向跳动度可按表 9-6 确定。

表 9-6　　　　　　　　　　　　　轴与联轴器、带轮配合部位的径向跳动度

转速 n（r/min）	300	600	1000	1500	3000
径向跳动度（mm）	0.08	0.04	0.024	0.016	0.008

① 轴与滚动轴承的配合部位的径向跳动度：对于球轴承，其公差值为 IT6，对于滚子轴承，其公差值为 IT5。

② 轴与橡胶油封接触部位的径向跳动度：轴转速 $n \leqslant 500$r/min，取 0.1mm；$n > 500 \sim 1000$r/min，取 0.07mm；轴转速 $n > 1000 \sim 1500$r/min，取 0.05mm；$n > 1500 \sim 3000$r/min，取 0.02mm。

3）轴肩的端面跳动公差。

① 与滚动轴承端面接触：对于球轴承，取（1～2）IT5；对于滚子轴承，取（1～2）IT4。

② 与齿轮、蜗轮轮毂端面接触：当轮毂宽度 l 与配合直径 d 的比值 < 0.8 时，可按表 9-7 确定端面跳动度；当比值 $l/d \geqslant 0.8$ 时，可不标注端面跳动度。

表 9-7　　　　　　　　　　　　轴与齿轮、蜗轮轮毂端面接触处的轴肩端面跳动度

精度等级或接触精度等级	6	7、8	9
轴肩的端面跳动度	2IT3	2IT4	2IT5

4）平键键槽两侧面相对轴线的平行度和对称度。平行度公差约为轴槽宽度公差的 1/2，对称度公差约为轴槽宽度公差的 2 倍。也可按平键结合的精度设计要求查表得出。

5）轴的几何公差设计。表 9-8 归纳了轴上应设计与标注的几何公差项目及其对工作性能的影响。

（3）表面粗糙度的确定

轴的各个表面都需要进行加工，其表面粗糙度数值可按表 9-9 推荐值的确定，或查其他手册。

表 9-8　　　　　　　　　　　　　　　　　轴的几何公差推荐项目

内容	项目	符号	对工作性能的影响
形状公差	与传动零件相配合表面的圆度、圆柱度	◯　⌀	影响传动零件与轴配合的松紧及对中性
	与轴承相配合表面的圆度、圆柱度		影响轴承与轴配合的松紧及对中性
位置公差	齿轮和轴承的定位端面相对应配合表面的同轴度	◎	影响齿轮和轴承的定位及其承载的均匀性
	键槽相对轴中心线的对称度（要求不高时不注）	＝	影响键承载的均匀性及装拆的难易
方向公差	键槽相对轴中心线的平行度（要求不高时不注）	∥	
跳动公差	齿轮和轴承的定位端面相对应配合表面的端面圆跳动、全跳动	↗　↗↗	影响齿轮和轴承的定位及其承载的均匀性
	与传动零件配合的表面以及与轴承相配合的表面相对于基准轴线的径向圆跳动或全跳动		影响传动零件和轴承的运转偏心

注　按以上推荐确定的几何公差数值，应圆整至相应的标准公差值。

表 9-9　　　　　　　　　　　　　　　推荐用的轴加工表面粗糙度数值

加工表面	表面粗糙度值 Ra（μm）		
与传动件及联轴器等轮毂相配合的表面	0.4～1.6		
与普通精度等级轴承相配合的表面	0.8（当轴承内径 $d \leqslant 80mm$） 1.6（当轴承内径 $d > 80mm$）		
与传动件及联轴器相配合的轴肩表面	1.6～3.2		
与滚动轴承相配合的轴肩表面	1.6		
平键键槽	1.6（工作面），1.6～3.2（非工作面）		
与轴承密封装置相接触的表面	毡封油圈	橡胶油封	间隙或迷宫式
	与轴接触处的圆周速度（m/s）		1.6～3.2
	≤3	>3～5	>5～10	
	1.6～3.2	0.4～0.8	0.2～0.4	
螺纹牙型表面	0.8（精密精度螺纹），1.6（中等精度螺纹）		
其他表面	3.2～6.3（工作面），6.3～12.5（非工作面）		

2. 滚动轴承结合的精度设计

要使滚动轴承工作平稳、噪声小，除了滚动轴承本身要具有一定的制造精度外，与滚动轴承相配的轴颈和轴承座孔的尺寸公差、几何公差、表面粗糙度等也都有一定的关系，这在国家标准中都做了相应的规定。

（1）滚动轴承的精度等级及其应用

根据 GB/T 307.3—2005 规定，滚动轴承按尺寸公差与旋转精度分级。向心轴承分为 0、6、5、4、2 五级；圆锥滚子轴承分为 0、6X、5、4、2 五级；推力轴承分为 0、6、5、4 四级。在这些精度等级中，0 级精度最低，从前到后精度依次提高。滚动轴承各级精度的应用情况见表 9-10。

表 9-10 各种精度等级滚动轴承的应用

轴承类型	精度等级	应用
普通级轴承	0 级	应用于中等载荷、中等转速和旋转精度要求不高的一般机构中，例如普通机床、拖拉机和汽车的变速机构和普通电机、水泵、压缩机的旋转机构的轴承
中等级轴承	6 级	应用于旋转精度和转速较高的旋转机构中，例如普通机床的主轴轴承、精密机床传动轴的轴承
精密级轴承	5、4 级	应用于旋转精度高和转速高的旋转机构中，例如精密机床的主轴轴承、精密仪器和机械使用的轴承
超精级轴承	2 级	应用于旋转精度和转速很高的旋转机构中，例如精密坐标镗床的主轴轴承、高精度仪器和高转速机构中使用的轴承

滚动轴承是标准部件，使用时不能再进行加工，因此轴承内圈与轴颈配合采用基孔制，轴承外圈与轴承座孔配合采用基轴制。应当指出，由于滚动轴承结合面的公差带是特别规定的，因此在装配图中对轴承的配合，只需标注公标尺寸及轴、轴承座孔的公差带代号。

（2）与滚动轴承结合的轴颈和轴承座孔公差带的选用

轴承内径和外径本身的公差带在制造轴承时就已确定，因此轴承配合的配合性质要由轴颈和轴承座孔的公差带决定，也就是说轴承配合的选择就是确定轴颈和轴承座孔的公差带。

1）公差等级的选择。与滚动轴承相配合的轴颈和轴承座孔的公差等级与轴承的精度等级密切相关，一般与 0 级和 6 级轴承配合的轴颈的公差等级为 IT6 级，轴承座孔的公差等级为 IT7 级；与 5 级和 4 级轴承配合的轴颈的公差等级为 IT4～IT5 级，轴承座孔的公差等级为 IT5～IT6 级。

2）配合的选择。与滚动轴承相配合的轴颈和轴承座孔配合的选用，通常是根据滚动轴承内、外圈承受载荷的类型和大小，轴承的类型和尺寸，轴承的工作条件，与轴承相配合件的结构和材料，装拆要求，以及轴承工作温度等因素来进行的，其中主要的根据是载荷的类型和大小。

GB/T 275—2015 推荐的向心轴承、推力轴承与轴和轴承座孔配合时的轴、孔公差带见表 9-11～表 9-14。

表 9-11 向心轴承和轴的配合——轴公差带（摘自 GB/T 275—2015）

	载荷情况	举例	圆柱孔轴承			
			深沟球轴承、调心球轴承和角接触球轴承	圆柱滚子轴承和圆锥滚子轴承	调心滚子轴承	公差带
			轴承公称内径（mm）			
内圈承受旋转载荷或方向不定载荷	轻载荷	输送机、轻载齿轮箱	≤18 >18～100 >100～200 —	— ≤40 >40～140 >140～200	— ≤40 >40～100 >100～200	h5 j6[①] k6[①] m6[①]

续表

		圆柱孔轴承			
载荷情况	举例	深沟球轴承、调心球轴承和角接触球轴承	圆柱滚子轴承和圆锥滚子轴承	调心滚子轴承	公差带
		轴承公称内径（mm）			
内圈承受旋转载荷或方向不定载荷	正常载荷	一般通用机械、电动机、泵、内燃机、正齿轮传动装置	≤18 >18~100 >100~140 >140~200 >200~280 —	— ≤40 >40~100 >100~140 >140~200 >200~400	— ≤40 >40~65 >65~100 >100~140 >140~280 >280~500	j5、js5 k5② m5② m6 n6 p6 r6
	重载荷	铁路机车车辆轴箱、牵引电机、破碎机等		>50~140 >140~200 >200	>50~100 >100~140 >140~200 >200	n6③ p6③ r6③ r7③
内圈承受固定载荷	所有载荷 内圈需在轴向易移动	非旋转轴上的各种轮子	所有尺寸			f6 g6
	所有载荷 内圈不需在轴向易移动	张紧轮、绳轮				h6 j6
仅有轴向载荷		所有尺寸			j6、js6

		圆锥孔轴承		
所有载荷	铁路机车车辆轴箱	装在退卸套上	所有尺寸	h8（IT6）④,⑤
	一般机械传动	装在紧定套上	所有尺寸	h9（IT7）④,⑤

① 凡精度要求较高的场合，应用 j5、k5、m5 代替 j6、k6、m6。
② 圆锥滚子轴承、角接触球轴承配合对游隙影响不大，可用 k6、m6 代替 k5、m5。
③ 重载荷下轴承游隙应选大于 N 组。
④ 凡精度要求较高或转速要求较高的场合，应选用 h7（IT5）代替 h8（IT6）等。
⑤ IT6、IT7 表示圆柱度公差数值。

表 9-12　　　　　向心轴承和轴承座孔的配合——孔公差带（摘自 GB/T 275—2015）

载荷情况		举例	其他状况	公差带①	
				球轴承	滚子轴承
外圈承受固定载荷	轻、正常、重	一般机械、铁路机车车辆轴箱	轴向易移动，可采用剖分式轴承座	H7、G7②	
	冲击		轴向能移动，可采用整体或剖分式轴承座	J7、JS7	
方向不定载荷	轻、正常	电机、泵、曲轴主轴承		J7、JS7	
	正常、重			K7	
	重、冲击	牵引电机		M7	
外圈承受旋转载荷	轻	皮带张紧轮	轴向不移动，采用整体式轴承座	J7	K7
	正常	轮毂轴承		M7	N7
	重			—	N7、P7

① 并列公差带随尺寸的增大从左至右选择。对旋转精度有较高要求时，可相应提高一个公差等级。
② 不适用于剖分式轴承座。

表 9-13　　　　推力轴承和轴的配合——轴公差带（摘自 GB/T 275—2015）

载荷情况		轴承类型	轴承公称内径（mm）	公差带
仅有轴向载荷		推力球和推力圆柱滚子轴承	所有尺寸	j6、js6
径向和轴向联合载荷	轴圈承受固定载荷	推力调心滚子轴承、推力角接触球轴承、推力圆锥滚子轴承	≤250	j6
			>250	js6
	轴圈承受旋转载荷或方向不定载荷		≤200	k6①
			>200～400	m6
			>400	n6

① 要求较小过盈时，可分别用 j6、k6、m6 代替 k6、m6、n6。

表 9-14　　　　推力轴承和轴承座孔的配合——孔公差带（摘自 GB/T 275—2015）

载荷情况		轴承类型	公差带
仅有轴向载荷		推力球轴承	H8
		推力圆柱、圆锥滚子轴承	H7
		推力调心滚子轴承	—①
径向和轴向联合载荷	座圈承受固定载荷	推力角接触球轴承、推力调心滚子轴承、推力圆锥滚子轴承	H7
	座圈承受旋转载荷或方向不定载荷		K7②
			M7③

① 轴承座孔和座圈间间隙为 0.001D（D 为轴承公称外径）。
② 一般工作条件。
③ 有较大径向载荷时。

（3）配合表面的其他技术要求

GB/T 275—2015 还规定了轴颈和轴承座孔表面的圆柱度公差、轴肩和轴承座孔肩的轴向圆跳动及表面粗糙度的参数值，见表 9-15 和表 9-16。

表 9-15　　　　轴和轴承座孔的几何公差（摘自 GB/T 275—2015）

公称尺寸（mm）		圆柱度 t（μm）				轴向圆跳动 t_1（μm）			
		轴颈		轴承座孔		轴肩		轴承座孔肩	
		轴承公差等级							
>	≤	0	6 (6X)	0	6 (6X)	0	6 (6X)	0	6 (6X)
—	6	2.5	1.5	4	2.5	5	3	8	5
6	10	2.5	1.5	4	2.5	6	4	10	6
10	18	3	2	5	3	8	5	12	8
18	30	4	2.5	6	4	10	6	15	10
30	50	4	2.5	7	4	12	8	20	12
50	80	5	3	8	5	15	10	25	15
80	120	6	4	10	6	15	10	25	15
120	180	8	5	12	8	20	12	30	20
180	250	10	7	14	10	20	12	30	20
250	315	12	8	16	12	25	15	40	25
315	400	13	9	18	13	25	15	40	25
400	500	15	10	20	15	25	15	40	25

| 表 9-16 | 配合面及端面的表面粗糙度（摘自 GB/T 275—2015） |

轴或轴承座孔直径（mm）		轴或轴承座孔配合表面直径公差等级					
		IT7		IT6		IT5	
		表面粗糙度 Ra（μm）					
>	≤	磨	车	磨	车	磨	车
—	80	1.6	3.2	0.8	1.6	0.4	0.8
80	500	1.6	3.2	1.6	3.2	0.8	1.6
500	1250	3.2	6.3	1.6	3.2	1.6	3.2
端面		3.2	6.3	3.2	6.3	1.6	3.2

3. 平键结合的精度设计

键是标准件，是平键连接中的"轴"，因此键宽与键槽宽的配合采用基轴制配合，键宽公差带为 h9。平键连接的配合分为正常连接、紧密连接和松连接三类，配合性质及其应用见表 9-17，键宽 b 及其他尺寸公差规定见附表 C-1。

| 表 9-17 | 平键连接的 3 种配合性质及应用 |

配合种类	尺寸 b 的公差			应用范围
	键	轴槽	毂槽	
正常连接		N9	JS9	单件和成批生产且载荷不大时
紧密连接	h9	P9	P9	传递重载、冲击载荷或双向扭矩时
松连接		H9	D10	主要用于导向平键

为了提高平键连接的效果，国家标准中还对键和键槽的几何公差和表面粗糙度做了以下的规定：

1）对于轴槽和轮毂槽对轴线的对称度公差，一般按表 9-18 中 7～9 级选取。

2）当键长 L 与键宽 b 之比大于或等于 8 时，b 的两侧面在长度方向的平行度公差按表 9-19 选取。当 $b≤6mm$ 时，取 7 级；$b≥8～36mm$ 时，取 6 级；当 $b≥40mm$ 时，取 5 级。

3）表面粗糙度要求：键槽侧面取 Ra 值为 1.6～6.3μm；其他非配合面取 Ra 值为 6.3～12.5μm。

| 表 9-18 | 同轴度、对称度、圆跳动和全跳动公差值（摘自 GB/T 1184—1996） | | | | | | | | | | μm |

主参数 d(D)、L、B(mm)	公差等级											
	1	2	3	4	5	6	7	8	9	10	11	12
≤1	0.4	0.6	1.0	1.5	2.5	4	6	10	15	25	40	60
>1～3	0.4	0.6	1.0	1.5	2.5	4	6	10	20	40	60	120
>3～6	0.5	0.8	1.2	2	3	5	8	12	25	50	80	150
>6～10	0.6	1	1.5	2.5	4	6	10	15	30	60	100	200
>10～18	0.8	1.2	2	3	5	8	12	20	40	80	120	250
>18～30	1	1.5	2.5	4	6	10	15	25	50	100	150	300
>30～50	1.2	2	3	5	8	12	20	30	60	120	200	400
>50～120	1.5	2.5	4	6	10	15	25	40	80	150	250	500

表 9-19　　　　　　平行度、垂直度、倾斜度公差值（摘自 GB/T 1184—1996）　　　　　　μm

主参数 d(D)、L、B(mm)	公差等级											
	1	2	3	4	5	6	7	8	9	10	11	12
≤10	0.4	0.8	1.5	3	5	8	12	20	30	50	80	120
>10~16	0.5	1	2	4	6	10	15	25	40	60	100	150
>16~25	0.6	1.2	2.5	5	8	12	20	30	50	80	120	200
>25~40	0.8	1.5	3	6	10	15	25	40	60	100	150	250
>40~63	1	2	4	8	12	20	30	50	80	120	200	300
>63~100	1.2	2.5	5	10	15	25	40	60	100	150	250	400
>100~160	1.5	3	6	12	20	30	50	80	120	200	300	500
>160~250	2	4	8	15	25	40	60	100	150	250	400	600

任务实施

1. 精度设计

运用任务知识，查阅相关表格，完成相应精度设计任务，并将结果填入相应的图纸中。具体内容包括：

1）尺寸精度设计：轴与轴承相配合的轴颈；轴与皮带轮相配合的轴颈；轴与皮带轮、铣刀盘连接的键和键槽；铣刀头座与轴承外圈配合的轴承座孔。

2）几何精度设计：轴与轴承配合的轴颈表面；轴与皮带轮、铣刀盘连接的键、键槽的对称度；铣刀头座与轴承外圈配合的轴承座孔。

3）表面粗糙度的确定。

2. 画装配图

在铣刀头装配图中，主视图是通过轴的轴线全剖视图，把零件间的相互位置、主要装配关系和工作原理表达清楚。为进一步表达座体的形状及其与其他零件的安装情况，用左视图加以补充。标注必要的尺寸。例如，表示铣刀最大回转半径的中心高性能尺寸；带轮与轴左端的配合尺寸、与轴承配合的轴颈和轴承座孔的尺寸；铣刀头座底部的安装尺寸；铣刀头在装配最小位置时的外形尺寸；以及常用铣刀盘的铣削直径等其他重要尺寸等。铣刀头装配图如图 9-16 所示。

3. 拆画零件图

运用前面所学的知识，由装配图拆画轴、皮带轮、调节环、端盖等非标准件的零件图，具体结果略。

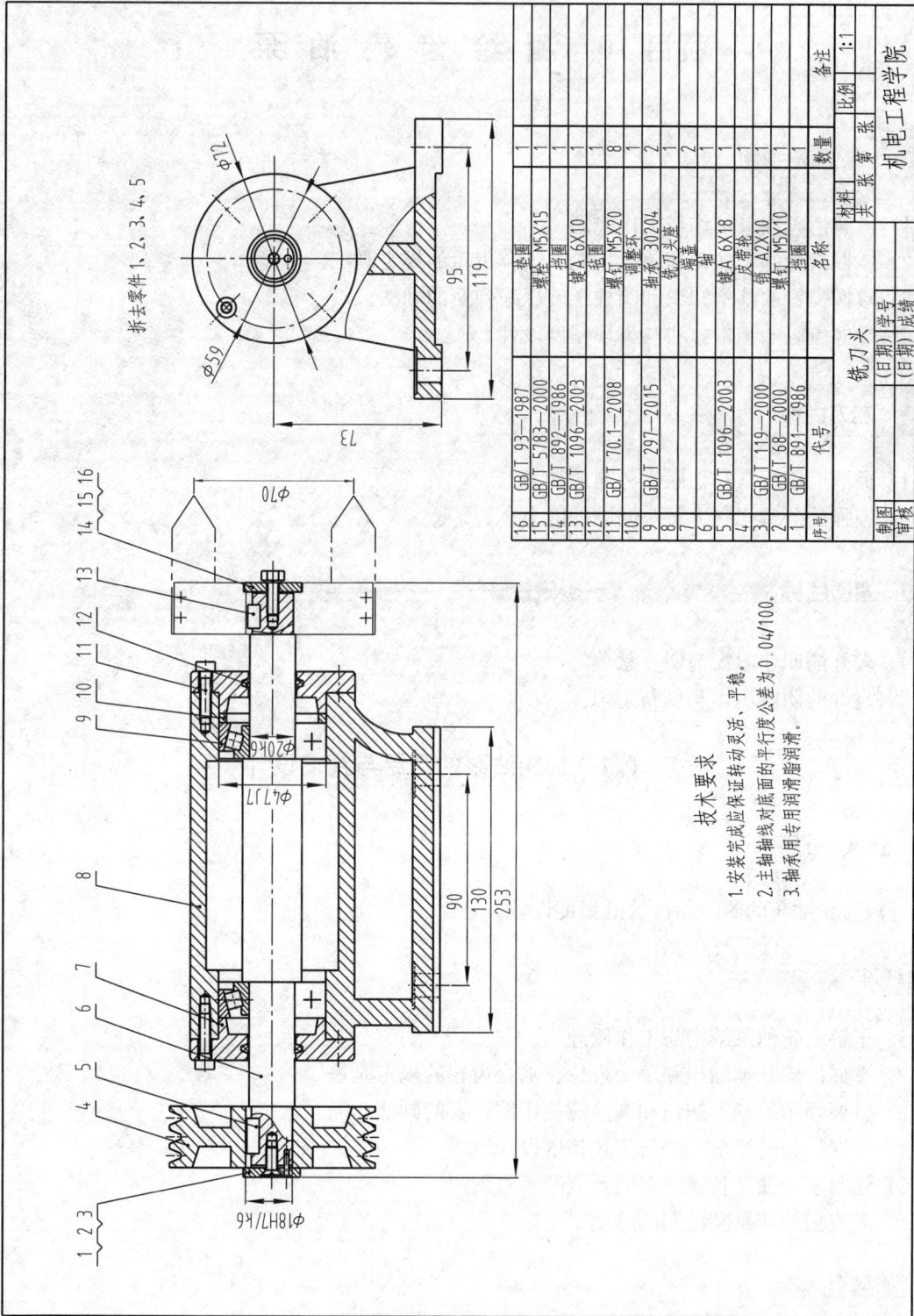

图 9-16　铣刀头装配图

拆去零件 1、2、3、4、5

$\phi 72$
$\phi 59$

73

95
119

14 15 16
13
11 12
9 10
8
7
6
5
4
1 2 3

$\phi 70$

$\phi 20K6$
$\phi 47JJ7$

90
130
253

$\phi 18H7/k6$

技术要求
1. 安装完成应保证转动灵活、平稳。
2. 主轴轴线对底面的平行度公差为 0.04/100。
3. 轴承用专用润滑脂润滑。

序号	代号	名称	数量	材料	备注
16	GB/T 93—1987	垫圈	1		
15	GB/T 5783—2000	螺栓 M5X15	1		
14	GB/T 892—1986	挡圈	1		
13	GB/T 1096—2003	键 A 6X10	1		
12		端盖	1		
11	GB/T 70.1—2008	螺钉 M5X20	8		
10		调整环	1		
9	GB/T 297—2015	轴承 30204	2		
8		铣刀头座	1		
7		端盖	2		
6		轴	1		
5	GB/T 1096—2003	键 A 6X18	1		
4		支带轮	1		
3	GB/T 119—2000	螺钉 A2X10	1		
2	GB/T 68—2000	螺钉 M5X10	1		
1	GB/T 891—1986	挡圈	1		

比例 1:1
共 张 第 张
机电工程学院

铣刀头

制图　（日期）学号
审核　（日期）成绩

项目 10　测 绘 齿 轮 油 泵

知识目标

1）了解齿轮油泵结构与工作原理。
2）掌握齿轮基本知识和单个齿轮、啮合齿轮的规定画法。
3）掌握弹簧的基本知识和圆柱螺旋压缩弹簧的画法。
4）掌握齿轮的测量方法与齿坯精度设计。

能力目标

1）灵活运用所学知识触类旁通的能力。
2）较强的分析问题、解决问题的能力。

素质目标

1）较好的职业习惯与职业素养。
2）良好的团队协作与创新意识。

任务 10.1　齿轮油泵的测绘与精度设计

任务内容

完成齿轮油泵的测绘与齿轮的精度设计。

任务目的

1）了解齿轮油泵结构与工作原理。
2）掌握齿轮基本知识和单个齿轮、啮合齿轮的规定画法。
3）掌握弹簧的基本知识和圆柱螺旋压缩弹簧的画法。
4）掌握齿轮的测量方法与齿坯精度设计。
5）绘制齿轮油泵各零件草图及装配示意图。
6）完成齿轮油泵装配图的绘制。

任务知识

1. 齿轮

齿轮是一种常用件，在机器或部件中应用较广泛，主要用来传递动力、改变转速及旋转方向。齿轮的种类很多，常见的传动齿轮有圆柱齿轮、圆锥齿轮、蜗轮蜗杆、齿轮齿条等。其中，圆柱齿轮用于两平行轴之间的传动；圆锥齿轮用于两相交轴之间的传动；蜗轮蜗杆用于两垂直交叉轴之间的传动；齿轮齿条是齿轮传动的特殊情况，如图 10-1 所示。

(a)　　　　　　　　　　　　(b)

(c)　　　　　　　　　　　　(d)

图 10-1　齿轮传动种类

（a）圆柱齿轮传动；（b）圆锥齿轮传动；（c）蜗轮蜗杆传动；（d）齿轮齿条传动

圆柱齿轮的轮齿有直齿、斜齿和人字齿之分。齿型又有渐开线、摆线、圆弧等形状。

（1）直齿圆柱齿轮的各部分名称和参数计算（见图 10-2）

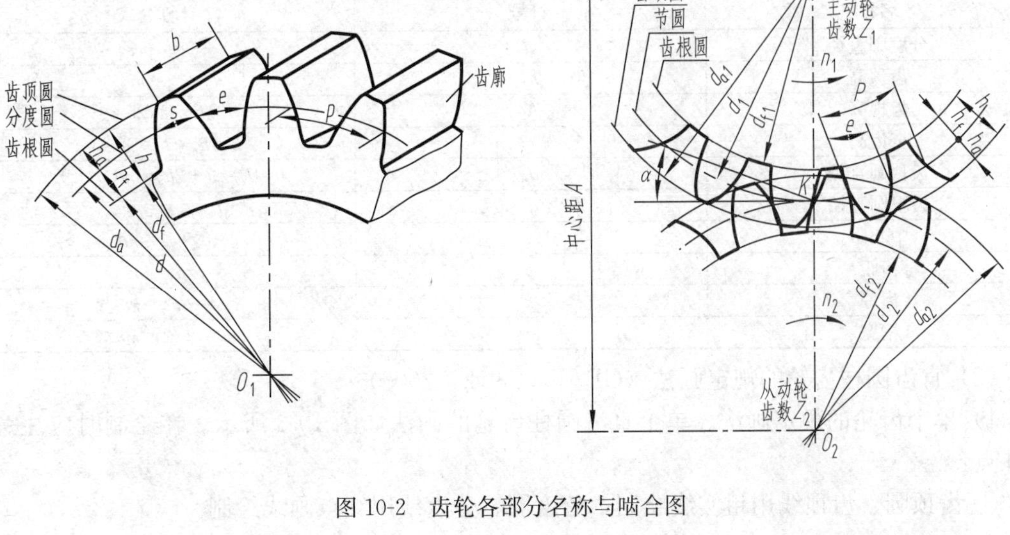

图 10-2　齿轮各部分名称与啮合图

1) 名称。

齿顶圆 d_a：通过轮齿顶部的圆柱面直径。

齿根圆 d_f：通过轮齿根部的圆柱面直径。

分度圆 d：在标准齿轮上，使齿厚 s 与槽宽 e 相等处的圆。

节圆：齿轮接触点的公法线与连心线的交点称为节点，一对齿廓啮合过程中节点在齿轮上的轨迹称为节线，节线是圆形的称为节圆。

齿高 h：齿顶圆和齿根圆之间的径向距离。

齿顶高 h_a：齿顶圆和分度圆之间的径向距离。

齿根高 h_f：齿根圆和分度圆之间的径向距离。

对于标准齿轮：$h = h_a + h_f$。

齿距 p（周节 p）：在分度圆上，两个相邻轮齿的同侧齿面间的弧长。

齿厚 s：一个轮齿齿廓在分度圆间的弧长。

槽宽 e：一个轮齿齿槽在分度圆间的弧长。

对于标准齿轮：$s = e$，$p = s + e$。

齿数 z：齿轮上轮齿的个数。

模数 m：在分度圆上 $pz = \pi d$，则 $d = zp/\pi$，令 $p/\pi = m$，所以 $d = mz$，m 称为模数，它是齿轮设计和制造时的重要参数，其数值已标准化（GB/T 1357—2008），见表 10-1。

表 10-1　　　　　　　　　　　齿轮的标准模数

第一系列	1　1.25　1.5　2　2.5　3　4　5　6　8　10　12　16　20　25　32　40　50
第二系列	1.75　2.25　2.75　(3.25)　3.5　(3.75)　4.5　5.5　(6.5)　7　9　(11)　14　18　22　28　36　45

注　应优先选用第一系列，其次是第二系列，括号内的数值尽量不用。

压力角 α：是指齿廓上任意一点的法线方向与线速度方向所夹的锐角。通常所说的齿轮压力角是指分度圆上的压力角，国家标准规定，标准压力角 $\alpha = 20°$。

2) 参数计算。标准齿轮的齿廓形状有齿数、模数和压力角三个基本参数，由这三个基本参数就可以计算齿轮各部分的几何尺寸，标准直齿圆柱齿轮各部分的尺寸计算方法见表 10-2。

表 10-2　　　　　　　　　　　标准直齿圆柱齿轮各部分的尺寸

名称	符号	计算公式
分度圆直径	d	$d = mz$
齿顶高	h_a	$h_a = m$
齿根高	h_f	$h_f = 1.25m$
全齿高	h	$h = h_a + h_f = 2.25m$
齿顶圆直径	d_a	$d_a = d + 2h_a = m(z+2)$
齿根圆直径	d_f	$d_f = d - 2h_f = m(z-2.5)$
中心距	a	$a = (d_1 + d_2)/2 = m(z_1 + z_2)/2$
齿距	p	$p = \pi m$
齿厚	s	$s = p/2 = \pi m/2$
槽宽	e	$e = p/2 = \pi m/2$

（2）直齿圆柱齿轮的规定画法（GB/T 4459.2—2003）

1) 单个齿轮的规定画法。单个直齿圆柱齿轮的画法如图 10-3 所示。在绘制时应注意以下几点：

① 齿顶圆、齿顶线用粗实线绘制，分度圆、分度线用细点画线绘制。

② 在视图中，齿根圆用细实线绘制，也可省略不画；在剖视图中，齿根圆用粗实线绘制。

③ 在剖视图中，若剖切平面通过齿轮的轴线时，轮齿一律按不剖绘制。

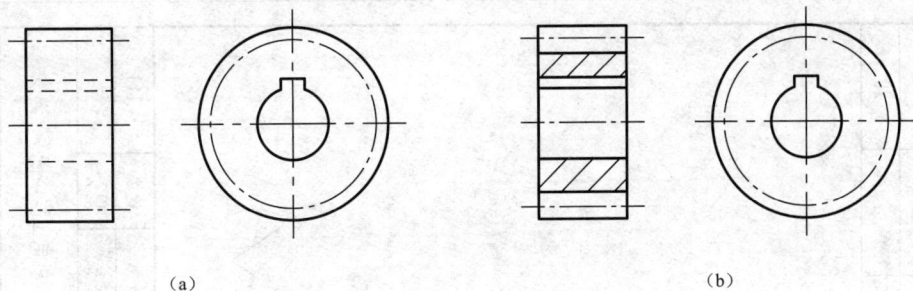

图 10-3　单个直齿圆柱齿轮的画法
(a) 视图；(b) 剖视图

2) 齿轮副的啮合画法。直齿圆柱齿轮副的啮合画法如图 10-4 所示。在绘制时应注意以下几点：

① 在与齿轮轴线平行的投影面上若为视图，啮合区的齿顶线不需画出，节圆用粗实线绘制，其他处按单个齿轮画法绘制；若为剖视图，啮合区内，一个齿轮的轮齿用粗实线绘制，另一个齿轮的齿根圆用粗实线，齿顶圆用虚线绘制，也可省略不画。

② 在与轴线垂直的投影面上：啮合区域内节圆相切，用细点画线绘制；齿顶圆均用粗实线绘制，也可将啮合区域内的齿顶圆省略不画。

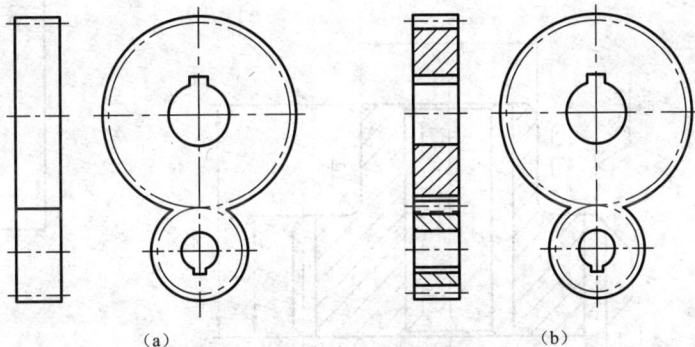

图 10-4　直齿圆柱齿轮副的啮合画法
(a) 视图；(b) 剖视图

3) 零件图。在齿轮零件图中，齿轮各部分的标注要求如下：轮齿的齿根圆直径不需注明，仅需注明分度圆直径、齿顶圆直径等参数；其他参数如模数、齿数、齿形角等，可用表格在图样的右上角说明，如图 10-5 所示。

(3) 斜齿圆柱齿轮的规定画法

斜齿轮或人字齿轮的画法和直齿轮的画法相同，另外用三条细实线表示轮齿的方向，如图 10-6 所示。

(4) 锥齿轮

1) 锥齿轮的各部分名称和尺寸（见图 10-7）。国家标准规定直齿圆锥齿轮以大端的模数为准来确定轮齿的有关尺寸，对于一对相互啮合的锥齿轮，其模数也必须相同。

模数	m	2
齿数	z	30
齿形角	α	20°

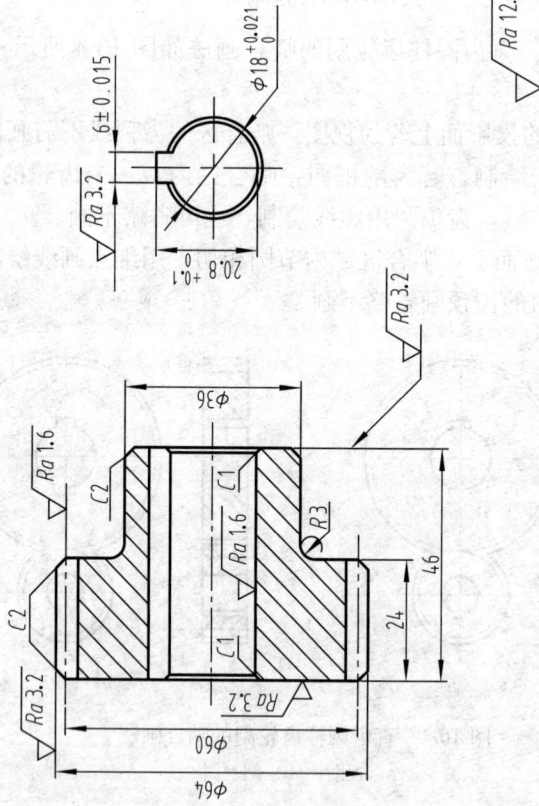

$\sqrt{Ra\ 12.5}$ $(\sqrt{\quad})$

$\phi18^{+0.021}_{0}$

6 ± 0.015

$\sqrt{Ra\ 3.2}$

$20.8^{+0.1}_{0}$

$\sqrt{Ra\ 3.2}$

$\phi36$

$\sqrt{Ra\ 1.6}$　C2

C1　$\sqrt{Ra\ 1.6}$　R3

C1　C2

46　24

$\sqrt{Ra\ 3.2}$

$\phi60$

$\phi64$

齿 轮				
材料	45		比例	1:1
共　张	第　张		图号	
制图		学号		
审核		成绩		
				机电工程学院

图 10-5　圆柱齿轮零件图

图 10-6 斜齿轮的画法

（a）单个齿轮；（b）齿轮副的啮合画法

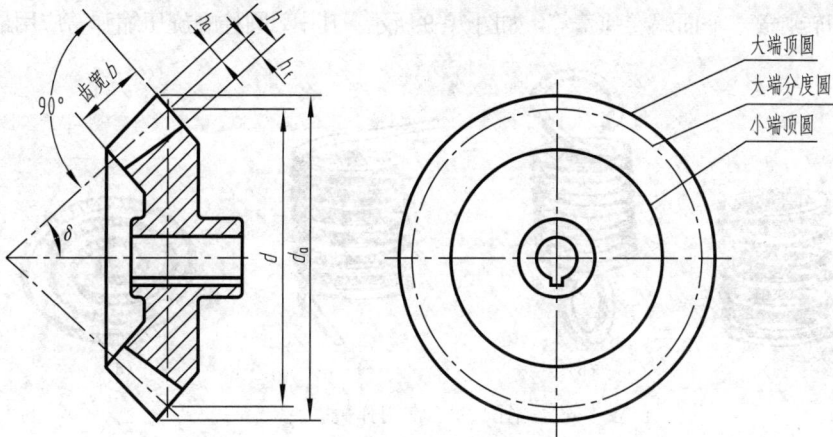

图 10-7 单个锥齿轮的画法

齿顶高　　$h_a = m$

齿根高　　$h_f = 1.2m$

全齿高　　$h = 2.2m$

分度圆直径　　$d = mz$

齿顶圆直径　　$d_a = m\,(z + 2\cos\delta)$

齿根圆直径　　$d_f = m\,(z - 2.4\cos\delta)$

其中，δ 为分度圆锥角。

2）锥齿轮的规定画法。

① 单个锥齿轮的画法：平行于轴线的视图中一般采用全剖视图；垂直于轴线的视图中大端和小端的齿顶圆用粗实线绘制，大端分度圆用细点画线绘制，齿根圆和小端分度圆不画，如图 10-7 所示。

② 轴线正交的锥齿轮副的啮合画法：平行于齿轮轴线的视图一般画成全剖视图，两齿轮的节线重合，用细点画线绘制；在啮合区中，将其中一齿轮的齿顶圆用粗实线绘制，另一齿轮的齿顶圆用虚线绘制或不画，如图 10-8 所示。

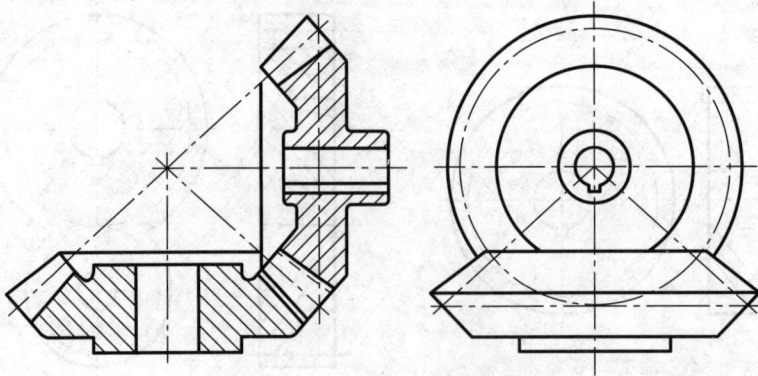

图 10-8   轴线正交的锥齿轮副的啮合画法

2. 弹簧

（1）弹簧的种类

弹簧是常用件，它具有减振、夹紧、储能、测力等作用，其种类很多，常用的弹簧有压缩弹簧、拉伸弹簧、扭转弹簧、平面蜗卷弹簧等，如图 10-9 所示。其中，圆柱螺旋压缩弹簧应用最为广泛。

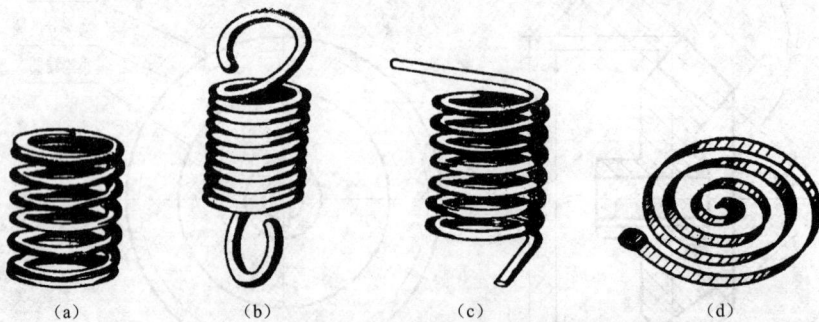

图 10-9   常用弹簧
（a）压缩弹簧；（b）拉伸弹簧；（c）扭转弹簧；（d）平面蜗卷弹簧

（2）圆柱螺旋压缩弹簧各部分的名称和尺寸计算（见图 10-11）

1）簧丝直径 d：制造弹簧的材料直径。

2）弹簧外径 D：弹簧的最大直径。

3）弹簧内径 D_1：弹簧的最小直径。

4）弹簧中径 D_2：弹簧丝中心所在的圆柱面直径，$D_2=(D+D_1)/2=D_1+d=D-d$。

5）节距 t：除支承圈外，相邻两有效圈上对应点间的轴向距离。

6）有效圈数 n：保持相等节距的圈数。

7）支承圈数 n_0：为了弹簧能正常工作，将弹簧两端压紧并磨平的圈数，这些圈只起支承作用而不参与工作，n_0 表示两端支承圈的总和，一般为 1.5、2、2.5 圈。

8）总圈数 n_1：有效圈数和支承圈数的总和。

9）自由高度 H_0：弹簧在不受外力作用时的高度，$H_0=nt+(n_2-0.5)d$。

10）展开长度 L：制造弹簧时坯料的长度 $L=n_1\sqrt{(\pi D_2)^2+t^2}$。

（3）圆柱螺旋压缩弹簧的画法（GB/T 4459.4—2003）

1）在平行于轴线的投影视图中，各圈螺旋线的投影用直线绘制。

2）螺旋弹簧不论左旋还是右旋均可按右旋绘制，但左旋弹簧无论画成左旋或右旋，一律要标注旋向"左"。

3）有效圈数在四圈以上的螺旋弹簧，可以在两端只画出 1～2 圈，其余用细点画线相连。

4）在装配图中，若簧丝的直径小于或等于 2mm，其剖面可以用涂黑表示或采用示意画法，如图 10-10 所示。

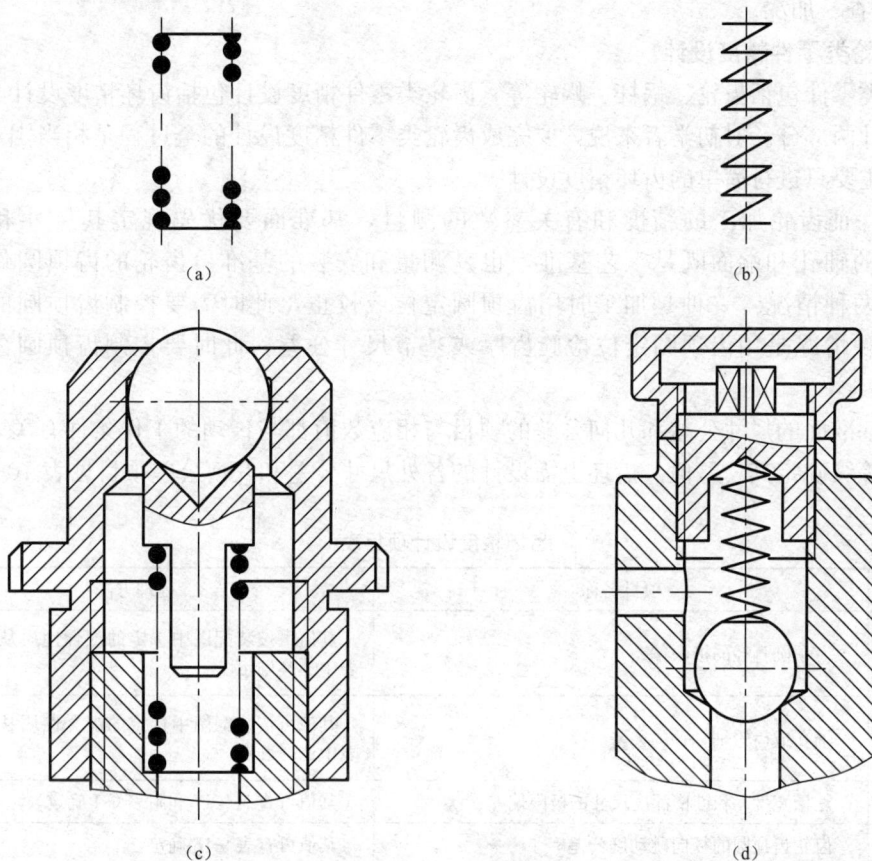

图 10-10　弹簧在装配图中的简化画法

(a) 涂黑表示画法；(b) 示意画法；(c) 涂黑表示画法装配图；(d) 示意画法装配图

（4）圆柱螺旋压缩弹簧作图方法（见图 10-11）

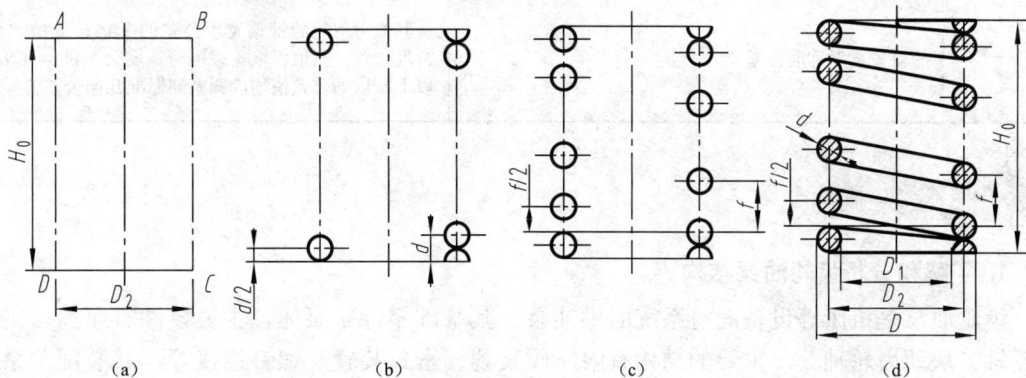

图 10-11　弹簧的画法

1) 以弹簧的自由高度 H_0 和弹簧中径 D_2 作一矩形 $ABCD$。

2) 作出两端支承圈部分。

3) 根据节距 t 作簧丝断面。

4) 按右旋方向作簧丝断面的切线。

5) 画剖面符号。

6) 检查、加深。

3. 齿轮类零件精度设计

齿轮类零件包括齿轮、蜗杆、蜗轮等。齿轮类零件精度设计包括齿坯精度设计与齿轮啮合精度设计两部分。对初学者来说，要完成齿轮类零件精度设计的全过程是相当困难的，因此本任务主要只进行简单的齿坯精度设计。

为了保证齿轮加工的精度和有关参数的测量，基准面要优先规定其尺寸和几何公差。齿轮的轴孔和端面既是工艺基准，也是测量和安装的基准。齿轮的齿顶圆作为测量基准时有两种情况：一种是加工时用齿顶圆定位或校正，此时需要控制齿顶圆的径向跳动；另一种情况是用齿顶圆定位检验齿厚或基节尺寸公差，此时要控制齿顶圆公差和径向跳动。

齿轮基准面的尺寸公差和几何公差的项目与相应数值都与传动的工作条件有关，通常按齿轮精度等级确定其公差值。齿坯上需设计的各处尺寸公差和几何公差项目见表10-3。

表 10-3 齿坯精度设计项目表

种类	项目名称	处理方法
尺寸公差	齿顶圆直径的极限偏差	其值可按装配图中选定的配合性质从公差配合表中选择确定
	轴孔或齿轮轴轴颈的公差	其值可按装配图中选定的配合性质从公差配合表中选择确定
	键槽宽度 b 和键槽深度尺寸的极限偏差	其值可查表9-17和附表C-1确定
几何公差	齿轮齿顶圆的径向跳动度公差	其值可查表9-18确定
	齿轮端面的跳动度公差	其值可查表9-18确定
	齿轮轴孔的圆柱度公差	其值约为轴孔直径尺寸公差的0.3倍，并圆整到标准几何公差值
	键槽的对称度公差	其值可取轮毂键槽宽度公差的2倍；键槽的平行度公差，其值可取轮毂键槽宽度公差的0.5倍。以上所取的公差值均应圆整到标准几何公差值

任务实施

1. 了解和分析齿轮油泵结构

齿轮油泵是机床等设备润滑系统的供油泵。其基础零件是泵体，主要零件有泵盖、主动齿轮轴、从动齿轮轴等。主要的结构有限压阀装置、密封装置、螺钉连接等，其装配关系如图10-12所示。

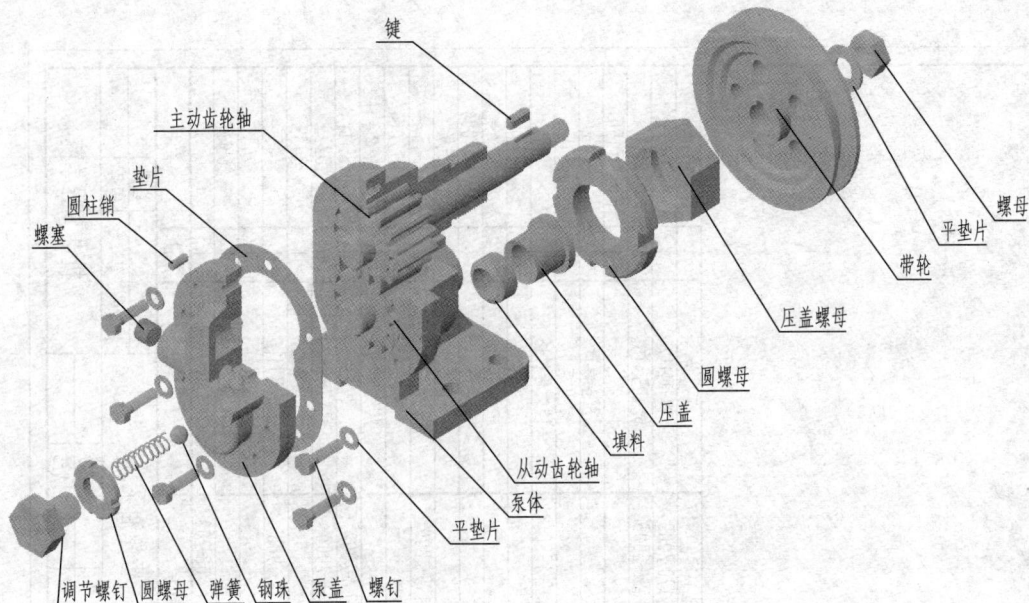

图 10-12　齿轮油泵分解图

　　齿轮油泵的工作原理如图 10-13 所示。在泵体内装有一对互相啮合的圆柱齿轮，当主动齿轮逆时针旋转时，带动从动齿轮顺时针旋转。这时，右边啮合的轮齿逐渐打开，空腔体积逐渐扩大，压力降低，因而机油被吸入，齿隙中的油随着齿轮的旋转被带到左边；而左边的轮齿又重新啮合，空间体积减小，使齿隙中不断挤出的机油成为高压油，并由出口压出，经管道送到需要润滑的各零件处。泵盖上有限压阀装置，它由调压螺钉、圆螺母、弹簧和钢珠组成。当油压超过额定的上限值，高压油就克服弹簧压力，将钢珠阀门顶开，使润滑油自压油腔流回吸油腔，以保证整个润滑系统安全工作。

2. 拆卸零件

　　在了解齿轮油泵的基础上，可将齿轮油泵分为四组：带轮部分，包括带轮、键、螺母和平垫片等；泵盖部分，包括调节螺钉、圆螺母、弹簧、钢珠、螺钉、泵盖、螺塞、销等；泵体部分包括泵体、主动齿轮轴和从动齿轮轴等；密封装置部分，包括压盖螺母、压盖、圆螺母、填料等。按照上述分组的顺序将部件依次拆卸，并绘制装配示意图，如图 10-14 所示。

3. 画零件草图

　　运用前面所学的零件草图绘制和精度设计

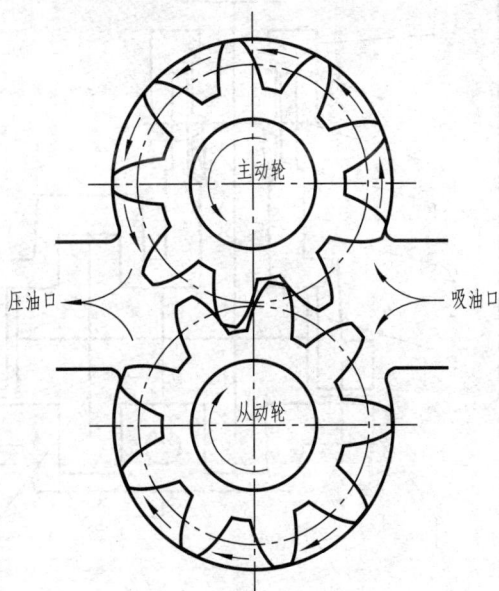

图 10-13　齿轮油泵工作原理

的相关知识，完成所有非标准零件的测绘工作，将精度设计的结果标注于相应草图上。

4. 画装配图

　　根据装配示意图和零件草图画出装配图，如图 10-15 所示。

序号	代号	名称	数量	材料	备注
21	GB/T 97.1-2002 12	平垫片	1	65Mn	
20	GB/T 6170-2000	螺母M12	1	Q235	
19	GB/T 1096-2003	键A 5×16	1		
18		带轮	1	HT150	
17		压盖螺母	1	45	
16		压盖	1	45	
15	GB 812-1988	圆螺母M36	1	45	
14		填料	1	石棉	
13		主动齿轮轴	1	45	m=3; z=14
12		泵体	1	HT200	
11		垫片	1	纸板	
10	GB/T 119-2000	圆柱销A5×20	2	45	
9		泵盖	1	HT200	
8	GB/T 97.1-2002 6	从动齿轮轴	1	45	m=3; z=14
7	GB/T 68-2000	平垫片	6	65Mn	
6		螺钉M6×20	6	Q235	
5		螺塞	1	Q235	
4	GB 812-1988	圆螺母M16	1	45	
3		调压螺钉	1	45	
2		弹簧	1	65Mn	
1	GB/T 308-2002 10	钢珠	1		

齿轮油泵

机电工程学院

比例 1:1

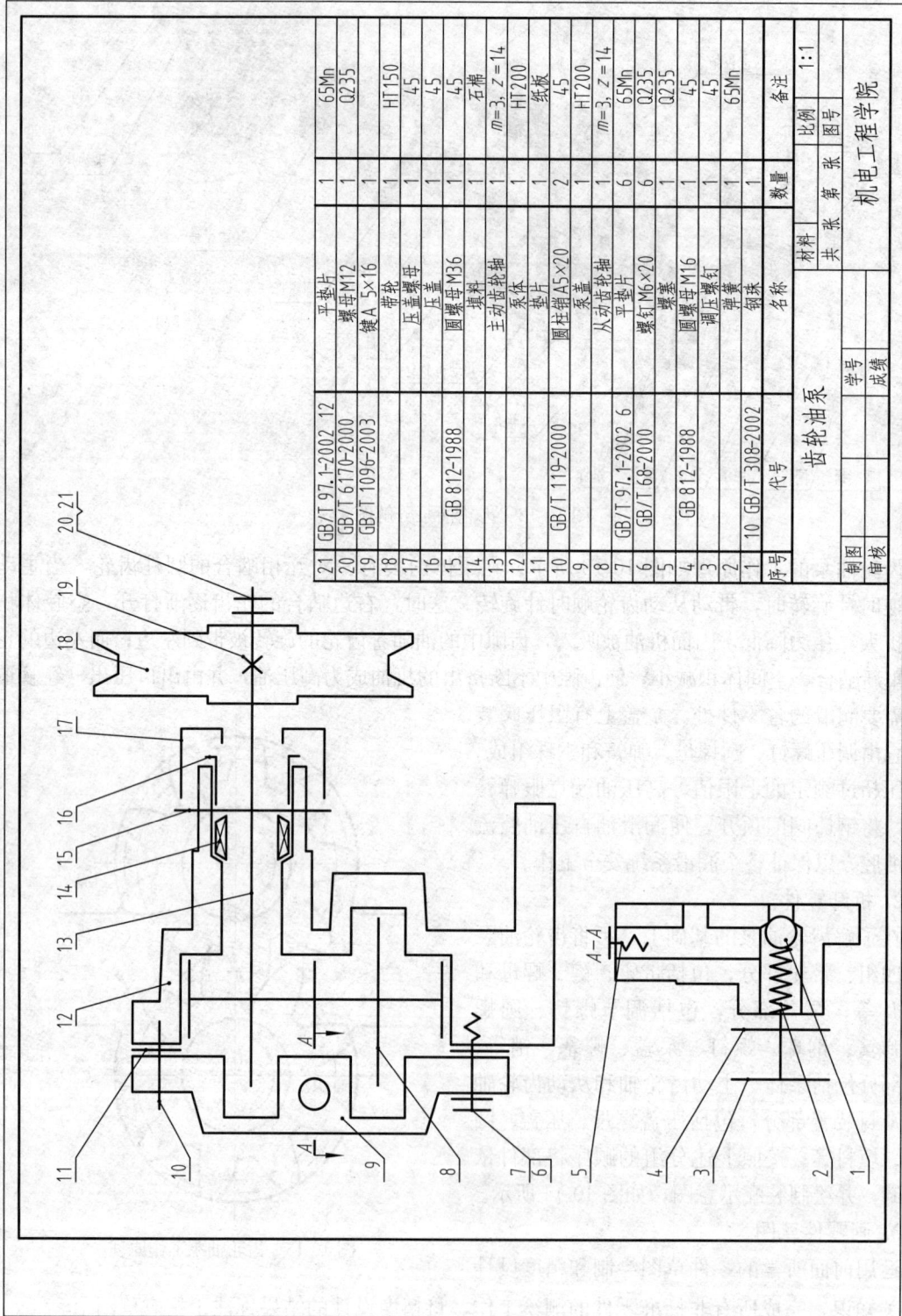

图 10-14　齿轮油泵装配示意图

技术要求

1. 齿轮齿合面应该占全长 2/3 以上。
2. 齿轮齿合重合度不大于 1。
3. 在 10MPa 油压下试验，不得渗油。

序号	代号	名称	数量	材料	备注
21	GB/T 97.1-2002 12	平垫片	1	65Mn	
20	GB/T 6170-2000	螺母M12	1	Q235	
19	GB/T 1096-2003	键A 5×16i	1		
18		带轮	1	HT150	
17		压盖螺母	1	45	
16		压盖	1	45	
15		圆螺母M36	1	弹簧	
14		填料	1	m=3 z=14	
13		泵体	1	HT200	
12		主动齿轮轴	1	45	
11	GB/T 119-2000	垫片	2	纸板	
10		圆柱销A5×20	1	45	
9		从动齿轮轴	1	HT200	
8	GB/T 97.1-2002 6	平垫片	6	65Mn	
7	GB/T 68-2000	螺钉M6×20	6	Q235	
6		泵盖	1	Q235	
5	GB 812-1988	螺母M16	1	45	
4		调压螺钉	1	45	
3		弹簧座	1	65Mn	
2		弹簧	1		
1	GB/T 308-2002 10	钢珠	1		

齿轮油泵　　比例 1:1

机电工程学院

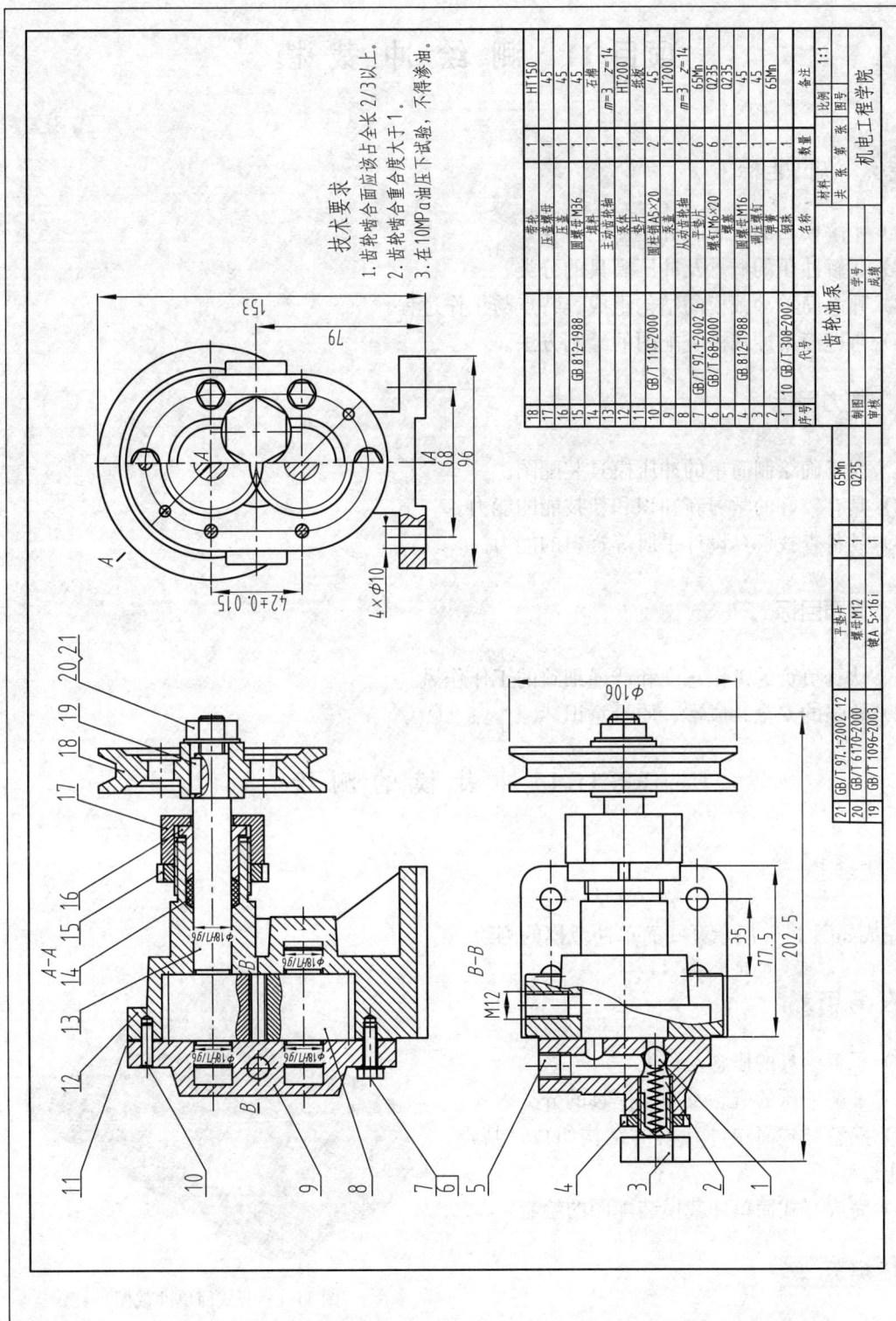

图 10-15　齿轮油泵装配图

项目11 测 绘 冲 裁 模

知识目标

1) 了解模具的概念及分类。
2) 了解冲压的概念及冲压模具的分类。
3) 熟悉简单冲裁模的结构组成、特点与工作过程。
4) 掌握简单冲裁模装配图的绘制方法。

能力目标

1) 能正确绘制简单的冲压模具装配图。
2) 具有较好的学习新知识和新技能的能力。
3) 具备查找模具设计手册等资料的能力。

素质目标

1) 认真负责的工作态度和严谨细致的工作作风。
2) 较强的安全、成本、质量意识。

任务11.1 冲 裁 模 的 测 绘

任务内容

完成如图 11-1 所示开式简单冲裁模的测绘。

任务目的

1) 了解模具的概念及分类。
2) 了解冲压的概念及冲压模具的分类。
3) 熟悉开式简单冲裁模的结构组成、特点与工作过程。
4) 完成开式简单冲裁模装配图的绘制。

任务知识

图 11-1 开式简单冲裁模

1. 模具的基本知识

模具是对金属、塑料、橡胶、玻璃等原材料进行成形加工的工艺装备的总称。根据成形

材料、成形工艺和成形设备的不同可综合分为冲压模具、塑料成形模具、压铸模、锻造成形模具、铸造用金属模具、粉末冶金模具、玻璃制品用模具、橡胶制品成形模具、陶瓷模具和经济模具十大类。在现代工业生产实践中应用较多的是冲压模具和塑料成形模具。

2. 冲压模具概述

冲压生产是利用安装在压力机上的模具实现对板料产生预定的分离，或通过塑性变形而制取工件或毛坯的过程。冲压加工中所使用的模具称为冲压模具，简称冲模。

冲模的结构类型很多。通常按工序性质可分为冲裁模、弯曲模、拉深模等；按工序的组合方式分为单工序模、复合模、级进模等。但不论何种类型的冲模，都是由上模和下模两部分组成。上模被固定在压力机滑块上，可随滑块做上下往复运动，是冲模的活动部分；下模被固定在压力机工作台或垫板上，是冲模的固定部分。

3. 冲压模装配图的绘制

模具装配图主要用来表达模具的主要结构形状、工作原理及零件的装配关系。视图的数量一般为主视图和俯视图两个，必要时可以加绘辅助视图；视图的表达方法以剖视为主，以表达清楚模具的内部组成和装配关系。主视图应画模具闭合时的工作状态，而不能将上模与下模分开来画。俯视图主要表达下模部分，并在图上用双点画线画出条料外形及用箭头表示出送料方向。

图面右下角是标题栏和明细栏。右上角画出用该套模具生产出来的制件形状尺寸图，其下面画出排样图。

排样图是合理排样的图形表达形式，是排样设计的最终结果。在排样图上，主要应表示清楚冲裁的轮廓形状与顺序，同时也能表示出凸模的截面形状和凹模形孔的形状、数量及位置。还应标注出条料的宽度及其公差。必要时还可以标注出搭边值（搭边值一般由经验确定，可查阅模具设计手册等相关资料选取）和送料的步距。排样图的具体画法如下：在选定的送料方向依次画出数个工件的外轮廓，间距为纵搭边，将靠近送料端的落料轮廓画上阴影线，表示这里是冲裁工位，其余轮廓不画阴影线，表示落料后条料

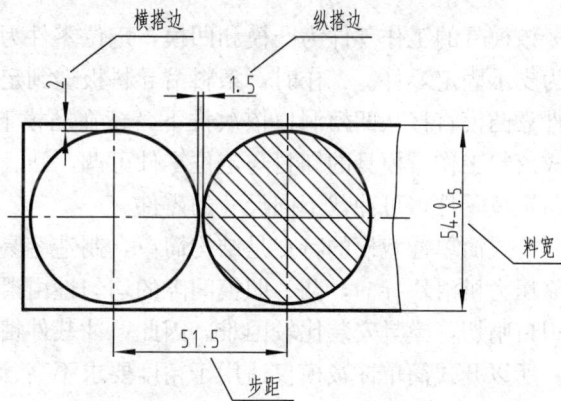

图 11-2　排样图的画法

上的孔的形状；在垂直送料方向上取横搭边，画出条料宽度，在条料头部也留有纵搭边；标注条料宽度、搭边值和步距，可以用箭头注明送料方向，如果排样图的布置和送料方向一致，则表示送料方向的箭头可以省略，如图 11-2 所示。简单工序可不画排样图。

任 务 实 施

1. 冲裁模结构分析

压力机在一次冲压行程中，只能完成单一冲压工序的模具称为简单模或单工序模，如落料模、冲孔模等。本任务中的开式简单冲裁模是用来冲裁圆形零件的无导向落料模，无导向

机构的模具即为开式模具。其上模（活动部分）由模柄、凸模等组成，通过模柄安装在压力机滑块上；下模（固定部分）由卸料板、导料板、定位板、凹模、下模座等组成，通过下模座安装在压力机垫板上。模具的上、下两部分之间没有直接导向关系，如图 11-3 所示。

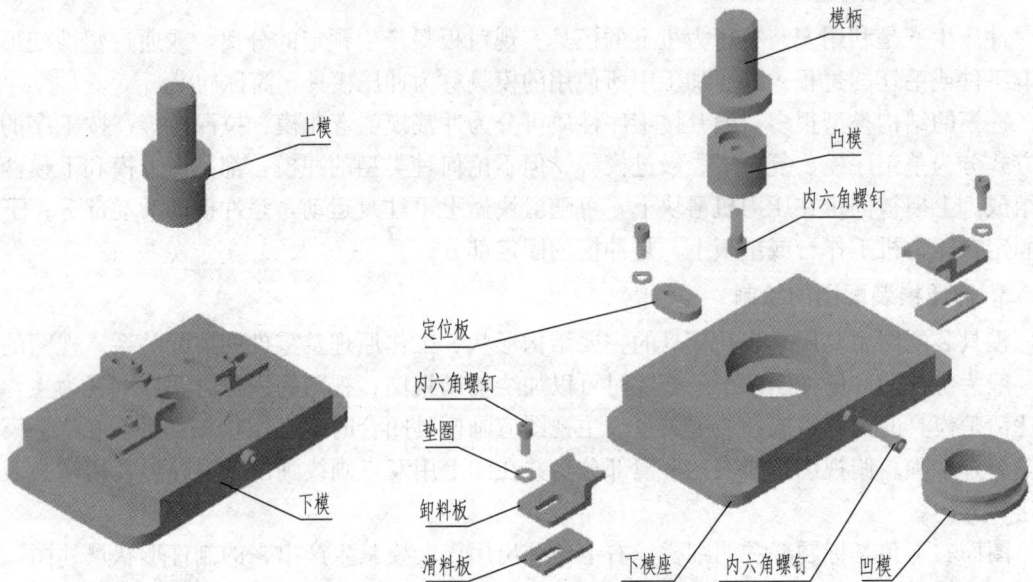

图 11-3　开式简单冲裁模分解图

该模具的工作零件为凸模和凹模，定位零件为导料板和定位板，卸料零件为卸料板，其余为支承固定零件。工作时，条料沿导料板送到定位板定位进行冲裁，从条料上分离下来的制件靠凸模直接从凹模洞口依次推下，箍在凸模上的废料由固定卸料板刮下来，重复进行，完成落料工作。模具的卸料与定位零件可调，凸、凹模可快速更换，更换凸、凹模并调整卸料与定位零件，可冲裁不同尺寸的零件。

开式简单冲裁模的特点是结构简单，制造容易，成本低，尺寸小，重量轻。模具上模运动靠压力机滑块导向，凸、凹模间隙的均匀性由滑块的导向精度决定，不容易调整，容易发生刃口啃切，模具安装比较困难。因此，冲裁件精度差，模具寿命和生产率较低，操作不安全。所以开式简单冲裁模仅适用于精度要求不高、形状简单、批量小或试制的冲裁件生产。

2. 冲裁模的拆、装

采用规格相符的内六角扳手依次拧下所有螺钉，可将模具拆开并绘制模具装配示意图。运用前面所学习的零件测绘的知识，完成全部非标准零件的测绘任务。

模具装配时，主要应该注意以下几个方面：①两导料板之间的平行度及间距，以保证条料的顺利送进；②安装定位板时需要保证相应的步距；③模柄和凸模的同轴度；④凹模工作部分朝上，凹模内孔为阶梯孔，其中小孔是其工作部分，大孔是漏料孔。

3. 模具装配图的绘制

装配图的主视图采用半剖视，俯视图只画下模部分，图面的右上角画出制件图和排样图。另外，需要进行必要尺寸的标注。例如总体尺寸 270、160，模具闭合高度尺寸 153。最终得到开式简单冲裁模的装配图，如图 11-4 所示。

工件图

$t=2mm$

$\phi 50$

排样图

51.5

54$^{+0.5}_{-0.5}$

2

1.5

技术要求
1. 模具的闭合高度应符合图纸规定的要求。
2. 模具安装时应注意调整凸、凹模冲裁间隙的均匀性。

11		螺钉M8X40	1		
10		定位板	1		
9		下模座	2		
8		导料板	3		
7		卸料板	3		
6		弹簧M8	1		
5	GB/T 70.1—2008	螺钉M8X20	1		
4		凹模	1		
3	GB/T 70.1—2008	螺钉M10X30			
2		凸模			
1	GB/T 70.1—2008	模座			
序号	代号	名称	数量	材料	备注

开式简单冲裁模

学号　　成绩

制图　　　　　　第　张　共　张　比例 1:1
审核　　　　　　机电工程学院　　　　图号

1 2 3 4 5 6 7 8 9

10

11

270

160

153

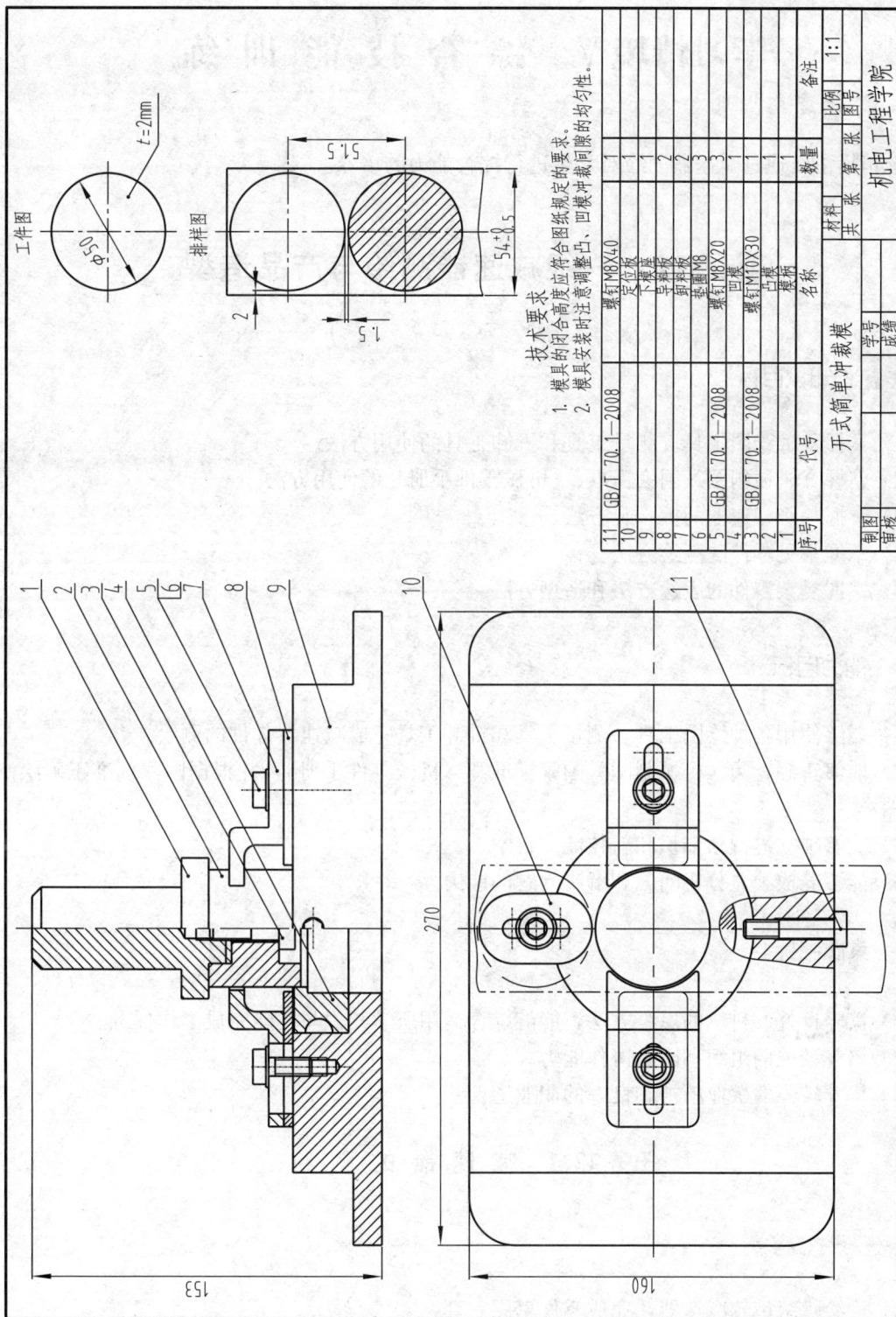

图 11-4 开式简单冲裁模装配图

学习情境Ⅴ 综合技能训练

该情境主要通过减速器测绘对学生进行综合能力的培养。

项目 12 一级减速器测绘与产品造型

知识目标

1) 掌握各种绘图工具、测量工具和拆卸工具的使用方法。
2) 掌握《机械制图》国家标准、《机械零件手册》的使用方法。
3) 掌握一级减速器的拆、装方法。
4) 掌握常见零件的测绘方法。
5) 掌握复杂零件的表达方法和造型方法。

能力目标

1) 能够使用各种绘图工具、测量工具和拆卸工具完成减速器部件的测绘。
2) 能够正确查阅《机械制图》国家标准和《机械零件手册》，并根据国家标准正确绘制机械图样。
3) 能够独立进行新知识和新技能的自学。
4) 能够养成独立分析问题和解决问题的能力。

素质目标

1) 培养良好、科学的思维方法，能够综合运用所学知识与技能完成工作任务。
2) 培养较强的组织和团队协作能力。
3) 培养较强的敬业精神和良好的职业道德。

任务 12.1 减速器的测绘

任务内容

1) 测绘一级齿轮减速器，完成零件草图一套。
2) 根据零件草图绘制手工装配图一张。
3) 根据零件草图绘制手工零件图三张。

任务目的

1）训练草图绘制能力。

2）训练手工图的绘制能力与零件的表达能力。

任务知识

1. 减速器测绘的目的

综合运用所学知识，培养学生实际动手能力；熟练工具书的使用；提高计算机绘图水平；培养严谨的工作作风，为后续课程打下扎实的基础。

2. 减速器测绘的任务

1）完成零件测绘草图一套。

2）完成手工绘制装配图一张。

3）完成手工绘制零件图三张（二选一）：机座、大齿轮轴、齿轮；机盖、小齿轮轴、齿轮。

4）用计算机绘制装配图一张，零件图三张。

5）完成减速器实体造型（每组一个）。

6）完成减速器零件尺寸精度、几何精度和表面质量设计及设计说明书一份。

3. 减速器测绘的内容

一级圆柱齿轮减速器，零件约 30 个，由机盖、机座、齿轮、齿轮轴、轴、滚动轴承、键等组成。

4. 减速器测绘的要求

1）按要求绘制草图，视图表达清晰、尺寸标注完整、零件材料可参考有关资料。

2）标准件不用测绘，通过查有关工具书按标准绘制。

3）齿轮测绘方法参考教材。

4）配合尺寸应一致（配合代号通过精度设计得出并标注）：齿轮孔与轴颈；各可通端盖、端盖孔与轴颈；轴承与轴、轴承与机座、机盖孔。

5）作图符合国家标准规定，标注完整，图面整洁。

6）能够清楚表达齿轮的啮合画法和键的连接画法。

5. 减速器测绘时间安排（见表 12-1）

表 12-1　　　　　　　　　　　　　减速器测绘时间安排表

序号	内容	学时	备注
1	零件测绘草图一套	12	每名学生一份
2	手工装配图一张	8	每名学生一份
3	手工零件图三张	4	每名学生一份
4	计算机绘制装配图一张	4	每名学生一份
5	计算机绘制零件图三张	8	每名学生一份
6	减速器实体造型一套	12	每组一份
7	精度设计及设计说明书一份	课下完成	每名学生一份

任务实施

1. 准备

1）准备工具。

① 拆卸、安装工具：扳手、螺丝刀。

② 测量工具：准备测量用的钢尺、游标卡尺、内卡钳、外卡钳、螺纹规、圆角规等。

③ 绘图工具：绘图用的铅笔、橡皮、小刀、圆规、分规、三角板等。

2）准备草绘用的图纸。准备绘制草图用的图纸和绘制正式图的图纸。

3）了解减速器的功能、作用和基本的结构。

2. 减速器的拆卸

1）认真分析减速器的拆卸方法。

2）认真记录减速器的拆卸过程（绘制装配示意图）。

3）由指定人认真保管拆卸下的零件。

4）对拆卸下的零件进行分类、编号。

5）由组长分配测绘任务。

3. 减速器各零件草图的绘制

1）认真分析零件的结构、形状，以及与其他零件的相对位置和相互连接关系。

2）确定表达方案（确定主视图和其他视图，确定各视图的表达方法）。

3）选择合适的图幅，进行草图的绘制。

4）绘制尺寸但不进行标注。

5）检查视图的表达和尺寸是否正确、完整、清晰、合理。

6）测量零件并进行标注。

4. 减速器装配图的绘制

1）拟订表达方案。装配图要能正确、完整、清晰和简便地表达减速器的工作原理、零件间的装配关系和零件的主要结构形状。

2）确选比例，定图幅。根据减速器的尺寸和表达方案，选择合适的比例，确定图幅的大小。

3）布图。根据表达方案，绘制各视图的基准线。

4）绘制主视图。先以底面为基准绘制机座，再画机盖和其他附件。绘制时注意表达方法的选择，尤其是视孔盖、螺栓连接、油塞、视油孔等处的局部剖视图的表达。

5）绘制俯视图。俯视图可沿机盖、机座结合面作全剖视。绘制时，先按投影关系定准两轴中心距，画出机座的轴承座孔、内壁和周边凸缘、螺栓孔、螺栓断面、定位销断面、油沟等结构；再画出两轴、轴承端盖、轴承、挡油环、齿轮、键等结构。

6）绘制左视图。按投影关系，绘制减速器左视图。左视图主要用于表达减速器的外部结构、螺栓连接、起箱螺栓、销连接、安装孔等结构。

5. 绘制装配图需要注意的问题

1）各视图同一零件剖面线应一致。

2）各视图中同一零件要满足投影关系。

3）仔细分析主视图和左视图中机盖、机座间的分隔线，有的地方是粗实线、有的地方是点画线、有的地方没有线。

4）主视图中注意螺栓、螺钉、螺纹孔的画法。

5）俯视图中注意齿轮的配合画法（5 条线）、轴承的规定画法、键的画法。

6）左视图中注意定位销的装配画法。

6. 减速器正式零件图的绘制

根据装配图和零件草图，绘制主要零件图。绘制时应注意以下几点：

1）零件图视图的选择不必与零件草图或在装配图上该零件的表达完全一致，可进一步改进表达方案。

2）在画装配图时发现的已绘制零件草图中的问题，应在画零件图时加以纠正。

3）注意零件的尺寸应与装配图中相一致。

4）零件的技术要求（表面粗糙度、尺寸公差、几何公差、热处理等）应按精度设计的要求进行确定。

7. 减速器的组装

1）分析减速器的结构和组装顺序。

2）根据装配示意图对减速器进行组装。

任务 12.2　减速器产品造型

任务内容

1）根据零件草图绘制 CAD 装配图一张。

2）根据零件草图绘制 CAD 零件图三张。

3）完成减速器零件的实体造型与组装。

任务目的

1）训练 CAD 二维绘图和三维造型能力。

2）训练实体组装能力。

任务知识

1. 零件图绘制与零件实体造型的配合

在进行零件图绘制和相应零件实体造型时，两者应相互配合。配合的方法有两种：

1）方法一：先绘制减速器零件图，绘制完成后，利用零件图中零件的外形截面进行该零件的实体造型，利用实体造型来验证零件的结构。

2）方法二：先进行零件实体造型，再利用由实体生成零件图的方法生成零件图。

2. 减速器实体组装

进行实体组装时，可先将各零件的实体创建成图块，再将图块插入到组装图中。也可以先将各零件的实体复制到同一图中，再进行组装。

3. 爆炸图的创建方法

生成爆炸图时，可以先对减速器实体进行组装。将组装好的减速器以机座为基础，利用辅助线将各零件实体延辅助线移动，按先后顺序进行放置。

任务实施

1. 绘制减速器 CAD 装配图和 CAD 零件图

对减速器手工装配图和手工零件图为标准绘制减速器 CAD 装配图和 CAD 零件图。在绘制过程中要检查装配图和零件图有无错误，并即时进行更正。

2. 减速器主要零件的实体造型与组装

以小组为单位，由组长统一布置造型任务和组装任务。一般按照原先测绘的任务进行分配。由组长组织选派组员完成实体的组装与实体爆炸图的任务。

任务 12.3　对减速器进行精度设计，撰写设计说明书

任务内容

完成减速器进行精度设计。

任务目的

1）确定各零件配合部位的公差带代号和极限偏差数值，并标注在零件图上。
2）确定各零件有关部位的几何公差，并用代号标注在零件图上。
3）确定各零件的表面粗糙度要求，并用代号标注在零件图上。
4）在装配图上标注相应的配合代号。
5）编写精度设计说明书一份。

任务知识

1. 精度设计的意义与目的

精度设计是机械产品图纸中不可缺少的重要部分，与生产实际紧密相连。该任务主要目的是培养学生机械精度设计和应用的能力，使其掌握机械工程设计人员必须具有公差设计的基本知识和技能，为从事机械产品设计、制造和科学研究工作打下坚实的基础。

2. 减速器精度设计的内容

精度设计主要时进行尺寸精度设计、几何精度设计和表面粗糙度的确定。

减速器的精度设计主要包括轴类零件的精度设计、箱体零件的精度设计和齿轮的精度设计三部分。

3. 进行精度设计的方法

在减速器部件的测绘后，已经有了一套装配图和零件图。利用公差与测量方面的知识，通过类比、计算、查表等方式对图样中的精度要求进行设计。

任务实施

在进行精度设计时，按照以下步骤进行设计。

1. 轴类零件的精度设计

1) 与轴承相配合的轴颈公差、几何公差和表面粗糙度。

① 与轴承内圈相配合的轴的公差带为_____。

② 与轴承相配合的轴颈的几何公差。轴颈圆柱度为_____，外壳孔圆柱度为_____；轴肩圆跳动为_____。

③ 与轴承相配合的轴颈的表面粗糙度为 $Ra=$ _____ μm。

2) 与齿轮相配合的轴颈。

与齿轮相配合的轴颈处公差为_____。

3) 轴与齿轮联结的键、键槽尺寸精度。

① 被动轴轴颈尺寸为_____，所需键槽尺寸为_____ $(b \times h)$，正常连接轴的公差带_____；毂的公差_____；轴深度_____ mm；毂深度_____ mm。

② 轴与齿轮连接的键、键槽的对称度公差为_____ mm。

③ 键槽配合表面的表面粗糙度参数 $Ra=$ _____ μm；非配合面 Ra 值取_____ μm。

4) 与端盖、调整环、挡油环等相配合的轴颈尺寸为_____。

5) 轴其他位置（除前面已经确定的表面粗糙度）的表面粗糙度为 $Ra=$ _____ μm。

2. 箱体零件的精度设计

1) 与轴承外圈配合的箱体孔外圈孔公差带为_____。

2) 两孔轴线的平行度公差为_____。

3) 箱体分合面处的平面度为_____，表面粗糙度为 $Ra=$ _____ μm。箱体底面处的表面粗糙度为 $Ra=$ _____ μm。

4) 两端紧固孔的位置度公差为_____。

5) 与轴承外圈配合面处的粗糙度为 $Ra=$ _____ μm。

3. 齿轮精度设计

1) 齿轮精度等级选择为____级。则其内孔精度等级为_____，轴颈按滚动轴承的公差等级确定。齿顶圆直径精度等级为_____。

2) 基准端面对基准孔轴线的端面圆跳动公差 $t_t=$ _____。

3) 齿顶圆柱面对基准孔轴线的径向圆跳动公差 $t_r=$ _____。

4) 齿面粗糙度 $Ra \leqslant$ _____ μm，基准孔粗糙度 $Ra=$ _____ μm，基准轴颈粗糙度 $Ra \leqslant$ _____ μm，端面、齿顶圆柱面粗糙度 $Ra=$ _____ μm。

4. 标注

1) 将轴类零件精度设计的内容标注在主动轴和从动齿轮轴的零件图上。

2) 将箱体零件精度设计的内容标注在机盖和机座零件图上。

3) 将齿轮精度设计的内容标注在齿轮和从动齿轮轴上零件图上。

任务 12.4　材料提交

任务内容

1) 撰写减速器测绘总结报告。

2）完成资料并上交。

任务目的

1）检查资料的完整性。
2）对资料进行整装袋。
3）进行成绩评定。

任务知识

根据在减速器测绘过程中的表现情况、任务完成情况、问题与解决情况和是否有提高撰写减速器测绘总结报告。报告各项内容的要求如下：

1）表现情况：测绘实训期间是否有迟到、早退、旷课等情况，测绘期间工作表现如何。
2）任务完成情况：是否独立、认真、较好地完成了测绘任务。
3）问题与解决：在测绘工作中遇到了哪些问题，是如何解决的。
4）提高：通过部件测绘实训，你有哪些方面的提高，努力方向如何。
5）字数：1000～1200 字。

任务实施

1. 检查以下资料是否齐全

1）减速器零件草图（一套）。
2）减速器手工装配图（一张）。
3）减速器手工零件图（三张）。
4）减速器精度设计说明书（一份）。
5）减速器 CAD 装配图（一张）。
6）减速器 CAD 零件图（三张）。
7）减速器测绘总结报告（一份）。
8）减速器 CAD 装配图（一张）电子档、减速器 CAD 零件图（三张）电子档、减速器实体造型电子档（组装图每小组一份）。

2. 资料整理、装袋

将所有纸质资料按 A4 图纸竖装为基准幅面，大于 A4 幅面的图纸依次折叠后装入档案袋。电子档由组长统一上传给指导教师。

3. 成绩评定

综合训练以图纸完成的数量、质量（70％），设计过程中的动脑思维及精度设计表现（20％），工作态度及出勤情况（10％）等进行综合评分。

附　　录

附录 A　螺　　纹

附表 A-1　　　　　　普通螺纹　旋合长度（摘自 GB/T 197—2003）　　　　　　　mm

基本大径 D、d		螺距 P	旋合长度				
>	≤		S		N		L
			≤	>	≤	>	>
5.6	11.2	0.75	2.4	2.4	7.1		7.1
		1	3	3	9		9
		1.25	4	4	12		12
		1.5	5	5	15		15
11.2	22.4	1	3.8	3.8	11		
		1.25	4.5	4.5	13		13
		1.5	5.6	5.6	16		16
		1.75	6	6	18		18
		2	8	8	24		24
		2.5	10	10	30		30
22.4	45	1	4	4	12		12
		1.5	6.3	6.3	19		19
		2	8.5	8.5	25		25
		3	12	12	36		36
		3.5	15	15	45		45
		4	18	18	53		53
		4.5	21	21	63		63

附表 A-2　　　　　　普通螺纹　直径与螺距（摘自 GB/T 196—2003）

公称直径 D、d		螺距 P		粗牙中径 D_2、d_2	粗牙小径 D_1、d_1
第一系列	第二系列	粗牙	细牙		
3		0.5	0.35	2.675	2.459
4		0.7	0.5	3.545	3.242
5		0.8		4.480	4.134
6		1	0.75	5.350	4.917
8		1.25	1, 0.75	7.188	6.647
10		1.5	1.25, 1, 0.75	9.026	8.376
12		1.75	1.5, 1.25, 1	10.863	10.106
	14	2	1.5, 1.25, 1	12.701	11.835

续表

公称直径 D、d		螺距 P		粗牙中径 D_2、d_2	粗牙小径 D_1、d_1
第一系列	第二系列	粗牙	细牙		
16		2	1.5，1	14.701	13.835
	18	2.5		16.376	15.294
20		2.5	2，1.5，1	18.376	17.294
	22	2.5		20.376	19.294
24		3		22.051	20.752
30		3.5	(3)，2，1.5，1	27.727	26.211
36		4	3，2，1.5	33.402	31.670
	39	4		36.402	34.670

注　优先选用第一系列，括号内尺寸尽可能不用，第三系列未列入。

附表 A-3 　　　　　　**用螺纹密封的管螺纹（GB/T 7306—2002）**

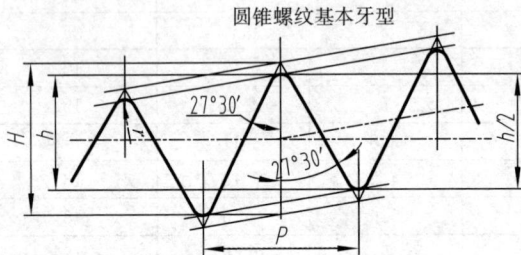

圆锥螺纹基本牙型

$P=25.4/n$
$H=0.960237P$
$h=0.640327P$
$r=0.137278P$

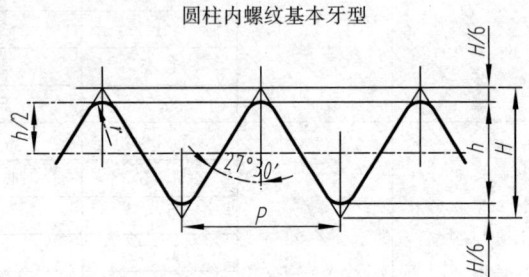

圆柱内螺纹基本牙型

$P=25.4/n$
$H=0.960491P$
$h=0.640327P$
$r=0.137329P$
$H/6=0.160082P$

标记示例：　　　　　$R_c1\frac{1}{2}$：圆锥内螺纹　　　　　$R_p1\frac{1}{2}$：圆柱内螺纹

$R1\frac{1}{2}-LH$：圆锥外螺纹，左旋

$R_c1\frac{1}{2}/R1\frac{1}{2}$：圆锥管螺纹副，尺寸代号为 $1\frac{1}{2}$　　　　　$R_p1\frac{1}{2}/R1\frac{1}{2}$：圆柱管螺纹副，尺寸代号为 $1\frac{1}{2}$

尺寸代号	每25.4mm内的牙数 n	螺距 P (mm)	牙高 h (mm)	圆弧半径 r (mm)	基面上的基本直径			基准距离 (mm)	有效螺纹长度 (mm)
					大径（基准直径）$d=D$ (mm)	中径 $d_2=D_2$ (mm)	小径 $d_1=D_1$ (mm)		
1/16	28	0.907	0.581	0.125	7.723	7.142	6.561	4.0	6.5
1/8	28	0.907	0.581	0.125	9.728	9.147	8.566	4.0	6.5
1/4	19	1.337	0.856	0.184	13.157	12.301	11.445	6.0	9.7
3/8	19	1.337	0.856	0.184	16.662	15.806	14.950	6.4	10.1
1/2	14	1.814	1.162	0.249	20.955	19.793	18.631	8.2	13.2
3/4	14	1.814	1.162	0.249	26.441	25.279	24.117	9.5	14.5
1	11	2.309	1.479	0.317	33.249	31.770	30.291	10.4	16.8
$1\frac{1}{4}$	11	2.309	1.479	0.317	41.910	40.431	38.952	12.7	19.1

续表

尺寸代号	每25.4mm 内的牙数 n	螺距 P (mm)	牙高 h (mm)	圆弧半径 r (mm)	基面上的基本直径			基准距离 (mm)	有效螺 纹长度 (mm)
					大径（基准 直径）$d=D$ (mm)	中径 $d_2 = D_2$ (mm)	小径 $d_1 = D_1$ (mm)		
$1\frac{1}{2}$	11	2.309	1.479	0.317	47.803	46.324	44.845	12.7	19.1
2	11	2.309	1.479	0.317	59.614	58.135	56.656	15.9	23.4
$2\frac{1}{2}$	11	2.309	1.479	0.317	75.184	73.705	72.226	17.5	26.7
3	11	2.309	1.479	0.317	87.884	86.405	84.926	20.6	29.8
$3\frac{1}{2}$ *	11	2.309	1.479	0.317	100.330	98.851	97.372	22.2	31.4
4	11	2.309	1.479	0.317	113.030	111.551	110.072	25.4	35.8
5	11	2.309	1.479	0.317	138.430	136.951	135.472	28.6	40.1
6	11	2.309	1.479	0.317	163.830	162.351	160.872	28.6	40.1

*尺寸代号为 $3\frac{1}{2}$ 的螺纹，限用于蒸汽机车。

附表 A-4　　　　　　非螺纹密封的管螺纹（GB/T 7307—2001）

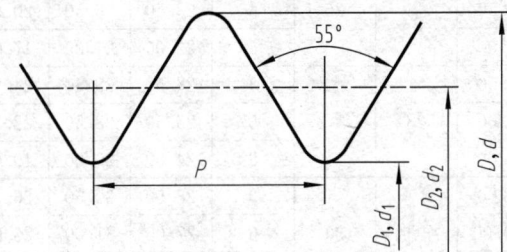

标记示例：

G$1\frac{1}{2}$：内螺纹，尺寸代号 $1\frac{1}{2}$

G$1\frac{1}{2}$A：内螺纹，尺寸代号 $1\frac{1}{2}$，A 级

G$1\frac{1}{2}$B-LH：外螺纹，尺寸代号 $1\frac{1}{2}$，B 级，左旋

G$1\frac{1}{2}$G$1\frac{1}{2}$A：螺纹装配标记

尺寸代号	每25.4mm 内的 牙数 n	螺距 P	螺纹直径	
			大径 d、D	小径 d_1、D_1
1/8	28	0.907	9.728	8.566
1/4	19	1.337	13.157	11.445
3/8	19	1.337	16.662	14.950
1/2	14	1.814	20.955	18.631
5/8	14	1.814	22.911	20.587
3/4	14	1.814	26.441	24.117
7/8	14	1.814	30.201	27.877
1	11	2.309	33.249	30.291
$1\frac{1}{8}$	11	2.309	37.897	34.939
$1\frac{1}{4}$	11	2.309	41.910	38.952
$1\frac{1}{2}$	11	2.309	47.803	44.845
$1\frac{3}{4}$	11	2.309	53.746	50.788
2	11	2.309	59.614	56.656
$2\frac{1}{4}$	11	2.309	65.710	62.752
$2\frac{1}{2}$	11	2.309	75.184	72.226
$2\frac{3}{4}$	11	2.309	81.534	78.576
3	11	2.309	87.884	84.926

附表 A-5　　　　　　　　**梯形螺纹（GB/T 5796.3—2005）**　　　　　　　　mm

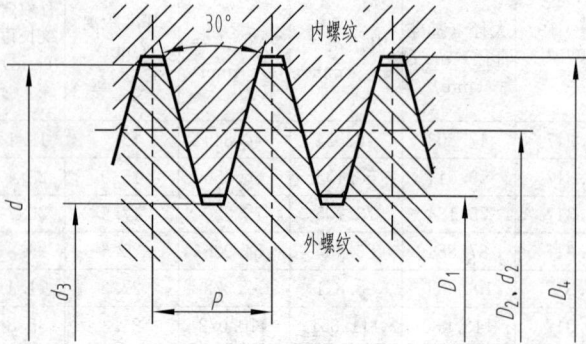

标记示例：

Tr40×7—7H：梯形内螺纹，公称直径 $d=40$，螺距 $P=7$，精度等级为 7H

Tr40×14（P7）LH—7e：多线左旋梯形外螺纹，公称直径 $d=40$，螺距 $P=7$，导程 $P_n=14$，精度等级为 7e

Tr40×7—7H/7e：梯形螺纹副，公称直径 $d=40$，螺距 $P=7$，内螺纹精度等级为 7H，外螺纹精度等级为 7e

公称直径 d 第一系列	公称直径 d 第二系列	螺距 P	中径 $d_2=D_2$	大径 D_4	小径 d_3	小径 D_1
8		1.5	7.25	8.30	6.20	6.50
	9	1.5	8.25	9.30	7.20	7.50
	9	2	8.00	9.50	6.50	7.00
10		1.5	9.25	10.30	8.20	8.50
10		2	9.00	10.50	7.50	8.00
	11	2	10.00	11.50	8.50	9.00
	11	3	9.50	11.50	7.50	8.00
12		2	11.00	12.50	9.50	10.00
12		3	10.50	12.50	8.50	9.00
	14	2	13.00	14.50	11.50	12.00
	14	3	12.50	14.50	10.50	11.00
16		2	15.00	16.50	13.50	14.00
16		4	14.00	16.50	11.50	12.00
	18	2	17.00	18.50	15.50	16.00
	18	4	16.00	18.50	13.50	14.00
20		2	19.00	20.50	17.50	18.00
20		4	18.00	20.50	15.50	16.00
	22	3	20.50	22.50	18.50	19.00
	22	5	19.50	22.50	16.50	17.00
	22	8	18.00	23.00	13.00	14.00
24		3	22.50	24.50	20.50	21.00
24		5	21.50	24.50	18.50	19.00
24		8	20.00	25.00	15.00	16.00

公称直径 d 第一系列	公称直径 d 第二系列	螺距 P	中径 $d_2=D_2$	大径 D_4	小径 d_3	小径 D_1
		3	24.50	26.50	22.50	23.00
	26	5	23.50	26.50	20.50	21.00
	26	8	22.00	27.00	17.00	18.00
28		3	26.50	28.50	24.50	25.00
28		5	25.50	28.50	22.50	23.00
28		8	24.00	29.00	19.00	20.00
	30	3	28.50	30.50	26.50	27.00
	30	6	27.00	31.00	23.00	24.00
	30	10	25.00	31.00	19.00	20.00
32		3	30.50	32.50	28.50	29.00
32		6	29.00	33.00	25.00	26.00
32		10	27.00	33.00	21.00	22.00
	34	3	32.50	34.50	30.50	31.00
	34	6	31.00	35.00	27.00	28.00
	34	10	29.00	35.00	23.00	24.00
36		3	34.50	36.50	32.50	33.00
36		6	33.00	37.00	29.00	30.00
36		10	31.00	37.00	25.00	26.00
	38	3	36.50	38.50	34.50	35.00
	38	7	34.50	39.00	30.00	31.00
	38	10	33.00	39.00	27.00	28.00
40		3	38.50	40.50	36.50	37.00
40		7	36.50	41.00	32.00	33.00
40		10	35.00	41.00	29.00	30.00

附录B　螺纹连接件

附表 B-1　六角头螺栓 A 和 B 级（粗牙 GB/T 5782—2000、细牙 GB/T 5783—2000）

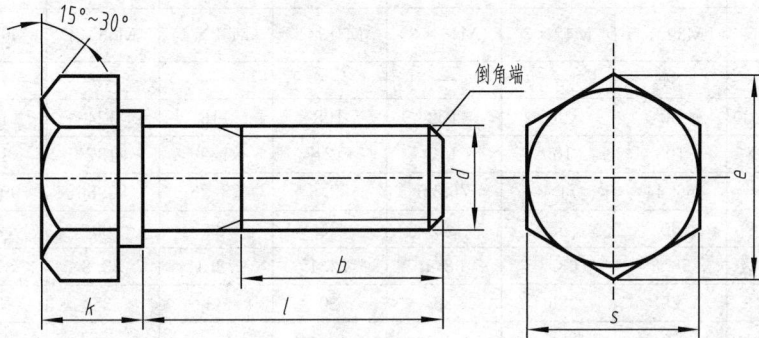

标记示例：

螺纹规格 d＝M12、公称长度 l＝80mm、性能等级为 8.8 级、表面氧化、A 级的六角头螺栓：

螺栓　GB/T 5782—2000　M12×80

螺纹规格 d＝M12、公称长度 l＝80mm、细牙螺纹、性能等级为 8.8 级、表面氧化、A 级的六角头螺栓：

螺栓　GB/T 5783—2000　M12×1.5×80

mm

螺纹规格 (6g)	d	M3	M4	M5	M6	M8	M10	M12	(M14)	M16
	$d×P$	—	—	—	—	M8×1	M10×1	M12×1.5	(M14×1.5)	M16×1.5
		—	—	—	—	—	(M10×1.25)	(M12×1.25)	—	—
b (参考)	$l≤125$	12	14	16	18	22	26	30	34	38
	$125<l≤200$	—	—	—	—	28	32	36	40	44
	$l>200$	—	—	—	—	41	45	49	57	57
e min	A 级	6.01	7.66	8.79	11.05	14.38	17.77	20.03	23.36	26.75
	B 级	—	—	—	—	14.2	17.59	19.85	22.78	26.17
	max	5.5	7	8	10	13	16	18	21	24
s	min A 级	5.32	6.78	7.78	9.78	12.73	15.73	17.73	20.67	23.67
	min B 级	—	—	—	—	12.57	15.57	17.57	20.16	23.16
k 公称		2	2.8	3.5	4	5.3	6.4	7.5	8.8	10
$l^{(1)}$ 长度范围	A 级	20～30	25～40	25～40	30～60	35～80	40～100	45～120	50～140	55～140
	B 级	—								160

螺纹规格 (6g)	d	(M18)	M20	(M22)	M24	(M27)	M30	(M33)	M36
	$d×P$	(M18×1.5)	(M20×2)	(M22×1.5)	M24×2	(M27×2)	M30×2	(M33×2)	M36×3
		—	M20×1.5	—	—	—	—	—	—
b (参考)	$l≤125$	42	46	50	54	60	66	72	78
	$125<l≤200$	48	52	56	60	66	72	78	84
	$l>200$	61	65	69	73	79	85	91	97
e (min)	A 级	30.14	33.53	37.72	39.98	—	—	—	—
	B 级	29.56	32.95	37.29	39.55	45.2	50.85	55.37	60.79

续表

s	max		27	30	34	36	41	46	50	55
	min	A 级	26.67	29.67	33.38	35.38	—	—	—	—
		B 级	26.16	29.16	33	35	40	45	49	53.8
k 公称			11.5	12.5	14	15	17	18.7	21	22.5
*l*① 长度范围		A 级	60~150	65~150	70~150	80~150	90~150	90~150	100~150	110~150
		B 级	160~180	160~200	160~220	160~240	160~260	160~300	160~320	110~360②

螺纹规格(6g)	*d*	(M39)	M42	(M45)	M48	(M52)	M56	(M60)	M64
	d×*P*	(M39×3)	M42×3	(M45×3)	M48×3	(M52×4)	M56×4	(M60×4)	M64×4
b (参考)	*l*≤125	84	—	—	—	—	—	—	—
	125<*l*≤200	90	96	102	108	116	124	132	140
	l>200	103	109	115	121	129	137	145	153
e(min)	B 级	66.44	71.3	76.95	82.6	88.25	93.56	99.21	104.86
s	max	60	65	70	75	80	85	90	95
	min B 级	58.8	63.1	68.1	73.1	78.1	82.8	87.8	92.8
k 公称		25	26	28	30	33	35	38	40
*l*① 长度范围	B 级	130~180	120~400	130~400	140~400	150~400	160~400	180~400	200~400

注　1. A 和 B 为产品等级。
　　2. 尽可能不采用括号内的规格。
① 长度系列(单位为 mm)为 20~50(5 进位)、(55)、60、(65)、70~160(10 进位)、180~400(20 进位)。
② GB/T 5783 规定为 160~300。

附表 B-2　　　　　　　　　　　　**双 头 螺 柱**

$b_m=1d$ (GB/T 897—1988)　　$b_m=1.25d$ (GB/T 898—1988)
$b_m=1.5d$ (GB/T 899—1988)　　$b_m=2d$ (GB/T 900—1988)

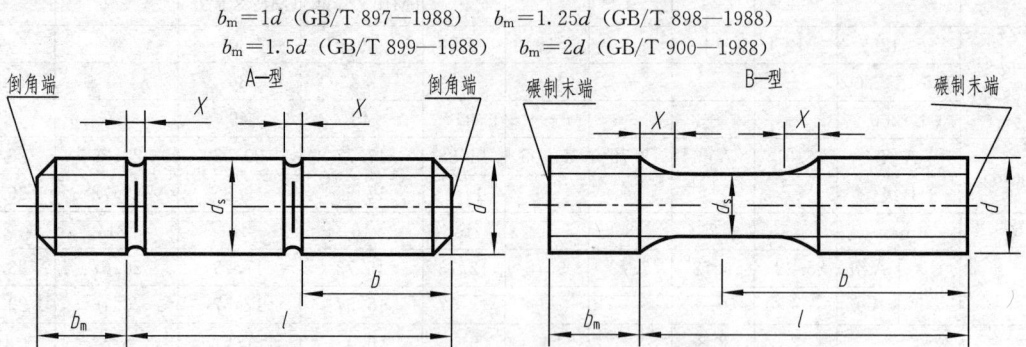

末端按 GB/T 2—1985 的规定；d_s≈螺纹中径(仅适用于 B 型)
标记示例：
两端均为粗牙普通螺纹，$d=10$mm、$l=50$mm、性能等级为 4.8 级、不经表面处理、B 型、$b_m=1d$ 的双头螺柱：
螺柱　GB/T 897—1988　M10×50
旋入机件一端为粗牙普通螺纹，旋螺母一端为螺距 $P=1$mm 的细牙粗牙普通螺纹，$d=10$mm、$l=50$mm、性能等级为 4.8 级、不经表面处理、B 型、$b_m=1d$ 的双头螺柱：
螺柱　GB/T 897—1988　M10×1×50

mm

螺纹规格 *d*	*b*m(公称)				*l*/*b*
	GB/T 897—1988	GB/T 898—1988	GB/T 899—1988	GB/T 900—1988	
M2			3	4	12~16/6、20~25/10

附　录　　　　　　　　　　　　　　　　　　　315

続表

螺纹规格 d	b_m（公称）				l/b
	GB/T 897—1988	GB/T 898—1988	GB/T 899—1988	GB/T 900—1988	
M2.5			3.5	5	16/8、20～30/11
M3			4.5	6	16～20/6、25～40/12
M4			6	8	16～20/8、25～40/14
M5	5	6	8	10	16～20/10、25～50/16
M6	6	8	10	12	20/10、25～30/14、35～70/18
M8	8	10	12	16	20/12、25～30/14、35～70/18
M10	10	12	15	20	25/14、30～30/16、35～90/22
M12	12	15	18	24	25/14、30～35/16、40～120/30、130～180/36
M16	16	20	24	32	30～35/20、40～50/30、60～120/38、130～200/44
M20	20	25	30	40	35～40/25、45～60/35、70～120/46、130～200/52
M24	24	30	36	48	45～50/30、60～70/45、80～120/54、130～200/60
M30	30	38	45	60	60/40、70～90/50、100～200/66、130～200/72、210～250/85
M36	36	45	54	72	70/45、80～110/160、120/78、130～200/84、210～300/97
M42	42	50	63	84	70～80/50、90～110/70、120/90、130～200/96、210～300/109
M48	48	60	72	96	80～90/60、100～110/80、120/102、130～200/108、210～300/121
l（系列）	12、16、20、25、30、35、40、45、50、60、70、80、90、100、110、120、130、140、150、160、170、180、190、200、210、220、230、240、250、260、280、300				

附表 B-3　　　　　　1 型六角螺母—A 和 B 级粗牙（摘自 GB/T 6170—2000）、
细牙（摘自 GB/T 6171—2000）

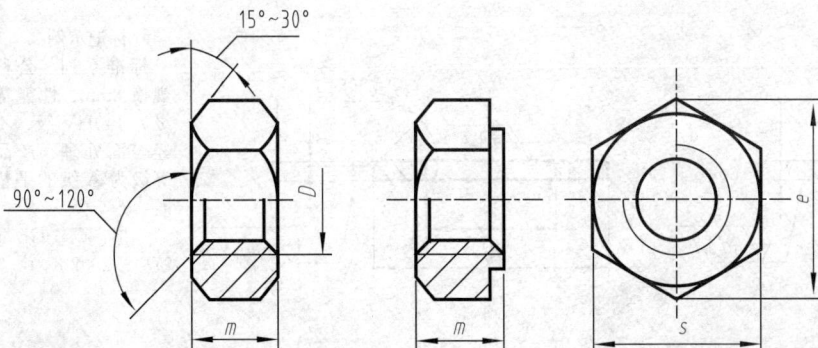

标记示例：
螺纹规格 $D=$ M12、性能等级为 8 级、不经表面处理、A 级的 1 型六角螺母：
螺母 GB/T 6170 M12

续表

螺纹规格 (6H)	D	M1.6	M2	M2.5	M3	(M3.5)	M4	M5	M6	M8	M10	M12	(M14)
	D×P	—	—	—	—	—	—	—	—	M8×1	M10×1	M12×1.5	(M14×1.5)
		—	—	—	—	—	—	—	—	—	(M10×1.25)	(M12×1.25)	—
e	min	3.41	4.32	5.45	6.01	6.58	7.66	8.79	11.05	14.38	17.77	20.03	23
s	max	3.2	4	5	5.5	6	7	8	10	13	16	18	21
	min	3.02	3.82	4.82	5.32	5.82	6.78	7.78	9.78	12.73	15.73	17.73	20.67
m	max	1.3	1.6	2	2.4	2.8	3.2	4.7	5.2	6.8	8.4	10.8	12.8

螺纹规格 (6H)	D	M16	(M18)	M20	(M22)	M24	(M27)	M30	(M33)	M36
	D×P	M16×1.5	(M18×1.5)	(M20×2)	(M22×1.5)	M24×2	(M27×2)	M30×2	(M33×2)	M36×3
		—	—	M20×1.5	—	—	—	—	—	—
e	min	26.75	29.56	32.95	37.29	39.55	45.2	50.85	55.37	60.79
s	max	24	27	30	34	36	41	46	50	55
	min	23.67	26.16	29.16	33	35	40	45	49	53.8
m	max	14.8	15.8	18	19.4	21.5	23.8	25.6	28.7	31

螺纹规格 (6H)	D	(M39)	M42	(M45)	M48	(M52)	M56	(M60)	M64
	D×P	(M39×3)	M42×3	(M45×3)	M48×3	(M52×4)	M56×4	(M60×4)	M64×4
		—	—	—	—	—	—	—	—
e	min	66.44	72.02	76.95	83.6	88.25	93.56	99.21	104.86
s	max	60	65	70	75	80	85	90	95
	min	58.8	63.1	68.1	73.1	78.1	82.8	87.8	92.8
m	max	33.4	34	36	38	42	45	48	51

注　括号内为非优先的规格。

附表 B-4　　小垫圈—A 级（摘自 GB/T 848—2002）、平垫圈—A 级（摘自 GB/T 97.1—2002）、平垫圈　倒角型—A 级（摘自 GB/T 97.2—2002）、大垫圈—A 级（摘自 GB/T 96.1—2002）

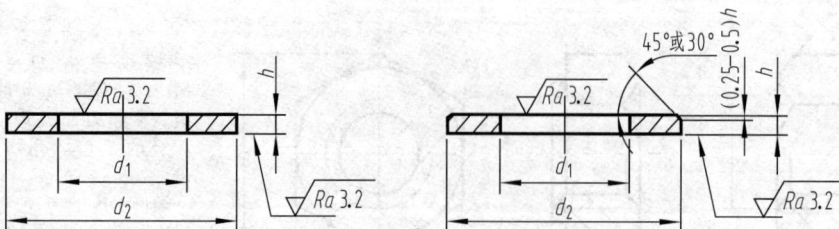

标记示例：

标准系列、公称规格 8mm、性能等级为 140HV 级、不经表面处理、产品等级为 A 级的平垫圈：

垫圈　GB/T 97.1—2002 8

续表

公称规格（螺纹大径d）	GB/T 97.1			GB/T 97.2			GB/T 848			GB/T 96.1		
	内径d_1	外径d_2	厚度h	内径d_1	外径d_2	厚度h	内径d_1	外径d_2	厚度h	内径d_1	外径d_2	厚度h
1.6	1.7	4	0.3	—	—	—	1.7	3.5	0.3	—	—	—
2	2.2	5	0.3	—	—	—	2.2	4.5	0.3	—	—	—
2.5	2.7	6	0.5	—	—	—	2.7	5	0.5	—	—	—
3	3.2	7	0.5	—	—	—	3.2	6	0.5	3.2	9	0.8
4	4.3	9	0.8	—	—	—	4.3	8	0.5	4.3	12	1
5	5.3	10	1	5.3	10	1	5.3	9	1	5.3	15	1
6	6.4	12	1.6	6.4	12	1.6	6.4	11	1.6	6.4	18	1.6
8	8.4	16	1.6	8.4	16	1.6	8.4	15	1.6	8.4	24	2
10	10.5	20	2	10.5	20	2	10.5	18	1.6	10.5	30	2.5
12	13	24	2.5	13	24	2.5	13	20	2	13	37	3
16	17	30	3	17	30	3	17	28	2.5	17	50	3
20	21	37	3	21	37	3	21	34	3	21	60	4
24	25	44	4	25	44	4	25	39	4	25	72	5
30	31	56	4	31	56	4	31	50	4	33	92	6
36	37	66	5	37	66	5	37	60	5	39	110	8

附表 B-5　　　　　标准型弹簧垫圈（摘自 GB/T 93—1987）、轻型弹簧垫圈
（摘自 GB/T 859—1987）

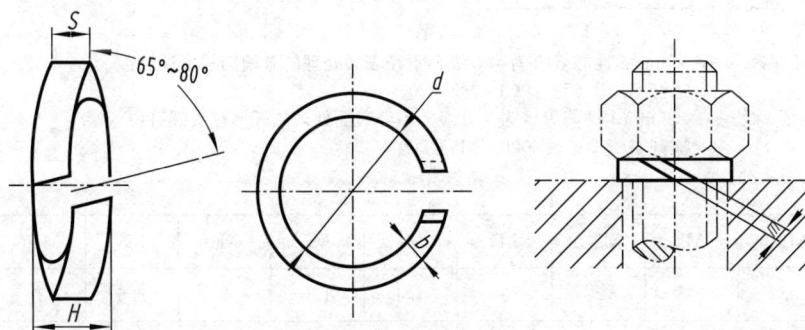

标记示例
规格 16mm、材料为 65Mn、表面氧化的标准型弹簧垫圈：
垫圈 GB/T 93—1987 16
规格 16mm、材料为 65Mn、表面氧化的轻型弹簧垫圈：
垫圈 GB/T 859—1987 16

规格（螺纹大径）		2	2.5	3	4	5	6	8	10	12	16	20	24	30	36	42	48
d	min	2.1	2.6	3.1	4.1	5.1	6.1	8.1	10.2	12.2	16.2	20.2	24.5	30.5	36.5	42.5	48.5
	max	2.35	2.85	3.4	4.4	5.4	6.68	8.68	10.9	12.9	16.9	21.04	25.5	31.5	37.7	43.7	49.7
S (b) 公称	GB/T 93 —1987	0.5	0.65	0.8	1.1	1.3	1.6	2.1	2.6	3.1	4.1	5	6	7.5	9	10.5	12
S 公称	GB/T 859 —1987	—	—	0.6	0.8	1.1	1.3	1.6	2	2.5	3.2	4	5	6	—	—	—

b 公称	GB/T 859 —1987		—	—	1	1.2	1.5	2	2.5	3	3.5	4.5	5.5	7	9	—	—	—
H	GB/T 93— 1987	min	1	1.3	1.6	2.2	2.6	3.2	4.2	5.2	6.2	8.2	10	12	15	18	21	24
		max	1.25	1.63	2	2.75	3.25	4	5.25	6.5	7.75	10.25	12.5	15	18.75	22.5	26.25	30
	GB/T 859— 1987	min	—	—	1.2	1.6	2.2	2.6	3.2	4	5	6.4	8	10	12	—	—	—
		max	—	—	1.5	2	2.75	3.25	4	5	6.25	8	10	10.2	15	—	—	—
$m\leqslant$	GB/T 93—1987		0.25	0.33	0.4	0.55	0.65	0.8	1.05	1.3	1.55	2.05	2.5	3	3.75	4.5	5.25	6
	GB/T 859—1987		—	—	0.3	0.4	0.55	0.65	0.8	1	1.25	1.6	2	2.5	3	—	—	—

附表 B-6　　　**开槽圆柱头螺钉（摘自 GB/T 65—2000）、**
开槽盘头螺钉（摘自 GB/T 67—2008）

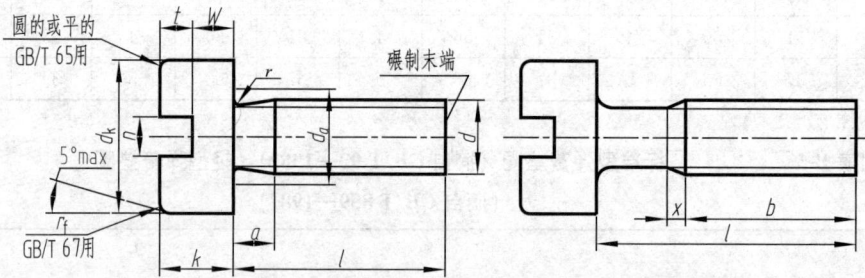

标记示例

螺纹规格 d＝M5、公称长度 l＝20mm、性能等级为 4.8 级、不经表面处理的开槽圆柱头螺钉：
螺钉 GB/T 65—2000　M5×20
螺纹规格 d＝M5、公称长度 l＝20mm、性能等级为 4.8 级、不经表面处理的开槽盘头螺钉：
螺钉 GB/T 67—2000　M5×20

螺纹规格 d		M1.6	M2	M2.5	M3	M4	M5	M6	M8	M10
a　max		0.7	0.8	0.9	1	1.4	1.6	2	2.5	3
b　min		25				38				
n 公称		0.4	0.5	0.6	0.8	1.2	1.2	1.6	2	2.5
x　max		0.9	1	1.1	1.25	1.75	2	2.5	3.2	3.8
d_k　max	GB/T 65	3.00	3.80	4.50	5.50	7	8.5	10	13	16
	GB/T 67	3.2	4	5	5.6	8	9.5	12	16	20
k　max	GB/T 65	1.10	1.40	1.80	2.00	2.6	3.3	3.9	5	6
	GB/T 67	1	1.3	1.5	1.8	2.4	3	3.6	4.8	6

t　min	GB/T 65	0.45	0.6	0.7	0.85	1.1	1.3	1.6	2	2.4
	GB/T 67	0.35	0.5	0.6	0.7	1	1.2	1.4	1.9	2.
r　min	GB/T 65		0.1			0.2		0.25	0.4	
	GB/T 67									
r_f参考	GB/T 67	0.5	0.6	0.8	0.9	1.2	1.5	1.8	2.4	3
l 长度范围	GB/T 65	2~16	3~20	3~25	4~30	5~40	6~50	8~60	10~80	12~80
	GB/T 67	2~16	2.5~20	3~25	4~30	5~40	6~50	8~60	10~80	12~80

附表 B-7　　　　　　　　开槽沉头螺钉（摘自 GB/T 68—2000）、
　　　　　　　　　　　　　　开槽半沉头螺钉（摘自 GB/T 69—2000）

GB/T 68—2000

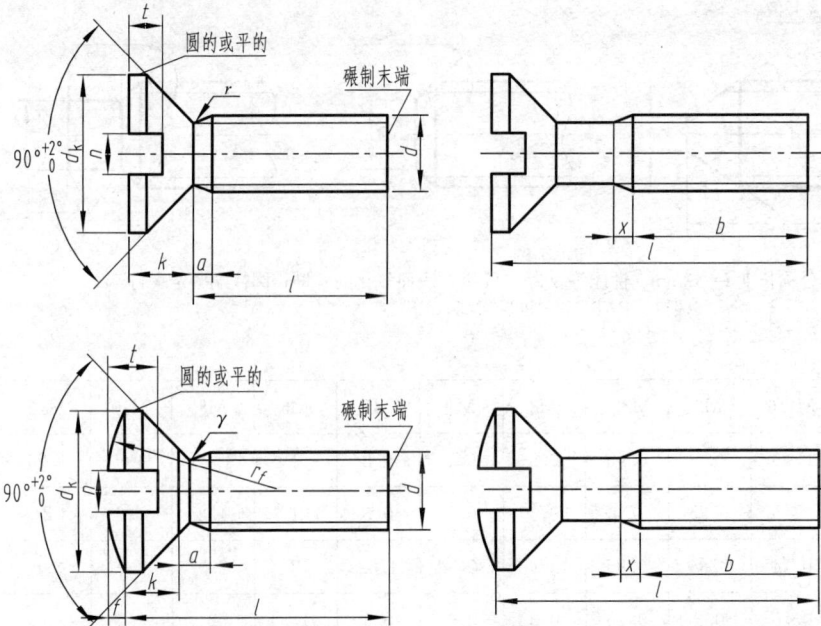

标记示例
螺纹规格 d＝M5、公称
长度 l＝20mm、性能等级
为 4.8 级、不经表面处理
的开槽沉头螺钉：
螺钉 GB/T 68—2000
M5×20

螺纹规格 d		M1.6	M2	M2.5	M3	M4	M5	M6	M8	M10
a　max		0.7	0.8	0.9	1	1.4	1.6	2	2.5	3
b　min			25					38		
n公称		0.4	0.5	0.6	0.8	1.2	1.2	1.6	2	2.5
x　max		0.9	1	1.1	1.25	1.75	2	2.5	3.2	3.8
d_k max	GB/T 68	3	3.8	4.7	5.5	8.4	9.3	11.3	15.8	18.3
	GB/T 69									
k　max	GB/T 68	1	1.2	1.5	1.65	2.7		3.3	4.65	5
	GB/T 69									
t　min	GB/T 68	0.32	0.4	0.5	0.6	1	1.1	1.2	1.8	2
	GB/T 69	0.64	0.8	1	1.2	1.6	2	2.4	3.2	3.8

续表

r max	GB/T 68	0.4	0.5	0.6	0.8	1	1.3	1.5	2	2.5
	GB/T 69									
$r_f \approx$	GB/T 69	3	4	5	6	9.5	12	16.5	19.5	—
l 长度范围	GB/T 68	2.5~16	3~20	4~25	5~30	6~40	8~50	8~60	10~80	12~80
	GB/T 69									

附表 B-8　　开槽锥端紧定螺钉（摘自 GB/T 71—1985）、开槽平端紧定螺钉（摘自 GB/T 73—1985）、开槽长圆柱端紧定螺钉（摘自 GB/T 75—1985）

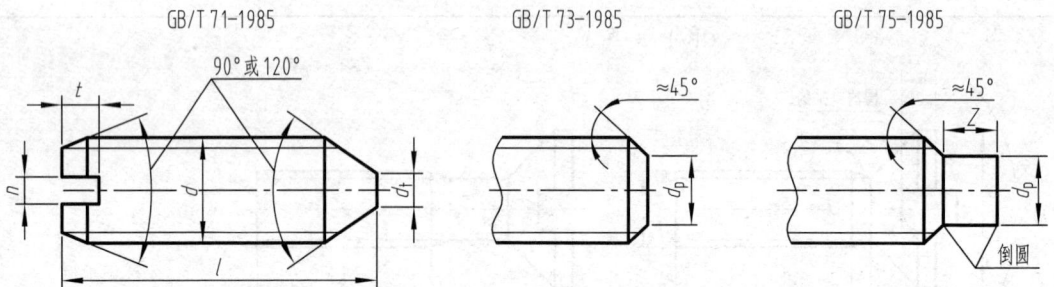

GB/T 71-1985　　　GB/T 73-1985　　　GB/T 75-1985

标记示例

螺纹规格 d=M5、公称长度 l=12mm、性能等级为 14H 级、表面氧化的开槽长圆柱端紧定螺钉：

螺钉 GB/T 75—1985　M5×12

螺纹规格 d		M1.6	M2	M2.5	M3	M4	M5	M6	M8	M10	M12
螺距 P		0.35	0.4	0.45	0.5	0.7	0.8	1	1.25	1.5	1.75
n		0.25	0.25	0.4	0.4	0.6	0.8	1	1.2	1.6	2
t		0.74	0.84	0.95	1.05	1.42	1.63	2	2.5	3	3.6
d_t		0.16	0.2	0.25	0.3	0.4	0.5	1.5	2	2.5	3
d_p		0.8	1	1.5	2	2.5	3.5	4	5.5	7	8.5
z		1.05	1.25	1.5	1.75	2.25	2.75	3.25	4.3	5.3	6.3
l	GB/T 71	2~8	3~10	3~12	4~16	6~20	8~25	8~30	10~40	12~50	14~60
	GB/T 73	2~8	2~10	2.5~12	3~16	4~20	5~25	6~30	8~40	10~50	12~50
	GB/T 75	2.58	3~10	4~12	5~16	6~20	8~25	10~30	10~40	12~50	14~60
l 系列		2, 2.5, 3, 4, 5, 6, 8, 10, 12, (14), 16, 20, 25, 30, 35, 40, 45, 50, (55), 60									

注　1. l 为公称长度。

　　2. 括号内的规格尽可能不采用。

附表 B-9　　　　　　　　内六角圆柱头螺钉（摘自 GB/T 70.1—2008）

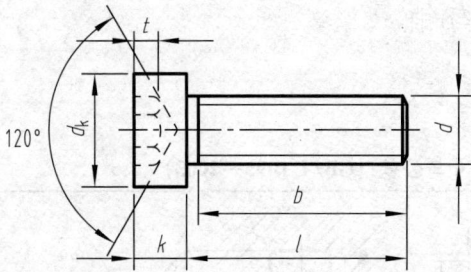

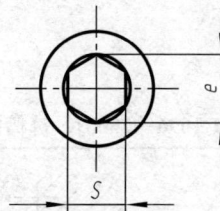

标记示例
螺纹规格 d＝M5、公称长度 l＝20mm、性能等级为 8.8 级、表面氧化的 A 级内六角圆柱头螺钉：
螺钉 GB/T 70.1—2008 M5×20

螺纹规格 d	M2.5	M3	M4	M5	M6	M8	M10	M12	M16	M20	M24	M30	M36
$d_{k max}$	4.5	5.5	7	8.5	10	13	16	18	24	30	36	45	54
k_{max}	2.5	3	4	5	6	8	10	12	16	20	24	30	36
t_{max}	1.1	1.3	2	2.5	3	4	5	6	10	12	15.5	19
s	2	2.5	3	4	5	6	8	10	14	17	19	22	27
e	2.3	2.87	3.44	4.58	5.72	6.86	9.15	11.43	16	19.44	21.73	25.15	30.85
b（参考）	17	18	20	22	24	28	32	36	44	52	60	72	84
l	4～25	5～30	6～40	8～50	10～60	12～80	16～100	20～120	25～160	30～200	40～200	45～200	55～200

注　1. 标准规定螺钉规格为 M1.6～M64。
　　2. 公称长度 l（系列）：2.5，3，4，5，6～16（2 进位），20～65（5 进位），70～160（10 进位），180～300（20 进位）。
　　3. 材料为钢的螺钉性能等级有 8.8、10.9、12.9 级，其中 8.8 级为常用。

附录C　键与销

附表C-1　平键(GB/T 1096—2003)、键槽的剖面尺寸与公差(GB/T 1095—2003)

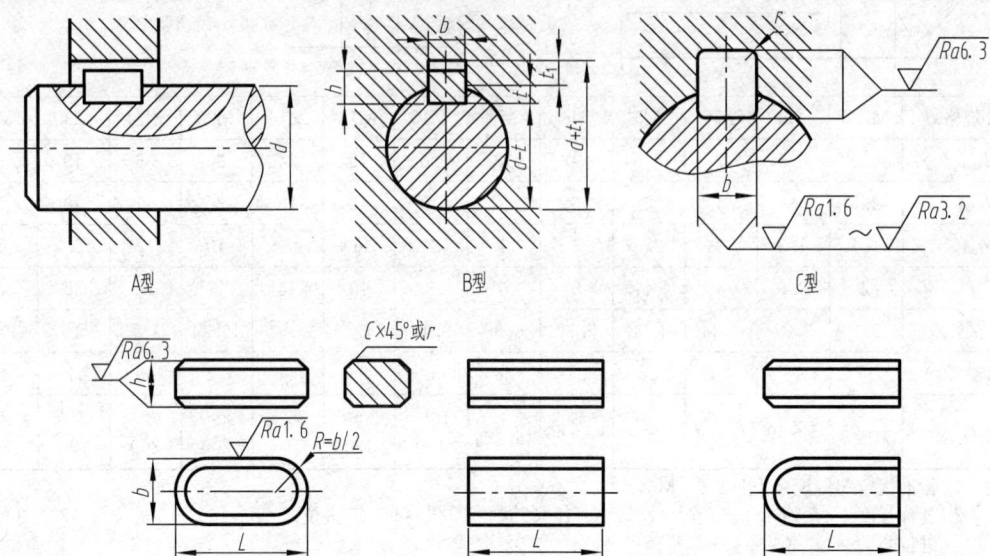

A型　　　　B型　　　　C型

标记示例:
圆头普通平键(A型)、$b=18$mm、$h=11$mm、$L=100$mm:键 18×100　GB/T 1096—2003
平头普通平键(B型)、$b=18$mm、$h=11$mm、$L=100$mm:键 B 18×100　GB/T 1096—2003
半圆头普通平键(C型)、$b=18$mm、$h=11$mm、$L=100$mm:键 C 18×100　GB/T 1096—2003

轴径 d	键尺寸 b×h	宽度 b 基本尺寸	正常联结 轴 N9	正常联结 毂 JS9	紧密联结 轴和毂 P9	松联结 轴 H9	松联结 毂 D10	深度 轴 t 基本尺寸	轴 t 极限偏差	深度 毂 t_1 基本尺寸	毂 t_1 极限偏差	C(或 r)小于
自6~8	2×2	2	−0.004 / −0.029	±0.0125	−0.006 / −0.031	+0.025 / 0	+0.060 / +0.020	1.2	+0.1 / 0	1.0	+0.1 / 0	0.16
>8~10	3×3	3						1.8		1.4		
>10~12	4×4	4	0 / −0.030	±0.015	−0.012 / −0.042	+0.030 / 0	+0.078 / +0.030	2.5		1.8		0.25
>12~17	5×5	5						3.0		2.3		
>17~22	6×6	6						3.5		2.8		
>22~30	8×7	8	0 / −0.036	±0.018	−0.015 / −0.051	+0.036 / 0	+0.098 / +0.040	4.0		3.3		0.4
>30~38	10×8	10						5.0		3.3		
>38~44	12×8	12	0 / −0.043	±0.0215	−0.018 / −0.061	+0.043 / 0	+0.012 / +0.050	5.0	+0.2 / 0	3.3	+0.2 / 0	
>44~50	14×9	14						5.5		3.8		
>50~58	16×10	16						6.0		4.3		
>58~65	18×11	18						7.0		4.4		

L(系列)：6、8、10、12、14、16、18、20、22、25、28、32、36、40、45、50、56、63、70、80、90、100、110、125、140、160、…

注　在工程图中轴槽深用 $d-t$ 或 t 标注，轮毂槽深用 $d+t_1$ 标注。

附表 C-2　　半圆键（GB/T 1099.1—2003）、键槽的剖面尺寸
与公差（GB/T 1098—2003）

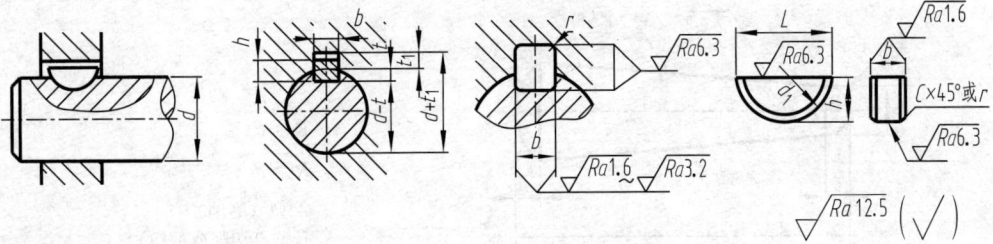

标记示例：
半圆键 $b=6$mm、$h=10$mm、$L=24.5$mm、$d=25$mm：键 $6×25$　GB/T 1099.1—2003

键尺寸			键　槽									
			宽度 b						深度			C（或 r）小于
				极限偏差					轴 t		毂 t_1	
$b×h×d$	$L≈$	基本尺寸		正常连接	紧密连接	松连接			基本尺寸	极限偏差	基本尺寸	极限偏差	
				轴 N9	毂 JS9	轴和毂 P9	轴 H9	毂 D10					
$4×6.5×16$	15.7	4							5.0		1.8		
$4×7.5×19$	18.6	4							6.0	$+0.2$ 0	1.8	$+0.1$ 0	0.4
$5×6.5×16$	15.7	5							4.5		2.3		
$5×7.5×19$	18.6	5		0 -0.030	$±0.015$	-0.012 -0.042	$+0.030$ 0	$+0.078$ $+0.030$	5.5		2.3		
$5×9×22$	21.6	5							7.0		2.3		
$6×9×22$	21.6	6							6.5		2.8		
$6×10×25$	24.5	6							7.5	$+0.3$ 0	2.8	$+0.2$ 0	
$8×11×28$	27.4	8		0 -0.036	$±0.018$	-0.015 -0.051	$+0.036$ 0	$+0.098$ $+0.040$	8.0		3.3		0.6
$10×13×32$	31.4	10							10		3.3		

注　在工程图中轴槽深用 $d-t$ 或 t 标注，轮毂槽深用 $d+t_1$ 标注。

附表 C-3　　　　　　　　　　圆柱销（GB/T 119—2000）

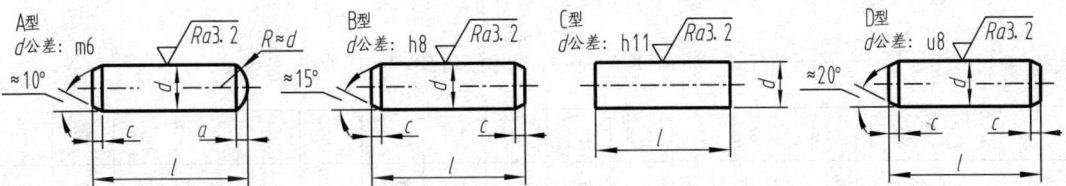

标记示例
公称直径 10mm、长 50mm 的 A 型圆柱销：销 GB/T 119—2000　A10×50

d	4	5	6	8	10	12	16	20	25	30	40	50
$a≈$	0.50	0.63	0.80	1.0	1.2	1.6	2.0	2.5	3.0	4.0	5.0	6.3
$c≈$	0.63	0.80	1.2	1.6	2.0	2.5	3.0	3.5	4.0	5.0	6.3	8.0
长度范围 l	8～40	10～50	12～60	14～80	18～95	22～140	26～180	35～200	50～200	60～200	80～200	95～200
l（系列）	6、8、10、12、14、16、18、20、22、24、26、28、30、32、35、40、45、50、55、60、65、70、75、80、85、90、95、100、120、140、160、180、200											

附表 C-4　　　　　　　　　　**圆锥销（GB/T 117—2000）**

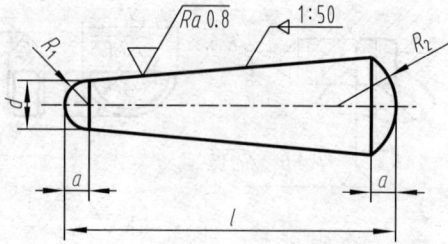

$R_1 \approx d$

$R_2 \approx d + \dfrac{1 - 2a - 84}{50}$

A 型（磨削）

B 型（切削或冷镦）

标记示例

公称直径 10mm、长 60mm 的 A 型圆锥销：

销 GB/T 117—2000　A10×60

d	4	5	6	8	10	12	16	20	25	30	40	50
a	0.50	0.63	0.80	1.0	1.2	1.6	2.0	2.5	3.0	4.0	5.0	6.3
长度范围 l	14~55	18~60	22~90	22~120	26~160	32~180	40~200	45~200	50~200	55~200	60~200	65~200
l（系列）	6、8、10、12、14、16、18、20、22、24、26、28、30、32、35、40、45、50、55、60、65、70、75、80、85、90、95、100、120、140、160、180、200											

附表 C-5　　　　　　　　　　**开口销（GB/T 91—2000）**

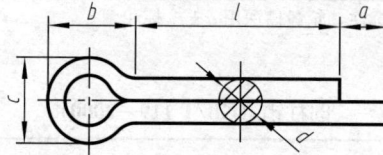

标记示例

公称直径 $d=5$mm、长 50mm 的开口销：销 GB/T 91—2000　5×50

d	公称	0.6	0.8	1	1.2	1.6	2	2.5	3.2	4	5	6.3	8	10	13
c	max	1	1.4	1.8	2	2.8	3.6	4.6	5.8	7.4	9.2	11.8	15	19	24.8
$b \approx$		2	2.4	3	3	3.2	4	5	6.4	8	10	12.6	16	20	26
a_{max}		1.6					2.5			3.2		4			6.3
l 长度范围		4~12	5~16	6~20	8~26	8~32	10~40	12~50	14~65	18~80	22~100	30~120	40~160	45~200	70~200
l（系列）		4、5、6、8、10、12、14、16、18、20、22、24、26、28、30、32、36、40、45、50、55、60、65、70、75、80、85、90、95、100、120、140、160、180、200														

注　销孔的公称直径等于 d（公称）。

附录 D　滚动轴承

附表 D-1　　　　　　　**深沟球轴承（GB/T 276—2013）**

6000 型

轴承代号	尺寸（mm）		
	d	D	B
10 系列			
606	6	17	6
607	7	19	6
608	8	22	7
609	9	24	7
6000	10	26	8
6001	12	28	8
6002	15	32	9
6003	17	35	10
6004	20	42	12
60/22	22	44	12
6005	25	47	12
60/28	28	52	12
6006	30	55	13
60/32	32	58	13
6007	35	62	14
6008	40	68	15
6009	45	75	16
6010	50	80	16
6011	55	90	18
6012	60	95	18
02 系列			
623	3	10	4
624	4	13	5
625	5	16	5

轴承代号	尺寸（mm）		
	d	D	B
02 系列			
626	6	19	6
627	7	22	7
628	8	24	8
629	9	26	8
6200	10	30	9
6201	12	32	10
6202	15	35	11
6203	17	40	12
6204	20	47	14
62/22	22	50	14
6205	25	52	15
62/28	28	58	16
6206	30	62	16
62/32	32	65	17
6207	35	72	17
6208	40	80	18
6209	45	85	19
6210	50	90	20
6211	55	100	21
6212	60	110	22
03 系列			
633	3	13	5
634	4	16	5
635	5	19	6
6300	10	35	11
6301	12	37	12
6302	15	42	13
6303	17	47	14
6304	20	52	15
63/22	22	56	16
6305	25	62	17
63/28	28	68	18
6306	30	72	19
63/32	32	75	20

轴承代号	尺寸（mm）			轴承代号	尺寸（mm）		
	d	D	B		d	D	B
03 系列				04 系列			
6307	35	80	21	6406	30	90	23
6308	40	90	23	6407	35	100	25
6309	45	100	25	6408	40	110	27
6310	50	110	27	6409	45	120	29
6311	55	120	29	6410	50	130	31
6312	60	130	31	6411	55	140	33
6313	65	140	33	6412	60	150	35
6314	70	150	35	6413	65	160	37
6315	75	160	37	6414	70	180	42
6316	80	170	39	6415	75	190	45
6317	85	180	41	6416	80	200	48
6318	90	190	4	6417	85	210	52
04 系列				6418	90	225	54
6403	17	62	17	6419	95	240	55
6404	20	72	19	6420	100	250	58
6405	25	80	21	6422	110	280	65

附表 D-2　　　　推力球轴承（GB/T 28697—2012）

51000 型

轴承代号	尺寸（mm）				轴承代号	尺寸（mm）			
	d	$d_1 \min$	D	T		d	$d_1 \min$	D	T
11 系列					11 系列				
51100	10	11	24	9	51110	50	52	70	14
51101	12	13	26	9	51111	55	57	78	16
51102	15	16	28	9	51112	60	62	85	17
51103	17	18	30	9	51113	65	67	90	18
51104	20	21	35	10	51114	70	72	95	18
51105	25	26	42	11	51115	75	77	100	19
51106	30	32	47	11	51116	80	82	105	19
51107	35	37	52	12	51117	85	87	110	19
51108	40	42	60	13	51118	90	92	120	22
51109	45	47	65	14	51120	100	102	135	25
					12 系列				
					51200	10	12	26	11
					51201	12	14	28	11
					51202	15	17	32	12
					51203	17	19	35	12
					51204	20	22	40	14
					51205	25	27	47	15
					51206	30	32	52	16
					51207	35	37	62	18

轴承代号	尺寸 (mm)				轴承代号	尺寸 (mm)			
	d	$d_1 \min$	D	T		d	$d_1 \min$	D	T
12 系列					13 系列				
51208	40	42	68	19	51314	70	72	125	40
51209	45	47	73	20	51315	75	77	135	44
51210	50	52	78	22	51316	80	82	140	44
51211	55	57	90	25	51317	85	88	150	49
51212	60	62	95	26	51318	90	93	155	50
51213	65	67	100	27	51320	100	103	170	55
51214	70	72	105	27	14 系列				
51215	75	77	110	27	51405	25	27	60	24
51216	80	82	115	28	51406	30	32	70	28
51217	8	88	125	31	51407	35	37	80	32
51218	90	93	135	35	51408	40	42	90	36
51220	100	103	150	38	51409	45	47	100	39
13 系列					51410	50	52	110	43
51304	20	22	47	18	51411	55	57	120	48
51305	25	27	52	18	51412	60	62	130	51
51306	30	32	60	21	51413	65	67	140	56
51307	35	37	68	24	51414	70	72	150	60
51308	40	42	78	26	51415	75	77	160	65
51309	45	47	85	28	51416	80	82	170	68
51310	50	52	95	31	51417	85	88	180	70
51311	55	57	105	35	51418	90	93	190	77
51312	60	62	110	35	51420	100	103	210	85
51313	65	67	115	36					

附表 D-3　　　　　　　　圆锥滚子轴承（GB/T 297—2015）

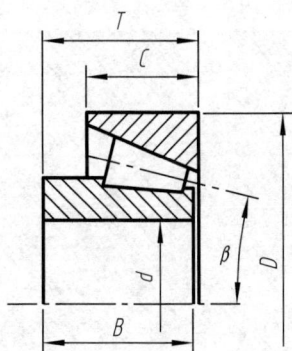

标记示例：

类型代号为 3、内径 d 为 35mm、尺寸系列为 03 的圆锥滚子轴承标记为　　滚动轴承 30307　GB/T 297—2015

轴承代号	尺寸 (mm)					轴承代号	尺寸 (mm)				
	d	D	T	B	C		d	D	T	B	C
尺寸系列代号 02						尺寸系列代号 02					
30207	35	72	18.25	17	15	30208	40	80	19.75	18	16

轴承代号	尺寸（mm）					轴承代号	尺寸（mm）				
	d	D	T	B	C		d	D	T	B	C
尺寸系列代号 02						尺寸系列代号 23					
30209	45	85	20.75	19	16	32310	50	110	42.25	40	33
30210	50	90	21.75	20	17	32311	55	120	45.5	43	35
30211	55	100	22.75	21	18	32312	60	130	48.5	46	37
30212	60	110	23.75	22	19	32313	65	140	51	48	39
尺寸系列代号 03						32314	70	150	54	51	42
30307	35	80	22.75	21	18	尺寸系列代号 30					
30308	40	90	25.25	23	20	33005	25	47	17	17	14
30309	45	100	27.25	25	22	33006	30	55	20	20	16
30310	50	110	29.25	27	23	33007	35	62	21	21	17
30311	55	120	31.5	29	25	尺寸系列代号 31					
30312	60	130	33.5	31	26	33108	40	75	26	26	20.5
30313	65	140	36	33	28	33109	45	80	26	26	20.5
30314	70	150	38	35	30	33110	50	85	26	26	20
尺寸系列代号 23						33111	55	95	30	30	23
32309	45	100	28.25	36	30						

附录 E　公差与配合

附表 E-1　　　　　　　　　　　标准公差数值（GB/T 1800.2—2009）

公称尺寸 (mm)		标准公差等级																	
		IT1	IT2	IT3	IT4	IT5	IT6	IT7	IT8	IT9	IT10	IT11	IT12	IT13	IT14	IT15	IT16	IT17	IT18
大于	至	μm											mm						
—	3	0.8	1.2	2	3	4	6	10	14	25	40	60	0.1	0.14	0.25	0.4	0.6	1	1.4
3	6	1	1.5	2.5	4	5	8	12	18	30	48	75	0.12	0.18	0.3	0.48	0.75	1.2	1.8
6	10	1	1.5	2.5	4	6	9	15	22	36	58	90	0.15	0.22	0.36	0.58	0.9	1.5	2.2
10	18	1.2	2	3	5	8	11	18	27	43	70	110	0.18	0.27	0.43	0.7	1.1	1.8	2.7
18	30	1.5	2.5	4	6	9	13	21	33	52	84	130	0.21	0.33	0.52	0.84	1.3	2.1	3.3
30	50	1.5	2.5	4	7	11	16	25	39	62	100	160	0.25	0.39	0.62	1	1.6	2.5	3.9
50	80	2	3	5	8	13	19	30	46	74	120	190	0.3	0.46	0.74	1.2	1.9	3	4.6
80	120	2.5	4	6	10	15	22	35	54	87	140	220	0.35	0.54	0.87	1.4	2.2	3.5	5.4
120	180	3.5	5	8	12	18	25	40	63	100	160	250	0.4	0.63	1	1.6	2.5	4	6.3
180	250	4.5	7	10	14	20	29	46	72	115	185	290	0.46	0.72	1.15	1.85	2.9	4.6	7.2
250	315	6	8	12	16	23	32	52	81	130	210	320	0.52	0.81	1.3	2.1	3.2	5.2	8.1
315	400	7	9	13	18	25	36	57	89	140	230	360	0.57	0.89	1.4	2.3	3.6	5.7	8.9
400	500	8	10	15	20	27	40	63	97	155	250	400	0.63	0.97	1.55	2.5	4	6.3	9.7

注　公称尺寸小于 1mm 时，无 IT14 到 IT18。

附表 E-2　　　　　　　　　　　　　　　　　　　　　　　　　　轴的基本偏差数值（μm）

公称尺寸 (mm)	上偏差（es） a	b	c	cd	d	e	ef	f	fg	g	h	js	基本偏差 j IT5 IT6	j IT7	j IT8
	所有等级														
≤3	-270	-140	-60	-34	-20	-14	-10	-6	-4	-2	0		-2	-4	-6
>3~6	-270	-140	-70	-46	-30	-20	-14	-10	-6	-4	0		-2	-4	—
>6~10	-280	-150	-80	-56	-40	-25	-18	-13	-8	-5	0		-2	-5	
>10~14	-290	-150	-95	—	-50	-32	—	-16	—	-6	0		-3	-6	
>14~18															
>18~24	-300	-160	-110	—	-65	-40	—	-20	—	-7	0		-4	-8	—
>24~30															
>30~40	-310	-170	-120	—	-80	-50	—	-25	—	-9	0		-5	-10	—
>40~50	-320	-180	-130												
>50~65	-340	-190	-140	—	-100	-60	—	-30	—	-10	0		-7	-12	
>65~80	-360	-200	-150												
>80~100	-380	-220	-170	—	-120	-72	—	-36	—	-12	0	偏差＝ ±IT n/2	-9	-15	—
>100~120	-410	-240	-180												
>120~140	-460	-260	-200	—	-145	-85	—	-43	—	-14	0		-11	-18	—
>140~160	-520	-280	-210												
>160~180	-580	-310	-230												
>180~200	-660	-340	-240	—	-170	-100	—	-50	—	-15	0		-13	-21	—
>200~225	-740	-380	-260												
>225~250	-820	-420	-380												
>250~280	-820	-480	-300	—	-190	-110	—	-56	—	-17	0		-16	-26	
>280~315	-1050	-540	-330												
>315~355	-1200	-600	-360	—	-210	-125	—	-62	—	-18	0		-18	-28	—
>355~400	-1350	-680	-400												
>400~450	-1500	-760	-440	—	-230	-135	—	-68	—	-20	0		-20	-32	—
>450~500	-1650	-840	-480												

(GB/T 1800. 1—2009)

尺　寸

								下偏差（*ei*）							
k		m	n	p	r	s	t	u	v	x	y	z	za	zb	zc
IT4 ~ IT7	≤IT3 >IT7						所有标准公差等级								
0	0	+2	+4	+6	+10	+14	—	+18	—	+20	—	+26	+32	+40	+60
+1	0	+4	+8	+12	+15	+19	—	+23	—	+28	—	+35	+42	+50	+80
+1	0	+6	+10	+15	+19	+23	—	+28	—	+34	—	+42	+52	+67	+97
+1	0	+7	+12	+18	+23	+28	—	+33	—	+40	—	+50	+64	+90	+130
									+39	+45	—	+60	+77	+108	+150
+2	0	+8	+15	+22	+28	+35	—	+41	+47	+54	+63	+73	+98	+136	+188
							+41	+48	+55	+64	+75	+88	+118	+160	+218
+2	0	+9	+17	+26	+34	+43	+48	+60	+68	+80	+94	+112	+148	+200	+274
							+54	+70	+81	+97	+114	+136	+180	+242	+325
+2	0	+11	+20	+32	+41	+53	+66	+87	+102	+122	+144	+172	+226	+300	+405
					+43	+59	+75	+102	+120	+146	+174	+210	+274	+360	+480
+3	0	13	23	37	+51	+71	+91	+124	+146	+178	+214	+258	+335	+445	+585
					+54	+79	+104	+144	+172	+210	+254	+310	+400	+525	+690
+3	0	15	27	43	+63	+92	+122	+170	+202	+248	+300	+365	+470	+620	+800
					+65	+100	+134	+190	+228	+280	+340	+415	+535	+700	+900
					+68	+108	+146	+210	+252	+310	+380	+465	+600	+780	+1000
+4	0	17	31	50	+77	+122	+166	+236	+284	+350	+425	+520	+670	+880	+1150
					+80	+130	+180	+258	+310	+385	+470	+575	+740	+960	+1250
					+84	+140	+196	+284	+340	+425	+520	+640	+820	+1050	+1350
+4	0	20	34	56	+94	+158	+218	+315	+385	+475	+580	+710	+920	+1200	+1550
					+98	+170	+240	+350	+425	+525	+650	+790	+1000	+1300	+1700
+4	0	21	37	62	+108	+190	+268	+390	+475	+590	+730	+900	+1150	+1500	+1900
					+114	+208	+294	+435	+530	+660	+820	+1000	+1300	+1650	+2100
+5	0	23	40	68	+126	+232	+330	+490	+595	+740	+920	+1100	+1450	+1850	+2400
					+132	+252	+360	+540	+660	+820	+1000	+1250	+1600	+2100	+2600

附表 E-3　　　　　　　　　　　　　　　　　　　　　　　　**孔的基本偏差数值（μm）**

基 本 偏

公称尺寸 (mm)	下偏差 EI												上偏差								
	A	B	C	CD	D	E	EF	F	FG	G	H	JS	J			K		M		N	
													IT6	IT7	IT8	≤IT8	>IT8	≤IT8	>IT8	≤IT8	>IT8
	所 有 标 准 公 差 等 级																				
≤3	+270	+140	+60	+34	+20	+14	+10	+6	+4	+2	0		+2	+4	+6	0	0	−2	−2	−4	−4
>3~6	+270	+140	+70	+46	+30	+20	+14	+10	+6	+4	0		+5	+6	+10	−1 +Δ	—	−4 +Δ	−4	−8 +Δ	0
>6~10	+280	+150	+80	+56	+40	+25	+18	+13	+8	+5	0		+5	+8	+12	−1 +Δ	—	−6 +Δ	−6	−10 +Δ	0
>10~14	+290	+150	+95	—	+50	+32	—	+16	—	+6	0		+6	+10	+15	−1 +Δ	—	−7 +Δ	−7	−12 +Δ	0
>14~18																					
>18~24	+300	+160	+110	—	+65	+40	—	+20	—	+7	0		+8	+12	+20	−2 +Δ	—	−8 +Δ	−8	−15 +Δ	0
>24~30																					
>30~40	+310	+170	+120	—	+80	+50	—	+25	—	+9	0		+10	+14	+24	−2 +Δ	—	−9 +Δ	−9	−17 +Δ	0
>40~50	+320	+180	+130																		
>50~65	+340	+190	+140	—	+100	+60	—	+30	—	+10	0		+13	+18	+28	−2 +Δ	—	−11 +Δ	−11	−20 +Δ	0
>65~80	+360	+200	+150																		
>80~100	+380	+220	+170	—	+120	+72	—	+36	—	+12	0		+16	+22	+34	−3 +Δ	—	−13 +Δ	−13	−23 +Δ	0
>100~120	+410	+240	+180																		
>120~140	+460	+260	+200	—	+145	+85	—	+43	—	+14	0	偏差＝±ITn/2	+18	+26	+41	−3 +Δ	—	−15 +Δ	−15	−27 +Δ	0
>140~160	+520	+280	+210																		
>160~180	+580	+310	+230																		
>180~200	+660	+340	+340	—	+170	+100	—	+50	—	+15	0		+22	+30	+47	−4 +Δ	—	−17 +Δ	−17	−31 +Δ	0
>200~225	+740	+380	+260																		
>225~250	+820	+420	+280																		
>250~280	+920	+480	+300	—	+190	+110	—	+56	—	+17	0		+25	+36	+55	−4 +Δ	—	−20 +Δ	−20	−34 +Δ	0
>280~315	+1050	+540	+330																		
>315~355	+1200	+600	+360	—	+210	+125	—	+62	—	+18	0		+29	+39	+60	−4 +Δ	—	−21 +Δ	−21	−37 +Δ	0
>355~400	+1350	+680	+400																		
>400~450	+1500	+760	+440	—	+230	+135	—	+68	—	+20	0		+33	+43	+66	−5 +Δ	—	−23 +Δ	−23	−40 +Δ	0
>450~500	+1650	+840	+480																		

(GB/T 1800.1—2009)

差 数 值

ES

P~ZC	P	R	S	T	U	V	X	Y	Z	ZA	ZB	ZC	Δ					
≤IT7	标准公关等级大于 IT7												3	4	5	6	7	8
	−6	−10	−14	—	−18	—	−20	—	−26	−32	−40	−60	0					
	−12	−15	−19		−23		−28		−35	−42	−50	−80	1	1.5	1	3	4	6
	−15	−19	−23		−28		−34		−42	−52	−67	−97	1	1.5	2	3	6	7
	−18	−23	−28		−33	—	−40		−50	−64	−90	−130	1	2	3	3	7	9
						−39	−45		−60	−77	−108	−150						
	−22	−28	−35	—	−41	−47	−54	−63	−73	−98	−136	−188	1.5	2	3	4	8	12
				−41	−48	−55	−64	−75	−88	−118	−160	−218						
	−26	−34	−43	−48	−60	−68	−80	−94	−112	−148	−200	−274	1.5	3	4	5	9	14
				−54	−70	−81	−97	−114	−136	−180	−242	−325						
	−32	−41	−53	−66	−87	−102	−122	−144	−172	−226	−300	−405	2	3	5	6	11	16
		−43	−59	−75	−102	−120	−146	−174	−210	−274	−360	−480						
在 >7 的相应数值上增加一个 Δ 值	−37	−51	−71	−91	−124	−146	−178	−214	−258	−335	−445	−585	2	4	5	7	13	19
		−54	−79	−104	−144	−172	−210	−254	−310	−400	−525	−690						
	−43	−63	−92	−122	−170	−202	−248	−300	−365	−470	−620	−800	3	4	6	7	15	23
		−65	−100	−134	−190	−228	−280	−340	−415	−535	−700	−900						
		−68	−108	−146	−210	−252	−310	−380	−465	−600	−780	−1000						
	−50	−77	−122	−166	−236	−284	−350	−425	−520	−670	−880	−1150	3	4	6	9	17	26
		−80	−130	−180	−258	−310	−385	−470	−575	−740	−960	−1250						
		−84	−140	−196	−284	−340	−425	−520	−640	−820	−1050	−1350						
	−56	−94	−158	−218	−315	−385	−475	−580	−710	−920	−1200	−1550	4	4	7	9	20	29
		−98	−170	−240	−350	−425	−525	−650	−790	−1000	−1300	−1700						
	−62	−108	−190	−268	−390	−475	−590	−730	−900	−1150	−1500	−1900	4	5	7	11	21	32
		−114	−208	−294	−435	−530	−660	−820	−1000	−1300	−1650	−2100						
	−68	−126	−232	−330	−490	−595	−740	−920	−1100	−1450	−1850	−2400	5	5	7	13	23	34
		−132	−252	−360	−540	−660	−820	−1000	−1250	−1600	−2100	−2600						

附表 E-4　　基孔制优先、常用配合

基准孔	轴																				
	a	b	c	d	e	f	g	h	js	k	m	n	p	r	s	t	u	v	x	y	z
	间隙配合								过渡配合				过盈配合								
H6						$\frac{H6}{f5}$	$\frac{H6}{g5}$	$\frac{H6}{h5}$	$\frac{H6}{js5}$	$\frac{H6}{k5}$	$\frac{H6}{m5}$	$\frac{H6}{n5}$	$\frac{H6}{P5}$	$\frac{H6}{r5}$	$\frac{H6}{s5}$	$\frac{H6}{t5}$					
H7						$\frac{H7}{f6}$	$\frac{H7}{g6}$▼	$\frac{H7}{h6}$▼	$\frac{H7}{js6}$	$\frac{H7}{k6}$▼	$\frac{H7}{m6}$	$\frac{H7}{n6}$▼	$\frac{H7}{p6}$▼	$\frac{H7}{r6}$	$\frac{H7}{s6}$▼	$\frac{H7}{t6}$	$\frac{H7}{u6}$▼	$\frac{H7}{v6}$	$\frac{H7}{x6}$	$\frac{H7}{y6}$	$\frac{H7}{z6}$
H8					$\frac{H8}{e7}$	$\frac{H8}{f7}$▼	$\frac{H8}{g7}$▼	$\frac{H8}{h7}$▼	$\frac{H8}{js7}$	$\frac{H8}{k7}$	$\frac{H8}{m7}$	$\frac{H8}{n7}$	$\frac{H8}{p7}$	$\frac{H8}{r7}$	$\frac{H8}{s7}$	$\frac{H8}{t7}$	$\frac{H8}{u7}$				
				$\frac{H8}{d8}$	$\frac{H8}{e8}$	$\frac{H8}{f8}$		$\frac{H8}{h8}$													
H9			$\frac{H9}{c9}$	$\frac{H9}{d9}$	$\frac{H9}{e9}$	$\frac{H9}{f9}$		$\frac{H9}{h9}$▼													
H10			$\frac{H10}{c10}$	$\frac{H10}{d10}$				$\frac{H10}{h10}$													
H11	$\frac{H11}{a11}$	$\frac{H11}{b11}$	$\frac{H11}{c11}$▼	$\frac{H11}{d11}$				$\frac{H11}{h11}$▼													
H12		$\frac{H12}{b12}$						$\frac{H11}{h11}$													

注　1. $\frac{H6}{n5}$、$\frac{H7}{p6}$在公称尺寸小于或等于 3mm 和 $\frac{H8}{r7}$在小于或等于 100mm 时，为过渡配合。

　　2. 注有符号▼的配合为优先配合。

附表 E-5　　基轴制优先、常用配合

基准轴	孔																				
	A	B	C	D	E	F	G	H	JS	K	M	N	P	R	S	T	U	V	X	Y	Z
	间隙配合								过渡配合				过盈配合								
h5					$\frac{F6}{h5}$	$\frac{G6}{h5}$	$\frac{H6}{h5}$	$\frac{JS6}{h5}$	$\frac{K6}{h5}$	$\frac{M6}{h5}$	$\frac{N6}{h5}$	$\frac{P6}{h5}$	$\frac{R6}{h5}$	$\frac{S6}{h5}$	$\frac{T6}{h5}$						
h6						$\frac{F7}{h6}$	$\frac{G7}{h6}$	$\frac{H7}{h6}$▼	$\frac{JS7}{h6}$	$\frac{K7}{h6}$▼	$\frac{M7}{h6}$	$\frac{N7}{h6}$▼	$\frac{P7}{h6}$▼	$\frac{R7}{h6}$	$\frac{S7}{h6}$▼	$\frac{T7}{h6}$	$\frac{U7}{h6}$▼				
h7					$\frac{E8}{h7}$	$\frac{F8}{h7}$▼		$\frac{H8}{h7}$▼		$\frac{K8}{h7}$	$\frac{M8}{h7}$	$\frac{N8}{h7}$									
h8				$\frac{D8}{h8}$	$\frac{E8}{h8}$	$\frac{F8}{h8}$		$\frac{H8}{h8}$													
h9				$\frac{D9}{h9}$▼	$\frac{E9}{h9}$	$\frac{F9}{h9}$		$\frac{H9}{h9}$▼													
h10				$\frac{D10}{h10}$				$\frac{H10}{h10}$													
h11	$\frac{A11}{h11}$	$\frac{B11}{h11}$	$\frac{C11}{h11}$▼	$\frac{D11}{h11}$				$\frac{H11}{h11}$▼													
h12		$\frac{B12}{h12}$						$\frac{H12}{h12}$													

注　注有符号▼的配合为优先配合。

附录 F　常用材料、热处理和表面处理

附录 F-1　　　　　　　　　　　　　　常用钢材牌号及用途

名称	牌号	应用举例
碳素结构钢	Q215 Q235	塑性较高，强度较低，焊接性好，常用作各种板材及型钢，制作工程结构或机器中受力不大的零件，如螺钉、螺母、垫圈、吊钩、拉杆等；也可渗碳，制作不重要的渗碳零件
	Q275	强度较高，可制作承受中等应力的普通零件，如紧固件、吊钩、拉杆等；也可经热处理后制造不重要的轴
优质碳素结构钢	15 20	塑性、韧性、焊接性和冷冲性很好，但强度较低。用于制造受力不大、韧性要求较高的零件、紧固件、渗碳零件及不要求热处理的低负荷零件，如螺栓、螺钉、拉条、法兰盘等
	35	有较好的塑性和适当的强度，用于制造曲轴、转轴、轴销、杠杆、连杆、横梁、链轮、垫圈、螺钉、螺母等。这种钢多在正火和调质状态下使用，一般不作焊接件用
	40 45	用于要求强度较高、韧性要求中等的零件，通常进行调质或正火处理。用于制造齿轮、齿条、链轮、轴、曲轴等；经高频表面淬火后可替代渗碳钢制作齿轮、轴、活塞销等零件
	55	经热处理后有较高的表面硬度和强度，具有较好韧性，一般经正火和淬火、回火后使用。用于制造齿轮、连杆、轮圈及轧辊等。焊接性及冷变形性均低
	65	一般经淬火中温回火，具有较高弹性，适用于制作小尺寸弹簧
	15Mn	性能与 15 钢相似，但其淬透性、强度和塑性均稍高于 15 钢。用于制作中心部分的力学性能要求较高且需渗碳的零件。这种钢焊接性好
	65Mn	性能与 65 钢相似，适于制造弹簧、弹簧垫圈、弹簧环和片，以及冷拔钢丝（≤7mm）和发条
合金结构钢	20Cr	用于渗碳零件，制作受力不太大、不需要强度很高的耐磨零件，如机床齿轮、齿轮轴、蜗杆、凸轮、活塞销等
	40Cr	调质后强度比碳钢高，常用作中等截面、要求力学性能比碳钢高的重要调质零件，如齿轮、轴、曲轴、连杆螺栓等
	20CrMnTi	强度、韧性均高，是铬镍钢的代用材料。经热处理后，用于承受高速、中等或重负荷以及冲击、磨损等的重要零件，如渗碳齿轮、凸轮等
	38CrMoAl	是渗碳专用钢种，经热处理后，用于要求高耐磨性、高疲劳强度和相当高的强度且热处理变形小的零件，如镗杆、主轴、齿轮、蜗杆、套筒、套环等
	35SiMn	除了要求低温（−20℃以下）及冲击韧性很高的情况外，可全面替代 40Cr 作调质钢；也可部分替代 40CrNi，制作中小型轴类、齿轮等零件
	50CrVA	用于（$\phi30\sim\phi50$）mm 重要的承受大应力的各种弹簧；也可用作大截面的温度低于400℃的气阀弹簧、喷油嘴弹簧等
铸钢	ZG200-400	用于各种形状的零件，如机座、变速箱壳等
	ZG230-450	用于铸造平坦的零件，如机座、机盖、箱体等
	ZG270-500	用于各种形状的零件，如飞轮、机架、水压机工作缸、横梁等

附表 F-2　　　　　　　　　　　　　　　　常用铸铁牌号及用途

名称	牌号	应用举例
一般工程用铸造碳钢件	HT100	低载荷和不重要零件，如盖、外罩、手轮、支架、重锤等
	HT150	承受中等应力的零件，如支柱、底座、齿轮箱、工作台、刀架、端盖、阀体、管路附件及一般无工作条件要求的零件
	HT200 HT250	承受较大应力和较重要零件，如汽缸体、齿轮、机座、飞轮、床身、缸套、活塞、刹车轮、联轴器、齿轮箱、轴承座、油缸等
	HT300 HT350 HT400	承受高弯曲应力及抗拉应力的重要零件，如齿轮、凸轮、车床卡盘、剪床和压力机的机身、床身、高压油缸、滑阀壳体等
球墨铸铁	QT400-65 QT450-10 QT500-7 QT600-3 QT700-2	球墨铸铁可替代部分碳钢、合金钢、用来制造一些受力复杂，强度、韧性和耐磨性要求高的零件。前两种牌号的球墨铸铁，具有较高的韧性和塑性，常用来制造受压阀门、机器底座、汽车后桥壳等；后两种牌号的球墨铸铁，具有较高的强度与耐磨性，常用来制造拖拉机或柴油机中的曲轴、连杆、凸轮轴，各种齿轮，机床的主轴、蜗杆、蜗轮，轧钢机的轧辊、大齿轮，大型水压机的工作缸、缸套、活塞等

表 F-3　　　　　　　　　　　　　　　　　有色金属材料

名称	牌号	应用举例	说明
紫铜（纯铜）	Cu-2（T2）	用作电气工业制造各种导电材料，垫圈、散热片、波导管	含铜≥99.9%
	Cu-4（T4）		含铜≥99.5%
普通黄铜	H62	制作各种引申件、弯曲件、焊片、垫圈、衬套、法兰盘、接触器、转轴、螺栓、螺母及仪表中的齿轮、轴等	"H"表示黄铜，后面数字为含铜量的百分数。如62表示含铜量60.5%～63.5%
	H68		
	H59		
	HPb59-1		
铸黄铜	ZHMn 58-2-2	用于轴瓦、轴套及其他耐磨零件	ZHMn58-2-2表示含铜57%～60%、锰1.5%～2.5%、铝1.5%～2.5%
	ZHAL 66-6-3-2	用于作丝杆、螺母、重载螺旋杆、大型蜗轮轮缘等	含铜64%～68%
铸造锡青铜	ZQSn 6-6-3	用于受中等冲击负荷和在液体或半液体润滑及耐蚀条件下工作的零件，如轴承、轴瓦、蜗轮、螺母等	"Q"表示青铜，ZQSn 6-6-3表示含锡5%～7%、锌5%～7%、铝2%～4%
	ZQSn 10-1	用于受严重摩擦的零件，如轴承、轴套、蜗轮等	含锡9%～11%、磷0.8%～1.2%
纯铝	AL-2	用作电缆、导电体、铝箔及优良铝合金等	含铝99.6%
	AL-2		含铝99.3%
铸铝合金	ZL-101	用于制造负荷不大的薄壁零件	"Z"表示铸，"L"表示铝，后面数字表示顺序号，含镁0.2%～0.4%、硅6%～8%
	ZL-102	用于铸造形状复杂及一般负荷的零件	含碳10%～13%
	ZL-103	用于铸造不太复杂，受冲击负荷的零件	含镁9.5%～11.5%
硬铝	LY11 LY12	用于要求重量小而强度高的结构零件	含铜3.8%～4.9%
白铜	B19	医疗用具、网、精密仪表及化工零件等	白铜是铜镍合金"B19"为含镍19%，余量为铜的普通白铜

附表 F-4　　　　　　　　　　　　　　　金 属 材 料

材料名称		牌　号	说　明	应用举例
工业用橡胶板	耐酸碱橡胶板	2030 2040	较高硬度 中等硬度	具有耐酸碱性能，在温度－30～＋60℃的20％浓度的酸碱液体中工作。用作冲制密封性能较好的垫圈
	耐油橡胶板	3001 3002	较高硬度	可在一定温度的机油、变压器油、汽油等介质中工作，适用冲制各种形状的垫圈
	耐热橡胶板	4001 4002	较高硬度 中等硬度	可在－30～100℃且压力不大的条件下，于热空气、蒸汽介质中工作，用作冲制各种垫圈和隔热垫板
酚醛板	酚醛层压板	3302-1 3302-2	3302-1 的机械性能较3302-2高	用作结构材料及用以制造各种机械零件
	布质酚醛层压板	3305-1 3305-2	两种规格机械性能一样，仅比重稍有差别	用作轧钢机轴瓦
尼龙		尼龙66 尼龙1010	有高的抗拉强度和良好的冲击韧性，一定的耐热性（可在100℃以下使用），能耐弱酸、弱碱，耐油性良好	用以制作机械传动零件，有良好的灭音性，运转时噪声小，常用来做齿轮等零件
石棉制品	耐油橡胶石棉板		有厚度为 0.4～3.0mm 的 10 种规格	供航空发动机中煤油、润滑油及冷气系统结合处的密封衬垫材料
	油浸橡胶石棉板	YS450	盘根形状 F（方形）、Y（圆形）、N（扭制）三种，按需选用	适用于回转轴、往复活塞或阀门杆上作密封材料，介质为蒸汽、空气、工业用水、重质石油产品
	橡胶石棉盘根	XS450	该型号盘根只有 F（方形）形	适用于作蒸汽机、往复泵的活塞和阀门杆上作密封材料
毛毡			厚度为1.5～25mm	用作密封、防漏油、防振、缓冲衬垫等。按需要选用细毛、半粗毛、粗毛
软钢纸板			厚度为0.5～3.0mm	用作密封连接处垫片
聚四氟乙烯		SFL-4～13	耐腐蚀、耐高温（＋250℃）并具有一定的强度、能切削加工成各种零件	用于腐蚀介质中，起密封和减磨作用，用作垫圈等
有机玻璃板			耐盐酸、硫酸、草酸、烧碱和纯碱等一般酸、碱及二氧化硫、臭氧等气体腐蚀	适用于耐腐蚀和需要透明的零件

附表 F-5　　　　　　　　热处理及表面处理的方法、代号及应用

热处理及表面处理方法	解　释	应　用
退火 (Th)	退火是将钢件（或钢坯）加热到临界温度＊以上 30～50℃，保温一段时间，然后再缓慢地冷下来（一般用炉冷）	用来消除铸锻件的内应力和组织不均匀及晶粒粗大等现象。消除冷轧坯件的冷硬现象和内应力，降低硬度以便切削
正火 (Z)	正火也是将坯件加热到临界温度以上，保温一段时间然后用空气冷却，冷却速度比退火快	用来处理低碳和中碳结构钢件及渗碳机件，使其组织细化增加强度与韧性。减少内应力，改善低碳钢的切削性能
淬火 (C)	淬火是将钢件加热到临界温度以上，保温一段时间然后在水、盐水或油中（个别材料在空气中）急冷下来，使其得到高硬度	用来提高钢的硬度和强度，但淬火时会引起内应力使钢变脆，所以淬火后必须回火
表面淬火 (G)	表面淬火是使零件表面获得高硬度和耐磨性，而心部则保持塑性和韧性	对于各种在动负荷及摩擦条件下工作的齿轮、凸轮轴、曲轴及销子等都要经过这种处理
高频表面淬火	利用高频感应电流使钢件表面迅速加热，并立即喷水冷却，淬火表面具有高的机械性能，淬火时不易氧化及脱碳，变形小，淬火操作及淬火层易实现精确的电控制与自动化，生产率高	表面淬火必须采用含碳量大于 0.35％的钢，因为含碳量低淬火后增加硬度不大，一般都是些淬透性较低的碳钢及合金钢（如 45、40Cr、40Mn2、9CrSi 等）
回火	回火是将淬硬的钢件加热到临界温度以下的某一种温度后，保温一定时间后在空气中或油中冷却下来	用来消除淬火后的脆性和内应力，提高钢的冲击韧性
调质 (T)	淬火后高温回火，称为调质	用来使钢获得韧性和足够的强度，很多重要零件是经过调质处理的
渗碳 (S)	渗碳是向钢表面层渗碳的过程，一般渗碳温度在 900～930℃，使低碳钢或低碳合金钢的表面含碳量增高到 0.8％～1.2％，经过适当热处理表面层得到高的硬度和耐磨性，提高疲劳强度	为了保证心部的高塑性和韧性，通常采用含碳量为 0.08～0.25 的低碳钢和低碳合金钢，如齿轮、凸轮、活塞销等
氮化 (D)	氮化是向钢表面层渗氮的过程，目前常用气体氮化法，即利用氨气加热时分解的活性氮原子渗入钢中	氮化后不要再进行热处理，用于某种含铬、钼或铝的特种钢，以提高硬度和耐磨性，提高疲劳强度及抗蚀能力
氰化 (Q)	氰化是同时向钢表面渗碳及渗氮的过程，常用液体碳化法处理，不仅比渗碳处理有较高硬度和耐磨性而且兼有耐腐蚀和较高的抗疲劳能力。在工艺上比渗碳或氮化时间短	主要用于提高各种高速钢刀具的耐磨性，对于各种中碳钢及合金钢的小型结构零件获得一层很薄的碳化层增加表面耐磨性及疲劳强度。也可以用于低碳钢结构零件代替渗碳法，称深碳化法或液体渗碳法
实效	将钢加热≤120～130℃，长时间保温后，随炉或取出在空气中冷却	用来消除或减小淬火后的微观应力，防止变形和开裂，稳定工件形状及尺寸，以及消除机械加工的残余应力

附录 G　常用标准数据和标准结构

附录 G-1　　　　　　　　　　**零件倒圆与倒角（GB/T 6403.4—2008）**

型式		R、C尺寸系列： 　0.1，0.2，0.3，0.4，0.5，0.6，0.8，1.0，1.2，1.6，2.0，2.5，3.0，4.0，5.0，6.0，8.0，10，12，16，20，25，32，40，50
装配方式		尺寸规定： 　1. R_1、C_1 的偏差为正；R、C 的偏差值为负。 　2. 第三种装配方式，C 的最大值 C_{max} 与 R_1 的关系如下

R_1	0.1	0.2	0.3	0.4	0.5	0.6	0.8	1.0	1.2	1.6	2.0	2.5	3.0	4.0	5.0	6.0	8.0	10	12	16	20	25
C_{max}	—	0.1	0.1	0.2	0.2	0.3	0.4	0.5	0.6	0.8	1.0	1.2	1.6	2.0	2.5	3.0	4.0	5.0	6.0	8.0	10	12

直径 ϕ 相应的倒角 C、倒圆 R 的推荐值（mm）

ϕ	−3	>3~6	>6~10	>10~18	>18~30	>30~50	>50~80	>80~120	>120~180
C 或 R	0.2	0.4	0.6	0.8	1.0	1.6	2.0	2.5	3.0
ϕ	>180~250	>250~320	>320~400	>400~500	>500~630	>630~800	>800~1000	>1000~1250	>1250~1600
C 或 R	4.0	5.0	6.0	8.0	10	12	16	20	25

附表 G-2   砂轮越程槽（用于回转面及端面）（GB/T 6403.5—2008）

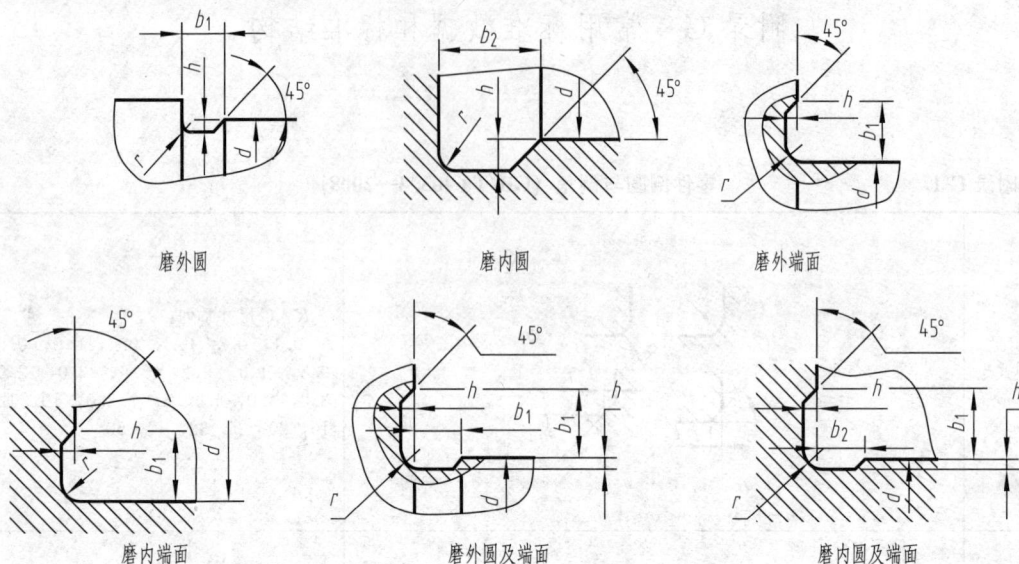

磨外圆   磨内圆   磨外端面

磨内端面   磨外圆及端面   磨内圆及端面

b_1	0.6	1.0	1.6	2.0	3.0	4.0	5.0	8.0	10
b_2	2.0	3.0		4.0		5.0		8.0	10
h	0.1	0.2		0.3	0.4	0.6		0.8	1.2
r	0.2	0.5		0.8	1.0		1.6	2.0	3.0
d	~10			>10~15		>50~100		>100	

注 1. 越程槽内二直线相交处，不允许产生尖角。
    2. 越程槽深度 h 与圆弧半径 r 要满足 $r \leqslant 3h$。
    3. 磨削具有数个直径的工件时，可使用同一规格的越程槽。
    4. 直径 d 值大的零件，允许选择小规格的砂轮越程槽。

附表 G-3   中心孔（GB/T 145—2001）、中心孔表示法（GB/T 4459.5—1999）

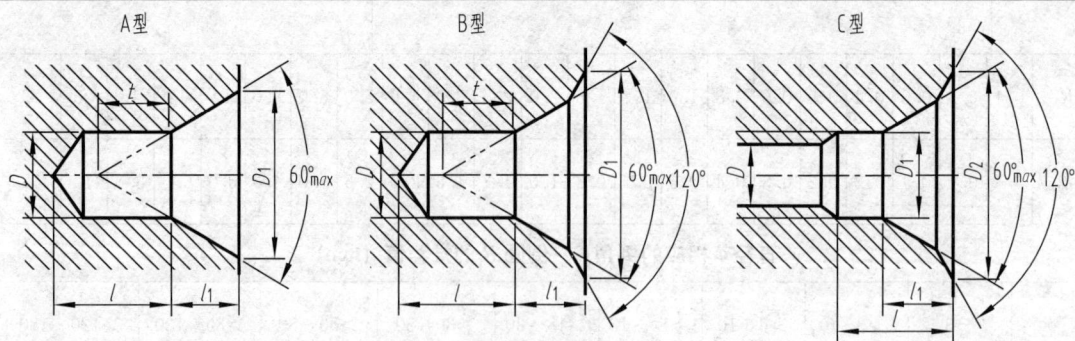

A型   B型   C型

中心孔尺寸

	A、B 型						C 型				选择中心孔参考数据（非标准内容）		
	A 型			B 型							原料端部最小直径 D_0	轴状原料最大直径 D_c	工件最大重量 t
D	D_1	参考		D_1	参考		D	D_1	D_2	l	参考		
		l_1	t		l_1	t					l_1		
2.00	4.25	1.95	1.8	6.30	2.54	1.8					8	>10~18	0.12

续表

A、B型						C型					选择中心孔参考数据（非标准内容）		
	A型			B型						参考	原料端部最小直径	轴状原料最大直径	工件最大重量 t
D	D_1	参考		D_1	参考		D	D_1	D_2	l	l_1	D_0	D_c	
		l_1	t		l_1	t								
2.50	5.30	2.42	2.2	8.00	3.20	2.2					10	>18～30	0.2
3.15	6.70	3.07	2.8	10.00	4.03	2.8	M3	3.2	5.8	2.6	1.8	12	>30～50	0.5
4.00	8.50	3.90	3.5	12.50	5.05	3.5	M4	4.3	7.4	3.2	2.1	15	>50～80	0.8
(5.00)	10.60	4.85	4.4	16.00	6.41	4.4	M5	5.3	8.8	4.0	2.4	20	>80～120	1
6.30	13.20	5.98	5.5	18.00	7.36	5.5	M6	6.4	10.5	5.0	2.8	25	>120～180	1.5
(8.00)	17.00	7.79	7.0	22.40	9.36	7.0	M8	8.4	13.2	6.0	3.3	30	>180～220	2
10.00	21.20	9.70	8.7	28.00	11.66	8.7	M10	10.5	16.3	7.5	3.8	42	>220～260	3

　注　1. 尺寸 l 取决于中心钻的长度，此值不应小于 t 值（对 A、B 型）。
　　　2. 括号内的尺寸尽量不采用。
　　　3. R 型中心孔未列入。

中心孔表示法

要求	符号	表示法示例	说明
在完工的零件上要求保留中心孔		——GB/T 4459.5-B2.5/8	采用 B 型中心孔 $D=2.5mm$，$D_1=8mm$ 在完工的零件上要求保留
在完工的零件上是否保留中心孔都可以		GB/T 4459.5-A4/8.5	采用 A 型中心孔 $D=4mm$，$D_1=8.5mm$ 在完工的零件上是否保留都可以
在完工的零件上不允许保留中心孔		——GB/T 4459.5-A1.6/3.35	采用 A 型中心孔 $D=1.6mm$，$D_1=3.35mm$ 在完工的零件上不允许保留

附表 G-4　　　　莫氏锥度与一般用途圆锥的锥度与锥角（GB/T 157—2001）

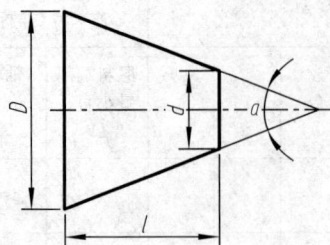

$$锥度 = \frac{D-d}{2} = 2lam\frac{a}{2}$$

莫 氏 锥 度

号数	基本值	圆锥角 α（推算值）		锥度 C
No. 5	1 : 19.002	3°0′52.4″	3.014543°	—
No. 6	1 : 19.180	3°59′11.7″	2.986582°	—
No. 0	1 : 19.212	3°58′53.8″	2.981618°	—
No. 4	1 : 19.254	3°58′30.6″	2.975179°	—
No. 3	1 : 19.922	3°52′31.5″	2.875406°	—
No. 2	1 : 20.020	3°51′40.0″	2.816377°	—
No. 1	1 : 20.047	3°51′26.7″	2.857417°	—

一 般 用 途 圆 锥

基本值		圆锥角 α（推算值）	
系列 1	系列 2		
1 : 3		18°55′28.7″	18.924644°
	1 : 4	14°15′0.1″	14.250033°
1 : 5		11°25′16.3″	11.421186°
	1 : 6	9°31′38.2″	9.522783°
	1 : 7	8°10′16.4″	8.171234°
	1 : 8	7°9′9.6″	7.152669°
1 : 10		5°43′29.3″	5.724810°
	1 : 12	4°46′18.8″	4.771888°
	1 : 15	3°49′5.9″	3.818305°
1 : 20		2°51′51.1″	2.854912°
1 : 30		1°54′34.9″	1.909683°
	1 : 40	1°25′56.4″	1.432320°
1 : 50		1°8′45.2″	1.145877°
1 : 100		0°34′22.6″	0.572953°
1 : 200		0°17′11.3″	0.286487°
1 : 500		0°6′52.5″	0.114592°

参 考 文 献

[1] 及秀琴. 工程制图（修订本）北京：清华大学出版社，北京交通大学出版社，2007.

[2] 刘哲，高玉芬. 机械制图. 6 版. 大连：大连理工大学出版社，2014.

[3] 朱冬梅，胥北澜，何建英. 画法几何及机械制图. 6 版. 北京：高等教育出版社，2011.

[4] 郭红利. 工程制图（含习题集）. 北京：科学出版社，2008.

[5] 及秀琴，杨小军. AutoCAD2010 中文版实用教程. 北京：中国电力出版社，2011.

[6] 及秀琴，杨小军. AutoCAD2010 上机指导与实训. 北京：中国电力出版社，2011.

[7] 耿国强，张红松，胡仁喜，等. AutoCAD2010 中文版入门与提高. 北京：化学工业出版社，2010.

[8] 冯丽萍. 公差配合与测量技术. 北京：机械工业出版社，2008.

[9] 黄云清. 公差配合与测量技术. 2 版. 北京：机械工业出版社，2012.

[10] 顾小玲. 量具、量仪与测量技术. 北京：机械工业出版社，2009.

[11] 王英杰，韩伟. 金工实习指导. 北京：高等教育出版社，2005.

[12] 杨树川，董欣. 金工实习. 武汉：华中科技大学出版社，2013.